PAUL DE KOCK

ROMANS ILLUSTRÉS

LES
DEMOISELLES DE MAGASIN

PAR J. PAUL DE KOCK

M. BONIFACE TRIFFOUILLE.

...suite d'un fort bon dîner, fait au café-restaurant qui se trouve au coin du faubourg Poissonnière, à gauche, en entrant par le boulevard, arrivés à ce moment du dessert où la conversation est devenue plus intime, plus animée, plus expansive, surtout lorsqu'on l'arrose avec cet excellent vin de Corton que l'on apporte couché dans un panier et dont on se sert en ayant bien soin de ne point trop remuer le panier, cinq messieurs, tous de fort bon air, de fort bonne mine, se livraient à ce doux abandon de la pensée presque toujours provoqué par les vins généreux; et bien qu'aucun de ces messieurs ne fût gris, parce que les gens bien élevés ne se grisent pas... à moins de circonstances extraordinaires, car, dans la vie, il ne faut jamais répondre de rien... ils étaient tous ce qui s'appelle un peu *montés* un peu en train, si vous aimez mieux.

Alors tout le monde est bavard, tout le monde a quelque chose à raconter, quelque aventure, quelque bonne fortune dont il est bien aise de se vanter devant ses amis, bien que souvent il n'y ait pas de quoi!... Alors chacun se coupe la parole pour la prendre, et le plus fréquemment tout le monde parle à la fois; ce qui fait qu'on ne s'écoute pas, que l'on n'entend pas les autres et que, dans tout ce brouhaha, il est bien difficile de se rappeler ce que l'on vous a dit : c'est peut-être pour cela qu'alors on est de si bonne humeur.

Cependant, parmi les cinq personnes réunies dans un joli petit salon qui a vue sur le boulevard, il en est une qui a le privilège de se faire écouter; est-ce parce que

1

ce monsieur a plus d'esprit que les autres? Non vraiment, ce serait plutôt le contraire, et dans le monde, remarquez bien que ce ne sont pas les gens spirituels que l'on écoute le plus volontiers... du reste, ceux-là sont rarement bavards; mais on ne peut pas se moquer de quelqu'un qui parle bien, et c'est si amusant de se moquer, de pouvoir s'amuser aux dépens des autres, cela vous fait croire que vous avez de l'esprit à vous qui n'en avez pas; et voilà pourquoi on écoutait volontiers M. Boniface Triffouille, il faisait rire les quatre jeunes gens qui dînaient avec lui, et pourtant c'était l'amphitryon... vous me direz peut-être, raison de plus.

M. Boniface Triffouille est plus âgé que ses convives, c'est un homme qui approche de la quarantaine, un gros blond à figure rose, joviale et avenante; si l'esprit n'y brille pas, en revanche elle respire la franchise et la santé. Ses yeux bleu-faïence à fleur de tête ont constamment un air étonné, qui n'est pas sans charme pour les personnes qui aiment cet air-là; on nez est un peu épaté, sa bouche un peu grande, mais il a de fort belles dents, dont pas une ne manque à l'appel; avec cela de vives couleurs, des cheveux qui frisent comme si c'était une perruque, une taille moyenne, un peu de ventre, qu'il serre le plus possible dans son pantalon, et une jambe très-bien faite. Au total, vous voyez que M. Boniface Triffouille n'est pas un homme désagréable et qu'il peut encore aspirer à plaire, surtout aux femmes qui aiment les yeux étonnés et les nez épatés, et qui ne regardent l'esprit que comme du superflu.

Pour en finir avec ce personnage, disons tout de suite que M. Triffouille arrive depuis peu d'Orléans où il est né, où il s'est marié, et qu'il n'avait jamais quitté jusqu'à l'âge de trente-neuf ans; fils d'un riche négociant en vins, le jeune Boniface avait été élevé assez sévèrement par son père, qui ne lui laissait aucune autre liberté que celle d'enlever des cerfs-volants le dimanche, ou de jouer aux *Grâces* avec ses tantes.

A vingt-trois ans on avait marié Boniface avec une demoiselle qu'il connaissait à peine, mais qu'il aurait épousée les yeux fermés, tant il était las de jouer aux *Grâces* et d'enlever des cerfs-volants.

La demoiselle que l'on avait donnée pour compagne à Boniface avait le même âge que son mari : c'était une grande fille, assez bien faite, et qui aurait pu paraître jolie, sans un air sec, revêche, sévère, qui semblait stéréotypé sur sa figure. C'était une vertu farouche, qui était d'Orléans depuis la racine des cheveux jusqu'à la pointe des pieds.

Elle n'avait consenti à épouser Boniface Triffouille que parce qu'on lui avait assuré qu'il avait comme elle le droit de porter un bouquet blanc en fleur d'oranger.

Les jeunes mariés marchèrent à l'autel avec un recueillement et un air de componction qui édifia toute la ville d'Orléans.

Au repas de noces, qui ne se composait presque que des parents des deux époux (c'était le nom de la mariée) ne voulut manger qu'une écrevisse, tandis que Boniface se bourrait comme un canon, mangeait de tout et voulait boire à l'avenant; mais une de ses tantes, placée à côté de lui, mettait toujours de l'eau dans son vin, en lui disant :

— Mon neveu, le jour que l'on se marie, on ne doit pas boire de vin pur.

— Pourquoi donc cela, ma tante?

— Parce que cela est inconvenant: imitez la continence de votre femme... voyez, elle ne boit pas... elle mange à peine.

— Ma tante, si je ne mangeais qu'une écrevisse le jour de mes noces, je ne pourrais pas me soutenir le lendemain.

— Mais le vin pourrait vous porter à la tête et vous exciter à des choses indécentes à l'égard de votre femme.

— Mais, ma tante, je croyais, du moment que l'on était marié, qu'on pouvait faire tout ce qu'on voulait avec sa femme.

— Erreur, mon neveu, erreur grossière! Cléopâtre est une jeune personne trop bien élevée pour souffrir que vous lui manquiez de respect. Croyez-moi, efforcez-vous de gagner son cœur par votre soumission à ses désirs, sans quoi vous n'y arriverez jamais.

— Comment! je n'y arriverai jamais! se dit Boniface qui, malgré sa niaiserie, s'est fait une autre idée du mariage. Je crois que ma tante, qui est veuve depuis trente ans, a oublié pourquoi on se marie... enfin, elle ne sera pas toujours à côté de moi... espérons-le!

Au bal, la mariée ne consent à danser une contredanse avec son mari qu'à condition qu'il ne lèvera pas les yeux sur elle, si bien que Boniface, en tenant constamment ses regards baissés, se jette dans tous les danseurs, marche sur les pieds de tout le monde et accroche toutes les robes.

Enfin l'heure de se retirer est venue. Depuis longtemps la superbe Cléopâtre avait disparu, dans un nuage de tantes et de cousines, qui avaient eu l'air de mener *Iphigénie* au sacrifice.

Boniface, qui a continué de danser tant que l'orchestre a joué, entend une voix lui dire à l'oreille :

— Vous pouvez y aller!

Le jeune marié se retourne, aperçoit un de ses oncles, dont on a fait un garçon d'honneur : c'est un vieux goguenard, très-amateur d'opéra, et qui en ce moment montre la porte à son neveu, en chantant entre ses dents :

D'ici! les chemins sont ouverts!...

Boniface comprend qu'on lui dit d'aller se coucher, il se rend à la hâte dans le nouvel appartement qu'on a préparé pour lui et sa femme. Parvenu dans le salon qui précède sa chambre à coucher, il y trouve encore une nuée de tantes, de parents, de demoiselles d'honneur, qui s'écrient en le voyant :

— Trop tôt, monsieur!... beaucoup trop tôt!... allez-vous-en! disparaissez! et l'on pousse le marié dehors, si bien que le pauvre Boniface, ne sachant plus que devenir, est obligé d'entrer chez le portier, où il passe une demi-heure, jusqu'à ce qu'enfin il ait vu partir toutes les parentes et les demoiselles d'honneur.

Alors le marié remonte chez lui et y entre résolument en se disant :

— Cette fois, on ne me mettra plus à la porte, on ne m'obligera plus à disparaître!

Il pénètre dans la chambre à coucher, il tâtonne, s'empare d'un moindre lum... qu'il tâtonne, il trouve... il veut fumer, il trouve... comme... au moment où il obt... mette, une voix part...

— N'allumez pas! je...

de la lumière, j'appelle ma...

— Comment! elle appelle sa mère! se dit-on: est-ce que sa mère serait en sentinelle sur le ... fin, c'est par pudeur qu'elle ne veut pas que je ... couchée... il faut respecter sa volonté. Je vais me dés... biller sans chandelle, seulement, c'est incommode, parce que je ne connais pas bien les êtres de votre nouveau logement...

Boniface jette la chimique et, tout en tâtonnant, parvient à trouver un fauteuil sur lequel il se déshabille; mais en ôtant son pantalon, il se hasarde à dire :

— Vous le voyez, Cléopâtre, je me conforme à vos désirs. Je n'allume pas : c'est un peu gênant, parce que je ne sais où poser mes effets, mais enfin, demain il fera jour : n'êtes-vous pas de cet avis... ô Cléopâtre, ma nouvelle moitié?

La nouvelle moitié ne répond rien; Boniface qui a fini de se déshabiller, en jetant au hasard gilet et pantalon, se lève et marche dans la chambre, en cherchant avec ses mains un petit meuble dans lequel doit se trouver un vase dont l'usage lui est devenu nécessaire; à force d'avancer ses mains, il rencontre une petite table à dessus de marbre, alors il cherche en dessous, mais ne rencontre que du vide.

— Il paraît qu'elle est d'une nouvelle forme, se dit Boniface; puisqu'il n'y a rien dessous, je rencontrerai peut-être ce que je cherche dessus. En effet, en tâtant dessus, il touche sur-le-champ un objet pourvu d'une anse; il s'en empare, s'étonne d'y trouver une ouverture si petite, mais, pressé d'en faire usage, il l'utilise, puis le replace où il l'a pris, en murmurant:

— Il est aussi d'une forme nouvelle; il paraît qu'on nous a meublés très-élégamment: à présent couchons-nous.

Mais en cherchant le petit meuble indispensable, Boniface avait marché dans la chambre, et il ne se rappelle plus de quel côté il a aperçu cette bienheureuse alcôve dans laquelle il doit connaître la suprême félicité. Il est tout désorienté, mais enfin comme l'Ecriture a dit: « Cherchez et vous trouverez, » et que notre jeune homme a été élevé dans le respect des saintes Ecritures, il se dit: « Cherchons et nous trouverons; » ce qui n'est pas toujours vrai.

Il marche donc, les mains en avant, il touche beaucoup de choses, mais ce n'est pas ce qu'il cherche, et bientôt, en avançant trop brusquement son bras, il renverse un petit meuble qui, en tombant, fait un grand fracas, parce que la chute du meuble paraît avoir amené d'autres chutes.

Quelques mots prononcés à demi-voix et qui ont beaucoup de ressemblance avec : « Quel imbécile ! » arrivent aux oreilles de Boniface et le mettent sur la voie de ce qu'il cherchait. Il n'était qu'à deux pas de l'alcôve, et il allait encore s'en éloigner; il se hâte de saisir les rideaux, il ne les lâche plus, il est même sur le point de les décrocher, mais heureusement les tringles sont solides; il se dépêche alors de s'approcher du lit, il le touche, il y monte, il se fourre dedans.

Quand on en est arrivé là, que l'on se sent sous la même couverture qu'une jeune femme avec laquelle on a été devant M. le maire, il est assez naturel de croire que l'on peut user de ses droits d'époux, et Boniface, malgré son innocence ou plutôt son inexpérience, était fort disposé à user de ces droits-là. Mais la pudique Cléopâtre se tenait blottie tout contre la ruelle, d'où elle ne bougeait pas, malgré les choses tendres et galantes que son marital lui adressait.

Ennuyé de ne recevoir aucune réponse à ce qu'il dit, Boniface pense qu'il avancera plus ses affaires par les actions que par des paroles; il se rapproche, il veut de nouveau tâtonner, mais il ne rencontre que de la toile, très-fine à la vérité, mais qui résiste à toutes les tentatives du jeune époux; la mariée avait été cousue hermétiquement dans sa chemise par les soins de la tante qui avait empêché Boniface de boire du vin pur.

— Qu'est-ce que cela signifie, madame? s'écrie enfin le marié, comment! vous vous êtes mise dans un sac?

— Non, monsieur, je ne suis point dans un sac; mais je vous prie de me laisser tranquille... sinon j'appelle ma mère!

— Décidément la tante avait raison, murmure Boniface, en me disant que j'aurais de la peine à y arriver... ma femme est par trop farouche... mais enfin, pour la première nuit, il ne faut pas la contrarier... et puisqu'elle veut que je la laisse tranquille... dormons.

Là-dessus, notre marié, qui probablement n'était point amoureux comme un héros de roman, se retourne et s'endort profondément.

En s'éveillant assez tard le lendemain, Boniface jette les yeux dans la chambre et il est tout étonné du dégât qu'il a fait. Ses vêtements étaient épars de côté et d'autre; mais, ce qui le surprend le plus, c'est de voir à terre une table de nuit renversée et sur le tapis les débris d'un vase nocturne qui s'est brisé en tombant avec la table de nuit.

Boniface se frotte les yeux en se disant:

— Tiens; mais si j'ai jeté la table de nuit par terre, alors ce n'est donc pas elle que j'ai cru trouver hier dans l'obscurité... et de quoi donc me suis-je servi?

Puis ses regards parcourent la chambre, il aperçoit un petit guéridon sur lequel est une assez belle théière et une toute petite tasse; la théière n'a pas son couvercle. Le jeune homme frémit et se dit : « Ah! mon Dieu... est-ce que je me serais servi de la théière!... fichtre! si ma femme savait cela, voilà qui ne me mettrait pas bien dans ses papiers... Après tout, voilà ce que c'est que de forcer un homme à se coucher sans lumière dans une chambre qu'il ne connaît pas. C'est égal, Cléopâtre dort, ou du moins elle en a l'air, levons-nous sans bruit et vidons cette théière. »

Boniface sort du lit. Il tâche de ne point faire de bruit et court s'emparer de la théière, mais alors autre embarras : dans quoi vider ce qu'elle contient, puisque le vase dont elle a fait l'office est brisé sur le parquet?

Et notre marié se promène dans la chambre, en chemise, la théière à la main, cherchant de tous côtés dans quoi il pourra la vider et ne trouvant rien qui puisse servir à cet usage. Enfin il aperçoit la porte d'un cabinet de toilette, il l'ouvre et pousse un cri de joie, parce qu'il a déjà aperçu plusieurs cuvettes; mais au moment où il se dispose à entrer dans le cabinet, toujours avec sa théière à la main, la porte de la chambre s'ouvre, son beau-père paraît, et lui crie :

— Comment, paresseux! pas encore habillé, et il est dix heures sonnées!...

— Pardon, cher beau-père, mais j'allais...

— Qu'est-ce que vous faites donc avec cette théière? il ne faut pas jeter ce qui est dedans; ne savez-vous que hier au soir, avant de se mettre au lit, v[...] eu une crise nerveuse ? il a fallu lui faire [...] [...] elle en prendra sans [...]

[...] [...] pas [...]
tilleul soit encor[...]

— Je vous dis de [...] vite vous habiller pla[...] voyait ainsi... fi donc ! et to[...] pour savoir comment la marié[...] corbleu, donnez-moi cela et dépê[...]

Et le beau-père s'emparant de la théièr[...] [...]e Boniface dans une autre chambre où il lui jette tous ses vêtements, et le marié s'habille en se disant : « Ma foi! tant pis; après tout il en arrivera ce qu'il pourra!... ce n'est pas ma faute; pourquoi ma femme ne m'a-t-elle pas permis d'avoir de la lumière? »

Bientôt Boniface entend arriver les mères et les tantes, il n'ose plus sortir de son cabinet; bien qu'il soit habillé, il redoute une nouvelle scène. Tout à coup un grand cri arrive jusqu'à lui. C'est Cléopâtre qui vient de jeter au nez de sa tante la tasse de tilleul que celle-ci voulait absolument lui faire boire, en s'écriant qu'on veut l'empoisonner, et la tante qui répond : — C'est extraordinaire comme ce tilleul est devenu fort en une nuit!

Cette aventure n'a pas d'autre suite. Ce lendemain de noces se passe assez tristement, mais Boniface se dit: « J'aime à croire que, cette nuit, ma femme ne sera pas encore cousue dans sa chemise. »

Le pauvre Boniface se trompait; la nuit suivante, il rencontra les mêmes obstacles que la veille. Alors notre marié prit bravement son parti, au lieu de tenter un nouvel assaut, il s'endormit sur-le-champ, et, le lendemain, persuadé qu'on l'avait marié avec un sac, il n'essaya même pas de s'assurer si sa femme était encore dedans.

Mais ceci ne pouvait pas longtemps convenir à Cléopâtre; avec toute sa pudeur, elle commença à se dépiter de ce que son mari n'essayait plus de s'approcher d'elle, son amour-propre en fut blessé; elle s'était décousue, et cela ne servait à rien... si bien que ce fut elle qui fut obligée de se rapprocher... ce qui fait bien voir qu'il ne faut jamais rien pousser à l'excès, et puis enfin, si vous voulez coudre votre chemise, ayez soin auparavant qu'elle soit bien mûre.

II

LA FIN D'UN DINER.

Cette union dura quinze ans; elle ne fut pas toute de miel, mais elle n'amena aucune scène de discorde entre les époux. Cléopâtre ayant sur-le-champ pris l'habitude de commander, et son mari celle d'obéir, tout marcha convenablement; car du moment que, dans un ménage, l'un des époux a consenti à prendre un rôle entièrement passif, vous êtes certain d'y voir constamment régner la paix.

Je ne prétends pas dire que Boniface Triffouille se trouvait très-heureux de jouer le rôle d'une cinquième roue à un carrosse, mais enfin, il y était fait, et pourvu qu'il fît tous les soirs sa partie de *Jacquet* avec un ami, il se trouvait satisfait, surtout lorsqu'il amenait le double cinq en commençant la partie.

Cependant, lorsqu'au bout de quinze ans d'hymen Cléopâtre mourut, Boniface ne versa pas des larmes bien ⸻es; il fut seulement surpris de sa nouvelle position, ⸻ surtout de pouvoir faire ses volontés depuis ⸻ au soir; cela l'embarrassa même dans les ⸻ d'une ⸻

⸻ ors, ⸻r contrôler ses ⸻ pas donné d'en⸻ renoncé à ⸻ coudre ⸻uit à peu près douze mille ⸻ ⸻ comment employer son temp⸻ ⸻ se rendre à Pa⸻ qu'il ne con⸻ naissai⸻ ⸻ que sa femme n'avait jamais voulu lui permettre d'y aller.

Et un beau matin, Boniface Triffouille était arrivé dans la grande ville, où il était certain de trouver beaucoup de personnes de sa connaissance, et entre autres un certain M. Calvados, qui était aussi d'Orléans, mais qui depuis sept ans était venu se fixer à Paris, où il s'était marié.

L'aspect de Paris avait d'abord ébloui, émerveillé Boniface, ses yeux avaient eu l'air encore plus étonnés qu'à l'ordinaire, mais il s'était hâté de se rendre dans toutes les maisons pour lesquelles il avait des recommandations, afin de se faire donner des renseignements et de faire des connaissances. Rien n'est plus facile à Paris, pour quelqu'un qui a de la fortune et ne demande qu'à s'amuser. C'est pourquoi Boniface Triffouille, qui n'y était que depuis six semaines, s'était déjà lié avec quatre jeunes gens qu'il avait rencontrés dans des maisons tierces, ou au café, et qu'il avait trouvés infiniment plus aimables, plus gais que son ancien ami Calvados, et voilà comment un jour il avait donné à ses nouveaux amis un joli dîner chez le traiteur où nous le voyons en ce moment, versant à ses convives du vin de Corton qui est soigneusement couché dans un panier.

Maintenant deux mots sur les quatre convives de Boniface : deux sont dans le commerce, un troisième est artiste graveur sur bois et le quatrième fait, à ce qu'il dit, sa fortune à la Bourse. Ce dernier, assez-bel homme, mais bien infatué de sa personne et portant toute sa barbe, bien qu'elle tourne un peu au roux, se nomme Lucien Bardecourt; c'est un de ces jeunes gens, comme il y en a tant, qui prétend qu'aucune femme ne lui a jamais résisté; c'est un sultan qui n'a qu'à jeter un mouchoir, un *medium* qui fascine les dames, rien que par son regard et sa volonté. Les jolies femmes qu'il rencontre n'ont qu'à bien se tenir; et encore elles auront beau faire, si ce monsieur veut les séduire, il les séduira!... à ce qu'il dit.

Le graveur sur bois se nomme Edouard Roger, il a vingt-cinq ans, une figure expressive, sympathique, de grands yeux bleu foncé, à la fois tendres et doux, de ces figures un peu mélancoliques qui font facilement la conquête d'une femme et sans avoir besoin pour cela de la fasciner; il a de l'esprit, de l'éducation, mais il a déjà été trompé par deux maîtresses qu'il aimait beaucoup, ce qui l'a rendu très-méfiant, et il a juré de ne plus aimer sérieusement aucune femme... Serment d'ivrogne!... qui a bu boira; il y a beaucoup d'analogie entre le vin et l'amour.

Quant aux commerçants, le plus jeune a vingt-deux ans, il en paraît dix-huit; il est petit, fort laid et se croit gentil, parle à tort et à travers, veut faire de l'embarras, de l'esbroufe, ment comme un dentiste, les trois quarts du temps ne se souvient plus de ce qu'il a dit, et se fait presque continuellement moquer de lui par ses camarades; on l'a surnommé *le Toqué*, et c'est en effet le nom qui lui convient le mieux, bien qu'il se nomme Sibille Peloton.

Vous vous étonnerez peut-être qu'un homme de l'âge de Boniface Triffouille ait pu devenir l'ami d'un jeune homme, on pourrait presque dire d'un gamin, comme M. Peloton; mais le petit Toqué était presque sans cesse avec son cousin, l'autre commerçant; celui-ci, Ernest Miroir, est un grand garçon de vingt-sept ans, fort gai, fort aimable, un véritable farceur dont la société est très-recherchée par les personnes qui aiment à rire. Le petit Toqué se glissait partout à l'ombre de son cousin, et on finissait par s'habituer à le recevoir, parce qu'au fond il n'était pas méchant et que ses *blagues* ne faisaient de tort qu'à lui-même.

— Et maintenant, messieurs, passons au champagne! dit M. Boniface en faisant un signe au garçon.

— Oh! oui, le champagne! s'écrie le petit Sibille, en sautant sur sa chaise; voilà mon vin à moi! dernièrement j'ai fait un dîner avec des actrices et des acteurs, nous n'avons bu que du champagne frappé tout le temps du dîner!...

— Tu l'étais aussi frappé, toi, probablement?

— Comment... je ne comprends pas! C'est drôle, mon cousin me dit toujours des choses que je ne comprends pas: heureusement ça m'est égal.

— Et ce dîner-là, est-ce toi qui l'as payé?

— Non, mais j'en ai payé ma part... cinquante francs... nous étions quatre hommes et six dames... ce n'est pas trop cher...

— Quel petit blagueur! puisque tu dépenses cinquante francs pour un dîner, pourquoi donc ne me rends-tu pas les dix francs que tu m'as empruntés il y a huit jours?

Le jeune Peloton fait semblant de ne pas entendre, il s'écrie : — Ah! que M. Triffouille m'a amusé avec l'histoire de sa femme qui s'était cousue la première nuit de ses noces!

— Je vous assure, monsieur, que je ne vous ai dit que l'exacte vérité.

— Oh ! mais je vous crois, monsieur : d'ailleurs je sais bien plus fort que cela ! un de mes amis, qui s'était marié aussi, et la nuit de ses noces, quand il est couché... qu'est-ce qu'il sent, entre lui et sa femme ! une planche ! une énorme planche qu'elle avait placée entre eux et qui les séparait !

— Mais c'était peut-être une planche à bouteilles ?

— Ah ! ah ! ah ! elle est bonne celle-là... Je vois que vous connaissez l'anecdote.

— Sibille, tu nous contes des choses trop connues, il faut tâcher de renouveler ton répertoire.

— Bon ! voilà encore mon cousin qui tombe sur moi !... il voudrait faire croire à M. Triffouille que je suis bête.

— Je te promets que je ne me donnerai pas la moindre peine pour cela.

— Messieurs, vous êtes tous très-aimables, et je vous remercie beaucoup d'avoir bien voulu accepter mon invitation ; mais maintenant, je ne vous le cacherai pas, j'ai eu un but en vous réunissant aujourd'hui, j'ai voulu m'entourer de vos lumières, vous demander vos conseils pour certaine chose ; car, bien que je sois plus âgé que vous, je n'ai pas, il s'en faut, votre expérience pour cette chose-là.

— Qu'est-ce donc, monsieur Triffouille ?

— Parlez... que voulez-vous de nous ?

— Expliquez-vous, et croyez que nous serons très-heureux si nous pouvons vous être utiles.

— Eh bien, messieurs, voilà ce que c'est : je vous ai conté ma vie ; elle a été bien simple... vous avez pu voir que j'en ai peu connu les plaisirs... mais enfin me voilà veuf, me voilà mon maître, me voilà à Paris... Eh bien, que me manque-t-il pour y être parfaitement heureux ?... c'est une maîtresse !... Je n'ai pas de maîtresse, messieurs, et je ne sais pas comment on se procure cela...

— Et vous comptez sur nous pour vous en procurer une ! dit Ernest en riant. Elle est bonne la proposition !... Vous voulez donc que nous vous servions de conseiller Bonneau... pour ne pas dire plus ?...

— Ah ! messieurs, n'allez pas croire... je n'ai pas voulu dire...

— Rassurez-vous, monsieur, dit Edouard, Ernest plaisante suivant son habitude... nous savons très-bien que vous nous demandez seulement des conseils, des avis... enfin, comment on se conduit à Paris avec une femme qui nous plaît.

— C'est cela même, mon cher monsieur Roger, c'est cela... car enfin par maîtresse, je n'entends pas une femme que l'on prend et que l'on quitte à la première occasion... tel n'est pas mon désir. Je voudrais faire une connaissance... presque honnête, une personne à qui je pourrais donner le bras de temps en temps et mener au spectacle, sans avoir peur de me compromettre...

— Hum ! c'est plus difficile alors...

— Mais non, mais non ! s'écrie le petit Peloton. Vous voulez une maîtresse, monsieur Triffouille, demain je vous en ferai avoir quatre, si vous voulez, et toutes plus jolies les unes que les autres...

— Comment ! quatre tout de suite !

— Monsieur, n'écoutez donc pas ce que dit ce petit Toqué, et surtout méfiez-vous des femmes qu'il vous ferait connaître ; vous pourriez vous repentir d'avoir fait leur conquête.

— Bon ! voilà encore mon cousin qui cherche à me nuire... Quel vilain parent j'ai là !

— Mon cher monsieur Boniface Triffouille, dit le jeune homme barbu, en se posant en arrière de sa chaise et prenant un air railleur qui lui est assez habituel, c'est sans doute pour vous moquer de nous que vous nous demandez comment il faut s'y prendre pour faire une maîtresse ?

— Non, monsieur Lucien, je vous jure que je parle très-sérieusement...

— Mais c'est le pont aux ânes que cela !... un enfant de deux jours vous le dirait... eh ! d'ailleurs, des maîtresses ! est-ce qu'on n'en a pas tant que l'on veut ?... est-ce que les femmes ne sont pas trop heureuses, quand nous jetons sur elles un regard bienveillant ?

— Ma foi, depuis que je suis à Paris, j'ai jeté beaucoup de regards... bienveillants, sur les dames qui me plaisaient beaucoup, et je vous certifie que cela ne m'a pas paru les rendre trop heureuses... Oh ! assurément j'ai rencontré dans mes promenades des femmes gentilles et qui m'ont fait de l'œil... comme vous dites, je crois, messieurs, mais celles-là, je voyais bien vite ce que c'était, et leur conquête ne me flattait nullement.

— Quant à moi, reprend le jeune homme barbu, en continuant de se dandiner sur sa chaise, je vous dirai que toutes les fois que j'ai eu envie d'une femme, elle a été ma maîtresse, et sans la moindre difficulté.

— Comment toutes ! vous n'avez jamais éprouvé de résistance ?

— De ces résistances de convention, si vous voulez, mais qui ne sont que pour la forme, et que l'on est certain d'avance de vaincre.

— Ma foi, vous êtes bien heureux ; mais, avec tout cela, je ne suis pas plus avancé.

— Voyons, messieurs, dit le joyeux Ernest, après avoir jeté dans son gosier un verre de champagne, il faut cependant faire quelque chose pour notre aimable amphitryon.

— Mais puisque moi je lui en procurerai tant qu'il voudra des maîtresses.

— Toi, Toqué, on te prie de te taire... Je crois, pour mettre M. Triffouille en mesure de trouver ce qu'il cherche, qu'il faut d'abord l'éclairer sur la classe de femmes à laquelle il doit s'adresser de préférence. Je sais bien que dans ces sortes de liaisons, le hasard nous sert quelquefois beaucoup mieux que tous nos calculs ; mais comme on ne peut pas compter sur le hasard, il faut partir d'un point : vous voudriez une maîtresse qui vous fût fidèle... ou du moins qui en eût l'air, ce qui revient au même ?

— Je ne trouve pas que cela revienne au même, je préférerais qu'elle me fût réellement fidèle...

— Ah ! si vous allez tout de suite demander un phénix... un merle blanc... une poule aux œufs d'or... vous ne trouverez rien du tout.

— Je me tais, messieurs ; continuez... je ne dis rien... Hélas !...

— Cette femme... à peu près sage, monsieur, il faut la chercher parmi les grisettes... on vous a peut-être dit qu'il n'y en avait plus à Paris... c'est un bruit que quelques écrivains ont fait courir, parce qu'ils ne savent pas les trouver ; moi, je vous certifie qu'il y en a toujours ; car comment nommerez-vous ces petites ouvrières qui courent à la Closerie des Lilas avec les étudiants, et qui passeraient la nuit au travail, afin de pouvoir, le lendemain, faire une partie de campagne et manger une omelette soufflée ?... ce sont bien des grisettes, mais ces demoiselles aiment le changement ; ensuite elles ont mauvais genre, et ce n'est donc pas par là qu'il vous faut vous adresser. Nous avons ensuite les lorettes : celles-là ne connaissent que l'argent et ne se donnent même pas la peine de faire semblant de vous être fidèles. Ce n'est pas encore là ce qu'il vous faut. Dans le monde, dans la société, on peut rencontrer une femme mariée ou veuve, qui soit sensible à nos hommages ; mais alors il y a mille précautions à prendre pour que la réputation de votre dame ne souffre pas de sa faiblesse pour vous.

— Non, non ! ce n'est pas encore cela qu'il me faut... puisque je vous dis que je veux pouvoir mener ma connaissance au spectacle et me promener avec elle.

— Attendez... nous arrivons à ce qui pourrait vous aller... aux demoiselles de magasin.

— Oui, oui ! s'écrie le petit Peloton, les demoiselles de magasin... c'est ce que j'allais proposer.

— Fais-nous donc le plaisir de te taire... tu n'as pas la parole.

— Si je veux la prendre !

— Si tu m'ennuies, je vais t'enfermer dans le *Water-Closet* !

— Ah ! que mon cousin me rend malheureux !...

— Fort bien, dit M. Boniface. Me voilà sur la voie : c'est aux demoiselles de magasin que je dois m'adresser pour faire une petite connaissance.

— Ah ! permettez, mon cher monsieur Triffouille, je n'entends pas vous dire par là que vous réussirez tout de suite et que ces demoiselles accepteront sur-le-champ vos propositions. Il y a dans cette classe, comme dans toutes, des jeunes personnes honnêtes, sages, qui étudient le commerce, afin de s'établir plus tard, et à coup sûr ce ne sont pas celles-là qui vous écouteront. Mais il en est aussi qui sont libres d'elles-mêmes, qui ont des idées d'indépendance ou de chaînes d'or et de chapeaux à la mode; près de celles-là vous avez la chance d'être écouté, et alors vous aurez une maîtresse qui aura l'air de vous être fidèle, qui le sera peut-être... on ne sait pas, cela s'est vu. Vous pourrez la mener promener et lui donner le bras, elle aura une tenue décente et convenable... sauf les exceptions... Vous aurez ensuite l'avantage de ne point pouvoir être avec elle souvent; car il faut qu'elle aille à son magasin, qu'elle y travaille; les sorties sont rares... c'est bien précieux pour vous... une maîtresse qu'on ne peut posséder que le dimanche et une fois dans la semaine... c'est une trouvaille... c'est une liaison qui peut durer un an, et même davantage. Mais surtout ne faites pas la folie de lui faire quitter son magasin pour la prendre avec vous... vous seriez perdu !... vous verriez votre bonheur s'évanouir en fumée, et les ennuis remplacer les plaisirs. Voilà, mon cher monsieur, tout ce que je puis vous dire touchant les demoiselles de magasin.

— Cela me suffit, j'en sais assez... voilà mon affaire... une demoiselle de magasin, tel va être mon but... la conquête qu'il me faut. Ah ! plus qu'une question... où en trouve-t-on ?

Les quatre convives de M. Boniface éclatent de rire, et Ernest lui dit :

— C'est absolument comme si vous nous demandiez où l'on trouve des petits pâtés... ordinairement chez les pâtissiers...

— ...faitement raison ; c'est moi qui me su... Je voulais vous dire : dans quel magasin dois-je aller de préférence ?

— Ah ! ceci est une autre question... il y a de fort jolies demoiselles chez les lingères, les fleuristes, les plumassières, les modistes, les parfumeuses, enfin dans tous les magasins où l'on est servi par des femmes; seulement les lingères ont plus de tenue que les modistes; les fleuristes sont, dit-on, plus folâtres que les parfumeuses; les plumassières doivent être plus légères que les confectionneuses...

— Oui; mais quels sont les quartiers où les demoiselles de boutique sont en plus grand nombre ?

— Maintenant il serait fort difficile de vous renseigner exactement à cet égard... Paris n'est plus ce qu'il était autrefois... Jadis, chaque corps d'ouvriers, chaque marchand avait une rue particulière, laquelle prenait le nom de son commerce, comme la rue de la Parcheminerie, de la Ferronnerie, de la Heaumerie, de la Coutellerie...

— La rue aux Ours, murmure Peloton.

— Toi, dit Ernest, j'étais sûr que tu m'interromprais pour dire une bêtise, car on n'a jamais vendu d'ours à Paris. Les mauvais lieux étaient sur le bord de l'eau, et c'est de là qu'ils ont tiré leurs noms, ainsi que les rues du grand et du petit *Hurleur*, que l'on nommait jadis *Hue-le*, nom qui leur fut donné, parce qu'étant pleines de mauvais lieux, dès qu'un homme y entrait, il était facile de deviner ce qu'il y allait faire et le peuple disait aux enfants : *hue-le !*

— Mon cousin connaît son histoire de Paris ! il enfonce *Dulaure !*

— Sibille, tu devrais bien tâcher de connaître tes marchandises, toi ! et de ne pas faire perdre tes commanditaires en vendant à un franc cinquante ce qui leur revient à deux francs...

— Ah ! mon Dieu ! pour une petite erreur... ça arrive à tout le monde.

— Oui, à tous ceux qui font des boulettes... Mais pardon, mon cher monsieur Triffouille, nous avons, il me semble, perdu de vue les demoiselles de magasin...

— Mon cher Ernest, dit l'artiste, je crois que le meilleur endroit à indiquer à monsieur, c'est la rue Saint-Denis... la rue Saint-Honoré... la rue de Rivoli...

— Et la rue Vivienne, dit Peloton.

— Et croyez-moi, cher monsieur, dit à son tour le beau Lucien, croyez-moi, ne vous amusez pas à soupirer... à filer le parfait amour... Allez tout de suite au but, déclarez-vous, faites vos offres, et dès que l'occasion se présentera, soyez audacieux... vous savez le proverbe latin : *Audaces fortuna juvat !*

— Merci, messieurs, infiniment obligé. Je me rappellerai vos conseils, et dès que j'aurai mon affaire...

— Vous nous en ferez part ?

— Pas positivement, mais je vous en instruirai.

Le dîner s'était prolongé, il était dix heures du soir lorsque ces messieurs sortent de chez le traiteur. L'artiste se rappelle qu'on l'attend chez son éditeur; le monsieur barbu a un rendez-vous galant; le joyeux Ernest va faire un lansquenet. Mais le petit Sibille Peloton dit tout bas à M. Boniface Triffouille : — Laissez-les aller, et venez avec moi... Je vais tout de suite vous faire faire connaissance avec une demoiselle de magasin.

— En vérité ?

— Parole d'honneur ! Mon cousin se moque toujours de moi, je le laisse dire... parce qu'il est mon cousin ; mais vous verrez que je ne suis pas plus bête que ces messieurs... et j'ai peut-être eu plus d'aventures qu'eux...

— Je vous en crois bien capable. Où me menez-vous ?

— Rue de Rivoli : c'est l'heure où celles qui n'y couchent pas sortent de leur magasin; si nous en manquons une, il est impossible que nous n'en attrapions pas une autre...

III

LES BONNES FORTUNES DE SIBILLE PELOTON.

Il est très-probable que, dans toute autre occasion, notre veuf d'Orléans n'aurait pas voulu s'aventurer à la recherche d'une bonne fortune avec un jeune homme qui aurait pu être son fils ; mais il faut se rappeler que ces messieurs sortaient de table où ils étaient restés fort longtemps, qu'ils avaient bu force vins généreux, enfin qu'ils avaient une petite pointe, et surtout l'amphytrion, qui avait cru devoir donner l'exemple à ses convives. Quand on est dans cette situation, on ne se conduit plus comme on le ferait de sang-froid. Boniface Triffouille était donc dans les meilleures dispositions pour faire des folies, et il croyait à toutes les blagues que son jeune compagnon lui débitait : que le mot *blague* ne vous effarouche pas, il sera incessamment dans le dictionnaire.

Ces messieurs marchent assez vite, ils ont hâte de gagner la rue de Rivoli, ce qui n'est pas tout proche, en partant du boulevard Poissonnière.

Le petit Sibille Peloton a passé son bras sous celui de M. Triffouille, avec lequel il est déjà comme s'ils avaient été à l'école ensemble. A chaque instant ces messieurs ne sont plus au pas, mais Sibille saute pour s'y remettre, et c'est lui qui parle presque toujours; il se dédommage du silence que lui impose souvent son cousin.

— Voyez-vous, mon cher monsieur Boniface Triffouille... Ah! avec les femmes il ne faut jamais donner que son petit nom... Vous entendez, je ne vous appellerai que Boniface...

— Très-bien, comme vous voudrez, ça m'est parfaitement égal.

— Je vous dirai donc, mon cher monsieur Boniface, que les demoiselles de magasin, c'est ma partie à moi qui suis dans le commerce... ça me connaît, parce que j'ai journellement affaire dans leur magasin.

— Pardon, quel commerce faites-vous, vous monsieur Peloton?

— Appelez-moi Sibille, c'est mon petit nom.

— Ah! c'est juste. Eh bien, monsieur Sibille, dans quelle partie êtes-vous?

— Vous pouvez même ne m'appeler que Bibille, toutes ces demoiselles me nomment ainsi : c'est mon petit nom en amours.

— Bibille, je le veux bien... va pour Bibille... Je vous demandais...

— Vous me demandiez dans quelle partie j'étais. Je suis dans le blanc... les calicots, les madapolams, les cretonnes; mais je vais changer, je vais me mettre dans la soierie... c'est plus important, et on fait plus de femmes dans la soierie que dans le blanc...

— Ah! vraiment, et pourquoi cela?

— Parce que les femmes adorent la soie... Vous ne trouverez pas une femme, fille ou dame, qui ne soit folle de la soierie.

— Au fait, c'est vrai... je suis fâché de ne point avoir élevé des vers à soie...

— Nous voilà dans la rue de Rivoli.

— Ah! bravo! par où allons-nous commencer?

— Nous allons commencer par entrer au café prendre du punch... il n'y a rien qui pousse à la galanterie comme le punch.

— Je me sentais déjà très-disposé à être galant... c'est égal, si vous croyez que le punch nous rendra plus séducteurs, prenons-en, je ne demande pas mieux.

On entre dans un café; le petit jeune homme ne manque pas de parler très-haut, de faire beaucoup de bruit en se dirigeant vers une table, de façon à attirer sur lui l'attention de toutes les personnes qui sont dans le café. C'est un genre commun aux sots et aux intrigants, mais qui produit encore son effet sur les imbéciles.

— Tenez, monsieur Boniface, mettons-nous là... à cette table... Non, nous serons mieux là-bas... plus à notre aise... Oh! je suis un habitué, moi... je sais où l'on est le moins dérangé... Garçon... ohé! garçon!... du punch! un punch flambant et soigné...

— A quoi le voulez-vous, messieurs?

— A quoi? Monsieur Boniface, comment prenons-nous le punch?.. dites votre goût.

— Cela m'est absolument égal...

— Eh bien, prenons-le au rhum... Vous entendez, garçon! Ah! non... je réfléchis, c'est plus agréable au kirsch...Qu'en dites-vous, monsieur Boniface?... ça vous va-t-il au kirsch?

— Mais oui, très-volontiers... d'autant plus que je n'en ai jamais pris comme cela.

— Garçon, vous entendez! mon ami Boniface que voilà, et qui arrive d'Orléans, ne connaît pas le punch au kirsch... il y a une foule de choses qu'il ne connaît pas et que je me charge de lui faire connaître; distinguez-vous donc et servez-nous un punch numéro un!

Toutes les personnes qui sont dans le café savent déjà que le monsieur qui est avec le petit jeune homme qui fait tant d'esbrouffe, s'appelle Boniface et qu'il arrive d'Orléans. Cela fait rire les uns, hausser les épaules aux autres, et dire à deux joueurs de domino:

— Voilà Peloton qui vient encore nous ennuyer, nous abasourdir... Quelle fichue pratique pour un café!

— Il paraît que ce soir il a trouvé un jobard qui lui paye du punch.

— Ils me font l'effet d'être déjà gris tous les deux.

Cependant le kirsch est apporté. Sibille en verse à son vis-à-vis, puis à lui, et en boit deux verres avant que M. Triffouille ait fini de souffler sur le sien. Puis il crie:

— Garçon! dites donc, garçon !.. il n'est pas sucré, ce punch-là... remettez-nous du sucre là-dedans... beaucoup de sucre... N'est-ce pas, mon cher monsieur Boniface, que ce n'est pas assez doux?

Boniface, qui finit à peine de souffler, essaye de goûter et répond: — Moi, je le trouve bon, seulement un peu chaud... je ne sais pas comment vous faites pour boire si chaud que cela...

— L'habitude, j'ai un palais en fer...

Le garçon remporte en murmurant ce qui reste de punch, et Sibille reprend :

— Voyez-vous, monsieur Boniface, à Paris, il faut savoir se faire servir... sans quoi on est dupe... mais, moi, on me sert au doigt et à l'œil, parce qu'on me connaît; on sait que je ne suis pas d'humeur à prendre ce qui n'est pas bon...

— Dites donc, monsieur Sibille... ou Bibille... il me semble qu'il va être dix heures et demie... est-ce que vous ne craignez pas que les demoiselles de magasin ne soient couchées quand nous irons à leur recherche?

— Oh! non pas... à Paris on ne ferme pas sitôt que cela : vous n'êtes pas ici à Orléans... Je sais l'heure à laquelle Fanfinette sort de sa boutique.

— Qu'est-ce que Fanfinette?

— Une charmante modiste, brune piquante, faite comme les amours... très-gaie, très-rieuse, très-bonne enfant.

— C'est votre maîtresse?

— Oui... c'est-à-dire pas encore tout à fait, mais elle va l'être... Elle ne couche pas à son magasin... ce soir, c'est justement samedi !.. demain, par conséquent, on est libre; je vais l'emmener ce soir avec moi, et demain au bois de Boulogne, en calèche, dîner au pavillon d'Ermenonville, le soir chez Mabille... journée complète! Moi, quand je m'y mets, je ne me refuse rien... Il faut jouir de sa jeunesse... n'est-ce pas, mon cher monsieur Boniface?

— Certainement; et quand on n'a pas joui de sa jeunesse, il faut jouir de son âge mûr, parce que si on attendait toujours, ça nous mènerait trop loin, et on ne jouirait jamais.

Le garçon apporte le punch. Sibille en boit deux verres coup sur coup, en disant :—Il n'est plus assez fort... il lui faudrait plus de kirsch !...

— Oh! pour ce qu'il en reste, ce n'est pas la peine, dit Boniface en se hâtant de remplir son verre, parce qu'il voit qu'il a affaire à un gaillard qui avalerait tout à lui seul.

— Ah çà mais, dites-moi donc, jeune homme, dit Boniface après avoir bu, vous me parlez d'une demoiselle Fanfinette, charmante modiste, que vous allez retrouver et emmener; dans tout cela je ne vois pas pour moi la plus petite connaissance à faire.

— Soyez donc tranquille! Fanfinette ne s'en va jamais seule, elle aura avec elle une amie, une autre demoiselle de boutique. Celle-là, vous lui offrirez votre bras et elle l'acceptera... Je dirai que vous êtes un nabab... un chercheur d'or!

Il paraît que ce soir il a trouvé un jobard. (Page 7.)

— Comment... un chercheur ?
— Je veux dire un possesseur de mines d'or !
— A quoi bon dire cela ?
— A quoi bon ? mais à vous faire adorer... Les femmes aiment les hommes riches, parce que ceux qui ne le sont point ne peuvent pas les régaler et leur payer à souper... Oh ! à propos de souper ! si vous voulez, nous allons aller souper au café des Mousquetaires, boulevard du Temple ?
Boniface fixe ses yeux étonnés sur le petit Sibille et s'écrie : Vous avez envie de souper !
— Oh ! moi, je soupe toujours, c'est si amusant... et puis c'est bon genre.
— Mais je pense qu'il faut d'abord trouver ces demoiselles, qui sans doute souperont avec nous...
— Oui, oui, c'est bien comme cela que je l'entends... payez, et filons !
M. Boniface paye. Ces messieurs quittent le café. Sibille reprend le bras de son compagnon, après lequel il se pend comme s'il voulait en faire une balançoire. Le punch a cimenté son intimité ; il ne dit plus : Monsieur Boniface, mais Boniface tout court.
— Nous voici donc dans la rue de Rivoli, dit le provincial en promenant ses regards de gauche à droite. Mais il me semble qu'il y a déjà beaucoup de magasins fermés.
— Oh ! ça ne fait rien... au contraire, ça vaut mieux, parce qu'il fait moins clair dans la rue... Avancez un peu... mes connaissances travaillent plus loin.
On passe devant un grand magasin de fleurs artificielles. Boniface s'arrête et regarde à travers les vitrages :
— Ah ! bigre ! voilà un magasin dans lequel il y a de bien jolies personnes !.. En connaissez-vous de celles-là ?
— Non.

— C'est dommage. Ah ! voilà un magasin de **lingerie,** permettez-moi de regarder les lingères.
— C'est inutile ; elles couchent dans la maison, elles ne sortiront pas.
— Vous en êtes sûr ?
— Très-sûr... est-ce que je ne prends pas des informations...
— Tant pis ! il y a encore là des figures qui me plairaient beaucoup.
— Venez donc, Boniface ; si nous nous arrêtons à chaque pas, nous n'arriverons jamais.
— Oh ! les femmes !.. on a beau dire, c'est bien gentil ; et depuis que je suis veuf, je les apprécie bien mieux... Qu'est-ce que ce magasin-là ?
— Un cordonnier. Je pense que vous ne voudriez pas d'une bordeuse de souliers ou d'une piqueuse de bottines, ce n'est pas assez huppé...
— Dame ! si pourtant elles étaient bien jolies... L'amour doit être démocrate... d'autant plus qu'il est sans culottes... Après cela, Larochefoucauld dit qu'il y a plusieurs sortes d'amours... ou du moins différentes copies... avez-vous lu Larochefoucauld ?
— Je n'en suis pas sûr.
— C'est un écrivain bien spirituel, bien profond... trop profond même, car il nous ôte toutes nos illusions..,
— Ah ! sapristi, mon cher Boniface, ce n'est pas le moment de nous occuper de vos auteurs...
— Et vos demoiselles... je n'en vois pas l'ombre...
— Chut ! attendez, en voilà une justement.
Une jeune fille, grosse, courte, ramassée, mise fort modestement et tenant un panier à son bras, venait du côté des deux flâneurs. Elle s'arrête devant le petit Peloton, en s'écriant : — Tiens ! Bibille !.. Ah ! cette rencontre !

Le grand Alexandre applique au petit Sibille un coup de pied dans le derrière. (Page 11.)

— Bonsoir, Bouci-boula : où allez-vous ainsi, jeune fleuriste?

— Où je vais? mais ne savez-vous pas que, le samedi, je vais coucher chez mes parents, à Montmartre, parce que je passe le dimanche avec eux, puis, le soir, je reviens à ma petite chambre... je pourrais dire à notre petite chambre, nous y demeurons trois : Marie, Thélénie et moi.

— C'est vrai... j'avais oublié ces détails... Et vos compagnes de logement où sont-elles en ce moment?

— Elles doivent être montées se coucher; mais je me sauve, car il est tard... Voilà tout ce que vous payez?

— Ma chère Bouci-boula, je vous offrirais volontiers du punch ou une limonade, mais vous voyez que je suis avec du monde... et on nous attend, mon ami Boniface et moi.

— Oh! d'ailleurs, vous êtes un petit ladre... vous promettez toujours, mais vous ne donnez jamais rien... Je vous connais... il y a six mois que vous me promettez deux sous de galette et je les atttends encore.

— Par exemple! J'ai voulu vingt fois vous mener chez un pâtissier...

— Oui, quand vous saviez que je ne pouvais pas quitter le magasin! Bonsoir, petit Toqué...

Et la jeune fleuriste s'éloigne en courant.

— Comment la trouvez-vous? demande Sibille à son compagnon.

— Elle est très-ronde, mais elle n'est pas jolie... C'est donc une Algérienne, une Kabyle?

— Non, elle est de Montmartre; pourquoi la supposez-vous Africaine?

— Vous l'appelez Bouci-boula... il me semble que ce doit être un nom de femme au moins arabe.

— C'est le nom qu'on donne au 69 au loto, et nous avons ainsi surnommé Tontaine, parce qu'elle est aussi grosse par en haut que par en bas, c'est une vraie boule.

— Ah! je comprends... C'est égal, à la place de mademoiselle Tontaine, je ne voudrais pas que l'on m'appelât Bouci-boula.

— Oh! elle est bonne enfant, elle ne se fâche jamais; mais c'est une gourmande. Ah! vous la feriez courir tout Paris pour un poulet rôti.

— Est-ce qu'elle a été votre maîtresse?

— Merci! je n'aime pas les boules de loto! Avançons, mon cher Boniface, nous ne sommes plus loin du magasin de modes dans lequel travaille Faufinette...

— Elle ne couche donc pas à son magasin, celle-là?

— Oh! non : c'est une gaillarde qui a voulu être libre, elle n'entend pas être tenue, et puis en général les modistes ont leur chambre.

— Est-ce qu'elles y demeurent trois comme mademoiselle Bouci-boula?

— Assez ordinairement elles logent plusieurs ensemble; vous comprenez que c'est une économie pour des jeunes filles qui gagnent fort peu.

— Ce n'est donc pas leur magasin qui les loge?

— Si, assez souvent; mais dans ce cas-là on leur donne encore de petites chambres dans les mansardes, et il est rare qu'on n'en fourre pas plusieurs dans la même chambre. Tenez, voyez-vous ce magasin de lingerie à gauche?...

— C'est là qu'est votre belle?

— Non, puisqu'elle est dans les modes, mais il y a là une bien jolie personne... mademoiselle Marie! Oh! elle est joliment lorgnée, celle-là...

— A-t-elle un amant?

— On ne lui en connaît pas encore, elle passe pour

rès-sage... mais je la guigne... et avant peu... suffit...
— Vraiment? et mademoiselle Fanfinette?...
— Mon cher Boniface, qui n'a qu'une maîtresse n'en a pas...
— Diable! vous m'ébouriffez! Et celui qui n'en a pas?
— Celui-là en cherche... Dans le magasin de parfumerie à côté, il y a aussi une certaine Thélénie qui est bien séduisante, bien piquante... une véritable Andalouse; des yeux plus grands que sa bouche!...des cheveux noirs comme de l'encre! et des hanches!.. ah! des hanches comme la *Camera-Petra*... Avez-vous connu la Camera-Petra?
— Non; c'était une demoiselle de magasin?
— Eh non; c'était une danseuse espagnole qui pinçait les jota, les boleros, les cachutcha d'une façon un peu soignée!...
— Je n'ai jamais vu les danseuses espagnoles; elles sont venues à Orléans en représentation, mais ma femme ne m'a pas permis d'y aller.
— Ah! ce pauvre Boniface! vous aviez une femme qui portait les culottes.
— Pas des culottes, mais des pantalons qui descendaient à mi-jambes, elle n'aurait point fait un pas dans la rue sans cela... et un jour... oh! je me rappellerai toujours cela! non, c'était un soir; Cléopâtre se trouva mal chez le sous-préfet, parce que son pantalon s'était défait et était tombé sur ses talons.
— Moi, je déteste les pantalons aux femmes, c'est ridicule, c'est bête, ça ne devrait pas être permis; car, enfin, si nous mettions des jupons, nous, par-dessus nos culottes, est-ce qu'on le souffrirait? non, on nous le défendrait; eh bien alors, défendez les pantalons à ces dames! n'est-ce pas, Boniface, que j'ai raison?
— Ma foi, oui. Au reste, je n'aime pas plus que vous les pantalons sous une robe.
— Alors, pourquoi permettiez-vous à votre femme d'en porter?
— Oh! ma femme! ça m'était bien égal.
— Ah! farceur!... ah! scélérat!... j'aime cette réponse... elle vous attire mon estime. Attention! nous arrivons. Voilà, là-bas, le magasin de Fanfinette. Tiens, il est fermé.
— Alors elle est partie?
— C'est pas possible... elle doit m'attendre... Ah! voyez-vous, deux femmes sortent de la porte bâtarde; je reconnais la démarche aisée de ma modiste... elle a une compagne avec elle... je ne sais pas qui, mais qu'importe, ce sera votre affaire. Vous le voyez, gros Boniface, je ne vous avais pas trompé.
— En effet, oui... ces deux personnes viennent de ce côté... elles ne se donnent pas le bras.
— Les femmes ne se donnent jamais le bras; ça les gênerait pour se retrousser. Produisons-nous.
Une grande demoiselle, svelte, élancée, et se donnant, en marchant, une tournure assez provocante, s'avançait avec une autre jeune personne petite, mince, gentille, mais dont la démarche était beaucoup moins assurée que celle de sa compagne. Ces demoiselles causaient et la plus grande riait à chaque instant aux éclats, puis se retroussait très-haut, en disant :
— Tiens, il y a de la crotte, il a donc plu ce soir? comme c'est amusant! vous verrez qu'il ne fera pas beau demain!... moi qui voulais aller me rouler sur l'herbe. Aimes-tu la campagne, toi, Nanine?
— Oh! non, ça m'ennuie, j'aime bien mieux Paris.
— Comme c'est bien la réponse d'une fille de la nature!...
En ce moment le petit Sibille aborde la modiste, en lui disant :
— Bonsoir et hommage à l'adorable Fanfinette!
— Tiens, c'est Bibille... Qu'est-ce que vous faites donc là?

— Mais je vous attendais en me promenant avec mon ami Boniface... que j'ai l'honneur de vous présenter... un ex-habitant d'Orléans, possédant cent mille francs de rente qu'il vient manger à Paris.
Mademoiselle Fanfinette fait un salut très-gracieux à Boniface qui, de son côté, se confond en salutations et jette des regards de côté sur l'autre demoiselle qui ne dit rien et tient ses yeux baissés.
— Et pourquoi m'attendiez-vous, petit Peloton? reprend la modiste après avoir encore examiné Boniface Triflouille.
— Comment, pourquoi!... mais pour vous donner mon bras, et vous offrir à souper... ainsi qu'à mademoiselle votre compagne... que je n'ai pas l'avantage de connaître...
— Je le crois bien, elle n'est à Paris que depuis deux jours...
— Raison de plus pour lui procurer de l'agrément... mon ami qui a cent mille francs de rente va lui donner le bras... Boniface, donne ton bras à mademoiselle...
— Mais non, mais non... Qu'est-ce qui lui prend donc à ce petit Bibille?... Je ne veux pas du tout aller souper avec vous, moi... Je ne vous ai jamais promis cela.
— Oh! vous me l'avez fait espérer...
— Ce n'est pas vrai, vous mentez; je ne vous ai jamais rien fait espérer...
— Est-elle méchante!... soupons toujours. Vous aimez les écrevisses bordelaises, le homard, le saumon... nous en prendrons...
— Plus que ça de poisson! vous voulez donc nous étouffer?...
— Boniface, prends le bras de mademoiselle....
— Mais non, encore une fois!... J'attends quelqu'un qui devait se trouver ici... et ce n'est pas vous!...
— O délicieuse Fanfinette! ne soyez pas si cruelle... vous qui aimez tant les soupers...
— C'est possible, mais c'est selon avec qui.
— Vous voyez bien que celui que vous attendiez ne viendra pas...
— Oh! s'il me jouait ce tour-là!... il n'aurait qu'à porter son amour ailleurs...
— Il est onze heures et demie bientôt, vous avez affaire à un infidèle...
— Il n'est pas encore onze heures et demie, Alexandre va venir...
— Ah! il se nomme Alexandre... Fi! peut-on aimer un homme qui s'appelle Alexandre!
— Eh bien, pourquoi pas? Je vous conseille de parler, vous, qui vous nommez Sibille! un nom de vieille sorcière...
— Est-elle mauvaise!... Voyons, passez votre bras sous le mien... Boniface, prends donc le bras de mademoiselle Nanine... le homard et les écrevisses nous attendent...
Mademoiselle Fanfinette commence à hésiter, parce qu'elle ne voit pas arriver celui qu'elle attendait; le petit Peloton s'aperçoit qu'elle faiblit, et saisit son bras qu'il passe vivement sous le sien; voyant cela, mademoiselle Nanine croit devoir prendre le bras que le monsieur qui est à côté d'elle lui tend depuis quelques instants.
— Après tout, s'écrie la modiste, un souper à quatre, c'est sans conséquence! et puis c'est la faute d'Alexandre! pourquoi ne se trouve-t-il pas au rendez-vous?...
— Oui! oui! c'est sa faute! les absents ont tort, dit Sibille. Allons, en marche et vive la gaieté! Nous allons faire un petit souper, tout ce qu'il y aura de plus régence, de plus fin, de plus délicat... Vous verrez comme Boniface fait les choses!...
— C'est donc votre ami qui régale?
— C'est-à-dire, c'est moi qui commande, mais c'est

lui qui paye : c'est sa manie, il ne veut jamais laisser payer les autres !

Les deux couples se mettent en route. Sibille en avant avec sa jolie modiste à laquelle il parle presque dans le nez, et qui lui dit à chaque minute, en le repoussant :

— Tenez-vous mieux que ça, ou je vous lâche le bras.

Boniface Triffouille, un peu derrière, tenant sous son bras une jeune fille fort gentille, et cherchant dans sa tête ce qu'il pourrait lui dire de galant pour entamer la conversation, et n'ayant encore trouvé que ces mots : Il y a de la crotte... Oh! c'est étonnant comme il y a de la crotte !

Mais les deux couples n'ont pas fait cent pas qu'un grand jeune homme qui courait derrière eux, les atteint, les dépasse, et va se placer devant mademoiselle Fanfinette et son cavalier, auxquels il barre le passage en disant à la modiste d'un ton courroucé :

— Où allez-vous donc comme ça?

— Tiens! c'est Alexandre!

— Oui, c'est moi : au lieu de m'attendre devant votre magasin, comme c'était convenu, vous filez avec un autre... c'est encore gentil.

— Pourquoi n'arrivez-vous pas à l'heure? je n'aime pas attendre, moi...

— C'est bon, nous allons éclaircir cela tout à l'heure... Voyons, monsieur, lâchez le bras de mademoiselle... c'est le mien qu'elle doit prendre.

— Comment! que je lâche le bras de mademoiselle! répond Sibille en faisant une grosse voix et se tenant sur ses pointes pour paraître plus grand. Mademoiselle est avec moi... Pourquoi voulez-vous que je la quitte?

— Pas tant de raisons! Lâchez son bras bien vite!

— Et si je ne veux pas, moi?

— Ah! c'est comme cela!... Je vais te le faire lâcher!... attends.

Et le grand Alexandre applique au petit Sibille un coup de pied dans le derrière qui le fait sauter à six pas plus loin. Mademoiselle Fanfinette crie, le jeune Peloton crie, et la demoiselle qui est au bras de M. Boniface crie encore plus fort et l'entraîne loin de là, en disant :

— On se bat!... on se bat!... Ah! sauvons-nous, monsieur... ils vont nous battre aussi... j'ai peur des hommes qui se battent.

IV

PROMENADE NOCTURNE.

La jeune fille, afin de mieux courir, avait quitté le bras de son cavalier. Celui-ci courait après elle, essayant de la rassurer, en lui disant : — Mademoiselle, n'ayez donc pas peur!... cela ne nous regarde pas... c'est une querelle entre eux... ne courez pas si fort... vous vous ferez du mal... si vous tombiez, vous vous crotteriez...

Enfin, la jeune fille est bien forcée de s'arrêter, car la respiration lui manquait. Boniface la rejoint, il souffle comme un bœuf; il commence à être moins enchanté de sa bonne fortune.

— Se battent-ils toujours, monsieur? demande mademoiselle Nanine, toute suffoquée.

— Comment voulez-vous que je le sache, mademoiselle? vous vous êtes sauvée tout de suite... Voilà cinq minutes que nous courons à travers les rues! nous devons être fort loin d'eux maintenant.

— Vous croyez... Ah! c'est que j'avais si peur!... et puis, quand je suis partie de chez nous, ma mère m'avait tant dit : Quand tu seras à Paris, ne va jamais dans les foules, sauve-toi quand tu verras du monde se battre...

— Vous vous êtes parfaitement souvenue des conseils de madame votre mère. Certainement, ils sont fort sages. Mais ici ce n'était pas positivement une bataille... c'était une querelle particulière... il paraît que ce M. Alexandre est jaloux et fort emporté... Ah çà, mademoiselle Fanfinette, votre amie, n'avait donc pas donné rendez-vous à ce jeune homme qui était avec moi?

— Oh! non, monsieur, ma cousine n'attendait que Alexandre...

— Alors, mon jeune compagnon m'a menti; je commence à croire que cela lui arrive souvent... C'est comme lorsqu'il a dit que j'avais cent mille francs de rente...

— Ce n'est donc pas vrai, monsieur?

— Nullement! Je n'en ai que douze mille, mais je m'en contente, je me trouve très-heureux comme cela...

— Oh! je crois bien... ça fait plus de trente sous par jour, n'est-ce pas, monsieur?

— Oh! oui... ça fait plus que cela. Mademoiselle Fanfinette est donc votre cousine?

— Oui, monsieur, cousine germaine; et comme des personnes du pays nous ont dit qu'elle était très-pimpante à Paris et en chemin pour faire fortune, alors ma mère m'a dit : « Tu vas aller trouver ta cousine, qui gagne beaucoup à Paris, tandis qu'ici, tu as beau travailler et faire des petits bonnets, tu n'amasseras jamais de quoi t'établir... » Mais Fanfinette doit être inquiète de moi... il faut aller la retrouver, monsieur... Croyez-vous que ces messieurs ne se battent plus?

— S'ils se battaient toujours depuis le temps que nous les avons quittés, ils seraient bien endommagés en ce moment! mais ce n'est pas présumable... et puis je ne les ai pas vus positivement se battre ; j'ai vu ce M. Alexandre donner un coup de pied au petit Sibille, et celui-ci lâcher le bras de mademoiselle Fanfinette, en criant comme un âne : voilà tout...

— Ah! moi j'ai eu si peur, j'ai cru que tout le monde se battait... Allons vite les retrouver...

— C'est facile à dire... mais il s'agit de retrouver son chemin. Où sommes-nous ici? Connaissez-vous Paris, mademoiselle?

— Pas du tout, monsieur; j'y suis d'avant-hier seulement. Je suis allée tout de suite chez un de mes oncles qui est portier, et qui m'a fait conduire au magasin de ma cousine.

— Où avez-vous couché?

— Chez ma cousine, monsieur.

— Où demeure-t-elle?

— Ah! je ne sais pas!

— Diable! diable! tout cela devient embarrassant. Je ne connais guère mieux Paris que vous... bien que j'y sois depuis six semaines.

— Et votre ami, qui vous tutoie, il doit aussi vous chercher...

— Mon ami, qui me tutoie, je ne le connais pas mieux que Paris; je m'étais trouvé plusieurs fois avec lui et son cousin... un jeune homme qui est fort bien... aujourd'hui, j'ai offert à dîner à ces messieurs... et je commence à m'apercevoir que j'ai eu tort de me laisser piloter par ce petit Sibille... qui veut qu'on l'appelle Bibille. Enfin, j'aime à croire que tout cela s'arrangera. Tâchons d'abord de retrouver votre cousine Fanfinette; reprenez mon bras, mademoiselle, et remettons-nous en route.

Mademoiselle Nanine reprend le bras de M. Triffouille, qui regarde autour de lui, en disant : — C'est une espèce de carrefour ici.... Vous souvenez-vous par où nous y sommes venus?

— Oh! non, monsieur, pas du tout.

— Enfin, nous étions rue de Rivoli, n'est-ce pas?

— Oui, monsieur; le magasin de modes de Fanfinette est dans cette rue-là.

— Seulement nous ne savons pas le numéro... et j'ai

entendu dire que cette rue-là était extrêmement longue...
Après tout nous demanderons notre chemin...

— Mais il doit être tard, il ne passe plus guère de
monde... Monsieur, si nous allions être attaqués par des
voleurs!

— Allons donc, mademoiselle! Est-ce qu'il y a des
voleurs dans les rues de Paris!...

— Vous croyez qu'il n'y en a pas?

— Dans les maisons, je ne dis pas! mais dans les rues,
jamais! Il passe trop de monde, c'est trop bien éclairé...
les spectacles finissent fort tard, tout cela fait qu'il n'y a
point de danger... Il me semble que nous sommes arrivés
par ce côté... reprenons par-là...

La jeune fille serre avec force le bras de son compagnon; en tout autre moment, Boniface en aurait tressailli
de plaisir, mais toutes nos sensations sont soumises aux
circonstances dans lesquelles nous les éprouvons; et
maintenant que les fumées du vin et du punch commen-
çaient à se dissiper, notre provincial n'est plus aussi
avide de conquête; d'ailleurs les manières, le langage de
mademoiselle Nanine, et le peu qu'elle lui avait dit sur
sa position, suffisaient pour faire voir que cette jeune
fille, qui arrivait de son pays, était encore honnête et tout
à fait sans expérience. Boniface voulait bien faire une
connaissance, mais il ne voulait séduire personne; il
cherchait une maîtresse qui eût de l'acquit, qui ne fût
pas à son début en fait de galanterie; il était trop honnête homme pour chercher à entraîner une jeune fille
innocente dans une mauvaise route, et se disait : « Ce
petit Sibille m'a trompé, il devait me faire connaître une
demoiselle de magasin, il me jette sur les bras une cam-
pagnarde qui est à Paris d'avant-hier!... il prétendait que
la modiste l'attendait avec une amie, ce n'était pas vrai;
à l'avenir je me méfierai de M. Bibille. »

Après avoir marché quelque temps, Boniface et mademoiselle Nanine se trouvent sur une place assez grande,
au milieu de laquelle est un homme à cheval sur un pié-
destal.

La jeune fille pousse un cri : — Ah! qu'est-ce que c'est
que cela!... voyez donc, monsieur, ce grand géant sur un
cheval qui a une queue de serpent!

— Ne vous effrayez pas, mademoiselle, ce doit être...
oui, c'est une statue...

— Vous croyez, monsieur?

— Assurément : dans cette position-là, un vrai cheval
ne resterait pas aussi longtemps les jambes en l'air sans
bouger... ceci me semble logique. Tenez, avançons; vous
voyez, c'est une statue...

— C'est égal, ça me fait peur... s'il allait galoper sur
nous!...

— Ce doit être Louis XIII, ou Louis XIV, ou Louis XV...
oh! non, on n'a pas élevé de statues à celui-là...

— Pourquoi n'en a-t-on pas fait à ce roi-là, monsieur?

— Mademoiselle, parce qu'il avait eu un Parc-aux-
Cerfs infiniment trop peuplé.

— Qu'est-ce que c'est qu'un Parc-aux-Cerfs, monsieur?

— Je vous expliquerai cela une autre fois; en ce moment cela nous distrairait, et nous empêcherait de nous
orienter. Où diable sommes-nous?... nous n'étions pas encore passés par ici... ah! bon, voilà qu'il pleut à présent... Il y a là des voitures, je vous offrirais bien d'en
prendre une, mais où dirions-nous au cocher de nous
conduire?

— Oh! monsieur, je ne veux pas aller en voiture sans
ma cousine.

— D'ailleurs ce ne serait pas le moyen de la retrouver...
ah! une idée.

M. Boniface s'approche d'une voiture et crie au cocher
qui est étendu sur un siège :

— Cocher, où sommes-nous, s'il vous plaît?

Le cocher se frotte les yeux, se redresse et murmure:

— Voilà, bourgeois, montez!...

— Nous ne voulons pas prendre votre voiture, mais je
vous demande où nous sommes, ici?

— Ah çà! est-ce qu'il se fiche de moi, ce particulier-
là?... de me réveiller pour me demander où il est!...
Quand vous aurez fini vos farces! je ne la trouve pas
bonne celle-là.

— Mais, encore une fois, c'est un renseignement que
je vous demande.

— Quand on ne sait pas son chemin, on prend une
voiture et on ne va pas à pied... Il a une femme sous le
bras, et il ne peut pas lui payer une voiture... en voilà
un pané!.. je suis sûr qu'il attend l'omnibus!...

Et le cocher se recouche sur son siège, tandis que ses
camarades se mettent tous à rire, en se permettant des
plaisanteries fort inconvenantes sur ce monsieur qui ne
sait pas où il est. Boniface entraîne sa compagne vers la
première rue qu'il aperçoit, en lui disant: — Venez, mademoiselle, ne restons pas près de ces butors, car je sens
la colère qui me prend... et ce n'est pas le cas de m'y
laisser aller... On assure que les cochers de Paris sont
honnêtes, c'est possible, mais en voilà qui ne sont guère
polis!

— Monsieur, si nous appelions Fanfinette, elle nous
entendrait peut-être?

— Ce n'est pas probable... et ne pas savoir le nom de
cette place où nous étions... car certainement c'était une
place.

— Oh! oui, c'était une place de voitures...

— Heureusement la pluie est peu de chose...

— Mais toutes les boutiques sont fermées... il est plus
de minuit...

— Ah! j'aperçois un homme devant nous... un homme
en blouse, mais j'aime mieux cela, les ouvriers sont en général plus obligeants que les dandys. Pressons le pas...
je vais lui demander où nous sommes.

— S'il vous reçoit comme le cocher, je me sauverai,
moi!

— Il ne peut pas croire que nous voulons monter dans
sa voiture, puisqu'il n'en a pas. Ohé!... dites donc, monsieur, pardon si je vous arrête...

L'individu auquel M. Triffouille vient de s'adresser
est un ouvrier menuisier, qui a reçu sa paye, parce que c'est
samedi, et qui, tout en regagnant son garni, a déjà fait
plusieurs stations dans les cabarets qui se sont trouvés sur
sa route. Cet homme, qui a le vin querelleur, parlait tout
seul et jurait après le dernier cabaretier qui venait de le
mettre à la porte parce qu'il était l'heure de fermer. Lorsqu'il s'entend apostropher par Boniface, il lui met le poing
sous le nez en lui disant : — Tu m'arrêtes, toi !... tu m'arrêtes !... parce que je veux encore boire; parce que ton cabaretier est un feignant qui renvoie les pratiques quand
elles ont envie de rigoler!... mais, essaie donc un peu de
m'arrêter, pour voir!... je te vas donner une tripotée...
je te roule ici... tiens là... et ça ne sera pas long...

— Monsieur, vous vous méprenez!... je n'ai jamais eu
l'intention de vous arrêter. Dieu m'en garde! Je voulais
seulement vous demander le nom de la place que...

— C'est pas tout ça... Tu m'as dit: Je vous arrête!...
T'es une canaille!... je veux te montrer que j'ai pas
froid aux yeux... Allons, aligne-toi, que je te cogne.

Mademoiselle Nanine n'en écoute pas davantage; elle
pousse un cri, lâche le bras de son cavalier, et se sauve.
M. Boniface, qui ne se soucie nullement de faire le coup de
poing avec un ivrogne, se met à courir après la jeune
fille, et M. Dubut, en se lançant de toute sa force contre celui
qu'il veut frapper, ne rencontrant que du vide, tombe sur
le pavé où il vocifère et jure en s'écriant : — Il a fui le
lâche!... que je le rattrape... attends un peu!...

Boniface n'avait garde d'attendre; il courait de nouveau
après sa jeune compagne, en lui criant:

— Mademoiselle !... de grâce !... arrêtez-vous !... Si vous
filez toujours comme cela, nous allons donc passer la

nut à courir dans les rues de Paris; ça ne sera pas amusant! attendez-moi donc. Ah! ma foi, tant pis, mais si vous ne voulez pas m'attendre, vous courrez toute seule... J'en ai assez, moi, j'ai la rate enflée...

Et en effet, M. Triffouille s'arrête et s'asseoit sur une borne contre une porte cochère, et quand mademoiselle Nanine voit que son cavalier ne court plus après elle, elle s'arrête aussi, parce qu'elle n'a pas envie de se trouver seule dans les rues. Puis elle revient même vers Boniface, en lui disant de loin: — Est-il encore sur·vos talons?

— Qui cela, mademoiselle?

— Ce vilain homme qui voulait vous donner une tripotée?

— Eh non, mademoiselle, il n'est pas sur mes talons, il n'y a jamais été... il est étendu sur le pavé où il s'est jeté lui-même... cet homme était gris... je ne pouvais pas deviner cela! il a pris de travers ce que je lui ai dit. Comment voulez-vous faire entendre raison à un ivrogne?... c'est égal, je ne m'adresserai plus aux gens en blouse.

— Ah! monsieur, je vous en prie, ne vous adressez plus à personne pour demander où nous sommes, vous voyez que cela ne nous réussit pas.

— Comme vous voudrez, mademoiselle; cependant quand on ne connaît pas une ville, il est bien difficile de trouver son chemin sans demander.

— Je connais la Madeleine, c'est au bout des boulevards, pas loin de la rue de Rivoli et de l'embarcadère par lequel je suis arrivée à Paris, rue Saint-Lazare.

— Veniez-vous de loin?

— De Caen, monsieur.

— Ah! vous êtes Normande.

— Oui, monsieur. Fanfinette demeure tout près de la Madeleine; si j'étais là, je retrouverais sa maison.

— Diable... mais il faudrait d'abord trouver la Madeleine; moi, je demeure rue des Enfants-Rouges, au Marais; ce n'est pas du même côté, à ce que je crois... d'ailleurs, où sommes-nous à présent?... cette nouvelle course m'a tout désorienté... Ah! voilà un passant en habit, je vais...

La jeune fille se jette sur le bras de Boniface et le retient en s'écriant:

— Ne lui demandez pas où nous sommes, monsieur, je vous en prie, car il voudrait aussi nous battre.

— Puisque vous le voulez... Cependant je ne puis pas me persuader que dans les rues de Paris, on rosse toutes les personnes qui demandent leur chemin... ce ne serait pas un moyen pour y attirer les étrangers et même les provinciaux.

— Marchons, monsieur, marchons vite, nous rencontrerons Fanfinette.

— Marchons, soit. Ah! bon, voilà la pluie qui reprend.

— Oh! cela m'est égal, je n'ai rien à gâter.

— Moi, j'ai un chapeau tout neuf; enfin, c'est un sacrifice à faire...

Le couple se remet en marche. Au bout de quelque temps, mademoiselle Nanine se met tout à coup à crier d'une voix pleurarde:

— Fanfinette!... ma cousine... es-tu par là? réponds-moi!...

— Mon enfant, croyez-moi, ne criez pas comme ça, dit Triffouille en s'arrêtant. Si vous pleurez et si vous appelez ainsi, on va croire que je vous emmène de force... que je vous ai enlevée à votre famille... on m'arrêtera... cela nous causera encore des désagréments.

— Vous croyez, monsieur, alors je ne l'appellerai plus. Ah! quel bonheur! nous voilà sur les boulevards! oh! nous nous retrouverons ici.

En débouchant d'une rue, Boniface et sa compagne venaient, en effet, de se trouver sur un vaste boulevard,

fort bien éclairé au gaz. Ils se sentent soulagés, ils sont tout joyeux et se disent:

— Par ici, nous ne nous égarerons plus.

— Et puis au moins c'est un beau chemin.

— Il faut aller tout droit, et nous arriverons à la Madeleine.

— Oui, mais faut-il tourner à droite ou à gauche?... si nous nous trompons, nous nous éloignerons au lieu d'arriver... vous voyez bien, mademoiselle, qu'il faut absolument que nous demandions.

— C'est vrai! Oh! prenez bien garde.

— Tenez, voilà un monsieur qui passe avec une dame sous le bras, il n'est pas possible que ces gens-là se fâchent de ce que je vais leur demander.

Et s'approchant, le chapeau à la main, des personnes qui viennent de leur côté, Boniface murmure:

— Mille pardons, monsieur; nous ne connaissons pas bien Paris... de quel côté devons-nous prendre pour arriver...

— A l'embarcadère? dit le monsieur.

— Oui, oui! s'écrie la jeune Nanine... près de l'embarcadère...

— Suivez tout droit par là... et il sera devant vous, il n'y a pas à vous tromper.

— Infiniment obligés, monsieur et madame...

— Il n'y a pas de quoi.

Les personnes s'éloignent. Boniface et la demoiselle marchent avec confiance du côté qu'on leur a indiqué.

— Voilà des gens polis, au moins!

— C'est vrai; ils ne se sont pas mis en colère, ceux-là... parce que nous leur demandions notre chemin.

— J'allais lui demander la Madeleine, moi.

— Il nous a dit l'embarcadère, c'est la même chose, puisque c'est tout près de la Madeleine.

— Nous pouvons avancer avec sécurité. Quand vous serez chez votre cousine, je tâcherai de trouver une voiture pour me faire conduire chez moi.

— Vous êtes fatigué, monsieur?

— Ma foi, nous avions dîné au coin du faubourg Poissonnière; de là à la rue de Rivoli c'était déjà loin.

— Je suis bien fâchée de toute la peine que je vous cause, monsieur.

— Oh! mademoiselle, ceci n'est rien... ce serait plutôt un plaisir... si... s'il ne pleuvait pas. Et que comptez-vous faire à Paris, mademoiselle Nanine... car c'est ainsi qu'on vous nomme, je crois?

— Oui, monsieur, Nanine Caillette. Ma cousine doit me placer, me faire entrer dans un magasin de merceries, parce que, pour les modes, elle dit que je ne suis pas encore assez au courant de Paris.

— Fort bien; oui, je conçois, en effet, que pour être modiste, il faille... connaître les modes...

— Comme c'est long les boulevards!

— Oh! très-long; et nous n'avons pas l'air d'être au bout... heureusement c'est très-bien éclairé... C'est drôle. je les ai parcourus déjà plusieurs fois le jour, et le soir je ne les reconnais pas, ils ont un autre aspect... je ne les croyais pas si larges.

— Enfin, il faudra bien que nous arrivions.

— Espérons-le; mais il paraît qu'en courant, nous nous étions bien éloignés de la demeure de votre cousine.

— Je commence à être un peu fatiguée aussi.

— Je le crois... depuis le temps que nous marchons.

— Ah! quel boulevard! il est donc éternel!

— Il y en a plusieurs qui se suivent et changent de nom, à ce que je crois.

— Comme c'est grand Paris!

— Oh! oui... et on a reculé les barrières; il est encore plus grand qu'il ne l'était.

— On a dû allonger ce boulevard-ci.

— C'est bien possible... c'est un embellissement.

— Mon Dieu! je n'en puis plus... est-ce qu'il faudra marcher toute la nuit?

— Un peu de courage... Tenez, dans l'éloignement, j'aperçois beaucoup de lumières.

— Ce doit être la Madeleine... Ah! avançons... allons plus vite.

— Je ne demande pas mieux... C'est égal, ce boulevard a plus d'une demi-lieue.

Nos deux piétons doublent le pas; ils arrivent enfin devant l'immense bâtiment qui termine le boulevard. La jeune fille ouvre de grands yeux, en disant :

— Mon Dieu! je ne reconnais pas la place de la Madeleine!

— Ni moi non plus! s'écrie Boniface, et pourtant j'y suis allé deux fois. Oh! tant pis... voilà des voitures... tous les cochers ne m'avaleront pas. Cocher! ohé! s'il vous plaît... Est-ce que nous ne sommes pas arrivés à la Madeleine, ici?

— A la Madeleine!... oh! vous en êtes loin, bourgeois... c'est l'embarcadère de Strasbourg, ici.

— De Strasbourg! ah! miséricorde!...

— Nous ne sommes donc pas rue Saint-Lazare, monsieur?...

— Non, mademoiselle... c'est le boulevard de Strasbourg, ici.

— Ah! mon Dieu! que je suis malheureuse!... je vais coucher dans la rue!...

Et mademoiselle Nanine se met à pleurer.

— Rassurez-vous, mon enfant, dit Boniface. Je ne vous laisserai certainement pas coucher dans la rue... Mais vous m'avez parlé d'un oncle, portier, chez lequel vous êtes descendue d'abord en arrivant à Paris; vous saviez donc son adresse à celui-là?

— Oui, monsieur... c'était rue de Chabrol, 11, un commissionnaire m'y a conduite.

— Rue de Chabrol, dit le cocher, mais vous y êtes, tenez, à votre gauche, la voilà, et le numéro 11 est tout proche.

— Il serait possible... nous sommes si près de mon oncle Poulard!...

— Alors, mon enfant, je vais vous conduire chez lui, il vous donnera à coucher, et demain vous renverra chez votre cousine.

— Mais, je ne sais pas si mon oncle voudra me donner à coucher... quand je suis arrivée chez lui, il y a trois jours, il m'a laissé vite fait conduire chez Fanfinette, en me disant : Je n'ai pas de place pour toi ici, je ne peux pas te garder du tout.

— C'est d'un bon oncle! mais il faudra pourtant bien qu'il vous garde cette nuit... allons vite rue de Chabrol... ne nous trompons plus... C'est bien celle-là, n'est-ce pas, cocher?

— Oui, oui... vous y entrez...

— Merci!

Cette fois nos coureurs de nuit trouvent bientôt ce qu'ils cherchent. Mademoiselle Nanine reconnaît même la maison où elle est venue déjà. On sonne à une porte bâtarde. La porte reste close, on sonne de nouveau, puis encore.

— Il paraît que l'oncle Poulard a l'oreille dure, dit Boniface.

— Il dort peut-être, et si tous les locataires sont rentrés, il n'ouvrira pas.

— Oh! par exemple, je casserais plutôt le ressort de la sonnette.

Enfin une voix se fait entendre : — Qui est-ce qui se permet de sonner à démantibuler mon ressort... Tout mon monde est rentré... attendez-moi, polissons! Je vais vous jeter mon vase sur la tête...

— Non, monsieur Poulard, ne nous jetterez rien sur la tête, car c'est votre nièce Nanine que je vous amène, et qui vous prie de lui donner à coucher...

— Oui, mon oncle, c'est moi... J'ai perdu Fanfinette dans la rue... je n'ai pas pu la retrouver... je suis avec

un monsieur bien honnête qui a manqué deux fois d'être battu en demandant notre chemin... Ouvrez, s'il vous plaît!

On est quelques instants sans répondre. Enfin la voix reprend : — Quel galimatias me faites-vous là?... ma nièce dans la rue à une heure et demie du matin... belle conduite! et avec un monsieur qu'on a voulu rosser... C'est pas vrai... Si c'est ma nièce, qu'elle aille chez sa cousine, moi je n'ai que ma loge, et à peine de la place pour mon poêle...

— Mon oncle, je passerai la nuit sur une chaise, mais par grâce ouvrez-moi, je tombe de fatigue.

— Ah! sacrebleu! monsieur Poulard! si vous n'ouvrez pas à votre nièce, je casse votre sonnette, je casse vos carreaux, j'appelle la garde, les pompiers, je leur dis que le feu est chez vous.

Ces menaces effrayent probablement M. Poulard, car la porte s'ouvre, Boniface s'empresse de pousser mademoiselle Nanine dans l'allée et de refermer la porte sur elle. Puis il s'éloigne vivement en se disant :

— Ouf!.. Voilà une bonne fortune dont je me souviendrai à présent, prenons vite un fiacre et faisons-nous conduire chez moi.

V

UNE CHAMBRE POUR TROIS DEMOISELLES.

C'était dans une belle maison neuve de la rue de Rivoli, et qui avait au rez-de-chaussée deux fort belles boutiques: une de lingerie, et l'autre de parfumeries. Par une convention établie entre les deux marchands, et pour économiser leurs frais, ils avaient loué, tout au haut de la maison, une seule chambre dans laquelle ils logeaient chacun une de leurs demoiselles de magasin, et de plus celle d'une fleuriste qui avait établi son commerce à l'entresol. On n'avait pas demandé aux trois jeunes filles si cela leur serait agréable de loger en commun, les patrons n'ont pas pour habitude de consulter leurs commis ou leurs apprenties, pour ce qu'ils sont à propos de faire.

Du reste, la chambre était passablement grande, fort bien éclairée et tendue de papier très-frais; elle eût été très-convenable pour une personne seule; mais pour trois, elle était bien exiguë. Il y avait trois lits, ce qui prenait déjà beaucoup de place, bien que l'un d'eux fût placé dans un renfoncement; deux avaient des rideaux. Le troisième, qui n'était qu'un lit de sangle, paraissait fort peu soigné et rarement fait. Près du lit placé dans le renfoncement, et dont les rideaux en perse rose et blanc étaient soigneusement relevés, était une petite commode en noyer, mais bien cirée, bien reluisante; sur la commode un miroir, deux jolis chandeliers, une cassette et plusieurs de ces petits objets sans valeur qui seraient indignes de l'étagère d'une femme à la mode, mais qui sont précieux pour une ouvrière qui en pare sa chambre.

Près de l'autre couchette, qui était entourée de rideaux de mousseline blanche, mais très-chiffonnés et passablement sales, était une fort belle psyché, placée de manière à ce que la personne qui était dans le lit pût se voir dedans. Derrière la psyché était une grande malle, au-dessus un porte-manteau après lequel pendaient des jupes et autres vêtements de femme.

Enfin, sous le lit de sangle, était une caisse en bois blanc, fermant avec un cadenas; sur la caisse un petit miroir, plusieurs bas et un corset en état de réparation. Une petite table d'un carré long, en bois, montée sur quatre pieds, dont un était plus court que les autres, avec un tiroir et des croûtes de pain dedans, était placée contre le lit de sangle. N'oublions pas six chaises pareilles et fort modestes qui doivent appartenir à la chambre, et une cheminée dans laquelle on ne fait jamais de feu, mais qui sert à mettre les vieux souliers et les bottines hors d'état de service.

Cette chambre était habitée par mesdemoiselles Marie, Thélénie et Tontaine surnommée Bouci-boula.

Marie est demoiselle de boutique dans le magasin de la lingère; depuis près de trois ans qu'elle y est, jamais on n'a eu à se plaindre ni de son travail ni de sa conduite; elle a dix-huit ans et demi; c'est une charmante personne: sa taille est plutôt grande que moyenne, mais elle est bien faite, il y a dans ses moindres mouvements quelque chose de gracieux et presque d'élégant, sans que cela soit ni étudié ni prétentieux. Son pied est petit et très-cambré, sa jambe bien faite et sa main mignonne; mais elle ne cherche nullement à tirer parti de tous ces avantages et, dans la rue, ne se retrousse jamais de façon à laisser voir ses mollets.

Sa figure est bien, surtout fort agréable, ce que n'ont pas toujours les visages les plus beaux; son teint est pâle, elle ne brille donc pas par cette extrême fraîcheur qui est souvent toute la beauté d'une jeune fille; mais ses grands yeux bruns sont pleins de charme et de douceur, son front est haut, ses cheveux bruns sont toujours nattés et lissés avec soin: c'est la seule coquetterie de Marie. Enfin, il y a dans cette jeune fille quelque chose qui attire et inspire la sympathie; et lorsqu'elle parle, le timbre agréable de sa voix ajoute encore au plaisir qu'on éprouve à la voir.

Ses compagnes ne lui reprochent que d'être trop sérieuse et de ne point aimer à s'amuser. A cela, Marie répond en souriant:

— Vous vous amusez à la promenade, à la danse; moi, je me plais davantage à lire... chacun à son goût; suivez le vôtre, mais laissez-moi suivre le mien.

Quant aux hommes, il n'en est pas un qui ne désire plaire à Marie. Dans son magasin, il n'y a pour seconde demoiselle qu'une vieille fille assez laide; naturellement tous les hommages se sont tournés vers la jolie fille, mais les galants en ont été pour leurs œillades, leurs soupirs, et les billets doux que quelquefois ils se permettaient de glisser à Marie, qui, devant eux, les déchirait tranquillement sans les lire, en jetait les morceaux à ses pieds.

Quand les amoureux voient qu'on ne veut pas d'eux, ils finissent ordinairement par plier bagage, à moins d'avoir affaire à des *Antony*, à des *Lovelace*, à des *Richelieu*, mais ces séducteurs-là ne se rencontrent plus guère qu'au théâtre; peut-être est-ce parce qu'à la ville, ils n'ont pas besoin de tant se mettre en frais pour triompher.

Lorsqu'on vit que la charmante Marie ne voulait pas avoir d'amant, on cessa de lui faire des déclarations, des propositions, de l'accabler de billets doux et de la guetter dans la rue. Elle en fut très-contente, ce qui prouve qu'elle n'était pas coquette... Il y a donc des femmes qui ne sont pas coquettes? — Assurément, elles ne sont pas en grande quantité, mais enfin il y en a.

C'est mademoiselle Marie qui couchait dans le petit renfoncement, qui avait des rideaux de perse bien frais et une commode bien cirée, enfin qui tenait extrêmement propre le coin de la pièce qui lui appartenait; car ces demoiselles n'ayant qu'une chambre pour elles trois, en avaient adopté chacune une partie, et pour que l'une n'empiétât pas sur le domaine de l'autre, avec un morceau de blanc d'Espagne, elles avaient, sur le carreau, tracé les lignes de démarcation, ne laissant de commun qu'un petit carré à l'entrée de la chambre et qui était censé le parloir.

Le lit à rideaux de mousseline, la psyché et la malle placée derrière, sont dans la partie de la chambre adjugée à mademoiselle Thélénie, qui est demoiselle dans le ma-

gasin de parfums, de cosmétiques, de savons et de flacons.

Mademoiselle Thélénie a vingt et un ans; c'est une grande et belle fille, robuste mais bien bâtie: elle a les épaules larges, les hanches bien accusées et la jambe un peu forte mais bien tournée; son teint est légèrement brun, et tout en elle annonce de ces natures chaudes, impétueuses, ardentes au plaisir, et que rien n'intimide; enfin, de ces femmes dont les volontés ne plient point facilement devant les autres. Mademoiselle Thélénie a une fort jolie tête, des cheveux très-noirs, des yeux de la même couleur, tour à tour tendres, voluptueux et passionnés; ses sourcils sont fins et bien arqués, sa bouche petite, ses lèvres un peu fortes mais roses, gracieuses, souriantes et laissant voir de belles dents; tout cela forme un ensemble très-séduisant, et cette demoiselle y ajoute encore par de petites mines coquettes, quand elle voit qu'elle est lorgnée par un joli garçon.

Mais si elle est coquette, du moins Thélénie ne s'en cache pas, elle ne connaît pas de plus grand bonheur que de plaire, de faire des conquêtes. Inutile de dire qu'elle adore la toilette, aussi est-elle bien heureuse de posséder une psyché, cadeau qui, soi-disant, lui a été fait par un de ses oncles. Pour elle, une psyché est le meuble le plus nécessaire, le plus indispensable, et si elle se trouvait avoir absolument besoin d'argent, elle aimerait mieux vendre ses matelas et coucher sur une planche que de se défaire de cette belle glace, dans laquelle elle peut se voir de la tête aux pieds.

Avec de telles dispositions au plaisir, à la parure, on doit présumer que la belle Thélénie ne rebutait pas les galants. Cependant pour être écouté par elle, il était indispensable d'être fort bien mis, de suivre les modes, d'avoir de l'argent à dépenser et de porter des gants.

Du reste, cette jeune fille n'était point méchante; elle aimait à obliger; quand elle était en fonds, son bonheur était de régaler ses amies, ses compagnes; un peu vive, un peu emportée quand on la contrariait, elle se réconciliait aussi promptement qu'elle s'était fâchée. Il n'y avait qu'un point sur lequel elle n'entendait pas raison: il ne fallait pas chercher à lui enlever ses amoureux, alors c'était une lionne et elle eût été capable de tout pour se venger.

La dernière demoiselle de magasin qui fait partie de cette trilogie, est mademoiselle Tontaine, dite Bouci-boula, que nous avons déjà rencontrée le soir, allant retrouver ses parents à Montmartre. Celle-ci est employée dans le magasin de fleurs artificielles situé à l'entresol. Vous savez que c'est une grosse fille toute ronde, ni belle ni laide, qui est excessivement gourmande, et adore surtout le poulet rôti, d'autant plus qu'il est bien rare qu'elle en mange.

C'est mademoiselle Tontaine qui possède la partie de la chambre où l'on trouve un lit de sangle, une table ébréchée, une caisse en bois blanc, un miroir, des savates et des bas sales.

V

THÉLÉNIE A SA TOILETTE.

On était au dimanche matin; Marie avait achevé sa modeste toilette et s'occupait à faire son café sur un petit fourneau en terre, placé à l'entrée de la cheminée. Il était neuf heures passées; Thélénie venait seulement de se lever et commençait à s'habiller. Elle regardait de tous côtés dans le tiers de la chambre qui lui appartenait en murmurant:

— Où donc est-il... où l'ai-je fourré?... il me semble

Thélénie à sa toilette. (Page 16.)

bien que je l'avais posé là... sur ma malle... je m'en
suis encore servie hier matin... Ah! quelle scie de ne
jamais trouver ses affaires!...

— Que cherches-tu donc, Thélénie? demande Marie
en versant son café dans son lait.

— Mon démêloir, mon beau peigne en écaille...Tu ne
l'as pas vu?

— Tu sais bien que jamais je ne touche à tes affaires!...

— C'est vrai; mais cependant j'avais un démêloir... Il
me le faut... je le veux... avec ça que je suis déjà en
retard pour m'habiller... j'ai été paresseuse... ô mon
peigne!... mon royaume pour un peigne!... il y a un roi
qui a dit cela, n'est-ce pas?

— D'abord ce n'est pas pour un peigne, c'est pour un
cheval...

— Oh! tu es savante, toi; ce n'est pas étonnant, tu lis
toujours... Sapristi, où est mon peigne?

— As-tu vu chez Tontaine?

— Oui... j'ai regardé, car elle ne se gêne pas pour se
servir de nos affaires celle-là!... mais je n'ai pas trouvé.
Ah! j'ai oublié de regarder dans le tiroir de sa table...
voyons donc... juste!... le voilà!... au milieu de frag-
ments de galette, de pain d'épice, de quatre mendiants...
et une dent de cassée!... Ah! quelle horreur!... ah! la
malheureuse! elle m'a cassé une dent... un beau peigne
que je n'avais que depuis un mois... c'est M. Jules qui
me l'avait donné... mais c'est affreux! on ne peut donc
rien avoir ici!... c'est donc cela qu'elle l'avait serré dans
son tiroir, elle qui ne serre jamais rien!... Ah! je l'ar-
rangerai bien ce soir quand elle rentrera... je lui donnerai ma main quelque part...

— Cela ne mettra pas une dent à ton peigne.

— Au fait, tu as raison; et cette pauvre Tontaine, elle
est si panée!... elle n'a jamais le moyen de rien s'acheter; il est vrai que dès qu'elle a deux sous elle les mange
en chatteries. Ah! bon, elle a laissé des cheveux après...
c'est une attention dont elle aurait pu se dispenser.

La belle Thélénie s'est assise devant sa psyché et commence à se coiffer.

— Il faut que je me fasse élégante aujourd'hui; je
suis d'un grand déjeuner au bois de Boulogne... nous
serons douze... des jeunes gens tous du meilleur genre
avec leurs dames...

— Tu veux dire leurs maîtresses sans doute?

— Dames... maîtresses... épouses... ça m'est égal..
je ne cherche pas à pénétrer dans la vie privée des so-
ciétés que je fréquente, ça mènerait trop loin; et si tu
crois que dans le monde, il ne se glisse pas des mariages
en détrempe...

— Oh! je ne dis pas le contraire.

— Et toi, Marie, que fais-tu aujourd'hui pour ton dimanche?

— Moi, mais toujours la même chose... j'irai louer
des livres chez le libraire ici près, je lirai.

— Je ne te conçois pas!... Sais-tu que tu passes bien
tristement ta jeunesse!

— Mais je ne trouve pas, moi. J'adore la lecture, cela
instruit... de ce qu'on a lu, il reste toujours quelque
chose.

— Mais à dix-huit ans et demi... passer tous ses dimanches seule dans une chambre à lire... est-ce que
c'est vivre cela?... Tandis que gentille comme tu l'es...
car tu es très-gentille aussi, toi, si tu voulais, on ne demanderait qu'à te procurer de l'agrément.

— Oui, mais je ne veux pas.

C'est moi, belle Thélénie. (Page 19.)

— Pourquoi?

— Parce que ce n'est pas mon goût... et puis enfin où cela mène-t-il tout cela... quelle est la suite de ces parties de plaisirs, de ces fêtes... des amoureux qui vous trompent et vous abandonnent.

— Ah! que tu es niaise... mais, au contraire, c'est nous qui les abandonnons, qui les quittons quand ils ne nous plaisent plus.

— Ah! Thélénie! c'est mal ce que tu dis là... Comment est-on regardée ensuite?... ah! tu as tort...

— Tiens, laisse-moi tranquille; d'ailleurs, nous ne nous accordons jamais sur ce chapitre-là, ce n'est pas la peine d'y revenir... Je te demandais ce que tu ferais aujourd'hui, parce que si tu avais voulu venir avec nous, être de cette partie de campagne, certainement tu te serais amusée, tu aurais trouvé là Edelmone... cette grande blonde qui est si romantique... qui ne rêve qu'aventures extraordinaires, qui voudrait être enlevée, qui mangerait du pain sec pour aller voir jouer *Dumaine*...Tu la connais, elle est venue me voir ici.

— Oui, elle m'a fait l'effet d'être à moitié folle.

— Dame! tout le monde n'est pas sage comme toi... Je crois qu'il y aura aussi Fanfinette, la modiste; tu la connais aussi... mais je ne l'aime pas beaucoup celle-là! Voyons, veux-tu venir?

— Merci... Si c'était une petite réunion de famille... à la bonne heure.

— Avec ça que c'est gai, les réunions de famille!... quand je vais chez ma tante, je bâille à me décrocher la mâchoire; aussi on ne m'y voit pas souvent... Et toi, Marie, tu n'as donc pas de parents chez lesquels tu pourrais aller passer tes dimanches? Tu es donc tout à fait orpheline?

Le front de la jeune Marie se rembrunit, elle baisse ses regards vers la terre et répond d'un air triste:

— Non, je n'ai plus de parents... je suis seule... personne dans le monde ne s'intéresse à moi...

— Cependant tu ne t'es pas élevée toute seule?

— Une bonne dame, qui avait connu ma mère, s'est chargée de mon enfance... puis m'a fait apprendre à travailler... et enfin m'a fait entrer dans le magasin où je suis.

— Et cette bonne dame?...

— Elle est morte il y a un an.

— Alors, tu es libre comme l'air... et à ta place, je m'en pousserais de l'agrément; mais enfin, ce n'est pas ton idée... les opinions sont libres, comme dit Jules quand on parle politique. A propos de politique, où ai-je mis ma crinoline... ah! la voilà... fichtre, il y a un cercle qui est défait... ah! mon Dieu! il faudrait le recoudre... je ne suis pas encore coiffée... je n'aurai jamais le temps, et le rendez-vous est pour dix heures... Ah! ma petite Marie, si tu voulais... toi qui es si adroite, qui couds si bien.

— Voyons, donne-moi ta jupe.

— Ah! que tu es gentille... tiens, la voilà. Mon Dieu! que cette mode-là est bête!

— Pourquoi portes-tu de la crinoline, alors?

— Parce que c'est la mode, il faut bien s'y conformer; mais, à coup sûr, ces cages à poulets ont été inventées par les femmes bâties comme des manches à balais... et, Dieu merci, je n'en suis pas là!... Débarbouillons-nous; oh! j'aime l'eau... les Turcs ne sont pas si bêtes avec leurs ablutions... car ils en font ceux-là... tu as dû voir cela dans tes livres... Mon savon, où est mon savon? ah! en voilà un qui est un peu parfumé... sens cela.

2

— Oui, il est à la violette.

— L'odeur que je préfère ; c'est monsieur qui m'en a fait cadeau hier au soir... il est très-aimable pour moi, monsieur, et si je voulais...

— Quoi... ton patron?

— Oh mais, il n'y a pas de danger!... les hommes mariés ne me sont rien... je leur dis : Mon cher monsieur, si vous vouliez faire vos farces, il ne fallait pas vous marier... voilà... on est libre ou on ne l'est pas; et puis la patronne qui est jalouse comme une tigresse... Ah! bien, si on écoutait son Loulou... elle vous aurait bien vite mise dehors. Ce n'est pas que je tienne à sa maison... mais en voilà six que je fais, et toujours changer, ça fait croire que vous n'êtes bonne à rien. Oh! quel délicieux savon... il me semble que je suis une violette... il faudra que je dise à Jules de s'en acheter... avec ça que ces messieurs empoisonnent toujours le tabac; encore une jolie mode. Ah! que les hommes sont... je ne dis pas le mot, mais on le devine... il y a une chanson là-dessus! Je mettrai ma jolie robe à dispositions... d'autant plus que je n'en ai pas d'autre en bon état.

— Tu n'en manques pourtant pas de robes!

— Non, mais à chacune il y a quelque chose à faire... on se déchire si vite... en jouant... moi je n'aime pas à me tenir tranquille... tra la la, tra la la... connais-tu cette polka-là?

— Est-ce que je connais des polkas, moi!

— C'est vrai! j'oublie toujours que je parle à Minerve! Minerve, c'est la déesse de la sagesse, n'est-ce pas?

— Mais oui.

— Je ne suis pas aussi ignorante que j'en ai l'air... la mythologie, l'histoire des dieux et des déesses, cela m'amusait même beaucoup... Ce M. Jupiter, qui se change en cygne, en vache, en pluie d'or pour séduire des femmes... c'est très-polisson... mais je confondais toujours cela avec l'histoire romaine... il me semblait que Cléopâtre et Junon c'était la même chose... Me voilà coiffée... suis-je bien?

— Très-bien.

— Toi, tu trouves toujours qu'on est bien.

— Non, pas toujours! car je ne dis jamais à Tontaine qu'elle est bien.

— Cette pauvre Tontaine! elle a des cheveux comme de la laine... et toujours emmêlés... de vrais nids d'oiseaux; mon peigne ne pouvait pas y résister.

— Tiens, voilà ta crinoline.

— Ah! merci, ma petite Marie; si je puis t'être agréable en quelque chose... Ah! veux-tu que je demande pour toi des billets de spectacle à Jules, car tu aimes le spectacle?

— Oh! oui, beaucoup. Mais avec qui irais-je? Madame m'a permis d'y aller deux fois avec sa mère... mais ces occasions-là sont si rares!

— Ah! mon Dieu! c'est dix heures qui sonnent, je crois?

— Mais oui.

— Et je ne suis pas prête à être prête... Tant pis, après tout... on m'attendra, on en viendra me chercher ici.

— Te chercher ici? Comment, est-ce que tu aurais permis à M. Jules de monter à notre chambre?

— Pourquoi pas! quel mal... ce jeune homme est fort bien mis.

— Mais que pensera le portier?

— Est-ce que le portier de cette maison voit quelque chose! il est bien trop occupé à lire les journaux... et puis Jules a une très-bonne habitude, il passe devant les portiers sans jamais rien demander.

— Mais on peut croire...

— On croira ce qu'on voudra, je m'en moque pas mal...

— Mais cette chambre nous est commune, et...

— Ce n'est pas ma faute; pourquoi nous fourre-t-on

trois dans la même chambre?... en voilà de la vilenie... de la rapacité... encore si nous travaillions dans le même magasin, cela se comprendrait un peu... mais non, nous sommes dans trois commerces différents et les patrons s'entendent pour nous nicher dans une même chambre. O économie! tu es une belle chose, quand on ne te pousse pas trop loin! Qu'est-ce que ma psyché a donc aujourd'hui?... je ne me vois pas si bien dedans; ce qui m'enrage, c'est de penser que quand je ne suis pas là, cette grosse vilaine masse de Bouci-boula vient se mirer dans ma psyché.

— Est-ce que tu penses que ça l'use?

— Non, non; je sais bien que ça ne l'use pas... mais c'est égal, ce n'est pas pour cette demoiselle qu'on m'a fait ce magnifique cadeau... car on peut dire que c'est un cadeau magnifique.

— Il faut l'enfermer quand tu sors.

— Ah! si je le pouvais... ce n'est certes pas pour toi que je dis cela, Marie; oh! tu peux t'y mirer toute la journée, je n'y trouverais pas à redire. Mais tu n'es pas coquette, toi, tu ne t'y regardes jamais... tandis que cette Bouci-boula... vous verrez que quelque jour elle y fera comme à mon peigne.

— Elle lui cassera une dent?

— Oh! si cela arrivait... Eh bien, ma ceinture... il suffit qu'on veuille se dépêcher pour qu'on ne trouve rien de ce qu'on cherche.

Mademoiselle Thélénie visite le porte-manteau, fouille dans sa malle qui lui sert de commode, jette à terre trois ou quatre robes et tape des pieds avec impatience en s'écriant :

— Oh! ma ceinture! ma ceinture... un superbe ruban qui sort des fabriques de Saint-Etienne et qui m'a été donné par ce jeune Israélite qui est si galant... et qui m'a promis de m'en rapporter encore à son retour.

— Mais regarde donc, il me semble qu'elle est attachée à ton rideau, ta ceinture.

— Tiens! c'est vrai, étourdie que je suis, et je l'avais piquée là, hier soir, exprès pour ne point la chercher ce matin... mais j'ai si peu de mémoire. Des épingles... des épingles... vous verrez que je manquerai d'épingles.

— Et M. Jules, il ne trouve pas mauvais qu'un autre que lui te donne des ceintures?

— Par exemple, je voudrais bien voir qu'il le trouvât mauvais... d'ailleurs l'autre est son ami.

— Et il doit toujours... t'épouser, M. Jules?

— Il doit toujours... si je le veux toujours... Des épingles! des épingles!

— Comment! ne serais-tu pas heureuse d'être sa femme... est-ce que tu ne l'aimes plus?

— Si fait... c'est-à-dire modérément... moins que je ne croyais... Bon! je me pique à présent... Heureuse d'être sa femme... hum! je ne sais pas trop... j'ai étudié ce jeune homme, je me suis aperçue qu'il avait un défaut capital.

— Bah! et lequel donc?

— Il parle du nez.

— Ah! ah! c'est cela qui t'empêcherait de l'épouser?

— Dame! un mari qui me ferait l'effet d'un canard, ça finirait par me donner envie de l'accommoder aux navets.

— Que tu es bête! il ne parlait donc pas ainsi quand il a fait ta conquête?

— Oh! non... beaucoup moins... il se contraignait sans doute, mais maintenant il tire tout à fait sa voix de son nez... c'est un vrai mirliton.

— Ah! Thélénie! j'ai bien peur que tu n'aimes plus ce jeune homme!

— Ma foi, j'en ai peur aussi! Quand je dis que j'en ai peur, ça m'est bien égal! il se consolera... on se console toujours... et puis franchement il est trop petit pour un homme; il ne me va qu'aux oreilles. Quand j'ai fait sa connaissance, j'ai cru qu'il grandirait, il a l'air si jeune !... mais il a vingt-deux ans, c'est fini, il restera nain. Ah ! enfin, voilà ma ceinture qui va bien... me voilà habillée.

— Et tu n'es pas chaussée.

— Ah ! c'est vrai ! c'eût été joli, aller rejoindre ma belle société en pantoufles.

En ce moment, deux petits coups sont frappés à la porte. La jeune Marie fait un bond sur sa chaise en disant :

— Ah ! mon Dieu... on frappe chez nous ?

— J'ai bien entendu !.. qui est là ?

— C'est moi, belle Thélénie... moi, Jules... vous n'arrivez pas, je viens vous chercher.

— Attendez, on va vous ouvrir. Ouvre, Marie ; moi, tu vois bien que je ne peux pas : je mets mes bottines.

VII

LE MÉDECIN DES ANES.

Marie a ouvert la porte. Un jeune homme passe sa tête en disant :

— Peut-on entrer ?

— Mais apparemment puisqu'on vous ouvre... est-il bête, ce petit Jules !

A ces douces paroles de sa maîtresse, le personnage qui vient de montrer sa tête, répond par un sourire gracieux et ne fait qu'un bond dans la chambre, tandis que la jolie lingère est retournée s'asseoir dans la partie de la pièce qui lui appartient.

M. Jules est tout jeune : vingt-deux ans au plus, et il en paraît à peine dix-huit ; il est fort gentil de figure, et assez bien pris dans sa petite personne ; il est seulement fâcheux que sa taille soit si exiguë ; elle n'atteint pas cinq pieds ; mais le jeune homme en a pris son parti, et, comme il est fils de parents riches, que par conséquent il a toujours de l'argent dans ses poches, cela ne l'a pas empêché d'être recherché par le beau sexe, et surtout par celui avec lequel il faut constamment financer. Cependant ce jeune homme n'est pas extrêmement généreux, il ne fait des cadeaux que lorsqu'il ne peut pas faire autrement ; d'ailleurs ses parents, qui sont dans le commerce, trouvent qu'il n'a pas assez de goût au travail et beaucoup trop de penchant pour le plaisir ; c'est pourquoi, depuis quelque temps, ils sont moins disposés à garnir sa bourse qu'il vide trop facilement.

Le petit Jules est arrivé d'un bond au milieu de la chambre ; là il fait une pirouette digne d'un danseur de théâtre ; seulement, après l'avoir commencée dans le carré dit la salle d'attente, il va la finir dans la partie qui appartient à Marie, et d'un coup de pied renverse son fourneau, sur lequel heureusement il n'y avait plus rien.

— Bon ! le voilà déjà qui commence ses folies ! dit Thélénie. Quel sauteur que ce petit bonhomme !... Mon cher ami, vous auriez dû vous engager au cirque Dejean, vous auriez peut-être eu des succès comme Léotard !

— C'est possible... on ne sait pas !.. oh ! si j'avais un trapèze... pardon, mademoiselle Marie, est-ce que j'ai cassé votre fourneau ?

— Oh ! ce n'est rien, monsieur, il n'y a pas grand mal.

— Eh bien, messieurs ! entrez donc, est-ce que vous restez sur le carré ?

— Comment ! Jules, vous avez du monde avec vous ?

— Oh ! deux messieurs, seulement ! Fraisinet... l'étudiant en médecine... qui se moque si bien de mademoi-

selle Edelmone... qui la fait constamment endêver, et puis un de ses amis, un artiste... qui est très-bien.

L'étudiant en médecine vient de faire son entrée dans la chambre de ces demoiselles. C'est un jeune homme assez grand, fort maigre, plutôt laid que beau, qui a une figure assez avenante, mais fort peu spirituelle. Il s'incline devant les deux demoiselles en murmurant :

— Nous sommes indiscrets ?

— Mais non ! dit le petit Jules, Thélénie met ses bottines... cela peut se mettre devant le monde... Ah ! si elle avait changé de chemise...

— Croyez-vous, alors, que je vous aurais laissé entrer, impertinent !

Et mademoiselle Thélénie accompagne ces mots d'un regard dans lequel il y a plus de malice que de sévérité.

Un troisième personnage entre dans la chambre. Celui-ci est Edouard Roger, le dessinateur sur bois qui assistait au dîner donné par M. Boniface Triffouille.

Vous savez déjà que ce jeune homme est fort joli garçon et qu'il a de très-bonnes manières ; aussi son entrée fait-elle sensation ; la belle Thélénie se regarde dans sa psyché, repasse ses doigts sur ses cheveux, jette un coup d'œil sur sa toilette , puis, tout en achevant de lacer sa bottine, remonte un peu sa robe, afin de laisser voir la naissance d'un mollet qui est fort bien placé.

Quant à Marie, qui a d'abord paru contrariée, en voyant plusieurs jeunes gens entrer dans la pièce qu'elle habite, son front semble moins sévère lorsqu'elle répond au salut que lui fait le nouveau venu.

— Je suis en retard et vous venez me gronder, dit la parfumeuse.

— Au contraire, le rendez-vous a été remis à onze heures, à cause d'une de ces dames qui ne peut pas être libre avant ; et je venais vous dire qu'il était inutile de trop vous presser.

— Tant mieux... au moins on a le temps de s'habiller.

— Il me semble que vous l'êtes.

— C'est égal, reprend Thélénie en faisant une foule de petites mines coquettes, ce Jules aurait dû au moins nous prévenir qu'il amenait ces messieurs. Notre appartement n'est pas fait...

— C'est nous qui n'aurions pas dû venir si matin chez ces dames, dit Roger.

— Oh ! monsieur, ce n'est pas qu'il soit trop matin... c'est que j'ai été paresseuse... Mais asseyez-vous donc, messieurs...

— Ne faites pas attention à nous, mesdemoiselles.

— Oui, oui, dit le petit Jules, habillez-vous comme si nous n'étions pas là. Messieurs, savez-vous que c'est ici le séjour des Grâces ?

— Alors, dit Fraisinet, nous pouvons chanter le chœur du Calife de Bagdad :

> C'est ici le séjour des Grâces !
> Leur mère est présente à nos yeux !
> Doux plaisir, volez...

— Assez ! assez ! Fraisinet ; quand celui-là se met à chanter, ça me donne envie de miauler.

— Mais ordinairement les Grâces sont trois, dit Roger, et je n'en vois que deux.

— Oh ! la troisième n'est pas trop à regretter... quoiqu'elle soit grasse, dans toute la force du terme. C'est mademoiselle Bouci-boula, fleuriste.

— Je n'ai pas l'avantage de la connaître.

— Pardon, dit l'étudiant en médecine, en regardant à ses pieds, mais que signifient donc ces raies blanches tracées sur le plancher ?... Est-ce que ces demoiselles s'exercent à jouer à la marelle ?

M. Fraisinet s'adressait alors à Marie, qui rougit en balbutiant :

— Non, monsieur, ce n'est pas pour jouer que nous

avons tracé ces lignes... mais...c'est que... c'est afin de...

— Mon Dieu! Marie, pourquoi s'en cacher? dit Thélénie en interrompant la lingère. Après tout, ce n'est pas un crime de n'avoir qu'une chambre pour trois! La faute est à ceux qui nous logent. Oui, messieurs, nous demeurons trois dans cette pièce, et pour nous y reconnaître un peu, nous avons tracé des raies blanches qui marquent le logement de chacune.

— Tiens, mais c'est fort ingénieux cela.

— Vous, monsieur Fraisinet, dans ce moment vous êtes chez Bouci-boula.

— Ah! diable... Eh bien, je n'en ferai pas compliment à cette demoiselle! Cette partie de la chambre n'est pas la mieux tenue.

— Et moi j'ai un pied chez vous, Thélénie, dit le petit Jules en se mettant à cheval sur une des lignes blanches.

— Le plus souvent que je vous laisserai prendre un pied chez moi... Allez donc dans le vestibule, s'il vous plaît.

Et la belle brune repousse assez brusquement son petit amoureux, qui cette fois va sauter dans la partie réservée à mademoiselle Tontaine, et se laisse aller sur la table qui n'est pas de force à supporter le moindre choc; elle tombe et dans sa chute brise un de ses meilleurs pieds.

— Bravo! il brise les meubles à présent. Tout à l'heure c'était le fourneau de Marie, à présent c'est la table de Tontaine... il paraît que vous êtes dans votre jour... mais au moins n'ayez pas le malheur de venir tourner près de ma psyché.

— Ah! la psyché! cadeau de votre oncle!... eh! eh! car c'est votre oncle qui vous a fait ce superbe cadeau, n'est-ce pas?

— En tout cas, soyez tranquille, on sait bien que ce n'est pas vous. Quand vous ferez des cadeaux de cette *conséquence*, c'est qu'il pleuvra des perles!

— Assez... belle Thélénie; si vous ne m'aviez pas repoussé un peu vivement, je n'aurais pas fait ce grand écart. Mais ces messieurs sont témoins que la table était boiteuse et ne tenait à rien.

— Nous sommes seulement témoins que tu as brisé cette table, et que tu dois la remplacer, dit l'apprenti docteur.

— Eh bien, c'est bon! on en achètera une autre, et voilà tout.

— Oui, cela ne vous coûte rien de promettre, mon petit, dit Thélénie, mais depuis quelque temps vous devenez terriblement rat!...

— Moi! je deviens rat!...

— Oui, oui, et je veux vous faire honte devant vos amis... Figurez-vous, messieurs, que me trouvant assez souvent au spectacle avec Jules, je me sentais souvent indisposée par la chaleur... et je n'avais point d'éventail pour me procurer un peu d'air, ce qui au spectacle me semble un objet de première nécessité pour une dame. N'êtes-vous pas de mon avis?

— Entièrement, dit Roger.

— C'est-à-dire, ajouta Fraisinet, qu'un éventail est, pour une dame, aussi nécessaire que du papier à cigarette pour un fumeur.

— M. Jules faisait la sourde oreille... mais je lui répétai tant qu'il me fallait un éventail, qu'enfin il se décida à m'en promettre un. Cependant l'éventail demandé n'arrivait pas, lorsqu'un soir monsieur accourut me chercher, en me disant:

— On donne une pièce nouvelle... ou une reprise à l'Ambigu-Comique, c'est une pièce très-curieuse... Je veux vous y mener.

Moi, je me laisse emmener. Mais jugez de ma surprise, lorsqu'au contrôle on me présente un éventail. Je l'accepte, en disant à Jules:

— Qu'est-ce que cela veut dire?

Et il a le toupet de me répondre :

— Vous désiriez un éventail, j'en avais déposé un au théâtre en louant des places.

Moi, je gobe ça, je donne là-dedans. Cependant l'éventail n'était pas beau, et je ne pus m'empêcher de lui dire :

— Vous ne vous êtes pas ruiné.

Mais jugez de mon étonnement, lorsqu'en regardant autour de moi dans la salle, je vois toutes les dames s'éventer avec un éventail tout pareil au mien. Et cet effronté-là qui se met à rire, en me disant:

— Vous voyez bien que votre éventail est tout ce qu'il y a de plus à la mode, puisque toutes les dames en ont de semblables!

Malgré cela j'avais des soupçons, et dans l'entr'acte je questionne l'ouvreuse, qui me répond:

— Madame, ceci est une galanterie de l'administration; depuis qu'on donne cette pièce, elle fait ainsi distribuer des éventails à toutes les dames des loges, de l'orchestre et de la galerie.

Voilà, messieurs, pourquoi Jules avait tant mis d'empressement à me mener au théâtre, et de quelle manière il m'a fait cadeau d'un éventail.

Pendant le récit de Thélénie, Jules rit comme un fou, en se roulant sur le lit de sangle; ses deux compagnons ne peuvent s'empêcher d'en faire autant, et l'étudiant murmure:

— Diable! mais notre ami Jules est plus fort que je ne croyais.

La belle brune, qui a enfin achevé de lacer ses bottines, et qui ne cesse point de faire des mines coquettes en regardant Roger, va derechef se mettre devant sa psyché, où elle pince de nouveau son corsage, en disant:

— Monsieur est artiste... peintre, je crois?

— Pas peintre positivement, mademoiselle, mais dessinateur. Cependant je peins aussi quelquefois, quand j'ai le temps.

— Faites-vous des portraits?

— Oui, au crayon, mais à l'huile... je n'oserais pas encore... je n'ai fait que quelques ébauches.

— Mon cher monsieur Roger, prenez garde à vous! dit Jules, toujours assis sur le lit de sangle, on veut vous tirer une carotte... Je vois venir la parfumeuse; elle va vous prier de lui faire son portrait: c'est bien pis qu'un éventail cela!

— Mais si cela pouvait être agréable à mademoiselle d'avoir son portrait au crayon, je serais très-heureux d'avoir un si charmant modèle...

— Ah! monsieur, vous êtes bien bon... je craindrais d'abuser... Oh! mais c'est égal, j'accepte!...

— Elle accepte! parbleu c'était sûr! Prenez garde, Thélénie, monsieur ne dessine que l'histoire.

— Jules, tâchez de vous taire, et de ne point casser le lit de Tontaine. •

Tonton! tonton! tontaine! tonton!

— Il est vieux cet air-là... il est comme son lit.

Cependant le jeune artiste avait attaché ses regards sur Marie, qui travaillait à l'aiguille et se sentait tout embarrassée, parce que, bien qu'en ayant les yeux baissés sur son ouvrage, elle s'apercevait fort bien que le jeune homme l'examinait. Comment faisait-elle pour voir cela en tenant ses yeux sur son ouvrage? Ceci est un secret que possèdent toutes les femmes, elles voient par les oreilles.

— Une seule chambre pour trois! murmure l'étudiant en médecine, en examinant la pièce. Vraiment, ce n'est pas hygiénique... Si l'une de vous avait la petite vérole ou seulement la rougeole, elle la communiquerait bien probablement à ses compagnes!

— Ah! on s'inquiète bien de notre santé!

— Moi, dit Jules en essayant de faire une culbute sur le lit de sangle, je m'en moque! j'ai été vacciné.

— On le voit bien, murmure Thélénie en haussant les épaules.

— Mais si vous étiez malades, mesdemoiselles, voilà Fraisinet, docteur en herbe... je dis en herbe, parce qu'il vous conseille toujours de prendre du bouillon aux herbes... qui se ferait un plaisir de vous soigner... de vous purger... de vous *clysterium donare*. Il a déjà guéri l'âne de notre laitière...

— Mesdemoiselles, ne prenez pas en mauvaise part ce que vous dit cet avorton. Oui, j'ai guéri un âne... et si je guérissais tous les ânes malades, je crois que ma fortune serait bientôt faite...

— Qu'avait-il donc cet âne que vous avez soigné, monsieur?

— Mademoiselle, il faut vous dire d'abord que notre laitière nous apporte du lait depuis plus de quinze ans... c'est une bonne paysanne qui m'a vu tout enfant et avec laquelle j'aime assez à causer. Elle est sans façon avec moi; dernièrement elle me dit :

« Mon grand garçon... autrefois elle me disait mon petit garçon... naturellement elle a changé... »

— Plus tard elle te dira mon vieux garçon... Va toujours!

— Elle me dit donc :

« Mon grand garçon, vous étudiez la médecine, donc alors vous apprenez à guérir les personnes qui souffrent?

— Oui, mère Claude, lui dis-je... Pourquoi me demandez-vous cela? est-ce que vous êtes malade?... »

— Il paraît que ce sera long! dit Jules en s'étendant sur le lit de sangle, je me couche.

« Non, .non bon ami, me répond la laitière; car elle m'appelle aussi son bon ami... »

— Ah! sapristi! cela devient effrayant... je demande un bonnet de coton.

— Jules, taisez-vous et laissez-nous écouter le docteur...

— Si vous l'appelez docteur, il n'y a plus de raison pour qu'il se taise.

« Non, mon brave garçon, ce n'est pas moi qui suis malade, mais c'est queuqu'un auquel je m'intéresse, ni plus ni moins que si c'était mon frère... et queuqu'un qui m'est bien utile, qui me rend bien des services... et que s'il mourait ça me ferait ben de la peine... à cause de l'argent que j'y perdrais...

— Voyons, laitière, lui dis-je, quelle est donc cette personne?... je vais aller essayer de la guérir.

— Cette personne, mon bon ami, c'est mon âne, c'est Rustaud, une excellente bête; je ne sais pas ce qu'il a depuis quelques jours, il ne mange plus, il trotte mal, il souffle, il a l'air d'étouffer... Et quand je dis que je ne sais pas ce qu'il a, je mens : je sais qu'il ne va plus... où tout le monde va... enfin qu'il ne fait plus ses fonctions... il a... attendez donc... une confiscation! »

— Vous comprenez que je fus assez surpris en voyant qu'il s'agissait d'un âne, cependant je dis à la mère Claude :

« Mais pour une constipation, vous devez savoir ce qu'il faut donner à votre bourriquet, il y a des médecines connues.

— J'ons fait tout ce qui était connu, me répond la laitière, et ça n'a rien fait à mon pauvre Rustaud. Venez le voir, mon cher garçon, vous trouverez peut-être un moyen pour le guérir. »

— Ma laitière demeure à Saint-Mandé. Je lui promis d'aller voir M. Rustaud, et en effet, le lendemain, je me rendis au village, résolu à faire des expériences *in anima vili*.

— Qu'est-ce que cela veut dire? s'écrie Thélénie.

— Ça veut dit qu'il ne finira pas aujourd'hui! s'écrie Jules.

— Bref, je trouvai l'âne souffrant, gonflé et fort triste...

— Tu lui tâtas le pouls...

— Jules, si tu continues, je vais te mettre sous le lit de sangle...

— Après avoir bien examiné le sujet je dis à la laitière :

« Votre âne étouffe, il faut lui poser des sangsues...

— Des sangsues à Rustaud!

— Oui vraiment, et bien vite. Vingt-cinq sangsues, pas une de moins... qu'on lui appliquera sous la queue...

— Je ne saurons jamais lui administrer ça.

— Envoyez chercher les sangsues; je vais me promener dans votre jardin, et goûter vos fruits de votre jardin, et goûter votre pain bis... et votre vin... »

— Ça voulait dire : Donnez-moi à déjeuner. Puis je poserai les sangsues à votre âne.

— Autour de la queue! cela valait bien un déjeuner.

— Ah! fichtre! je ne l'aurais pas fait pour un dîner, moi! s'écrie Thélénie en essayant sur sa tête un fort joli petit chapeau.

— Mademoiselle, les médecins sont appelés à tout voir.

— Ce n'est pas le plus agréable de leur profession.

— Quelquefois... il y a des cas. J'étais donc en train de faire un déjeuner rustique, on vient me dire :

« Les sangsues sont là, dans l'écurie. »

— Très-bien... J'achève de déjeuner et je me rends près du malade. Mais que vois-je en entrant dans l'écurie! Maître Aliboron qui était en train de manger les sangsues que l'on avait bêtement posées dans un saladier devant lui; lorsque je m'approche il n'en restait plus que trois... et, ma foi, comme il paraissait les manger avec plaisir, je me dis : Autant lui laisser finir ce qu'il a commencé. Heureusement la laitière n'était pas entrée avec moi. Elle arrive au bout d'un moment et me dit :

« Eh bien, et ce pauvre âne... les sangsues?

— Il les a.

— A-t-il bien pris ça?

— Parfaitement... je crois qu'il en aurait volontiers pris le double. »

— Là-dessus, voilà cette femme qui tourne autour de l'âne, qui va examiner l'endroit que j'avais indiqué et qui s'écrie :

« Tiens!... c'est drôle... où donc qu'elles sont les sangsues?... je n'en vois pas une seule.

— C'est toujours ainsi qu'elles agissent sur les animaux... elles s'introduisent si bien chez le malade, qu'on ne les voit plus...

— Mais pour les ôter?

— On ne les ôte jamais... elles s'en iront toutes seules. »

— Et là-dessus, je prends mon chapeau et je quitte la mère Claude en lui disant :

« Maintenant, il n'y a plus rien à faire, attendez l'effet du remède. » Et je m'en vais intimement persuadé que son âne sera mort le lendemain.

Et le lendemain matin j'entends carillonner à ma porte, je me dis :

— Voilà ma laitière qui vient me reprocher la mort de Rustaud.

C'était en effet la mère Claude; mais en entrant chez moi, voilà cette bonne femme qui me saute au cou, qui m'embrasse à plusieurs reprises, en s'écriant :

« Pardon, mon brave garçon! pardon, mon bon cher ami! mais faut absolument que je vous embrasse pour vous remercier... Je sommes si contente!... vous avez guéri notre âne, et parfaitement guéri de sa... confiscation!... il va... oh! mais il va très-bien à présent!... vous ne le reconnaîtriez plus!... il retrotte, il mange, il est gai!... enfin il se porte comme vous et moi. Aussi vous pouvez vous flatter que vous êtes un fameux médecin d'ânes... ce qui ne vous empêchera pas de guérir le monde, j'en réponds... Par exemple, pour ce qui est des sangsues, on ne les a pas revues... pas retrouvé une seule. Mais l'important c'est que mon âne soit guéri, que c'est à votre science que j'en sommes redevable et que je vous prions de vouloir bien accepter ce fromage à la crème en guise de remercîment. »

— Voilà, mesdemoiselles, de quelle manière j'ai guéri l'âne de la laitière, cure qui m'a fait le plus grand honneur dans mon quartier. Vous voyez comment s'acquièrent les réputations ; elles sont quelquefois aussi bien méritées que les compliments que j'ai reçus de la mère Claude.

Pendant que l'étudiant en médecine a conté son histoire qui a fait beaucoup rire les deux demoiselles de magasin, Edouard Roger a plusieurs fois regardé Marie, à laquelle il dit enfin :

— Mais, mademoiselle ne semble pas se disposer à sortir... est-ce qu'elle ne vient pas avec nous ?...

— Non, monsieur, répond Marie ; moi je reste ici... je ne connais pas les personnes avec lesquelles vous allez...

— Mais qu'importe, mademoiselle ! il y en a toujours que vous connaissez, puisque mademoiselle en est... vous devez être persuadée que l'on sera heureux de vous avoir... Allons, mademoiselle, laissez votre ouvrage ; un dimanche, c'est un péché de travailler, et venez avec nous...

— Oui, s'écrie le petit Jules en sautant du lit de sangle à terre, venez avec nous, charmante Marie, je vous promets de vous faire rire, moi !

La jeune fille semblait presque hésiter, lorsque Thélénie, que cette conversation paraissait impatienter, achève vivement de nouer son chapeau et s'écrie :

— Messieurs, c'est absolument comme si vous chantiez ! Marie ne viendra pas ; je l'ai déjà bien engagée ce matin à être des nôtres, elle m'a refusé... Cela ne lui plaît pas... chacun son goût... elle préfère rester ici... elle y attend peut-être des visites... elle est libre, elle a bien le droit de faire sa volonté. Mais je suis prête, je vous attends ; il est onze heures passées et il me semble qu'il est bien temps de partir.

— Oui, oui, partons.

Les trois jeunes gens saluent Marie ; Roger, en lui disant adieu, lui exprime encore ses regrets de ce qu'elle ne va pas avec eux. Thélénie, qui était déjà sur le carré avec Jules, s'écrie :

— Eh bien, monsieur, nous vous attendons !

Et lorsque l'artiste vient les rejoindre, n'ayant pas l'air de voir que son amoureux lui offrait sa main, elle s'empare du bras de Roger en lui disant :

— Vous me soutiendrez, n'est-ce pas, car l'escalier est tellement ciré et glissant que je manque toujours de tomber.

Marie n'a pu retenir un soupir ; en voyant tout le monde partir, elle murmure :

— Cette Thélénie... dire que j'attends peut-être des visites !... C'est vilain cela, car elle sait bien le contraire... mais elle paraissait avoir peur que je n'acceptasse... Comme elle faisait la coquette avec ce jeune homme !... enfin, c'est son habitude. Il est bien poli et bien gentil, ce jeune homme !

VIII

LE LUNDI MATIN.

C'est naturellement le lendemain du dimanche. Il est huit heures du matin ; Marie est levée, elle a déjà achevé sa toilette ; elle est en train de faire son lit, de nettoyer sa portion de chambre, de mettre tout en ordre chez elle. La jeune fille est habillée bien simplement, et pour coiffure elle n'a que ses cheveux ; mais ils sont arrangés avec tant de goût et si parfaitement soignés, qu'il est impossible de ne point la trouver bien. Et puis ses yeux brillent d'un vif éclat, sa bouche est fraîche, sa démarche légère ;

il n'y a là aucune trace de fatigue, d'insomnie ; il est vrai que l'apprentie lingère n'a pas été en partie de plaisir, et qu'elle s'est couchée de bonne heure. Dans le coin occupé par mademoiselle Tontaine, c'est un tout autre tableau.

La grosse fleuriste est assise sur son lit et en train de mettre ses bas, mais elle s'arrête à chaque instant pour bâiller, s'étirer et passer sa main dans ses cheveux, qui représentent un effroyable fouillis, devant lequel reculerait le plus habile coiffeur. Par moments mademoiselle Tontaine se gratte la tête avec une espèce de frénésie, en disant :

— Ah ! que c'est embêtant ! pas de démêloir, pas de peigne... et puis on me dira que mes cheveux ne sont pas bien peignés : je ne peux pas me démêler avec mes doigts... Dis donc, Marie, veux-tu me prêter ton peigne ?

Marie fait un peu la moue, en répondant :

— Prêter mon peigne... tu sais bien que je n'aime pas beaucoup cela... pour que tu y casses une dent comme tu as fait à celui de Thélénie.

— Elle s'en est donc aperçue ?... Ma foi, je ne sais pas comment ça s'est fait... je commençais seulement à le passer dans mes cheveux... et crac ! une dent s'est cassée tout de suite... Elle a dû être bien en colère, hein ?

— Mais non, pas trop...

— Elle dort encore, la paresseuse... Au fait elle s'est couchée assez tard. Sais-tu à quelle heure elle est rentrée ?

— Non, je dormais.

— A trois heures du matin, ma chère !...

— Comment le sais-tu ? tu n'as pas de montre... tu ne dormais donc pas ?

— Non, parce que j'avais mal au cœur... Hier, chez mes parents, mon oncle m'a régalée de galette et de flan... j'en avais un peu trop mangé... et ça m'incommodait... Le vieux monsieur qui loge au-dessous a une horloge dans un tableau... ça sonne comme une cathédrale... et trois heures venaient de sonner quand Thélénie est rentrée... en voilà une vie... Elle venait de souper en ville apparemment ! je gagerais qu'elle a mangé du poulet rôti... Ah ! il y a des personnes nées sous une bonne étoile ! ça vaut mieux que du flan et de la galette, et c'est moins indigeste.

— Tiens, voilà mon peigne ; mais, je te prie... fais attention... va doucement... Si tu m'en croyais, tu te ferais couper les cheveux à la Titus, cela te serait plus commode, et tu en viendrais plus facilement à bout...

— Merci ! pour avoir l'air d'un homme, non pas... je suis femme, et veux garder les avantages de mon sexe... Ah ! sapristi ! sont-ils bien emmêlés... il n'est pas possible, ils se seront noués entre eux... Qu'est-ce que tu as fait pour ton dimanche, Marie ?

— Moi... rien du tout... je suis restée ici... j'ai lu.

— Tu te feras mal aux yeux de tant lire... Après ça, quand c'est une histoire bien épouvantable... bien embrouillée comme mes cheveux... avec de ces belles phrases... que je ne comprends pas... oh ! alors, ça m'amuse de lire... mais pour ces choses qui arrivent tous les jours... qui sont simples comme le pot-au-feu... merci, ça ne m'amuse pas...

— Je le crois...

— Pourquoi ris-tu en me disant cela ?

— Pour rien...

— Je suis sûre que tu me trouves bête !

— Oh ! par exemple !..

— Eh bien, chez mes parents on me trouve beaucoup d'esprit.

— Cela ne m'étonne pas.

— Ils disent que je leur ferais voir des étoiles en plein midi, parce que je leur ai appris à faire une omelette au sucre et à la crème... ils n'avaient jamais mangé de ça, ni moi non plus, mais je m'étais fait expliquer par Thélénie comment cela est fait... elle qui nage dans les omelettes au rhum...

— Tu es donc toujours gourmande, Tontaine?

— Que veux-tu?... c'est mon seul amour!... Ah! si j'avais un amoureux... je penserais peut-être moins à manger... puisqu'on dit que l'amour tient lieu de tout... Crois-tu cela, Marie?

— Je n'en sais rien... je n'en ai pas fait l'épreuve.

— C'est vrai... tu es comme moi... tu n'as pas d'amant... ce n'est pas faute de soupirants qui te lorgnent de la rue, où ils restent en sentinelle devant ton magasin... Je vois ça, moi, de la fenêtre de notre entresol.

— Qui est-ce qui te dit que c'est moi qu'on lorgne?

— A coup sûr ce n'est pas ta camarade qui est laide et à l'air rechigné... ni ta dame qui n'est pas belle du tout...

— On lorgne à côté... chez le parfumeur.

— Oh! nous voyons bien quand c'est pour les demoiselles du parfumeur... Tout en faisant nos fleurs nous voyons tout... Ah! tiens, voilà ton peigne... ça me fait trop de mal de me démêler... et puis je n'ai pas le temps... on veut que nous soyons à l'ouvrage avant neuf heures... Voyons ma robe... je ne suis pas comme Thélénie à me dire: Laquelle vais-je mettre? Je n'en ai que deux, celle des dimanches, celle de la semaine... Eh bien... ma table ne veut plus se tenir... Ah! on lui a cassé un pied... Qui est-ce qui a fait ce coup-là?... Je n'ai qu'une table un peu propre et on me la casse!... Je gage que c'est Thélénie qui en se retournant avec son immense crinoline l'aura fichue par terre.

— Non, ce n'est pas Thélénie, c'est son amoureux, ce petit jeune homme... tu sais bien...

— Le petit Toqué Sibille?

— Je ne connais pas celui-là...

— Mais si... un petit vilain... qui fait tant son embarras... qui ne parle que de soupers... et ne vous paye jamais rien... qui te suivait toujours quand tu sortais...

— Ah! et à qui j'ai dit un jour que s'il ne me laissait pas tranquille j'allais appeler un sergent de ville?

— Justement...

— Oh! non, ce n'est pas celui-là qui est l'amant de Thélénie.

— Dame... elle est si changeante! on ne sait pas.

— Je te parle du petit Jules...

— Ah! Jules Binet... celui qui saute toujours... c'est différent, il est gentil celui-là... Il m'a donné plusieurs fois de la pâte de guimauve... il faudra qu'il me paye quelque chose pour la pied de ma table... C'est drôle, hier au soir, quand je suis rentrée, elle se tenait, j'ai même posé mon brûle-tout dessus.

— J'avais un peu arrangé le pied avec du fil de fer.

— Cette bonne Marie... ah! tu es bonne enfant, toi... Bon, voilà mes bas qui tombent! c'est pas étonnant, j'avais oublié mes jarretières...

— Comment! tu mets de la ficelle pour jarretières?

— J'ai perdu les miennes, c'est en attendant que j'en achète d'autres... ça tient tout de même. Voyons que je me mire un peu dans la psyché de la princesse... Elle est vexée quand je me regarde dans sa glace... Ne m'a-t-elle pas dit un jour que j'en usais le tain... Elle est forte celle-là... Ah! Dieu! si j'avais deux pouces de plus... comme je l'enfoncerais cette fière Thélénie, qui se croit la plus belle femme de Paris! Elle dort toujours... elle n'est pas déjà si belle quand elle dort... elle a le nez tout frippé...

Quelques petits coups sont frappés à la porte. Tontaine court ouvrir en disant:

— Mon Dieu! est-ce qu'on m'enverrait chercher du magasin... il n'est pas neuf heures, on veut nous tenir comme à l'école, mais, minute! je me rebiffe, moi!

La grosse fille a ouvert, et mademoiselle Fanfinette, la modiste, entre dans la chambre en disant:

— Bonjour, les autres... c'est que je viens jaboter un moment avec vous avant de me rendre au magasin.

— Tiens! c'est Fanfinette...

— On se porte bien, ici... Ah! bon, en voilà une qui dort encore... ça ne m'étonne pas... elle s'en est donné hier...

— Est-ce que vous étiez avec Thélénie, à cette partie de campagne? demande Marie.

— Oui certainement, j'y étais avec mon grand imbécile d'Alexandre... Ah! à propos d'Alexandre... samedi soir il a donné un coup de pied au derrière du petit Sibille, parce que celui-ci me donnait le bras et voulait m'emmener souper...

— Ah! ce pauvre Sibille! Et qu'est-ce qu'il a dit en recevant ça?

— Rien... il s'est sauvé... en se tenant le pantalon... Ah! si, je crois qu'il a dit à Alexandre: Vous aurez affaire à moi! Celui-ci lui a répondu: Ne vous sauvez donc pas si vite, alors. Mais bah! Sibille court encore.

— Je trouve que c'est bien malheureux d'être cause que deux hommes se battent. Je serais bien désolée si j'étais cause d'un duel.

— Avec Sibille il n'y a pas de danger... mais ce n'était pas ma faute. Figurez-vous que je m'en allais chez moi avec la petite cousine qui m'est tombée de province... vous savez, cette jeune niaise que je vous ai fait voir... Ah! cette pauvre Nanine! C'est à elle qu'il est arrivé des aventures, et tout cela par suite du coup de pied donné à Sibille... c'est à mourir de rire, de quoi emplir un journal, mesdemoiselles, mais un journal qui serait amusant...

— Ah! contez-nous cela, Fanfinette.

— Tontaine, si tu ne vas pas à ton magasin, tu seras grondée... dit Marie.

— Oh! ma foi, tant pis, je dirai que j'ai eu la colique et je ne mentirai pas... Fanfinette, qu'est-il arrivé à votre cousine?

— Je rentrais avec elle samedi soir, il était onze heures. Voilà que ce petit Sibille nous accoste; il était avec un monsieur fort bien couvert... il nous dit que c'est un millionnaire... Bref, il me prend le bras de force, alors je dis à Nanine:

— Accepte le bras de ce monsieur.

C'est alors que mon grand serin d'Alexandre est arrivé comme un furibond et a donné à Sibille ce que je vous ai dit. C'est bon; mais quand je me retourne pour chercher Nanine, plus personne; elle et le monsieur... il s'appelle Boniface le monsieur... ils avaient disparu! La cousine avait eu peur en entendant crier Sibille; croyant qu'on allait se battre, elle s'était sauvée... Ce monsieur courait après elle, ils se sont perdus... Le joli de l'affaire, c'est que le M. Boniface ne connaissait pas son Paris mieux que Nanine, ils ont passé une partie de la nuit à courir les rues, enfin!...

— Ce monsieur l'a emmenée.

— Non, Tontaine, par exemple! quand on s'appelle Boniface, on ne fait pas de ces choses-là. Nanine s'est retrouvée par hasard devant la maison de mon oncle Poulard... Celui-ci ne voulait pas ouvrir, vu l'heure indue, mais à la fin il a ouvert. Nanine a passé la nuit dans sa loge, et le lendemain elle est venue me conter tout cela. Je lui ai dit:

— Pourquoi es-tu si bête?... il ne fallait pas te sauver parce que deux hommes se disaient des mots...

Mais entre nous, je crois que la petite cousine n'a pas inventé les paratonnerres... Je viens de la caser dans son magasin, qu'elle y reste... bien du plaisir!

— Dans quoi l'avez-vous mise?

— Dans une maison où on fait la confection... confection d'enfants.

— Et votre partie d'hier? dit Marie; vous êtes-vous beaucoup amusée?

— Oui, c'est-à-dire comme ça... Ces messieurs ont la fureur d'aller sur l'eau à présent... de faire les marins... il faut absolument aller en bateau... ils ne seront pas

Parfaitement... je crois qu'il en aurait volontiers pris le double. (Page 21.)

contents qu'ils ne nous aient toutes noyées... ce n'est pas déjà si amusant de rester assise dans un canot... moi j'aime mieux courir sur l'herbe... Le petit Jules Binet a manqué de se noyer en faisant des cabrioles dans le bateau... il avait déjà tout le corps dans la rivière, on l'a retenu par son sous-pied...

— Je croyais que les hommes n'en portaient plus ?

— Cette Tontaine qui croit savoir ce que les hommes portent.

— Thélénie a dû être bien effrayée ? dit Marie.

— Thélénie! ah! elle était bien trop occupée d'un autre jeune homme pour faire attention à Jules... Il aurait pu se noyer, elle ne s'en serait pas même aperçue...

— Ah! un jeune homme... un artiste... un dessinateur ?

— Oui; tu le connais ?

— Ces messieurs sont montés ici, hier matin, pour chercher Thélénie... Je ne le connais pas autrement... mais il m'a semblé bien élevé...

— Oui, il est gentil... Thélénie lui a fait de l'œil que c'en était indécent... elle ne le quittait pas... elle se pendait à son bras... Je le répète, c'en était indécent! A coup sûr je ne suis pas bégueule, mais enfin il y a des convenances...

— Et Jules ne disait rien ?

— Lui! il jouait à saute-mouton avec son ami le médecin, qui cueillait des plantes et étudiait les simples... encore un qui est dans sa patrie avec les simples...

— Et ce monsieur... Roger avait-il l'air d'être amoureux de Thélénie ?...

— Pas plus d'elle que d'une autre... il me regardait beaucoup... et certainement si j'avais voulu faire la coquette... mais j'étais avec Alexandre, qui n'est pas de la même pâte que Jules...

En ce moment la belle dormeuse se retourne, bâille, se frotte les yeux et murmure :

— Qui est-ce qui bavarde donc comme ça pour m'empêcher de dormir?... c'est bien peu aimable! on m'a réveillée...

— Tiens! voyez donc le grand malheur de réveiller mademoiselle à neuf heures.

— Ah! je faisais un si joli rêve... je m'enlevais en ballon avec M. Roger... Tiens! c'est Fanfinette qui est là...

— Oui, ma chère, qui raconte à ces demoiselles nos prouesses d'hier...

— Qu'est-ce que vous avez mangé à votre diner ? s'écrie Tontaine.

— Ah! Tontaine ne sort pas de là : Qu'avez-vous mangé ?

— Dame! dans une partie de plaisir, il me semble que c'est le principal...

— Oh! que non!... il y a autre chose... nous avons dansé aussi!

— Jusqu'à trois heures du matin?...

— Comment, trois heures! j'étais rentrée à minuit.

— Mais Thélénie n'est rentrée qu'à trois heures, elle... n'est-ce pas, Thélénie?

La belle brune saute à bas de son lit et commence à s'habiller en disant :

— Oui, mais c'est que nous avons été souper, nous autres!

— Ah! on vous a menée souper! dit Fanfinette d'un air de dépit, et qui donc cela?... M. Roger, peut-être?...

Bonjour, Monsieur Roger. (Page 6.)

— Quand cela serait... il me semble que je suis bien libre.

— Ah! vous.êtes libre! alors le petit Jules Binet est un zéro apparemment?

— Le petit Jules compte pour ce qu'il est, cela ne vous regarde pas...

— O mon Dieu! voilà que vous vous fâchez déjà! quel fichu caractère vous avez!...

— C'est bon; si mon caractère ne vous plait pas, vous n'avez pas besoin de venir me voir.

— Aussi ce n'est pas vous que je viens voir, c'est Marie...

— Merci, murmure Tontaine, moi je ne compte pas... c'est moi qui suis le zéro.

— Voyons, mesdemoiselles, dit Marie, est-ce que vous allez vous quereller, vous fâcher... et pourquoi?... Vous ne le savez pas vous-mêmes!

— Oh! moi je ne me fâche pas, dit Fanfinette; je dis seulement que quand on est avec son amoureux, je ne croyais pas que l'on pût aller à son nez souper avec un autre.

— Mademoiselle, je n'ai pas quitté Jules pour aller souper avec un autre... M. Roger a proposé de souper, nous avons accepté, ainsi que l'étudiant... le médecin des ânes... et puis M. Lucien Bardocourt, et nous avons soupé chez Bonvalet; et si je vous dis cela, je vous prie de croire que ce n'est pas pour me justifier devant vous... c'est parce que cela me convient de le dire; car je me moque de ce que vous pensez comme de Colin Tampon!

— En voilà assez, parfumeuse! je sais très-bien pourquoi vous êtes de si mauvaise humeur après moi ce matin! c'est que hier, vous avez remarqué que M. Roger me faisait des yeux très-tendres.

— Ah! ah!... des yeux tendres... et il ne va pas faire votre portrait... à vous?

— Oh! il me le fera si je le veux...

— Ce n'est pas vrai...

— Si, si, il me le fera si je le veux!

— Il ne vous le fera pas, parce que je le lui défendrai!

— Vous avez donc des droits sur lui?

— Peut-être!

— Diable, ça été vite bâclé alors!

— Insolente!..

— Ah! ma chère, pas de gros mots... je ne suis pas une Tontaine, moi, je ne me laisse pas calotter.

— Mesdemoiselles, par grâce!... finissez... pour qui vous prendrait-on... si dans la maison on vous entendait disputer ainsi?

— Marie a raison, cela ne vaut vraiment pas la peine que l'on se mette en colère, dit Fanfinette. Je m'en vais... il est tard... et moi je n'ai pas un patron qui me protége... Viens-tu, Tontaine?

— Oui, je descends avec vous...

— Adieu, Marie.

— Au revoir.

— Quelle mauvaise gale! s'écrie Thélénie dès que la modiste est partie avec Tontaine. Mademoiselle qui se permet de me donner des leçons... mais tu ne sais pas pourquoi elle est si en colère après moi... C'est parce qu'elle est amoureuse de ce jeune homme, M. Roger, et que celui-ci n'a fait aucune attention à elle... elle a eu beau tourner, se tortiller autour de lui, l'agacer... lui faire de l'œil... que, parole d'honneur, c'en était indécent... Moi, ça me faisait pitié, et j'ai bien vu que cela ennuyait le jeune artiste... aussi il ne lui a pas proposé de souper avec nous... voilà ce qui l'enrage! voilà ce qui la rend comme un croquet!

— Alors tu crois qu'elle est éprise de M. Roger?

— Si je le crois! j'en suis sûre; mais elle ne fera pas ses frais... Mon Dieu! il faut que je me dépêche... voilà neuf heures... et quoiqu'on prétende que mon patron me protège... As-tu entendu le coup de patte que la modiste m'a lâché en sortant?... elle me paiera tout cela...

— Et toi, est-ce que tu aimes ce jeune dessinateur?

— J'en suis folle, ma chère! je ne te le cache pas... j'ai rêvé de lui toute la nuit...

— Et... et... M. Jules?...

— Laisse-moi donc tranquille avec Jules.. D'abord il est trop petit pour moi... quand je lui donne le bras, j'ai l'air d'une géante... ce n'est pas agréable... au lieu que M. Roger... quelle jolie taille... voilà ce qui peut s'appeler un homme!

— Et... crois-tu qu'il t'aime, lui?

— Je fais plus que de le croire, j'en suis sûre... j'ai un rendez-vous pris avec lui... je te conterai tout, car tu es mon amie, toi, et tu n'es pas coquette, jalouse et envieuse comme cette Fanfinette.

— Au revoir, Thélénie.

— Tu descends dans ton magasin?

— Oui, il est bien l'heure...

— Moi, pour un rien je me recoucherais, et je retaperais de l'œil.

— Cela te regarde... au revoir.

Et Marie descend l'escalier en se disant :

— Elles sont toutes amoureuses de ce jeune homme... et elles croient en être aimées... Ce n'est pas possible, il me semble que ce monsieur ne peut aimer tout le monde.

IX

HISTOIRE DE TOUS LES TEMPS.

Edouard Roger, le jeune dessinateur sur bois, mais qui dessinait aussi fort bien sur le papier et faisait quelquefois de la peinture, lorsque ses travaux lucratifs lui en laissaient le temps, habitait un petit appartement très-comfortable de la rue de Navarin, ce quartier des artistes et surtout de peintres, dans lequel on voit maintenant beaucoup de maisons coquettes, bâties dans le style gothique, ou dans le goût de la Renaissance. On peut être certain, rien qu'en les voyant, que ces maisons-là ne sont point habitées par des épiciers.

Roger avait du talent, et par conséquent ne manquait jamais d'occupation, maintenant que l'illustration se glisse partout et qu'une immense quantité de journaux quotidiens ou hebdomadaires n'oseraient point paraître sans être illustrés! A Dieu ne plaise que nous leur en fassions un reproche, nous sommes comme les enfants, nous avons toujours aimé les images.

Roger gagnait beaucoup d'argent; outre cela, il avait à lui environ mille écus de rente, ce jeune homme était donc à son aise; ajoutez à cela qu'il était bien fait, joli garçon, qu'il avait reçu une bonne éducation, et enfin, ce qui est le plus rare... qu'il était spirituel, et vous conviendrez sans doute que beaucoup de femmes devaient être envieuses de faire sa conquête.

Eh bien, malgré ses avantages physiques, son esprit, ses bonnes manières et sa position aisée qui lui permettait de satisfaire les fantaisies d'une maltresse... lorsque toutefois elles n'étaient point ruineuses, ce jeune homme avait toujours été trompé par les femmes... vous me direz peut-être que tous les hommes le sont... je suis trop poli pour vous donner un démenti, mais apparemment que Roger n'était pas de cet avis, car il avait plusieurs fois éprouvé un profond chagrin, lorsqu'il avait eu la preuve de la trahison de la personne qu'il aimait; chose que la plupart des jeunes gens prennent à présent en riant, et, en vérité, ils ont raison.

Mais, vous le savez, on ne se refait pas!... Ah! si on pouvait se refaire!... Eh bien, je vous parie une chose: presque personne ne se referait... On se trouve toujours si bien!... on aurait peur de se gâter.

Roger était né avec un cœur aimant, il s'attachait vite et sincèrement à la femme qui se donnait à lui; avec un tel caractère on est exposé à bien des déboires, et c'est ce qui lui était arrivé. Mais enfin, irrité d'être toujours trompé, de ne trouver pour prix de son amour que mensonges et fourberies, il était tombé dans un excès contraire; persuadé qu'on ne rencontre pas une femme fidèle, il était devenu d'une méfiance extrême, s'était bien promis de ne plus aimer, de ne prendre une maltresse que comme amusement, comme distraction, d'en changer souvent et surtout de ne jamais ajouter foi à ce qu'elle lui dirait.

Il est une heure de l'après-midi. Roger est en train de terminer un grand bois. Il est alors seul dans son atelier qui est fort coquet, fort artistement décoré, ce qui est assez rare chez les peintres qui, en général, adoptent plutôt cette maxime : un beau désordre est un effet de l'art. Mais le désordre poussé à l'extrême devient aussi d'un effet désagréable à l'œil.

On ouvre la porte de l'atelier : c'est M. Boniface Triffouille qui s'introduit chez l'artiste.

— Bonjour, monsieur Roger!...

— Eh! c'est M. Triffouille... notre joyeux amphitryon de l'autre jour... c'est bien aimable à vous de venir me voir.

— Cela ne vous dérange pas?... si cela vous dérangeait le moins du monde, dites-le-moi!... je sais respecter le travail des artistes.

— Cela ne me dérange nullement; et la preuve, c'est que, si vous le permettez, je vais continuer ce que je fais, tout en causant avec vous...

— Et vous pourrez dessiner tout en causant... cela ne vous importunera pas?

— Au contraire; la société me fait plaisir, m'est agréable, et je n'en travaille que mieux.

— Oh! s'il en est ainsi, je prends un siége et je reste. Mais j'ai connu des peintres qui ne pouvaient pas travailler si on les regardait ou si on leur parlait.

— C'est possible, tant pis pour eux : voyez ces grands talents, ces gloires contemporaines... Horace Vernet faisait un chef-d'œuvre tout en riant, en causant, en improvisant des calembours avec ses élèves ou ses amis. Court, tout en faisant votre portrait, vous conte des aventures piquantes qui lui sont arrivées dans ses voyages. Alexandre Dumas écrit un drame qui aura deux cents représentations, entouré d'une foule de désœuvrés qui bourdonnent à ses oreilles; et un autre romancier, que je n'ai pas besoin de vous nommer, fait un volume tout en regardant sur le boulevard, ou en écoutant toucher du piano. Ce sont des natures heureusement douées... pour lesquelles le travail n'est pas une fatigue, mais un plaisir. Ceux-là font en huit jours ce que leurs confrères mettraient six semaines à faire, et soyez persuadé que dans les arts, ce qui a été fait vite, est toujours ce qui est le mieux. Un chapitre que l'on aura écrit en deux heures, sera cent fois plus attachant, plus amusant que celui que vous aurez mis deux jours à chercher, à polir et à remanier; le premier jet est comme le premier mouvement, toujours le meilleur.

— Je vous crois, mon cher monsieur Roger, d'autant plus que vous êtes à même de juger cela.

— Eh bien, monsieur Triffouille, depuis que nous nous sommes vus, êtes-vous enfin parvenu à faire, comme vous le désiriez, une petite connaissance?

— Mon Dieu! non; il faut vous dire aussi que mon début dans les aventures galantes n'a pas été heureux. A l'issue de notre dîner, je m'étais laissé entraîner par le petit jeune homme qui était avec son cousin...

— Ah! Sibille!

— Justement, M. Sibille, qui veut qu'on l'appelle Bibille; il m'avait dit: « Je vais vous faire connaître des demoiselles de magasin. » Je ne demandais pas mieux. Il m'a mené rue de Rivoli, nous avons en effet rencontré deux jeunes filles; il a pris le bras de l'une, en me disant: « Prenez le bras de l'autre et allons souper. » Je n'avais pas faim, mais pour faire une connaissance, on peut bien risquer une indigestion. A peine sommes-nous en chemin, qu'un jeune homme accourt, repousse le petit Sibille d'une façon... très-brutale... ma demoiselle a peur, me quitte le bras, se sauve; je cours après elle... nous avons passé une partie de la nuit à courir, puis à nous perdre, à rencontrer des manants ou des ivrognes... bref, je suis parvenu à conduire ma jeune fille chez un portier qui est son oncle, et je suis rentré chez moi à deux heures du matin. Voilà ma première bonne fortune, ça ne m'a pas encouragé.

— Pauvre monsieur Triffouille!... Ce Sibille est un petit blagueur, vanteur, bavard... il ne faut pas vous fier à lui.

— Il me semble qu'il aurait pu, le lendemain, venir me demander ce que j'étais devenu... s'excuser de m'avoir quitté ainsi dans la rue, mais je ne l'ai pas revu!

— Si vous croyez qu'il sait vivre... d'ailleurs il est toqué.

— Qu'entendez-vous par toqué, s'il vous plaît?

— J'entends ces gens qui parlent à tort et à travers sans savoir même ce qu'ils disent, car ils démentiront dans une minute ce qu'ils vous auront dit avant; qui ne vous écoutent jamais quand vous parlez, qui vous interrompent sans vous répondre, qui prétendent tout faire, tout voir, tout connaître, ne font que des maladresses, ne disent que des bêtises, ne s'aperçoivent pas qu'on se moque d'eux, ne peuvent jamais rester en place, importunent tout le monde et sont persuadés qu'on les trouve charmants.

— Ma foi, je crois que j'ai rencontré plusieurs fois des individus qui ressemblent à ce portrait.

— Oh! les toqués sont fort nombreux. Ainsi vous voilà encore à la recherche d'une maîtresse?

— Hélas! oui... Vous n'en manquez pas, vous, monsieur Roger?

— Mon Dieu! c'est toujours lorsqu'on n'en cherche pas qu'on en trouve... Tenez, dimanche dernier, j'ai fait une nouvelle connaissance... une fort jolie brune, bien faite, bien prise .. des yeux noirs tout à fait andaloux...

— Etes-vous heureux... des yeux andaloux!

— Je n'y pensais pas, moi... c'était dans une partie de campagne... cette demoiselle était avec son amoureux.

— Et vous la lui avez soufflée?

— Que voulez-vous.., elle m'a fait tant d'agaceries... je ne suis pas un Caton... et puis le jeune homme qui était avec elle ne s'occupait qu'à sauter... à faire la roue... à marcher la tête en bas... franchement elle mérite mieux que cela.

— Et vous en êtes bien amoureux?

— Amoureux!... pas du tout!... oh! c'est fini, mon cher monsieur Boniface... je ne suis plus amoureux... je ne veux plus l'être.

— A votre âge... pourquoi donc cela?

— C'est justement parce qu'à mon âge il n'est pas agréable d'être trompé, que je ne veux plus l'être; je conçois, lorsqu'on est d'un âge mûr, que l'on excuse ou que l'on ferme les yeux sur les trahisons d'une maîtresse, et encore cela ne fait-il jamais plaisir. Mais à vingt-six

ans, lorsqu'on peut sans fatuité inspirer de l'amour, être sans cesse dupé, attrapé, roué!... Ah! cela irrite, cela blesse... cela vous ulcère le cœur... on en est à se demander si l'amour réel est un mensonge, et si Dieu n'a créé l'homme et la femme que pour que l'une se moque constamment de l'autre, et à la place de ce penchant doux et tendre qui vous entraînait vers ce sexe perfide, vous ne ressentez plus pour lui... je ne dirai pas de la haine... non! mais quelque chose qui est pire.

— Diable! vous avez donc été souvent trompé?

— Toujours, mon cher monsieur, toujours... et je vous jure que je n'avais rien fait pour cela... car j'aimais si sincèrement... et l'on ne pouvait en douter... deux fois surtout... Tenez, vous êtes un homme raisonnable... je vais vous en faire juge.

— Ah! oui, contez-moi cela... ce sera une leçon pour moi.

— J'avais vingt et un ans à peine. Les femmes étaient mes idoles... l'amour un culte, un besoin, ma vie enfin. Je fis la connaissance d'une jeune actrice charmante... elle n'avait pas la réputation d'être une Lucrèce... mais avoir pour maîtresse une actrice, c'est si séduisant quand on est jeune!... Celle-ci ne brillait pas par son talent, elle ne remplissait que de tout petits rôles... et pas très-bien, mais elle était si jolie... on la gardait au théâtre à cause de cela. Je parvins à m'introduire dans les coulisses, à parler à celle dont j'étais épris; je lui déclarai mon amour, mon aveu fut très-bien reçu... bref, je devins l'amant de... nommons-la Adine... Ma passion s'augmentait par la possession; j'avais dit à Adine: « Quand tu ne m'aimeras plus, dis-le-moi franchement, quitte-moi, mais ne me trompe pas; » et elle m'avait répondu: « Je t'aimerai toujours. » Vivre séparé d'Adine me semblait un supplice, elle vint s'établir chez moi; je n'avais pas encore de talent, je ne gagnais rien qu'ils disent et n'avais pour vivre alors qu'un modeste revenu. Je dépensais tout ce que je possédais pour Adine, heureux de contenter ses moindres désirs. Tout à coup, elle tomba malade, une fièvre typhoïde la mit à deux doigts du tombeau. Je ne la quittai pas un instant, je la veillai, je la soignai; je passais les nuits près d'elle... je faisais des dettes afin qu'elle eût tout ce que le médecin ordonnait pour elle... Enfin elle guérit, elle put retourner au théâtre... et huit jours après, je la surpris dans la loge d'un nouveau théâtre... Ah! monsieur... après tout ce que j'avais fait pour elle!... tant d'ingratitude, tant de fausseté me fit un mal affreux!... Je me croyais aimé, moi, j'étais si jeune!... cette trahison me déchira le cœur!...

— Cette demoiselle vous fit-elle des excuses, au moins?

— Ah! mon cher monsieur Boniface, est-ce qu'on fait des excuses pour ces choses-là?... Passons à la seconde histoire: c'était une femme mariée... très-séduisante, et qui, jeune, très-coquette, n'avait encore, disait-on, eu aucune faiblesse à se reprocher. J'en devins éperdument amoureux... je parvins enfin à toucher son cœur... mais ce ne fut pas sans peine... Avant de triompher, il me fallut jurer cent fois que je serais fidèle... on me fit sentir toute la grandeur du sacrifice qu'on me faisait... vertu, devoir, repos... que sais-je!... Moi, je ne doutai pas un moment de l'amour de cette dame... qui me sacrifiait tant de choses... et pourtant, lorsqu'une femme trompe son mari pour un amant, il n'y a aucune raison pour qu'elle ne trompe pas ensuite son amant... il n'y a, dit-on, que le premier pas qui coûte, en fait de galanterie, c'est très-vrai, et Larochefoucault l'a bien dit: Vous trouverez plutôt une femme qui n'aura jamais eu de galanterie, que vous en rencontrerez qui n'en ait eu qu'une seule. Mais alors je n'avais pas encore lu les Maximes de ce profond écrivain.

— Et le mari, vous ne me parlez pas du mari?

— Oh! c'était un excellent homme, mais qui ne s'occupait que de ses affaires de banque, de bourse, ne songeait qu'à gagner de l'argent, et n'était nullement jaloux : il n'y avait aucun mérite à le tromper. J'étais, depuis quelques mois, l'heureux favori de cette dame, lorsqu'un monsieur, ami du mari, s'avisa de me regarder de travers, de trouver mauvais mes assiduités près de la dame... enfin de chercher à faire naître des soupçons dans l'esprit du mari. Vous comprenez bien que ce monsieur ne faisait tout cela que parce qu'il était lui-même amoureux de la femme de son ami... N'est-ce pas un bien beau service à rendre à un homme, que d'aller lui dire que sa moitié le trompe? Soyez certain que ceux qui font cela, y sont toujours poussés par l'envie, la jalousie et la méchanceté.

Dès que je fus instruit des propos que tenait cet ami dévoué, je dis à ma conquête : « Recevez donc ce monsieur de façon à ce qu'il ne revienne plus chez vous. » Elle me répondit : « C'est aussi ce que je fais, mais je ne puis m'en débarrasser. » Alors, me dis-je, c'est à moi de m'en charger. Je fis en sorte de rencontrer cet homme dans un endroit public, là, je l'insultai de manière à ce qu'il ne pouvait pas faire autrement que de se battre. Nous nous battîmes à l'épée. Je reçus une blessure qui manqua me coûter la vie, enfin je réchappai. Au bout de deux mois je pouvais sortir en voiture. Je me fis conduire dans les Champs-Élysées, me promettant bien d'aller le lendemain voir celle pour qui j'avais failli mourir, et qui, je le croyais du moins, devait m'aimer encore davantage. En passant dans l'Allée des Veuves, je me trouvais devant le *Petit Moulin rouge*, un restaurant fort connu. Le fiacre venait de s'arrêter devant la porte... et j'en vis descendre... devinez-vous qui?

— Ma foi non !

— Cet e dame en question et le monsieur avec lequel je m'étais battu... ils se prirent le bras et se glissèrent rapidement chez le traiteur.

— Oh ! c'est trop fort !...

— Oui, c'est pas mal fort, mais c'est comme cela. Et maintenant, mon cher monsieur Boniface, trouvez-vous étonnant que je n'aie pas la moindre confiance dans ces dames ?

— Sapristi ! cette trahison-là est encore pire que l'autre et votre dame mariée était une... je n'ose pas dire le mot... Vous avez dû lui adresser de terribles reproches ?

— Jamais ! mon cher monsieur, jamais !...

Le bruit est pour le fat, la plainte est pour le sot;
L'honnête homme trompé s'éloigne et ne dit mot.

— Ah ! il ne faut rien dire quand on est trompé ?

— C'est de très-mauvais goût... et d'ailleurs cela ne sert à rien. Dans ces sortes de choses, ce qui est fait est fait...

— C'est vrai, ça ne peut pas s'effacer... se biffer comme sur du papier. Voilà, monsieur Roger, des choses dont je ne me serais jamais douté... je ne crois point qu'il s'en passe de pareilles à Orléans... cela me donne beaucoup à réfléchir... il faut que j'en fasse mon profit... et je me demande comment.

— Mon Dieu ! cela doit seulement vous prouver qu'il ne faut pas prendre l'amour au sérieux; c'est le tort que j'avais, moi, et je m'en suis guéri.

— Alors il faut le prendre gaiement... une maîtresse nous trompe... on la quitte en riant... une autre en fait autant... on rit plus fort... c'est donc cela que les Français sont généralement si gais... Mais j'ai un ami, une ancienne connaissance d'Orléans qui habite Paris maintenant... il se nomme Calvados; celui-là ne pense pas comme vous... il est marié... il a une femme fort gentille, qui l'aime beaucoup... qui en a l'air du moins; eh bien, Calvados n'est pas heureux, parce qu'il a toujours peur d'être... dans les Georges Dandin ! il n'a aucune raison

d'être jaloux... sa femme est fort sage... Eh bien, c'est égal, savez-vous ce qu'il fait? il passe son temps à éprouver sa femme... à lui tendre des pièges, pour voir si elle succombera, parce qu'il répète toujours : « Je ne le suis pas, mais je veux en être sûr. »

— Diable ! ce mari-là joue gros jeu... mettre sa femme à l'épreuve... c'est dangereux, les femmes n'aiment pas cela.

— C'est ce que je lui dis sans cesse : « Qu'as-tu besoin d'éprouver ta femme? elle est fidèle... alors il me répète : Je veux en être sûr. »

— Et sa femme sort victorieuse des épreuves qu'il lui fait subir?

— Toujours; mais enfin, voilà un homme qui ne serait pas gai du tout si sa femme le trompait.

— Permettez, monsieur Boniface, je vous ai parlé de ces liaisons que l'on forme quand on est libre, je n'ai pas eu l'intention de vous parler du mariage. Est-ce que vous avez envie de vous engager de nouveau?

— Oh ! non pas... non pas... j'ai été marié une fois, je trouve que c'est très-suffisant ! et... Ah ! voilà quelqu'un qui vous arrive.

C'est le jeune Sibille Peloton qui entre comme une fusée dans l'atelier de l'artiste et court à lui, en s'écriant tout d'une haleine :

— Bonjour, monsieur Roger : c'est mon cousin qui, sachant que je passerais par ici, m'a chargé de vous dire que si vous vouliez l'attendre jusqu'à six heures, il viendrait vous prendre et irait dîner avec vous.

— Très-bien, monsieur Sibille, cela suffit, j'attendrai votre cousin.

— Voilà ma commission faite... Tiens ! voilà M. Boniface ! ce cher M. Boniface ! ah ! je suis enchanté de vous rencontrer... et ça va bien depuis l'autre fois ?...

— Oui, monsieur, répond M. Triffouille en prenant un air grave, depuis l'autre fois... quand vous vous êtes sauvé, en me laissant là avec une jeunesse qui se sauvait aussi.

— Comment ! sauvé... moi ? je ne me suis pas sauvé... seulement j'ai lâché Fanfinette parce que je ne voulais pas faire le coup de poing dans la rue avec son amoureux qui est un brutal... fi donc ! je ne me bats pas comme les crocheteurs, moi...

— Mais vous avez reçu un coup de pied.

— Aussi le lendemain je suis allé trouver ce monsieur avec des pistolets.

— Et vous vous êtes battus?

— Non, il était parti pour Versailles, rive gauche... mais je le retrouverai. Qu'est-ce que vous avez fait de la petite cousine à Fanfinette?

— Je me suis perdu avec elle dans les rues... je suis sûr que nous avons fait plus de deux lieues !

— Ce pauvre M. Boniface !... et moi je courais après vous en criant : Boniface !... Boniface !... Ah ! monsieur Roger, vous êtes donc avec Thélénie à présent ?

— Qui est-ce qui vous a dit cela, à vous ?

— Dame ! c'est le bruit public... est-ce que vous en faisiez un mystère ?...

— Je fais ce que je veux, cela ne regarde personne.

— Moi, j'en suis enchanté à cause de Jules... ah ! quel serin !... on dit qu'il va débuter au cirque des Champs-Élysées... dans les *Auriol*.

— Est-ce encore le bruit public qui dit cela ?...

— Non, c'est Anisette... connaissez-vous Anisette, une petite qui est dans la mercerie?

— Non, je ne connais pas cette Anisette-là.

— Est-ce qu'elle est de Bordeaux? demande M. Triffouille en souriant d'un air content de lui.

— Ah ! M. Boniface fait des mots... ah ! très-joli le mot !... bravo !... je le produirai.

Et Sibille Peloton rit aux éclats, puis va taper sur le ventre de ce monsieur, qui ne sait pas s'il doit rire ou se

fâcher de cette familiarité, mais qui se décide à en rire.
Le jeune commerçant reprend bientôt en s'adressant à
Roger :

— Si vous allez chez Thélénie, vous avez dû voir
Marie... Ah! voilà une jolie fille... l'air un peu sérieux,
mais j'aime assez cela... Toutes ces demoiselles rient
comme des folles pour une mouche qui vole... au moins
celle-là a de la tenue, ça change.

— Oui, j'ai vu une jeune personne... qu. avait un air
fort décent... cela m'a frappé...

— Ah! êtes-vous méchant!... ça l'a frappé... comprenez-vous, papa Boniface?

— Monsieur Sibille, je vous prierai de ne point m'appeler papa; je n'aime pas ça.

— Ah! suffit... mais dans le monde ça se dit! bibi,
ou papa... c'est *synagogue*... hi! hi! hi!.. Je l'assomme
de mes mots nouveau style.

— Et cette Marie... quel est son amoureux?

— On ne lui en connaît pas encore... mais vous comprenez... elle fait ses coups à la *sardine*... ah! ah! ah!...
ce bon M. Boniface... il n'y est plus... Je la guigne,
cette petite Marie... elle me plaît... il faudra que je me
la paye!

Roger jette en ce moment sur le jeune Sibille un regard
qui n'a rien de flatteur pour ce dernier. M. Boniface
s'écrie :

— Comment! cette jeune fille qui a l'air décent se
donne donc pour de l'argent?

— Ah! permettez; on dit : Je me la paye... c'est un
terme usité entre jeunes gens; cela veut dire : il faudra
que je lui fasse la cour... que j'en triomphe... Il y a
M. Lucien qui en tient aussi pour elle... il la guette dans
la rue quand elle va en commission... mais elle y va
rarement... C'est un terrible séducteur que M. Lucien
Bardecourt.

— Ah! ce jeune homme qui a tant de barbe... oui, il
paraît que c'est un don Juan.

Sibille s'approche de Boniface et lui dit à l'oreille :

— Voulez-vous venir dîner avec deux femmes charmantes?... partie carrée... elles m'attendront à la gare
du chemin de fer de Saint-Cloud... nous irons nous
promener à Montretout... hein... c'est séduisant cela?

Le provincial hésite, il craint d'être attrapé par le
jeune commerçant. Celui-ci reprend :

— L'autre soir, je ne vous avais pas menti... nous
avions au bras deux jolies personnes... ce n'est pas ma
faute si un brutal, un jaloux est venu tout gâter.
Mais cette fois, pas de dangers... elles sont libres comme
l'air...

— Au fait, c'est vrai, se dit Boniface, l'autre fois cela
commençait fort bien, sans ce monsieur qui a fondu sur
nous comme une trombe.

— Voyons... ça y est-il... venez... vous n'en serez pas
fâché.

— Et ce sont des dames... auxquelles on peut donner
le bras... sans se compromettre?

— Les deux bras même... des femmes distinguées. C'est
décidé... vous acceptez... partons ensemble... sans avoir
l'air... Adieu, monsieur Roger, j'ai encore plusieurs commissions à faire... il faut que je me sauve... Mais j'ai un
milord en bas... Monsieur Roger, vous allez du
côté du Palais-Royal, je puis vous y conduire...

— Ma foi, oui, j'ai justement affaire par là... Bonjour,
mon cher monsieur Roger... à l'avantage...

— Bien du plaisir! répond Roger, qui sourit en voyant
Boniface partir avec Sibille.

X

Dans la même maison que Roger, mais au premier
étage, habite une dame qui se fait appeler madame de
Beauvert.

C'est une femme qui a trente-huit ans, et qui n'en paraît
pas plus de trente-trois; qui a été extrêmement jolie, qui
l'est encore, mais qui maintenant emploie toutes les ressources de la coquetterie et même toutes les recherches
de l'art pour conserver sa jeunesse qui fuit et sa beauté
qui n'est plus aussi naturelle qu'autrefois.

Madame de Beauvert a la taille élégante et souple; en
prenant des années, elle est restée mince et svelte, ce qui
lui conserve la tournure jeune; elle a de beaux cheveux
blond cendré, dont elle prend le plus grand soin, et
dont pas un encore ne s'est montré atteint de cette fatale
blancheur qui cause tant de chagrin la première fois
qu'on la découvre. Cette dame a de grands yeux, dont la
couleur n'est pas bien décidée, mais qui ont de l'éclat et
qu'elle fait manœuvrer d'une façon merveilleuse; son
nez, un peu long, est d'un aquilin parfait; sa bouche est
irréprochable, bien qu'un peu dédaigneuse; enfin, sa physionomie est très-mobile et sait prendre facilement l'expression des sentiments qu'elle veut exprimer.

Madame de Beauvert a toujours des toilettes de la plus
exquise élégance; elle sort fort rarement à pied, et jamais
en fiacre; il lui faut un remise; souvent elle a eu une
voiture au mois. Elle habite un appartement de mille
écus, qui n'est pas très-grand, mais qui est meublé avec
un luxe et un goût ravissant. Elle a une femme de
chambre qui ne met pas le pied à la cuisine et une cui-
sinière qui n'entre jamais dans son boudoir. Enfin elle se
dit veuve d'un Américain. Le fait est qu'on ne lui a
jamais vu de mari; mais, en revanche, un grand nombre
d'adorateurs, de courtisans, de galants, viennent sans
cesse lui faire la cour, lui apporter des loges de théâtre,
des billets de concert, puis de ces jolies futilités, de ces
riens très-chers que ces dames mettent sur leur étagère, et
que souvent elles ne regardent plus ensuite.

Madame de Beauvert a-t-elle de la fortune pour fournir à son luxe, à ses toilettes, à cette vie de plaisir qu'elle
mène?... Non, elle ne possède pas un sou de rente. D'après
cela, vous comprenez, je pense, dans quelle classe il faut
ranger cette dame : c'est une femme entretenue, mais
dans le grand genre, de ces dames qui font beaucoup
d'embarras, de bruit, de poussière; qui n'arrivent au
spectacle que quand la pièce est commencée, parlent et
rient bien haut pour se faire remarquer; tiennent à
la main un bouquet de fleurs rares, mangent des bon-
bons toute la soirée, et regardent d'un œil dédaigneux les
petites grisettes qui valent mieux qu'elles.

Madame de Beauvert qui n'est pas positivement une
sotte, mais n'a que cet esprit superficiel que l'on est
encore heureux de trouver dans ces dames, qui souvent
sont bêtes comme chou, éprouve parfois cet ennui qui
s'attaque surtout à ces personnes qui ne savent que faire
pour s'amuser, parce qu'à force de vivre au milieu des
plaisirs, elles n'en goûtent plus aucun, parce que la sa-
tiété a émoussé leurs sens, et que dans le fond de leur
cœur il n'y a pas le plus petit sentiment sincère, tendre,
doux, pour occuper les heures de loisir et goûter une
jouissance vraie.

Cette dame passe, à la vérité, une grande partie de la
journée à sa toilette, mais il reste encore du vide jusqu'au
moment où arrivent ses adorateurs; elle sait à peine toucher du piano; elle n'y a pas de goût et la moindre étude la
fatigue; elle prétend aimer la lecture, mais n'a pas plutôt

pris un livre, qu'elle bâille et jette le volume de côté; elle n'a jamais su tenir une aiguille, et d'ailleurs le plus léger travail lui semble indigne d'elle, et lui donnerait la migraine. Que faire donc pour se distraire?... On a des animaux; ces dames ont pour les bêtes un amour qu'elles n'ont jamais ressenti pour les hommes; et pourtant il y a souvent du rapport.

La belle dame du premier, après avoir adoré un chien, idolâtré un chat et beaucoup aimé un ouistiti, venait de se prendre d'une belle passion pour une perruche, et chez cette capricieuse personne, la dernière fantaisie faisait sur-le-champ oublier les autres. Elle n'avait donc plus ni chien, ni chat, ni singe, mais elle avait une perruche dont elle faisait l'éducation, qui venait se percher sur son épaule, qui mangeait du biscuit, qu'elle tenait au bord de ses lèvres, et disait lorsque quelqu'un entrait chez elle :

— Ah! qu'il m'embête celui-là!... Ah! c'te tête!... Ou bien : J'ai besoin d'argent... mon chéri...

On voit que l'éducation de la perruche avait été très-soignée. Aussi madame de Beauvert était folle de son oiseau et riait aux larmes, lorsqu'à l'arrivée d'un certain M. Bernouillet, l'amoureux en pied pour le moment, sa perruche s'écriait :

— Ah! qu'il m'embête celui-là!...

Une fois pourtant ce monsieur, gros entrepreneur, aussi sot que riche, avait pris la chose de travers et dit à son élégante maîtresse :

— Madame, vous avez une perruche qui est bien malhonnête, bien mal apprise.

Alors la bonne dame avait réprimé son envie de rire, et répondu en minaudant :

— N'allez-vous pas vous fâcher contre un oiseau et prendre pour vous ce qu'il dit à tout le monde?... Enfin, puisque cela vous déplaît, on tâchera de lui faire dire autre chose...

En effet, l'oiseau fut si bien stylé, que dès qu'il apercevait ce monsieur, il s'écriait :

— J'ai besoin d'argent... mon chéri!

Et cette phrase revenait si souvent, lorsque l'entrepreneur prolongeait sa visite chez sa maîtresse, que notre homme en fut réduit à regretter l'ancienne.

On comprend qu'une perruche si bien éduquée, si utile dans l'occasion, devait être le bijou de Paola (c'est le petit nom de madame de Beauvert); c'était vainement que M. Bernouillet lui répétait souvent :

— Madame, vous avez bien tort de présenter ainsi votre figure à cette perruche, de lui laisser manger du biscuit sur vos lèvres... ces oiseaux-là sont traîtres... ils vous mordent au moment où vous leur faites les plus douces caresses... d'un coup de bec ils emportent le morceau... Pourquoi exposer votre charmant visage aux caprices d'un volatile qui a un bec si aigu, si long, si effilé?

Mais la belle Paola tenait d'autant plus à son oiseau que celui-ci déplaisait à ce monsieur, et elle répondait :

— Monsieur, ma perruche m'adore... elle me connaît si bien, elle bat des ailes dès qu'elle m'aperçoit... elle accourt à ma voix se percher sur mon épaule... et vous voulez que j'en aie peur!... Elle, me faire du mal!... Oh! jamais ; je suis sûre que la pauvre Cocotte souffrirait plutôt tout pour moi... C'est chez les bêtes, monsieur, qu'il faut chercher un attachement sincère...

A cela M. Bernouillet répondait d'un air stupide :

— C'est bien possible au fait!

Et la perruche accompagnait en criant :

— J'ai besoin d'argent, mon chéri!

Mais voilà qu'un beau jour... justement celui que M. Boniface Triffouille avait choisi pour faire une visite au jeune dessinateur, et peu de temps après qu'il s'était laissé emmener par Sibille, madame de Beauvert, qui s'était placée à la fenêtre avec sa perruche sur son épaule, et prodiguait à son oiseau les plus douces paroles, voit

tout à coup Cocotte, quittant l'épaule de sa belle maîtresse, s'élancer dans l'espace, voler sur un balcon, puis sur un autre, et disparaître enfin sans daigner répondre à sa maîtresse désolée autre chose que :

— Ah! c'te tête!

Madame de Beauvert sonne, crie, appelle. La femme de chambre accourt.

— Qu'est-ce donc, madame?... comme vous êtes bouleversée !

— Ah! Léontine, quel malheur! ma perruche... Cocotte... vient de s'envoler dans la rue...

— Ah! mon Dieu! il serait possible!... mais il faut l'appeler... savoir où elle est... ces oiseaux-là ne volent pas loin.

Et voilà la maîtresse et la suivante qui se mettent aux fenêtres, qui appellent les passants, leur demandent s'ils voient la perruche. Bientôt tout le monde s'arrête dans la rue, un monsieur dit :

— Elle est sur le toit de la maison voisine...

— Eh non, monsieur; c'est un chat que vous voyez! s'écrie une jeune fille.

— Vous croyez... tiens, c'est vrai, c'est un chat... il est tout jaune, c'est ce qui m'a trompé.

— Mais votre perruche n'est pas jaune, dit Léontine, elle est d'un beau vert foncé... la voyez-vous?...

— Ah! oui.... la voilà sur le balcon d'une fenêtre au second... bon, la voilà qui vole au troisième...

— Dans notre maison ?...

— Oui, dans votre maison. Ah! elle s'envole... elle se perche à un balcon au quatrième...

— Léontine, je t'en prie, va voir toi-même... est-ce qu'on peut se fier à tous ces gens-là!... S'il faut donner de l'argent pour qu'on rattrape Cocotte, donne... ne le ménage pas, sème l'or! mais je veux ma perruche... il me faut... je ne puis pas vivre sans elle!

La femme de chambre descend dans la rue, aperçoit l'oiseau volage qui est établi sur une fenêtre au quatrième étage, où elle paraît être en grande conversation avec un modeste pierrot qui est dans une cage. Aussitôt elle remonte dire à sa maîtresse:

— Rassurez-vous, madame, Cocotte n'est pas perdue... elle est au quatrième, chez M. Édouard Roger...

— Qu'est-ce que c'est que ça... Édouard Roger?

— Madame, c'est un jeune dessinateur, qui est fort joli garçon et a beaucoup de talent, à ce qu'on dit ; aussi a-t-il toujours beaucoup d'ouvrage...

— Ah! tu l'as donc vu, toi, ce jeune homme?

— Oui, madame, je le rencontre assez souvent dans l'escalier...

— Est-ce qu'il sait se mettre?

— Oh! oui, madame, et très-bien... je vous assure qu'il a une fort jolie tournure...

— Ah!... eh bien... va chercher Cocotte... et dis à ce jeune homme... que s'il veut lui-même me rapporter ma perruche... je... je le recevrai... va, Léontine...

— J'y monte bien vite... Oh! certainement, M. Roger sera enchanté de faire connaissance avec madame.

La femme de chambre monte chez Roger. Elle entre dans l'atelier. Le jeune artiste travaillait et n'avait fait aucune attention au bruit qui se faisait dans la rue. Cependant il paraît surpris en voyant arriver mademoiselle Léontine, qui n'est pas jolie, mais qui a l'air très-effronté.

— Monsieur, je vous demande bien pardon de vous déranger... mais c'est ma maîtresse qui m'envoie parce que sa perruche s'est envolée... mais elle est sur votre balcon... Tenez... là, monsieur... je la vois d'ici. Tenez, elle donne des coups de bec sur la cage...

— Ah! c'est votre perruche qui est là... et qui a l'air de vouloir battre mon pauvre Friquet... qui se réfugie de l'autre côté de sa cage, en faisant : Couic! couic!... Reprenez-la bien vite, mademoiselle... je ne vous envie pas cet oiseau-là.

Mademoiselle Léontine va prendre la perruche, referme la fenêtre, puis ayant l'oiseau sur le bout de son doigt, revient vers Roger, en lui disant :

— Tenez, monsieur, voyez comme elle est belle, cette coureuse-là... et quand elle est en train, elle parle si bien !... Ah ! si vous l'entendiez !...

— Sapristi ! mademoiselle, mais je l'entends bien assez quand elle est dans sa cage à une fenêtre de la cour... elle fait des cris horribles... épouvantables... votre perruche... je ne connais rien de désagréable comme le cri aigu, perçant de ces animaux-là !... Ah ! ne me parlez pas de perruche, de perroquet, de cacatoès !... Je ne comprends pas que l'on ait chez soi de pareilles bêtes ! et je vais plus loin, je crois qu'il faut être... je ne trouve pas le mot... pour s'amuser avec un de ces animaux...

— Monsieur aime peut-être mieux le pierrot ! s'écrie mademoiselle Léontine d'un air moqueur.

— Si j'aime mieux un pierrot ?... mais assurément !... c'est-à-dire que je ne vois même pas de comparaison à établir entre eux ; car l'un est spirituel, intelligent, aimable, reconnaissant, tandis que l'autre n'est que méchant et bête. Il répète ce qu'on lui apprend par cœur, et dit toujours la même chose à tort et à travers ; n'est-ce pas un beau mérite ! Je sais bien que dans le monde il y a des gens qui n'en savent pas plus que les perroquets... mais aussi je ne fais pas ma société de ces gens-là. Un pierrot que vous élevez soin devient votre ami, votre compagnon fidèle ; vous lui ouvrez sa cage, il vole dans l'appartement, mais ne songe point à profiter de sa liberté pour vous quitter ; il trotte dans les chambres, se perche sur les meubles, mais il viendra de préférence sur le bureau où vous travaillez, sur le chevalet sur lequel vous peignez ; alors il vous regarde, vous parle, chante pour exprimer sa joie d'être un peu libre, et d'être avec vous. Ah ! si le pierrot était un oiseau rare ou cher, on lui rendrait plus de justice... mais on en trouve partout, on en achète un pour deux sous... comment voulez-vous qu'on leur trouve du mérite ?

Mademoiselle Léontine écoute tout cela, comme ces gens qui pensent à autre chose qu'à ce qu'on leur dit. Quand le jeune homme a cessé de parler, elle s'écrie :

— Monsieur, je suis la femme de chambre de madame de Beauvert, qui demeure dans la maison au premier... vous avez sans doute entendu parler de ma maîtresse ?

— Est-ce qu'elle est au théâtre ?

— Non, monsieur.

— Est-ce qu'elle est artiste, virtuose, peintre ou bas-bleu ?

— Oh ! par exemple, monsieur ! supposer que ma maîtresse met des bas bleus ! elle qui n'en porte que de soie...

— Mademoiselle, par bas-bleu, on entend maintenant une femme de lettres... qui écrit, fait des pièces, des vers ou des romans...

— Oh ! pardon, monsieur, je ne savais pas... Non, madame ne fait rien de tout cela.

— Alors, pourquoi voulez-vous que j'en aie entendu parler ?

— Dame... je ne sais pas... parce que madame est très-jolie... très-élégante... qu'elle a de ces tournures qui font de l'effet... qui séduisent les messieurs... enfin, parce que dans le beau monde elle est très-recherchée... très-fêtée !...

— Dans le beau monde !... Cette dame est mariée ?

— Non, monsieur, elle est veuve...

— Que faisait son mari ?

— Ce qu'il faisait ?... ah ! mon Dieu ! quelle idée de demander ça !... est-ce que jamais j'ai fait de ces questions-là à madame... Mais vous êtes curieux, vous, à ce qu'il paraît...

— Non ; mais vous me dites que votre maîtresse est

recherchée dans le beau monde... alors on doit savoir ce qu'elle est... d'où lui vient sa fortune...

— Ah ! ah ! ah ! vous me faites rire !... Quand une femme est très-jolie, très à la mode... ce n'est pas pour s'informer de tout cela qu'on va chez elle...

— Très-bien... j'ai compris.

— Qu'est-ce que vous avez compris ?

— Ce que c'est que votre maîtresse.

— Eh bien, monsieur, elle m'a chargée de vous dire que si vous vouliez, vous-même, lui rapporter sa perruche, elle vous recevrait avec plaisir.

— Vous remercierez votre maîtresse, mais l'oiseau vous est rendu, vous le tenez, je ne vois pas qu'il soit nécessaire que ce soit moi qui aille le reporter à cette dame, vous ferez vous-même votre commission, c'est beaucoup plus naturel.

— Mais, monsieur, vous ne savez donc pas que c'est une faveur que ma maîtresse vous faisait... elle ne reçoit pas tout le monde.

Roger sourit en répondant :

— Si elle recevait tout le monde, son appartement serait donc comme un omnibus !

— Ah ! monsieur... comparer madame de Beauvert à un omnibus... dans lequel on monte pour six sous !...

— Vous entendez mal ; je n'ai pas fait cette comparaison.

— Enfin, monsieur, vous ne vous trouvez donc pas flatté que madame vous engage à aller la voir ?

— Je ne vois pas en quoi cela est nécessaire. Je ne mérite aucun remercîment pour la perruche ; ce n'est pas moi qui l'ai attrapée, elle est venue se percher sur ma fenêtre, vous l'y avez reprise, je ne suis pour rien dans tout cela.

— C'est-à-dire que vous ne vous souciez pas de venir chez ma maîtresse... Ah ! bien, vous n'êtes pas comme les autres, vous !...

— Il paraît qu'il y en a beaucoup d'autres qui y vont.

— Assurément. Oh ! nous recevons beaucoup de monde... c'est-à-dire beaucoup d'hommes, car pour des femmes il ne nous en vient guère... Voyons, il faut que je m'en aille, car madame doit s'impatienter de ne pas revoir son cher oiseau... une fois, deux fois... descendez-vous avec moi ?

— Dix fois, je ne descends pas.

— Alors, bonjour, monsieur... Viens, ma Cocotte, ta maîtresse va te manger de caresses...

Mademoiselle Léontine est bientôt près de sa maîtresse, qui pousse un cri de joie en revoyant sa perruche qu'elle s'empresse de prendre et de couvrir de baisers. Après ce premier moment donné à l'amour ornithologique, cette dame dit :

— Eh bien, et ce jeune homme... il va venir sans doute... il aura voulu faire de la toilette pour se présenter chez moi.

— Non, madame, non, M. Roger ne va pas venir ; il a prétendu que ce n'était pas la peine, que vous ne lui deviez aucun remercîment.

— Il n'a donc pas compris que ce n'était qu'un prétexte pour lui permettre de venir me voir ? Il est donc bête comme une oie, ce monsieur ?

— Oh ! non, madame, je ne crois pas... il n'a pas l'air bête... il m'a fait un grand éloge des pierrots et dit beaucoup de mal des perruches.

— L'éloge des pierrots !... Ah çà, décidément c'est un serin, ton jeune homme !

— Il m'a demandé si madame était mariée... ce qu'était son mari... ce que madame faisait...

— L'impertinent ! de quoi se mêle-t-il... Que lui as-tu répondu ?...

— Qu'il était bien curieux et qu'on ne venait pas chez madame pour lui adresser de ces questions-là.

— Et enfin ?

Madame de Beauvert et sa perruche. (Page 25.)

— Enfin je lui ai encore dit de descendre, qu'il serait bien heureux en vous voyant... mais c'était comme si j'avais chanté l'air du *Mirliton!*... il n'a pas voulu.

La belle Paola se pince les lèvres, puis murmure au bout d'un moment :

— Et tu dis qu'il est joli garçon... qu'il a de la tenue, ce dessinateur ?...

— Oh! oui, madame, il est vraiment très-bien... un air distingué même !... mais je ne lui pardonne pas d'avoir refusé de venir présenter ses hommages à madame.

— Calme-toi, ma chère Léontine... va... quand je le voudrai, il viendra.

Quant à Roger, de son côté, il s'était dit :

— Parbleu ! il faut que je m'informe, et que je sache ce que c'est réellement que ma voisine du premier.

XI

M. ET MADAME CALVADOS.

M. Calvados, cet ami de Boniface Triffouille, et dont il a parlé plusieurs fois, est un homme de quarante-huit ans, qui a été assez joli garçon, qui n'est pas encore mal, et dont l'œil vif, le nez retroussé et la bouche bien garnie ont conservé un certain air tant soit peu libertin, qui peut encore aspirer à faire des conquêtes. Mais ce monsieur est marié depuis dix ans à une femme qui en a mainte-

nant trente-trois, qui est gentille, gracieuse, avenante, et il est éperdument amoureux de sa femme.

Cette dame paraît aimer beaucoup son mari, elle a un soin parfait de son ménage, et quoiqu'elle aime assez à rire, à plaisanter, depuis qu'elle est l'épouse de M. Calvados, on n'a jamais eu à jaser sur sa conduite ; on ne lui a connu aucune intrigue, enfin les mauvaises langues même n'ont rien trouvé à lui reprocher. M. Calvados devrait donc être très-heureux d'avoir rencontré si bien et se féliciter de son choix ; mais comme les hommes ne sont jamais contents du lot que leur a fait la destinée, même lorsque ce lot est très-agréable, celui-ci, au lieu de jouir tranquillement de son bonheur, s'avise d'être jaloux et de trembler toujours que sa femme ne le fasse... ce que vous savez bien ! ce que j'ai eu l'audace de donner pour titre à un de mes romans, et ce qui m'a valu force injures de la part de ces gens qui trouvent Molière indécent, et à coup sûr n'auraient pas laissé jouer *Sganarelle ou le Cocu imaginaire*.

M. Calvados est donc jaloux, il n'a aucune raison de l'être, puisque sa femme se conduit bien ; mais les jaloux ne raisonnent pas ainsi. Notre mari se disait :

— Ma femme a été sage jusqu'à présent, je le crois, mais c'est peut-être parce qu'elle n'a rencontré aucun homme qui lui ait plu mieux que moi... si elle en rencontrait un dans cette catégorie... qui me dit qu'elle ne succomberait pas ?... et puis je la quitte peu... je suis toujours là... il est assez difficile de tromper un mari qui est sur ses gardes... mais c'est l'occasion qui fait le larron, et une femme qui n'est sage que faute d'occasions n'a pas grand mérite.

Et pourquoi ce monsieur craignait-il tant d'être trompé ? C'est que dans sa jeunesse il avait trompé beaucoup de

Allons ! en voiture, alors. (Page 35.)

monde, c'est qu'il avait été très-séducteur, très-volage, qu'il avait mis en usage une foule de ruses pour duper des maris, des tuteurs, des pères ou des tantes ! et ceux qui en ont tant fait aux autres, se figurent toujours qu'on doit user sur eux de représailles...

M. Calvados vivait donc dans une continuelle perplexité : si sa femme avait été très-gaie en société, il se disait :

— Elle a voulu plaire à quelqu'un... Si, au contraire, elle s'y montrait plus sérieuse que de coutume, il se disait :

— C'est qu'elle a en tête quelque chose qui la préoccupe... et qu'est-ce qu'une femme peut avoir en tête si ce n'est une amourette?.. Avec de telles idées, on ne doit jamais goûter de repos. Calvados en goûtait fort peu en effet, il voulait absolument être sûr que sa femme ne succomberait pas dans l'occasion, et pour cela s'était imaginé plusieurs fois de mettre sa vertu à l'épreuve.

Ainsi, retrouvant un jour dans la rue un ami de collège, que sa femme ne connaissait aucunement et qui était fort beau garçon, après lui avoir confié sa position et sa faiblesse, il lui dit :

— Folleval, fais-moi un plaisir... plus qu'un plaisir ! rends-moi un service... un grand service... dis, le veux-tu?

Et l'ami Folleval lui avait répondu, comme on répond assez ordinairement à une telle demande :

— Mon cher ami, je suis tout prêt, tout disposé... pourvu cependant que je le puisse... que ce soit dans mes moyens.

— Tu le peux parfaitement ! tu le peux mieux qu'un autre, parce que tu encore fort bel homme, que tu as tout ce qu'il faut pour séduire une femme... pour faire sa conquête... tu dois en avoir fait beaucoup dans ta vie?

— Oui, je l'avoue, j'ai été très-heureux près du beau sexe, j'ai une manière de l'attaquer qui m'a toujours réussi.

— Eh bien, mon ami, il faut essayer de ta manière près de ma femme....

— Qu'est-ce que tu dis?

— Je dis que j'ai une femme fort gentille... tu ne la connais pas encore, mais quand tu l'auras vue, tu comprendras qu'on peut en être jaloux ; je ne t'ai pas caché que j'avais ce malheur. Fais-moi donc le plaisir de faire la cour à ma femme... emploie tous les moyens de séduction, et si elle te résiste... comme je l'espère... alors je ne douterai plus de sa vertu, de sa fidélité, et, grâce à toi, j'aurai retrouvé le repos et la tranquillité.

L'ami Folleval avait trouvé la proposition singulière, puis il avait répondu :

— Tu veux tenter là une épreuve qui est bien dangereuse... tu as tort.

— Tort ou non, c'est mon affaire ! Je veux être sûr que ma femme m'est fidèle... et je ne puis en être certain qu'après l'avoir éprouvée...

— Mais enfin si... si ta femme... car il faut tout prévoir, si ta femme ne me résistait pas?...

— Si elle succombait... Oh ! mon cher ami, je la quitterais, je me séparerais d'avec elle... je ne resterais pas avec une femme qui me trahirait!...

— Et crois-tu que tu serais bien heureux alors... et que tu ne regretterais pas ton indiscrète curiosité?

— Il ne s'agit pas de tout cela... je te demande un service... veux-tu ou ne veux-tu pas me le rendre? Voilà toute la question. Nous nous connaissons de longue date, j'ai cru que je pouvais me fier à toi. Ai-je eu tort?

— Ah ! ma foi, puisque tu y tiens tant, soit ! je ferai

3

la cour à ta femme... Tu vas me présenter à elle alors...

— Non, non, ce n'est pas ainsi que je l'entends; une femme résistera plutôt à quelqu'un qui est reçu chez elle... elle craindra qu'un mot, un regard ne trahisse son intrigue ! tandis qu'un amoureux étranger à la maison, c'est moins dangereux et plus commode ; il peut se trouver dans tous les endroits publics où va madame, et ne sera pas même regardé par le mari. Par conséquent, devant ma femme, nous ne nous connaissons pas. Ce soir, j'irai avec elle au théâtre du Gymnase, tu la verras,... c'est à toi alors de jouer de la prunelle, de commencer ton rôle;... parbleu, je n'ai pas besoin de t'apprendre comment on se conduit en pareil cas.

— Non, sois tranquille, je connais mon affaire.

— Et tous les jours nous nous retrouverons dans un café que je t'indiquerai et tu me rendras un compte fidèle de tout ce que tu auras fait.

Les choses s'étaient passées comme M. Calvados l'avait désiré. Le beau Folleval avait joué de la prunelle près de la femme de son ami, il l'avait suivie partout, même le matin, lorsqu'elle allait au marché ; il avait entamé l'entretien en lâchant à brûle-pourpoint une brûlante déclaration; on lui avait tourné le dos, en le priant de passer son chemin ; enfin il avait glissé un billet doux dans un panier, sous un canard et une botte de radis, et la jeune femme avait montré le billet à son mari, en lui disant :

— Tiens ! voilà ce qu'on a fourré dans mon panier... C'est un grand escogriffe qui, depuis quelques jours, est sans cesse sur mes pas... que je rencontre partout... au spectacle, à la promenade... tu n'as pas remarqué un grand blond, assez beau garçon ?...

— Ma foi, non...

— Oh ! ces maris ! cela ne voit rien ! Mais si ce monsieur ne me laisse pas tranquille, s'il veut encore me parler quand je serai seule, je te promets que je le fais arrêter par un sergent de ville.

M. Calvados était enchanté, et ce jour-là, en allant retrouver son ami, il lui dit :

— Je suis le plus heureux des hommes ! ma femme est une Lucrèce ; elle m'a communiqué ton billet doux et annoncé qu'elle te ferait arrêter par un sergent de ville la première fois que tu lui parlerais... Embrasse-moi... reçois mes remercîments, je suis satisfait, il est inutile que tu continues.

Et l'ami Folleval avait fait une drôle de mine, vexé au fond de l'âme de n'avoir pas séduit cette dame, et se disant à lui-même :

— Oh ! si j'avais voulu !... mais je n'y ai pas mis de chaleur, parce que c'était la femme de mon ami.

Pendant six mois Calvados avait eu l'esprit assez tranquille, mais au bout de ce temps il avait réfléchi que son ami Folleval était blond et que sa femme avait toujours préféré les bruns ; puis que la conquête d'un homme qu'on ne connaît pas peut sembler dangereuse à une dame mariée ; enfin il avait voulu tenter une autre épreuve, en se servant d'un jeune homme qui était reçu chez lui.

Mais ce jeune homme était assez sot, assez niais, il n'avait accepté que de fort mauvaise grâce la commission dont M. Calvados l'avait chargé. Celui-ci lui avait fourni bientôt une occasion pour être en tête à tête avec sa femme. Alors sans préparation, ce monsieur, qui était brun, s'était jeté aux genoux de madame Calvados en lui disant :

— Madame, je suis profondément épris de vos charmes... enfin je suis très-amoureux de vous; daignerez-vous répondre à mon amour ?

La jeune femme avait répondu :

— Je vous trouve bien hardi de me tenir un tel langage; je vous pardonne pour cette fois, mais ne recommencez pas, ou je vous fais mettre à la porte par mon mari.

Alors le jeune brun s'était relevé en s'écriant :

— Votre mari ! mais c'est lui qui m'a prié, supplié de vous faire cette déclaration... Je ne suis pas amoureux de vous, moi, madame, et si je vous ai tenu ce langage, c'est pour être agréable à monsieur votre époux.

On doit juger si Léonore (c'est le nom de madame Calvados) fut surprise en apprenant que son mari voulait éprouver sa sagesse. D'abord elle ne fit qu'en rire, mais plus tard elle tança vertement son cher époux, et celui-ci, tout en maudissant l'indiscrétion du jeune homme brun, promit à sa femme de ne plus recommencer.

Il tint parole pendant quelque temps ; mais nos passions sont nées avec nous, elles font partie de notre être, nous pouvons les cacher, les modifier, nous ne les chassons jamais entièrement.

A l'époque où Boniface Triffouille était arrivé à Paris, Calvados s'amusait à envoyer à sa femme des lettres anonymes qui contenaient toujours des déclarations de l'amour le plus tendre ; plus tard il mêlait sa prose de vers que l'écrivain chargé de transcrire ses lettres lui assurait être aussi bien tournés que ceux de Voltaire. Puis il indiquait un rendez-vous, en suppliant cette dame de s'y rendre, ne fût-ce qu'un moment. Ces jours-là notre jaloux ne manquait pas de trouver des prétextes pour laisser sa femme libre de sortir, puis il courait se cacher près du lieu qu'il avait indiqué pour rendez-vous, et il s'en revenait fort content, parce que sa femme n'y était pas venue.

Léonore se doutait-elle que les billets anonymes qu'elle recevait lui étaient adressés par son mari ? c'est ce qui est probable. Mais un soir, après avoir envoyé un billet, accompagné d'un bouquet magnifique, en annonçant que l'on se promènerait sur les dix heures à l'entrée du boulevard Bourdon, lieu assez désert pour être favorable aux rencontres galantes, Calvados ayant eu soin d'annoncer à sa femme qu'il allait en soirée et ne rentrerait que tard, s'était rendu à l'endroit qu'il avait indiqué dans son billet, et là y avait été reçu par deux Auvergnats qui lui avaient administré une honnête roulée de coups de trique.

Notre homme était rentré chez lui en se tenant les côtes, il s'était mis au lit en disant qu'il avait glissé sur un trottoir, mais il avait souffert sans se plaindre, car il était battu et content sans être encore comme le mari dans le conte de la Fontaine.

Vous connaissez maintenant le ménage Calvados ; ajoutons que tout en étant jaloux de sa femme, cela n'empêchait point ce monsieur d'aller acheter son savon à barbe et son eau de Cologne parfumée dans le magasin où était Thélénie, parce que, au travers des carreaux, il avait remarqué la belle brune, et qu'il était toujours amateur des jolies demoiselles de magasin.

Enfin, comme sa femme faisait faire ses chapeaux dans le magasin de modes où travaillait la sémillante Fanfinette, celle-ci avait quelquefois été chargée de porter chez madame Calvados une capote nouvelle ; et lorsque le mari se trouvait là, sous prétexte de voir essayer le chapeau, il ne manquait pas de faire de l'œil à la modiste.

Oh ! ces hommes, qui veulent qu'on leur soit fidèle et qui ne le sont jamais ! n'est-ce pas absurde ?

XII

UNE BELLE CALÈCHE.

En sortant, avec le jeune Sibille, de l'atelier de Roger, Boniface Triffouille cherche dans la rue le cabriolet qu'il son compagnon avait dit avoir en bas, mais il n'aperçoit pas l'ombre d'une voiture.

— Eh bien, monsieur Peloton, où donc est ce mi-lord qui vous attendait et avec lequel vous avez offert de me conduire au Palais-Royal?

— Ah! ah! ce bon Boniface... il croit tout ce qu'on dit!... mais ne voyez-vous pas que c'était une colle... autrement dit un prétexte, pour vous offrir de descendre avec moi, sans avoir l'air de comploter quelque chose ensemble?...

— Ah! oui... à cause de M. Roger.

— Et puis, voyez-vous, mon cher, en général, quand on va faire visite dans une maison, il faut toujours dire qu'on a une voiture à l'heure qui vous attend... ça fait bien. . ça donne de la considération.

— Mais si les personnes auxquelles on dit cela regardent par la fenêtre et voient que vous filez à pied?

— Alors c'est votre cocher qui s'est impatienté et ne vous a pas attendu...

— Vous avez réponse à tout!

— Il faut cela! il faut avoir de l'aplomb! A Paris, si vous n'avez pas d'aplomb, vous êtes coulé!... Ah! maintenant nous allons prendre une voiture... un remise... guettons un remise.

— Pourquoi faire?...

— Il est charmant! pour monter dedans... il faut tâcher d'avoir une calèche... une jolie calèche à deux chevaux.

— Je croyais que nous allions trouver deux dames à l'embarcadère de Saint-Cloud, rue Saint-Lazare...

— Oui, sans doute, nos dames se trouveront là; mais ce n'est pas une raison pour prendre le chemin de fer... c'est bien plus galant de mener nos dames à Saint-Cloud en calèche... Elles seront enchantées d'aller en calèche, d'autant plus qu'il y en a une qui a peur en chemin de fer... Est-ce que vous aimez ça, vous, les chemins de fer?

— Dame, quand on est pressé...

— Ah! oui... quand on est pressé, c'est très-utile; mais quand on n'est pas pressé, c'est bien plus gentil d'être dans une voiture à soi... et puis c'est meilleur genre; tout le monde va en chemin de fer, tout le monde ne peut pas aller en calèche! Ah! je sais où il y a par ici un loueur de voitures, nous allons y trouver notre affaire.

Sibile conduit Boniface dans une rue voisine, et là ils trouvent en effet un loueur de voitures qui en a de toutes les façons et de fort élégantes. Sibile choisit une jolie calèche, recommande qu'on leur donne un bel attelage, et voudrait aussi que le cocher eût une perruque poudrée à blanc, mais comme il n'y a là que des cochers à la Titus, il faut qu'il s'en contente.

— Et le prix... combien nous prendra-t-on? dit tout bas Boniface à son compagnon.

— Le prix, cher ami? eh! mon Dieu! le prix ordinaire sans doute... Monsieur, il est bientôt trois heures, nous garderons cette calèche toute la journée... jusqu'à minuit... peut-être plus tard, on ne sait pas... combien nous prendrez-vous?

— Monsieur, ce sera vingt-cinq francs jusqu'à minuit, chaque heure en plus se paye deux francs cinquante, et vous nourrirez le cocher.

— Cela me semble horriblement cher! murmure Boniface à Sibile.

Et celui-ci répond:

— Mais non... ce n'est pas cher... c'est le prix. Faites atteler tout de suite, monsieur... et de beaux chevaux.

— Soyez tranquilles, messieurs, vous serez satisfaits.

Boniface, qui ne s'attendait pas à faire une partie si complète, ne sait pas s'il doit être content, mais son jeune compagnon a l'air ravi, il se frotte les mains en s'écriant:

— Nous allons un peu faire notre poussière... Cette pauvre Anisette sera-t-elle contente!... il y a si long-

temps que je lui promets de la mener en calèche!... elle sait que j'ai l'habitude de mener une maîtresse en voiture au bois de Boulogne... et elle me répétait sans cesse:

— Quand donc ce sera-t-il mon tour?

— Ah! c'est donc mademoiselle Anisette que nous allons retrouver?

— Oui, Anisette, pas de Bordeaux... mais de Pantin, et qui loge dans la rue Saint-Denis... eh!... eh!...

— Vous m'aviez dit que nous allions avec des dames... distinguées?

— Eh bien! Anisette est très-distinguée, elle a même sur la joue gauche un gros signe noir... un grain de cassis... toutes les femmes n'ont pas cela.

— Et la personne qui sera avec elle?... car enfin, puisque mademoiselle Anisette est votre maîtresse, je ne puis adresser mes vœux qu'à l'autre...

— Celle qui sera avec elle... c'est Edelmone... Oh! une femme superbe... une blonde... toujours frisée à la Ninon... Elle est un peu vaporeuse, mais je suis sûr qu'elle vous plaira...

— Et que fait-elle, mademoiselle Edelmone?

— Des corsets... Elle était chez un confiseur, elle a abandonné les sucreries pour les corsets... mais sa véritable vocation est le théâtre... elle étudie des rôles, elle débite des tirades, tout en faisant son ouvrage; elle débutera un de ces soirs, et je lui ai promis d'avance de la claquer.

Les chevaux sont mis à la calèche, ils sont fringants et bien accouplés. Le cocher est un gros père dont le nez est un peu rouge, ce qui enchante Sibile qui s'écrie:

— Cela lui donne un air de cocher de bonne maison... sa redingote peut passer pour une livrée... c'est dommage qu'il ait un chapeau rond... un tricorne vaudrait mieux.

— J'ai un chapeau à trois cornes, monsieur, qui vient de mon frère qui conduisait des corbillards.

— Ah! merci, ce n'est pas cela que j'entends... un tricorne, c'est un lampion, c'est tout plat...

— Je n'en ai pas, monsieur.

— Tant pis... c'est bien plus chic! Boniface, si nous lui achetions un tricorne plat en route?...

— Mais non... mais non... je trouve ce cocher très-bien comme cela.

— Allons! en voiture alors!

Et Sibile saute dans la calèche, s'étale sur la banquette du fond, de manière à laisser à peine une place pour son compagnon:

— Où faut-il conduire ces messieurs?...

— A l'embarcadère de la rue Saint-Lazare, dit Boniface.

— Non, non! pas encore! s'écrie Sibile, nous avons le temps... D'ailleurs j'ai affaire boulevard Montmartre. Cocher! boulevard Montmartre, devant le passage Jouffroy.

— Mais si ces demoiselles nous attendent...

— Elles attendront... il faut toujours se faire désirer par les femmes... c'est bon genre!

— Mais si elles s'en vont?

— Oh! pas de danger! quand il s'agit d'un dîner chez le traiteur... elles attendraient par une pluie d'orage, et sans riflard.

La calèche part. Sibile est radieux, il ne sait comment se tenir pour qu'on le voie bien; lorsqu'on arrive sur les boulevards il se lève, et se tient debout un moment.

— Est-ce que vous voulez descendre? dit Boniface.

— Pas encore... c'est que je cherche mon mouchoir... Notre équipage fait un fameux effet! tout le monde nous regarde!

— On nous regarde parce que vous vous tenez debout... on croit que vous vendez quelque chose.

Sibile se décide à se rasseoir, mais il se penche tantôt

à droite, tantôt à gauche, et tellement que plusieurs fois Boniface s'écrie :

— **Prenez** donc garde ! vous allez tomber !

— **N'ayez** donc pas peur... les voitures ça me connaît !

— **Vous** saluez à chaque instant, vous connaissez donc bien du monde ?

— Tout Paris, mon bon, tout Paris...

— Mais on ne vous rend pas vos saluts ?

— Ils n'ont pas le temps, parce que nous passons trop vite.

La calèche s'arrête devant le passage Jouffroy. Sibille regarde autour de lui, et n'a pas l'air de savoir ce qu'il veut faire.

— Eh bien, c'est ici que vous aviez affaire ? dit Boniface.

— Oui... oui... je vais acheter des cigares...

Et il saute en bas de la voiture et entre chez le marchand de tabac, il revient bientôt ayant à la bouche un énorme cigare, et remonte en calèche où il offre un cigare à Boniface qui le refuse en disant :

— Comment ! c'est pour acheter des cigares que vous nous faites conduire ici ! nous en aurions trouvé sur notre chemin.

— Mais pas si bons que ceux-ci, cher ami !

— Enfin... Cocher !... à l'embarcadère de...

— Non, non, pas encore... il faut que je passe rue du Sentier devant mes anciens patrons...

— Pourquoi faire ?...

— Pour parler à quelqu'un...

— Mais les demoiselles ?...

— Elles attendront... d'ailleurs, c'est à deux pas.

Le cocher se dirige vers la rue du Sentier. Lorsqu'il entre dans cette rue, Sibille lui crie :

— Cocher, pas trop vite dans cette rue... Je cherche quelqu'un... une adresse...

— Suffit, monsieur.

Et la calèche va presque au pas.

— Pourquoi allons-nous si lentement ? demande Boniface que ce manège commence à ennuyer.

— Parce que... j'ai d'anciens camarades qui sont employés dans les magasins dont cette rue fourmille... je tiens à ce qu'ils me voient.

— Mais, sapristi ! cette rue est très-longue... nous n'en sortirons jamais alors !

— Si fait ! si fait !... Ah ! voilà Georges et Laurent... au pas, cocher, au pas !

Deux jeunes commis causaient devant leur magasin, ils lèvent la tête en voyant arriver une calèche, puis en apercevant dedans Sibille, qui les salue d'un air protecteur, ils se mettent à rire en s'écriant :

— Ah ! c'est Sibille !... Sibille en calèche à deux chevaux... Ah ! qu'il est beau là-dedans ; il ressemble à *Mangin*... Dis donc, Sibille, tu devrais vendre des crayons là-dedans, il ne te manque qu'un casque !... Sibille, ce n'est pas toi qui la payes la calèche ? hein... tu as trouvé un pigeon, à ce qu'il paraît.

Le jeune Peloton devient rouge de colère et dit au cocher :

— Filez, cocher, filez vivement !

— Il me semble, murmure Boniface, que ce n'était pas trop la peine de vouloir passer au pas dans cette rue, pour y entendre ce qu'on vient de vous dire !

— Ah ! ce sont des farceurs... ils m'ont dit tout cela parce qu'ils sont vexés de me voir en calèche.

Le cocher est au bout de la rue, il s'arrête en disant :

— De quel côté, bourgeois ?

— A l'embarcadère de Saint-Cloud...

— Non... non... pas encore ! dit Sibille, je ne serais pas fâché de passer un peu sur le boulevard du Temple, devant les *Délas-Com*.

— Ah ! pour le coup, monsieur, c'est trop fort ! s'écrie Boniface qui cette fois perd patience ; si vous m'avez fait prendre une calèche à la journée seulement pour vous

montrer en voiture devant toutes vos connaissances, moi, cela ne m'amuse pas ! Je vous préviens que j'en ai assez et je descends !...

— Oh ! si vous vous fâchez, mon bon, n'en parlons plus... je n'y tiens pas... au fait, ces demoiselles pourraient s'impatienter. Cocher, à l'embarcadère, rue Saint-Lazare !

On part, et le jeune homme, qui tient à remettre son compagnon en belle humeur, lui dit :

— Voyez-vous, mon cher monsieur Boniface, je désirais passer devant le théâtre des Délassements parce qu'il y a par là de charmantes petites actrices qui adorent aller en calèche... et comme la nôtre a un certain éclat bourgeois qui tire l'œil, nous en aurions trouvé à choisir, qui n'auraient demandé qu'à venir avec nous.

— Y pensez-vous ?... et ces demoiselles que nous allons rejoindre ?...

— Abondance de bien ne nuit pas.

— Et votre Anisette, qu'aurait-elle dit ?

— Anisette est très-bien dressée... elle n'est pas jalouse.

— Moi, je trouve que c'est bien assez de la société de deux dames pour nous deux.

— Vous êtes province, mon cher ! mais enfin vous serez satisfait.

On arrive à l'embarcadère ; ces messieurs descendent de voiture et vont se diriger vers le premier vestibule, lorsque deux dames accourent au-devant d'eux en criant :

— Ah ! le voilà enfin, ce méchant gamin ! nous faire attendre ainsi !... Fi ! le vilain !... il y a une heure que nous croquons le marmot !... Edelmonde me disait déjà : Il ne viendra pas ton Sibille, il a voulu nous faire poser, et voilà tout.

— Ah ! mesdemoiselles, quelle idée ! est-ce que je fais de ces choses-là !

— Non, vous n'oseriez pas, ce ne serait pas la première fois.

Pendant que cette conversation a lieu, Boniface examine les deux femmes que son jeune compagnon lui a tant vantées, et d'abord il n'est pas séduit par l'éclat de leur toilette, qui est des plus simples, et pourrait même être moins négligée. Mademoiselle Anisette, la petite brune qui a un nez retroussé, un grain de cassis sur la joue gauche et l'air très-commun, porte une robe de barége extrêmement foncée et dont les volants sont décousus à plusieurs places ; sur sa tête elle a un chapeau, plus petit qu'un bonnet, et qui est posé tellement en arrière que, vue de face, on jurerait qu'elle est seulement coiffée avec une collerette ; un petit châle à carreaux écossais est jeté sur ses épaules et laisse toujours une à découvert. Mademoiselle Edelmonde est une grande blonde efflanquée, qui marche si singulièrement qu'elle a l'air de boiter. Ses traits ne sont pas laids, mais ils manquent totalement de fraîcheur ; celle-ci est presque entièrement entortillée dans un châle bleu à palmes, qui lui descend jusqu'aux talons et laisse heureusement fort peu de place pour voir sa robe. Sur sa tête est un chapeau qui la coiffe assez bien ; au total, sa toilette serait assez convenable si elle n'avait pas à ses pieds des souliers qui ne veulent plus y tenir, tant ils sont éculés ; et ces misérables souliers sont peut-être cause de la façon malheureuse dont elle marche.

Boniface ne peut s'empêcher de penser que les toilettes de ces dames ne sont guère en harmonie avec l'élégance de leur calèche, et que le jeune Sibille, qui voulait acheter un tricorne pour leur cocher, ferait beaucoup mieux de donner une robe neuve à sa maîtresse. Mais déjà Peloton lui a pris la main et le présente aux deux demoiselles :

— Mesdemoiselles... ou mesdames... les deux peuvent se dire, permettez-moi de vous présenter mon ami intime, M. Boniface Triffouille... qui est millionnaire et sera enchanté de faire votre connaissance.

Les demoiselles saluent, et la grande Edelmone manque de tomber en marchant sur son châle.

— Ah! monsieur s'appelle Triffouille? dit Anisette en riant; en voilà un nom cocasse! Moi, j'ai connu des messieurs qui étaient bien triffouillons.

— Ah! vois donc, ma chère, dit mademoiselle Edelmone, comme m'nsieur a un faux air de *Dumaine*.

— Ah! bon! la voilà qui commence ses bêtises.

— Assez, Anisette, de la tenue, ma chère.

— Est-ce que monsieur est de notre dîner à trente-deux sous par tête?

— il est bien question de dîners à trente-deux sous! fi donc! je plaisantais quand je vous proposais cela!... Tenez, mesdemoiselles, voyez-vous cette calèche à deux chevaux blancs arrêtée là-bas?...

— Ah! qu'elle est élégante... c'est un peu *rupin* ça!

— Eh bien, c'est votre voiture; elle nous attend... elle est à nous pour toute la journée.

— Il serait possible!... c'est pas vrai; Sibille nous dit des *blagues*.

— Demandez plutôt à mon ami!

— Oui, mesdemoiselles, répond Boniface, cette calèche est à nous, et quand il vous plaira d'y monter...

— Oh! tout de suite, monsieur, tout de suite.

Et les deux demoiselles prennent chacune un bras à ces messieurs et les entraînent si vivement vers la calèche, qu'en chemin mademoiselle Edelmone manque de perdre un de ses souliers, et son cavalier se dit :

— Heureusement qu'une fois en voiture elle n'aura plus besoin de marcher.

Il serait difficile de rendre l'air radieux des deux jeunes femmes en s'étalant sur la banquette du fond de la calèche, et le ton important de Sibille, en criant au cocher:

— A Saint-Cloud! par le bois de Boulogne!... par la grande allée!... par le lac!...

XIII

UN FOUR-IN-HAND.

La calèche est partie; de temps à autre ces demoiselles font des bonds de joie sur leur banquette, au point que Sibille est obligé de leur dire :

— Modérons-nous ! ou nous allons sauter en dehors.

— Ah! c'est que nous sommes si contentes!

— En voilà une jolie surprise!

— Il y a longtemps que je vous préparais celle-ci, mesdemoiselles.

— Seulement, si nous avions été prévenues, nous aurions fait plus de toilette.

— Bah! nous allons à la campagne... c'est bon genre de ne point y aller paré. Comme ça file bien, hein? quels bons chevaux!

— C'est un équipage princier.

— Tout à l'heure, dans le bois, je conduirai un peu... vous verrez comme je conduis bien!

— Vous, Sibille, vous saurez conduire une calèche?

— Je crois bien... les chevaux ça me connaît, je suis ce qu'on appelle un *four-in-hand*.

— Ah! qu'est-ce que c'est que ça?

— Un terme anglais, pour dire un excellent écuyer qui sait tenir quatre chevaux à mains.

— Et vous, monsieur? dit la grande Edelmone, en s'adressant à son vis-à-vis, êtes-vous aussi un four... comme monsieur?

Boniface, qui, depuis qu'on était en voiture faisait son possible pour trouver la demoiselle blonde jolie, sans pouvoir y parvenir, répond de l'air le plus gracieux :

— Mademoiselle, je n'ai jamais su conduire une voiture... j'aime mieux me laisser mener... même par les dames.

— Ah! bravo, Boniface! joli, le mot! très-joli!

— Monsieur a la voix de Laferrière, une voix sympathique, touchante...

— En fait de voix, moi je demande du tabac pour me faire des cigarettes; en as-tu, Sibille?

— Quelle question! un homme sans tabac, à présent, c'est un pâté sans croûte.

— Et du papier à cigarette...

— Voilà tout ce qu'il faut, chère amie.

— Mademoiselle sait confectionner des cigarettes? dit Boniface à Anisette.

— Je crois bien ! on en est un peu renommée pour cela... et d'une seule main. Tenez, regardez, monsieur.

La jeune brune roule dans sa main droite le tabac et le papier avec infiniment d'adresse et de dextérité; en quelques secondes elle a fabriqué la cigarette qu'elle présente à Boniface; celui-ci la prend en s'écriant :

— C'est merveilleux ! Vous avez là un bien joli talent.

— Oh! maintenant, c'est indispensable et cela doit faire partie de l'éducation des femmes.

— Vous croyez?

— Dame ! puisque tout le monde fume.

Et les deux demoiselles se mettent à fumer, et Boniface se décide à en faire autant pour se mettre à l'unisson, et la grande Edelmone lui fait de l'œil, en lui disant:

— Vous me rappelez à présent Paulin Ménier.

— Dans quelle pièce? demande Sibille en riant.

— Dans... dans... Ah ! je ne sais plus le titre.

— Ça doit être dans le *Courrier de Lyon*.

Lorsqu'on est arrivé au bois de Boulogne, Sibille dit au cocher:

— Arrêtez un moment, cocher; je vais monter à côté de vous et je conduirai à mon tour.

Mais le gros cocher répond :

— Oh! non, monsieur, ça ne se peut pas; je ne laisse pas conduire mes chevaux par d'autres que moi.

— Par d'autres qui ne sauraient pas conduire, vous auriez raison; mais avec moi, il n'y a pas de crainte. Je suis un *four-in-hand*.

Le cocher, qui ne comprend pas l'anglais, secoue la tête en disant:

— Four, tant que vous voudrez, monsieur ; ces chevaux-là sont très-difficiles à conduire... pour un rien ils s'emportent; il faut joliment les tenir, allez!

— Je les tiendrai aussi joliment que vous.

— Non, monsieur, cela ne se peut pas; d'ailleurs cela m'est défendu... s'il arrivait un malheur, ça retomberait sur moi.

— Mais il n'en arrivera pas, puisque je conduis comme Phaéton.

— Non, monsieur; mes chevaux ne connaissent que moi... cela ne se peut pas.

Sibille se retourne avec humeur, en disant :

— Est-il entêté ce cocher! est-il stupide avec ses chevaux qui ne me connaissent que lui!

— Mon petit, j'aime tout autant que tu ne conduises pas, dit Anisette, tu es si vif, tu pourrais prendre le mors aux dents.

— Anisette, quand je vous dis que je sais conduire, c'est que je sais conduire; que diable! ce cocher est un crétin; mais au reste, nous verrons plus tard, je n'en aurai pas le démenti.

On a traversé le bois de Boulogne, où les deux demoiselles de magasin croient avoir produit beaucoup d'effet parce qu'elles ont constamment fumé dans la calèche, et en effet, leur toilette singulière y a fait sensation; on se dirige vers Saint-Cloud.

— Il faut tout de suite aller dîner, n'est-ce pas, messieurs? d'abord nous mourons de faim, Edelmone et moi, dit Anisette.

— Oh! je n'ai pas si faim que ça, répond la demoiselle blonde.

— Menteuse!... A l'embarcadère elle me disait qu'elle croquerait un oignon cru.

— Ma chère, en Espagne, on en mange souvent ainsi, et je ne sais plus dans quelle pièce j'ai vu manger de l'oignon cru.

— A un acteur, en scène?

— Non, à un spectateur qui était au paradis et qui jetait les épluchures sur la première galerie.

— Ah! pas mauvais! Edelmone nous fait poser. Mesdames, nous dinerons à la *Tête-Noire*. C'est un des meilleurs restaurants de Saint-Cloud. Cela vous va-t-il, mon bon Boniface?

— Moi, tout me va, du moment que cela convient à ces dames.

— Est-il galant, mon ami! Hein, mesdemoiselles, on ne vous dit pas souvent de ces choses-là.

— Par exemple! Vous croyez donc, Sibille, que tout le monde nous ressemble.

— Ah! je réfléchis... où mettrons-nous notre calèche pendant le dîner? je ne crois pas qu'on loge les chevaux à la *Tête-Noire*.

— Nous ne sommes pas les premiers qui allions là en équipage, par conséquent il y a dans les environs des endroits pour les chevaux. Vous n'avez donc jamais été à Saint-Cloud en remise... jeune Peloton?

— Si fait... si fait... Mais nous y couchions, alors on renvoyait la voiture.

— Vous nous ferez manger de la matelote, messieurs?

— Tout ce qui vous sera agréable, mesdames, répond Boniface en s'inclinant; et cela lui vaut un coup de genou de son vis-à-vis qui lui dit:

— Avez-vous vu Mélingue dans *Fanfan la Tulipe*?

— Non. Pourquoi?

— Vous tenez votre tête comme lui.

— C'est un grand artiste?

— Oui; c'est ce qu'on appelle au théâtre une étoile.

— Décidément, il paraît que je ressemble à beaucoup d'étoiles, se dit Boniface en se donnant un air penché.

On est arrivé sur la petite place de Saint-Cloud, où est situé le restaurant fameux de la *Tête-Noire*. On descend de voiture. Edelmone prend le bras de Boniface et recommence à boiter ou à trainer son soulier, ce que son cavalier ne parvient jamais à savoir. Sibille demande au cocher où il compte se mettre avec la calèche, et celui-ci lui montre un certain cabaret en lui disant:

— C'est toujours là que je mange quand je viens à Saint-Cloud. Est-ce la peine de dételer les chevaux?

— Non, non, ne dételez pas; ils peuvent manger sur place. Donnez-leur ce qu'il leur faut, et puis soignez-vous, c'est mon ami qui régale.

— Suffit, bourgeois; mais soyez tranquille, j'ai toujours l'œil sur mes chevaux.

— Oh! parbleu! on n'emportera pas la voiture.

— Non; mais c'est mes chevaux qui pourraient s'emporter.

— On dit à un petit gamin de veiller sur eux.

— Oh! je ne m'y fierais pas.

Sibille va rejoindre la société, en cherchant dans sa tête comment il fera pour éloigner le cocher, car il veut absolument montrer à ces demoiselles qu'il sait conduire une calèche. Boniface s'est fait donner une chambre. Anisette et Edelmone boivent déjà de l'absinthe, et Sibille leur dit:

— Mesdames, laissons mon ami le millionnaire com-

mander le dîner... rapportez-vous-en à lui, il s'y entend; dernièrement il nous a traités chez Chaveau, moi et quelques autres jeunes gandins; je vous certifie que le dîner était du premier numéro.

— Commandez, monsieur Triffouillon, dit Anisette; mais n'oubliez pas la matelote et des goujons frits.

Boniface, flatté de la confiance qu'on lui témoigne, descend à la cuisine. Pendant son absence, Sibille dit aux jeunes filles:

— Mesdemoiselles, ménagez-vous sur l'absinthe: je vous ai annoncées à mon ami comme des personnes comme il faut, n'allez pas vous griser.

— Qu'il est bête! comme si nous avions l'habitude de boire.

— C'est justement parce que vous n'en avez pas l'habitude que le moindre excès vous ferait mal.

— C'est bien plutôt à vous, Peloton, qu'il faut recommander cela. Nous vous avons vu plus d'une fois... Ah! les yeux vous sortaient de la tête.

— Mesdames, il est permis aux hommes de se donner une petite pointe. C'est bon genre, c'est Anglais. Souvent, à l'issue d'un repas, des gentlemen roulent sous la table, ce qui ne les empêche pas d'être des hommes *serious*.

Le retour de Boniface met fin à cette conversation et l'on ne tarde pas à se mettre à table. Les deux demoiselles causent fort peu pendant le commencement du repas, elles ne songent qu'à manger et s'en acquittent si bien que Sibille leur dit:

— Ne mangez donc pas si vite, vous allez vous étouffer; rien ne nous presse.

— Ah! tout cela est si bon!

— Ah! monsieur, dit la grande blonde en jetant sur Boniface un tendre regard, comme vous commandez bien à dîner.

— Je suis charmé, mesdames, si tout ceci est de votre goût.

— Nous serions bien difficiles.

— Je m'abonnerais bien à un pareil ordinaire.

Sibille mange moins que les demoiselles, mais il boit beaucoup. Au troisième plat il demande du champagne en s'écriant:

— C'est le vin des dames, il faut les régaler; n'est-ce pas, mon bon Boniface? ne faisons pas les choses à demi.

— Oui, oui, du champagne... tout ce qui sera agréable à la société.

Le champagne est apporté. Sibille veut le déboucher; il en envoie plein l'assiette d'Anisette, qui s'écrie:

— Ah! dans ma matelote... est-il maladroit!

— Elle n'en sera que meilleure... une matelote au champagne, c'est un mets digne des dieux. Je bois à mon ami Boniface!

— Ah! oui, à la santé de monsieur!

— Mesdames... mon cher ami... je suis bien sensible...

— Je vous déclamerai tout à l'heure une scène de la *Tour de Nesle*, dit Edelmone.

— Oh! non, non, je m'en défends! s'écrie Sibille, pas de drame. Un refrain à boire, cela vaut mieux.

On trinque; mais Sibille vide trois fois son verre avant que les autres aient achevé le leur, et Anisette lui dit:

— Mon petit, je ne sais pas si le champagne est le vin des dames, mais il me semble qu'il est terriblement le vôtre.

— Mesdemoiselles, il ne faut pas prendre le café ici... après le dîner nous irons le prendre à Sèvres.

— Pourquoi cela?

— Parce que nous ferons une jolie promenade en calèche, en dehors du parc, au bord de l'eau.

— Est-ce qu'on peut y passer en voiture?

— Oui, vous verrez; c'est moi qui vous conduirai.

— Vous! le cocher ne veut pas vous laisser mener les chevaux.

— Le cocher! je lui ferai voir le tour. Chut! silence! Avant la fin du dîner, Sibille sort, va trouver leur cocher et lui dit :

— Amenez-nous la calèche devant le restaurant où nous dînons; nous allons partir.

Puis il retourne chez le traiteur. Bientôt le garçon vient annoncer que la calèche est en bas. Alors Sibille descend et dit au cocher :

— Nous ne sommes pas encore prêts à partir. Retournez à votre cabaret boire une bonne bouteille, revenez dans un quart d'heure, une demi-heure même, c'est assez tôt.

— Et ma voiture, mes chevaux?

— Ce garçon y veillera, c'est convenu, il ne les perdra pas de vue.

— En ce cas, je vais risquer une vieille bouteille... à vos frais... bourgeois?

— Parbleu! puisque c'est convenu.

Le cocher s'éloigne en recommandant toujours ses chevaux au garçon auquel Sibille a donné le mot. Ce dernier monte vivement rejoindre sa compagnie en disant :

— A présent, vos chapeaux, mesdames. Dépêchons-nous pour jouir du reste de la soirée. Boniface, payez la carte, cher ami; nous compterons plus tard.

— Nous partons déjà?

— Nous allons faire un tour de promenade, puis nous reviendrons ici. Allons, en route, la calèche est en bas.

Sibille presse tout le monde. Boniface paye la carte en faisant un peu la grimace parce qu'il la trouve salée; mais les deux demoiselles sont déjà dans la calèche, et il se hâte de s'y placer aussi, tandis que le jeune négociant grimpe sur le siège du cocher et s'empare des rênes.

— Comment! c'est Sibille qui va nous conduire? murmure Boniface qui semble peu rassuré par ce changement de cocher.

— Oui, oui, c'est moi; je vous ai dit que je voulais vous faire voir mon talent de *sportman*. Garçon, vous direz à notre cocher que nous allons revenir; nous allons seulement faire une promenade le long du parc... qu'il nous attende ici. Allons, mes gaillards, eh hop!

Les chevaux, qui se sont longtemps reposés et ont bien mangé, ne demandent qu'à partir; on voit qu'ils sont pleins d'ardeur, ils secouent leurs crinières avec fierté, et dès qu'ils sentent tendre les guides, ils prennent un trot qui emporte rapidement la calèche; elle traverse la place et descend du côté de l'eau avec tant de promptitude que les passants ont à peine le temps de se ranger.

Sibille est radieux, il regarde à droite et à gauche pour jouir de l'effet qu'il pense produire, et Anisette lui crie :

— O cher, regardez donc devant vous; quand on conduit une voiture, on ne s'amuse pas à regarder de côté et d'autre.

— Je ne vous conduis peut-être pas bien, hein!... Comme nous filons, un train de prince!

— Mais vous avez déjà manqué d'écraser plusieurs personnes.

— Elles n'ont qu'à se ranger; mais ces gens à pied sont étonnants, s'ils voient une belle voiture, ils ne se dérangent pas. Au reste, le long du parc en dehors nous ne rencontrerons presque pas de piétons.

— Ah! tant mieux, murmure Boniface qui s'exténue à crier : Gare! même quand il ne passe personne.

Cependant les chevaux sentent bien vite que ce n'est plus la même main qui les conduit; leur nouveau cocher les tiraille, les asticote, les excite, quand c'est tout à fait inutile; et, arrivés sur le chemin qui côtoie le parc, les coursiers, impatientés d'être tirés à tort et à travers, commencent à prendre un galop désordonné.

— Il me semble que nous allons bien vite, dit Boniface.

— Je crois que Sibille veut lutter avec les chemins de fer, dit Anisette.

— Oh! ce n'est pas raisonnable d'aller si vite que cela s'écrie Edelmone qui a très-peur. Voyons, Peloton, modérez la course de vos chevaux.

— D'autant plus, reprend Boniface, que la route n'est pas très-unie; il y a des endroits où le terrain forme des monticules. Aïe... tenez, en voilà un.

— Pas si vite, Sibille, vous avez manqué de nous verser.

Mais le jeune cocher ne voulait pas avouer qu'il n'était déjà plus maître de ses chevaux et qu'il commençait lui-même à perdre la tête et à trembler de tous ses membres, tout en se penchant de toute sa force en arrière, en tirant les guides, sans pouvoir arrêter le galop des fringants coursiers.

En ce moment une voiture de blanchisseuse arrivait devant la calèche; il était très-facile de passer sans la toucher, il y avait pour cela plus de place qu'il n'en fallait; aussi le blanchisseur, assis sur le devant de sa voiture, fumait-il sa pipe sans se déranger, puisque cela n'était nullement nécessaire. Mais Sibille, qui ne songe qu'à retenir ses chevaux et non à prendre la droite, trouve moyen d'aller accrocher rudement la voiture couverte qui venait tout doucement devant lui.

Le blanchisseur jure, crie, hurle et saute en bas de sa voiture en disant :

— En voilà-t-il un imbécile de cocher, qui a trois fois plus de place qu'il ne lui en faut, et qui se jette sur moi avec ses chevaux! mais si tu m'as cassé quelque chose, tu me le paieras, je t'en réponds, mauvais mufle!

Voulant s'éloigner au plus vite du blanchisseur, afin de ne plus entendre les épithètes dont celui-ci le régale, Sibille est parvenu, ou plutôt les chevaux sont parvenus eux-mêmes à se décrocher; mais l'accident qui vient d'arriver semble avoir redoublé leur ardeur, cette fois ils s'élancent sur la route avec une vivacité effrayante.

— Retenez-les donc! crient ensemble Boniface et les deux jeunes femmes qui prévoient quelque nouvelle catastrophe.

— Eh! je ne peux pas les retenir, répond Sibille, ils ont le diable dans le ventre... je fais ce que je peux... mais...

Ce qui devait arriver coupe court à la phrase du malheureux *four-in-hand*. Les chevaux se sont trouvés sur un monticule, ils se sont jetés de côté, où se trouve une espèce de fossé; ces mouvements opposés ont produit une si forte secousse et ont fait tellement pencher la calèche, que tous ceux qui étaient dedans se trouvent dehors. Heureusement cet incident a mis fin à la course des chevaux, ils se sont spontanément arrêtés; il y en a même un qui s'est mis à genoux.

Anisette est tombée sur le côté et ne s'est fait aucun mal; mais Edelmone a roulé sur elle-même; dans sa chute sa tête a rencontré une pierre qui lui a tout meurtri le sourcil droit et déchiré le dessous de l'œil. Enfin Boniface a le nez aplati et une forte contusion à l'épaule. Quant à l'auteur de tous ces incidents, il est tombé assez mollement et se relève presque aussitôt en disant :

— Ce n'est rien, mes enfants, ce n'est rien; les chevaux se sont arrêtés, voilà le principal.

— Comment! ce n'est rien! s'écrie Edelmone; mais je suis blessée à la tête, moi... mon sang coule... je crois que j'ai un œil perdu.

— Moi, dit Boniface, j'ai le nez bien endommagé et l'épaule gauche me fait très-mal.

— En voilà un joli four! Je te conseille de te vanter de ton adresse à conduire, mon pauvre Sibille, tu fais un fichu cocher.

— Vous n'y penserez plus dans cinq minutes. Pourvu

Ce n'est rien, mes enfants. (Page 39.)

qu'il n'y ait rien de brisé à la calèche... Nous allons re-filer.

En ce moment le blanchisseur accourt et saisit le jeune homme au collet en s'écriant :

— Oh! que non, mon petit, que vous ne filerez pas comme ça et sans me payer le dommage que vous avez fait à ma voiture.

— Comment? quoi? quel dommage? je l'ai à peine touchée, votre carriole, répond Sibille en cherchant, mais en vain, à se dégager des bras du blanchisseur; mais celui-ci est un gaillard qui ne lâche pas prise.

— A peine touchée! et vous l'avez si bien bousculée avec votre calèche que vous avez brisé deux rayons à ma roue gauche.

— J'ai brisé des rayons... c'est pas possible... c'est qu'ils étaient en mauvais état.

— Du tout, mes roues sont presque neuves; on le verra bien d'ailleurs!... il faut que vous soyez fièrement niguedouille pour être venu ainsi vous jeter sur ma voiture quand vous aviez tant de place pour passer.

— Tâchez de supprimer vos injures, blanchisseur, et lâchez-moi.

— Non, je ne vous lâche pas; il faut venir chez le maire, chez le commissaire... oh! mais il faut marcher.

— Boniface, mon ami, venez à mon aide!

— Eh! sapristi!... vous m'avez écrasé le nez, abîmé l'épaule! Venez-y vous-même à mon aide!

En ce moment la scène se complique par l'arrivée du véritable cocher de la calèche. Cet homme, qui n'aimait point à perdre de vue ses chevaux, avait vivement vidé sa bouteille et était revenu à la *Tête-Noire* fort peu de temps après le départ de la calèche. En n'apercevant plus sa voiture devant la maison du traiteur, il court s'informer et on lui dit :

— Rassurez-vous, votre société va revenir; ils sont allés seulement se promener le long du parc; c'est le jeune homme qui conduit.

Mais, au lieu d'être rassuré, le cocher se frappe le front en s'écriant :

— Ah! j'en avais comme un pressentiment... il tenait toujours à conduire, le petit bourgeois; c'est pour ça qu'il m'a éloigné. Ah! mes pauvres chevaux! que sera-t-il arrivé? Et ils ont pris par là?

— Oui... ils ne peuvent pas encore être loin.

— Ah! cré nom! mes chevaux! Ah! j'aurais pas dû les quitter.

Tout en disant cela, le cocher s'était mis à courir dans la route prise par la calèche, et, comme elle n'avait pas été loin, il était arrivé bientôt sur le théâtre de l'accident.

En apercevant la compagnie, dont l'un se tient le bras, l'autre la tête, il devine une catastrophe. Mais en voyant un de ses chevaux à genoux, il devient furieux et jure encore plus que le blanchisseur, qui cependant ne ménage pas ses termes, tout en continuant de secouer Sibille par le collet.

— J'en étais sûr! mille noms de noms, mes pauvres chevaux... c'était pour les blesser qu'il voulait les conduire, ce monsieur... ça veut se mêler de mener un attelage comme ça... et ça ne sait peut-être pas se tenir à âne seulement.

Tout en jurant le cocher a été relever son cheval qui a un genou légèrement écorché.

— Voyez-vous! voilà un cheval couronné, un cheval

Marie pousse un profond soupir. (Page 44.)

perdu !... Ah ! qu'est-ce que le bourgeois va dire... j'ai presque envie de me jeter à l'eau.

— Allons, cocher, calmez-vous, dit Boniface qui s'avance clopin-clopant vers lui, le malheur ne sera peut-être pas si grand que vous le croyez ; d'ailleurs je serai là pour répondre qu'il n'y a pas de votre faute.

— Eh ! si, monsieur, il y a de ma faute ! parce que je n'aurais pas dû quitter mes chevaux.

— Je proclamerai qu'on a surpris votre confiance ; mais nous ne pouvons pas rester ici... sur cette route... Madame est blessée au sourcil, moi au nez ; heureusement mademoiselle Anisette n'a rien... nous allons remonter en voiture et vous allez nous ramener à Paris.

— Dame !... sans doute, faut bien y retourner. Ah ! qu'est-ce que le patron va dire ? queu malheur ! mon Dieu ! queu malheur !

Edelmone tient son mouchoir contre son œil, Boniface appuie le sien sur son nez ; Anisette ramasse son chapeau tombé sur la route dans sa chute ; on remonte dans la calèche et le véritable cocher sur son siége.

— Eh bien ! et moi, vous m'abandonnez ! vous me laissez là ! crie Sibille en voyant sa société s'éloigner sans qu'il puisse la rejoindre.

— Oh ! vous, mon gaillard, vous allez m'accompagner chez le commissaire, dit le blanchisseur, et on va voir de combien vous m'êtes redevable pour le dégât fait à ma voiture.

— Mais je n'ai plus que trois francs soixante-quinze centimes sur moi. Boniface ! ohé ! Boniface !

Mais Boniface et les deux demoiselles de magasin étaient déjà loin avec la calèche.

XIV

SOUFFRANCES CACHÉES.

Thélénie était donc devenue la maîtresse de Roger ; elle avait, pour lui, quitté le petit Jules qui, du reste, n'avait paru aucunement chagrin de l'abandon de la belle brune ; ce petit jeune homme trouvait tout naturel un changement d'amour. Mademoiselle Thélénie était très-fière de sa nouvelle conquête ; elle s'en vantait partout, elle en parlait sans cesse, et comme elle logeait avec Marie, c'était naturellement celle-ci qu'elle entretenait le plus de sa nouvelle connaissance.

— Roger m'adore, il est fou de moi, disait-elle chaque matin en s'habillant. Je suis certaine que si je lui avais résisté, sa passion l'aurait porté à faire des extravagances ! Il vient m'attendre presque tous les soirs devant le magasin avant que je monte... il m'emmène promener ; il veut toujours me faire prendre quelque chose ; mais je ne suis pas une gourmande comme Bouci-boula. Ce que je veux avant tout, moi, c'est son amour. O mon Roger ! il est si joli garçon... et une tournure... à la bonne heure, on peut se carrer à son bras... ce n'est pas comme avec ce petit nain de Jules... que je ne voyais plus quand j'avais un manchon.

— Pourquoi avez-vous accepté les hommages de Jules, alors, puisque vous le trouviez si ridicule ? murmurait Marie.

— Mon Dieu, ma bonne, est-ce que je sais ! Certainement il fallait que j'eusse un voile sur les yeux quand cela est arrivé. Mais quelle différence aujourd'hui ! Roger m'a promis de faire mon portrait au crayon... il dit que j'ai une tête superbe... il doit s'y connaître, un artiste, un dessinateur peintre... il m'apprendra peut-être le dessin quand il aura le temps.

— Est-ce que vous voulez changer d'état ?

— Mais pourquoi pas... si j'allais devenir une artiste, moi, une femme célèbre...

— Vous vous y prenez un peu tard...

— Il n'est jamais trop tard quand on a pour maître son amant, l'homme que l'on adore.

— Vous l'aimez donc réellement, cet amant-là ?

— Cet amant-là !... ah ! c'est méchant cela, Marie ; ne dirait-on pas, à vous entendre, que j'en ai des douzaines !...

— Pardon... mon intention n'était pas ce que vous croyez ; je voulais dire : ce jeune homme-là.

— Si je l'aime ! mon Roger ! mon peintre !... j'en suis toquée, ma chère !... Après cela, il ne faut pas croire pourtant que je me laisserais mourir de chagrin s'il me quittait... Oh ! non ! pas si bête de me faire périr pour un homme... merci, je les apprécie trop pour cela. Je ne connais que deux défauts à celui-ci, mais comme les hommes ne sont pas parfaits...

— Quels sont ces défauts ?

— Il est un peu trop sérieux et il ne danse pas le cancan. Ah ! sans cela, ce serait un phénix. Mais il faut que je me dépêche, car Roger doit se trouver à midi près du canon du Palais-Royal, et je demanderai à monsieur la permission de m'absenter une demi-heure... ce qui voudra dire une heure et demie. Ce cher amant ! il ne peut pas être un jour sans me voir.

Les confidences amoureuses de la belle brune réjouissaient-elles beaucoup Marie ? c'est ce dont il est permis de douter, car, en les écoutant, cette jeune fille semblait plutôt souffrir que s'amuser ; souvent elle changeait de couleur, et une sombre tristesse envahissait ses traits ; cependant elle écoutait toujours avec attention tout ce que lui disait Thélénie lorsqu'il était question de Roger.

La pâleur qui couvrait le joli visage de Marie, se joignant à l'expression mélancolique qui, maintenant, se lisait toujours dans ses yeux, sa maîtresse lingère, qui avait pour elle de l'affection parce qu'elle la savait honnête et sage, s'inquiéta de ce changement, et dit un jour à Marie :

— Êtes-vous malade, mon enfant ? depuis quelques jours vous êtes bien pâle et vous semblez souffrir.

— Mais non, madame, je ne souffre pas... je vous assure que je me porte bien ; quant à ma pâleur, vous savez que c'est assez mon teint habituel.

— Non, non, je vous ai vue avoir beaucoup meilleure mine.

— Vous savez, madame, qu'il y a des jours où l'on a les traits fatigués, sans qu'on sache pourquoi.

— Mais voilà quinze jours que vous êtes comme cela, vous, mon enfant ; si vous aviez besoin de repos, il faudrait en prendre... et ne pas descendre travailler pendant quinze jours... songez que je vous aime, Marie, et que je ne veux pas que vous tombiez malade.

— Oh ! madame ! je sais combien vous êtes bonne pour moi. J'en suis bien reconnaissante ; mais je vous le répète, je ne souffre pas, je ne suis nullement malade.

— Mais, auriez-vous quelque chose... quelque chagrin ? Quelqu'un vous aurait-il fait de la peine ? cela m'étonnerait, tout le monde vous aime chez moi.

— Je n'ai aucun chagrin. Vous savez que je n'ai jamais eu l'air bien gai... je suis comme à mon ordinaire.

Malgré les assurances de son apprentie, la lingère voulant lui procurer quelque distraction, et présumant qu'un peu d'exercice lui serait salutaire, la chargeait plus fré-

quemment de commissions près de ses pratiques, d'autant plus que Marie s'en acquittait toujours promptement, parce qu'elle ne flânait pas en chemin comme beaucoup de ses pareilles.

Mais un jour, la jeune fille est rencontrée dans la rue par M. Lucien Bardecourt, ce monsieur à toute barbe, qui assistait au dîner donné par Boniface Triflouille, et qui se vante de ne jamais avoir rencontré de femme qui lui ait résisté. Cependant notre irrésistible avait déjà fait plusieurs tentatives inutiles près de Marie, pour la voir de plus près qu'à travers les vitres de son magasin ; il avait fait la dépense de chemises, de mouchoirs, de faux-cols ; puis, voyant qu'on ne répondait point à ses œillades, il avait une fois glissé un billet doux sur les genoux de la demoiselle de magasin. Mais on avait sur-le-champ déchiré son billet sans le lire, et des morceaux de papier on avait fait une boule que l'on avait jetée au chat. Cela était bien humiliant pour un homme qui se flattait de fasciner une femme à première vue, de voir sa prose brûlante servir de jouet à un matou, qui n'était même pas angora.

Cet échec avait vivement piqué notre fascinateur, et, après avoir pendant quelque temps guetté en vain la jolie demoiselle dans la rue, il avait porté ses séductions ailleurs. Mais, en rencontrant Marie dans le fond de la Chaussée-d'Antin, le beau Lucien se hâte de l'aborder, en lui disant :

— En vérité le hasard me sert merveilleusement, et je ne m'attendais pas à tant de bonheur... Comment, charmante Marie, c'est vous que je rencontre, perdue dans la rue de la Pépinière !...

— Je ne suis pas perdue, monsieur, car je sais fort bien mon chemin. Je viens de porter des mouchoirs chez une pratique de madame qui demeure dans cette rue.

— Elle est bien heureuse, cette pratique-là !... vous ne m'avez jamais rien apporté chez moi, quand j'ai fait des commandes...

— Madame ne m'enverrait pas chez un monsieur ; elle sait bien que ce ne serait pas convenable... Bonjour, monsieur...

— Oh ! un instant ! belle enfant, je ne vous quitte pas comme cela ; les occasions de vous parler sont trop rares pour que je laisse échapper celle qui se présente.

— Mais, monsieur, je n'ai pas le temps de causer, il faut que je retourne à mon magasin.

— Eh bien ! je vous accompagnerai, je marcherai à côté de vous.

— Vous n'alliez pas de ce côté-là...

— C'est possible, mais j'y vais maintenant ; le côté que vous suivez sera toujours le mien.

— Mais, monsieur, si on me rencontre avec vous on supposera des choses qui ne sont pas...

— Vous craignez pour votre réputation, phénix des lingères !... eh bien ! prenons une voiture, nous baisserons les stores, de cette façon on ne nous verra pas, et vous descendrez un peu avant votre magasin... ou plutôt faisons mieux, allons déjeuner aux Champs-Élysées, nous n'en sommes qu'à deux pas ; il y a par là de petits traiteurs, chez lesquels on peut entrer sans être vu...

— En vérité, monsieur, je ne comprends pas pourquoi vous me faites toutes ces propositions, vous devez bien savoir que je ne les accepterai pas. Je vous ai déjà dit qu'auprès de moi vous perdiez votre temps. Par grâce, laissez-moi aller seule et ne me suivez pas.

— Ah ! nous sommes toujours aussi méchante !... Eh bien, non, mademoiselle, je ne vous quitterai pas... je ne vous suivrai pas, mais je marcherai à vos côtés ; après tout ! la rue est à tout le monde, vous ne pouvez pas m'empêcher de marcher près de vous.

Marie ne répond rien, mais elle double le pas; M. Lucien en fait autant, puis il reprend la parole :

— Vous avez beau faire la moue, vous n'en êtes pas moins jolie... Une taille charmante, une tournure délicieuse, comment diable voulez-vous que l'on ne vous parle pas d'amour... quand vous êtes si bien faite pour l'inspirer... Et d'ailleurs, n'êtes-vous pas à cet âge où il est si doux d'aimer?... l'indifférence n'est pas dans la nature... Voyez toutes vos pareilles, elles ont un sentiment, un attachement plus ou moins secret. Vous ne pouvez pas craindre les reproches de vos parents, on m'a assuré que vous n'en aviez pas, que vous étiez entièrement maîtresse de vos actions.

Marie garde toujours le silence. Le beau Lucien continue, en tâchant de se tenir le plus près possible de celle à qui il s'adresse :

— Voyons, chère Marie, réfléchissez un peu. Quel avenir avez-vous en perspective? peut-être après cinq ou six ans d'ennuis et de travail devenir la femme de quelque commis de magasin qui vous fera une volée d'enfants et pour tout amusement vous laissera, le dimanche, les débarbouiller. Au lieu de cela, moi je vous mets dans vos meubles... et qui seront élégants, dans le genre Pompadour. Je préviens tous vos désirs; vous aurez des toilettes ravissantes, vous porterez les modes les plus nouvelles... et puisque vous êtes jolie, telle que vous voilà, jugez donc de l'effet que vous produirez sous les cachemires et le velours!... Je veux que l'on ne parle que de vous dans le monde élégant... je veux que vous éclipsiez la célèbre madame de Boauvert.

Marie a pâli, elle tressaille, elle va peut-être tomber... Lucien s'empresse de la retenir en lui disant :

— Mon Dieu!... qu'avez-vous donc?... quelle pâleur!... quelle émotion!... vous sentez-vous indisposée?...

— Ce n'est rien, monsieur, un étourdissement subit qui m'a prise... mais cela va se passer.

— Entrons dans ce café qui est en face. Vous prendrez de l'eau sucrée avec de la fleur d'oranger... Cela vous remettra.

— Non, je vous remercie... mais c'est déjà passé... Je vais continuer mon chemin.

Marie veut marcher, mais ses jambes semblent fléchir; elle éprouve un tremblement général, elle est obligée de s'arrêter.

— Voyez comme vous tremblez...

— Ce n'est rien, c'est nerveux...

— Oui, mais vous pouvez à peine vous soutenir. Voyons, mademoiselle, mettons de côté toute colère, et acceptez mon bras, pour quelques instants au moins, car vous avez besoin d'être soutenue, et tant que vous serez à mon bras, je vous promets, puisque cela vous contrarie, de ne plus vous parler d'amour.

Marie hésite un moment, puis enfin, sentant bien qu'elle ne pourrait encore marcher sans un soutien, elle passe son bras sous celui qu'on lui présente, et l'on se remet en route, mais doucement cette fois.

Lucien est enchanté de tenir la jeune fille à son bras, mais, fidèle à sa promesse, il ne lui tient plus les mêmes discours :

— Êtes-vous sujette à ces étourdissements, mademoiselle?

— Mais... non, monsieur, c'est la première fois que cela m'arrive.

— A quoi attribuez-vous celui-ci?

— Mon Dieu... je ne sais... je marchais peut-être un peu trop vite.

— Ah! voilà ce que c'est de ne pas vouloir écouter les gens, et... oh! mais pardon! j'oublie ce que je vous ai promis, je suis un étourdi... Et comment vous trouvez-vous, à présent?

— Beaucoup mieux, je serai bientôt en état de marcher seule.

— Tant pis pour moi, je suis si heureux de vous avoir à mon bras... mais vous ne vous appuyez pas assez.

— Bonjour, Marie... Tiens, tu te promènes dans la journée à présent, je croyais que tu ne sortais jamais.

Ces mots sont prononcés par la grande Fanfinette, qui tient à sa main un carton à chapeau et se trouvait alors devant Marie et son cavalier. Celle à qui ces paroles s'adressent sent la rougeur lui monter au visage et balbutie :

— Mon Dieu! je suis sortie... parce que c'était pour une commission.

— Oui... oui... connu!... connu!... Allons, sois tranquille, je ne dirai rien... Bonjour, monsieur Lucien... Bonjour, Marie... Ah! sournoise! Mais je ne dirai rien.

Et la modiste s'éloigne en riant, tandis que Marie pousse un profond soupir en murmurant :

— Ah!... voilà ce que je craignais... malheureuse que je suis!... Maintenant, monsieur, toutes ces demoiselles seront persuadées que je suis votre maîtresse!...

— Cela me flattera beaucoup, mademoiselle.

— Mais moi, monsieur, pensez-vous que je sois contente de voir ma réputation perdue?... je n'avais que cela pour tout bien... et il ne me restera plus rien... Ah! tout cela ne serait pas arrivé, si vous ne m'aviez pas suivie!...

— Prétendriez-vous dire que je suis cause de cette indisposition subite que vous avez éprouvée?

— Oh! non, ni cependant... mais je suis entièrement remise maintenant, mes forces sont revenues... Adieu, monsieur; je vous remercie de l'appui que vous m'avez prêté, mais, je vous en supplie, à l'avenir ne me parlez plus... ne m'accompagnez plus.

Et, dégageant vivement son bras de dessous celui de son cavalier, Marie s'éloigne précipitamment de Lucien sans que, cette fois, il s'obstine à la poursuivre.

En arrivant à son magasin, Marie est tout émue, elle se jette sur une chaise et porte son mouchoir sur ses yeux.

— Qu'avez-vous, mon enfant? que vous est-il arrivé?... lui demande sa maîtresse.

La jeune fille lui raconte alors la rencontre qu'elle a faite, et tout ce qui s'en est suivi.

— Eh bien! dit la lingère, il n'y a pas là de quoi vous désoler, je suis certaine que ce jeune homme vous laissera tranquille désormais.

— Mais... Fanfinette qui m'a vue à son bras... je sais bien ce qu'elle va croire!

— Je suis là, mon enfant, pour démentir les méchants propos et affirmer que c'est moi qui, ce matin, ai voulu vous envoyer rue de la Pépinière. Mais dans tout cela, vous voyez bien, petite entêtée, qu'il y a un peu de votre faute. Vous ne voulez pas être malade, mais cet étourdissement, cette faiblesse qui vous a prise... et forcée d'accepter le bras de ce monsieur, prouve bien que vous n'êtes pas dans votre état normal. Sans cela, à quoi l'attribueriez-vous?

Le front de Marie se rembrunit, mais elle se contente de répondre :

— Ah! madame, je vous en prie, ne m'envoyez plus en commission... ne me faites plus sortir.

— Du moment que cela vous contrarie, je le veux bien, mon enfant, mais à condition que vous prendrez plus de soin de votre santé; sans cela, ce qui vous est arrivé aujourd'hui pourrait vous reprendre encore.

Marie baisse ses regards vers la terre pour dissimuler les larmes qui coulent de ses yeux.

XV

OU L'AMOUR SE GLISSE.

Deux jours après cette aventure, Marie, se sentant en effet plus souffrante, ne descendait plus à son magasin.

que sur les onze heures. Mais chez elle, au lieu de lire pour se distraire, elle achevait presque toujours différents ouvrages pressés pour sa lingère. Et ce qu'elle faisait était si soigné, si parfaitement cousu, que la plupart des pratiques exigeaient que leurs commandes fussent terminées par elle.

Il n'est que dix heures et Marie, seule dans la chambre qui a trois locataires, est en train de perler un délicieux peignoir du matin, enrichi de dentelles, lorsque deux petits coups sont frappés à la porte.

— Entrez! dit Marie, la clef est après la porte.

On entre en effet. C'est Édouard Roger, le jeune dessinateur, celui qu'elle sait maintenant être l'amant de Thélénie, Marie sent sa poitrine se gonfler, une vive rougeur vient pour un moment remplacer la pâleur habituelle de son visage ; mais elle s'efforce de cacher son émotion, tandis que Roger lui dit :

— Pardon... mille fois pardon, mademoiselle... est-ce que vous êtes seule?

— Mais, oui, monsieur... comme vous voyez.

— Ah! si je l'avais su, certainement je ne me serais pas permis de venir vous déranger. Mais Thélénie m'avait prié de la mener ce matin voir une exposition de tableaux... Je l'attendais à l'endroit qu'elle m'avait indiqué... ici en face... ne la voyant pas venir, je suis allé regarder dans son magasin, mais elle n'y est pas non plus, alors j'ai cru qu'elle était chez elle... Et voilà pourquoi je suis monté... Excusez-moi.

— Il n'est pas nécessaire de vous excuser, monsieur, Thélénie occupe cette chambre avec moi... vous avez donc le droit d'y venir pour lui parler. Mais je suis fâchée que vous ayez pris une peine inutile, puisqu'elle n'est pas ici.

— Je ne la regrette pas, mademoiselle, puisque cela m'aura procuré le plaisir de vous voir.

— Oh! ce plaisir-là ne vaut pas que l'on monte si haut.

— Vous ne pensez pas ce que vous dites, mademoiselle.

— Pardonnez-moi, monsieur, car je dis toujours ce que je pense.

Roger regarde un moment la jeune fille, qui baisse les yeux sur son ouvrage, puis il se rapproche d'elle, en balbutiant :

— Si je savais que Thélénie revînt bientôt... je l'attendrais... mais j'avoue que je n'aime pas à attendre dans la rue.

— Si vous pensez qu'elle va revenir ici, rien ne vous empêche de l'y attendre, monsieur...

— Mais cela ne vous gênera-t-il pas, mademoiselle?...

— Pourquoi voulez-vous que cela me gêne?... vous ne m'empêcherez pas de continuer à travailler.

— Oh! assurément... Alors, puisque vous me le permettez...

Et Roger va prendre une chaise et s'assied à quelques pas de la jeune fille, qui tient plus que jamais les yeux baissés sur son ouvrage, mais ne peut pas empêcher son sein de se soulever plus fréquemment.

Le jeune artiste considère quelques instants Marie, et plus il l'examine, plus il semble y trouver de l'attrait.

Marie aurait voulu rompre un silence qui lui causait un embarras dont elle ne pouvait se rendre compte ; mais elle ne savait que dire et attendait toujours que Roger parlât. Enfin celui-ci lui dit :

— Mademoiselle, vous allez me trouver bien curieux... mais, par quel hasard vous, qui êtes ordinairement de si bonne heure chez votre lingère, vous trouvez-vous si tard dans votre chambre?... Oh! ma question est peut-être indiscrète?...

— Mon Dieu! monsieur, il m'est bien facile de satisfaire votre curiosité. Je ne suis pas encore descendue parce que depuis quelque temps je suis un peu souffrante... et ma maîtresse, qui est très-bonne pour moi, exige que je prenne un peu de repos, que je me lève plus

tard... c'est ce qui fait que vous me trouvez encore ici...

— Où vous travaillez au lieu de vous reposer!...

— L'oisiveté est pour moi un supplice, et puis je sais que ceci est pressé.

— Si votre lingère est bonne pour vous, cela prouve, mademoiselle, qu'elle est fort contente de vous posséder dans son magasin... cela fait votre éloge... et, en effet, je vous ai entendu citer plusieurs fois comme un modèle à suivre.

— Moi, monsieur... je fais de mon mieux l'ouvrage qu'on me confie... c'est un devoir, cela.

— Oh! mais je m'entends... en disant qu'on vous cite pour modèle, je ne veux pas parler seulement de votre travail, mais encore de votre sagesse. Vous n'avez pas les goûts de beaucoup de ces demoiselles. Vous ne fréquentez pas les bals, les promenades... vous n'aimez pas la danse, les restaurants ; enfin, vous n'acceptez aucune partie de plaisir.

— Si ce n'est pas dans mes goûts, où est le mérite?

— Vous voulez dissimuler le vôtre... décidément vous imitez en tout la violette, qui se cache, mais qui est trahie par son doux parfum.

Marie se sent trembler, et pour la première fois son aiguille ne pique pas où il faut. Tout à coup Roger s'écrie :

— Mon Dieu! vous me dites que vous êtes malade, et je ne vous demande pas seulement ce que vous avez. Vous devez me trouver bien impoli?...

— Oh! monsieur, je ne suis pas bien malade, un peu de fatigue peut-être... cela se passera vite.

— Ah! dame, mademoiselle, un ancien philosophe a dit : *Il faut être sage avec sobriété*. Ce qui signifie qu'il ne faut pas non plus se priver de tous les plaisirs. Le travail trop assidu échauffe le sang, fatigue la poitrine, surtout chez les femmes qui généralement sont obligées de se courber, de se pencher sur leur ouvrage... Est-ce à la poitrine que vous avez mal?

— Je vous assure que je n'ai mal nulle part. J'éprouvais seulement une faiblesse, un malaise général... mais cela va déjà mieux.

— Je dois vous croire puisque vous me l'assurez... mais si vous étiez d'ailleurs réellement malade, je pense bien que vos parents vous feraient venir près d'eux et ne confieraient point à d'autres le soin de votre santé.

Marie pousse un profond soupir, en balbutiant :

— Je n'ai plus de parents, monsieur, et personne ne s'intéresse à moi... excepté cette dame chez qui je travaille.

— Quoi... si jeune... et privée de famille!... Mais par quelle suite de malheurs?...

Roger s'arrête, il comprend que ses questions peuvent être déplacées et qu'il y a de ces choses que l'on n'aime pas révéler ; il se dit que cette jeune fille, dont les traits sont si gracieux, si doux, le maintien si modeste, peut être un de ces pauvres enfants de l'amour, abandonnés dès leur naissance à la charité publique, et qui toute leur vie ignorent quels ont été les auteurs de leur destinée. Mais il regarde Marie avec plus d'intérêt encore, il ne peut se lasser de la contempler, et ne dit plus rien.

Au bout de quelques moments de silence, Marie murmure :

— Thélénie ne revient pas... cela doit vous contrarier.

— Ah! je n'y pensais plus, répond Roger, et il dit ces mots avec tant de franchise que Marie ne peut s'empêcher de lever les yeux sur lui, tandis qu'une expression de plaisir vient éclaircir son front. Ne voulant pas laisser paraître ce qu'elle éprouve, elle feint de n'avoir pas entendu l'exclamation du jeune homme et reprend :

— On est quelquefois retenu quand on va porter des commandes chez les pratiques... Est-ce que votre atelier est loin d'ici, monsieur?...

— Mais oui, pas mal...

— Vous allez apprendre le dessin à Thélénie.

— Moi!... par exemple ! je n'y ai jamais pensé. Qui est-ce qui a dit cela ?

— Mais... c'est elle.

— Ah ! c'est une tête folle... elle veut tout faire, mais au bout de deux heures elle jetterait les crayons de côté.

— Mais vous devez faire son portrait.

— Son portrait ? oui ; je l'ai même déjà commencé, mais je ne puis pas obtenir qu'elle pose un quart d'heure tranquillement. Elle a une fort belle tête, que je placerai quelque jour dans une grande composition.

— Et puis enfin, on doit être heureux de posséder le portrait de la personne que l'on aime.

Roger ne répond rien, il baisse le nez en faisant une drôle de figure ; enfin il s'écrie :

— Je serais bien heureux, mademoiselle, si vous vouliez me permettre de faire le vôtre...

Marie devient rouge comme une cerise, car cette demande de l'artiste semblait être une réponse à ce qu'elle venait de dire ; elle balbutie :

— Mon portrait... à moi... monsieur... mais à quoi donc cela pourrait-il vous servir ?

— A posséder votre image... ce serait déjà un grand bonheur.

— Mais je n'ai pas une tête comparable à celle de Thélénie... je ne pourrais pas comme elle figurer avec avantage dans un tableau ?

— Si vous me permettiez de faire votre portrait, je le garderais pour moi... pour moi seul, et bien que votre charmante figure puisse se placer partout et faire l'ornement de toute composition, je ne me permettrais pas de la reproduire pour d'autres, je serais trop fier de la posséder seul.

Ces paroles étaient presque une déclaration d'amour, et la manière dont Roger venait de les prononcer n'était pas faite pour en diminuer la valeur. Marie est toute troublée, elle balbutie :

— Oh ! non, monsieur, je ne dois pas vous permettre de faire mon portrait ; car cela pourrait contrarier Thélénie... et je serais désolée de lui faire de la peine.

— Du moment que vous ne voulez pas, dit Roger d'un ton piqué, je ne dois plus insister. Allons, je vois que Thélénie ne revient pas... je vais m'en retourner dans ma rue de Navarin.

— Vous demeurez rue de Navarin ! s'écrie vivement Marie.

— Oui, mademoiselle, rue de Navarin, numéro 19...

— Dix-neuf ?

— Est-ce que vous connaissez du monde dans ma maison ?

— Moi... non, monsieur, mais je crois que c'est là que loge une dame qui un jour a fait beaucoup d'emplettes chez ma lingère.

— Savez-vous le nom de cette dame ?

— C'était... madame de Beauvert.

— Madame de Beauvert... mais en effet elle est ma voisine, c'est-à-dire qu'elle habite au premier, tandis que moi, je suis à peu près dans les mansardes... et pourtant je ne changerais pas ma position contre celle de cette dame... car si elle est renommée pour sa mise, son élégance, si elle possède un bel appartement, magnifiquement meublé, à ce qu'on dit... car je ne l'ai pas vu, en revanche, lorsqu'on sait comment elle a tout cela, on ne peut pas avoir pour elle la plus petite considération ; mais je présume que vous savez ce que c'est que cette dame ?

Marie a baissé la tête sur son ouvrage et balbutie :

— Moi... mais... non, monsieur... je ne sais pas...

— Eh bien, mademoiselle, madame de Beauvert est une femme entretenue, mais de la pire espèce, ruinant sans pudeur les pauvres niais qui tombent dans ses filets, affichant un luxe insolent, voulant par ses toilettes éclipser toutes ses rivales ; elle a déjà réduit à la misère, au désespoir, plusieurs jeunes gens assez fous pour lui avoir sacrifié leur fortune, leur avenir et quelquefois leur honneur... car, lorsque ces femmes-là veulent une parure, un cachemire d'un grand prix, elles disent à leur esclave : « Il me le faut, » sans s'inquiéter des moyens que celui-ci emploiera pour satisfaire les envies de sa maîtresse. Ne connaissez pour seul Dieu que l'or ... u moment qu'on ne peut plus procurer à cette dame tous les plaisirs, toutes les jouissances, elle vous congédie, elle vous ferme sa porte sans pitié, sans remords... au contraire, elle se moque alors de ses victimes, et au lieu d'avoir au moins une bonne parole pour celui qui s'est ruiné pour elle, elle lui rit au nez, en lui disant : « Ah ! mon cher, que vous avez l'air pleutre maintenant ! » Voilà quelle est madame de Beauvert. Du reste, il n'y a pas longtemps que j'ai su sa biographie ; mais comme cette dame voulait que j'allasse chez elle, j'ai désiré savoir ce qu'elle était, bien que je m'en doutasse à peu près : mais dans les femmes entretenues il y a des nuances ; celle-ci n'a pas même, dit-on, l'esprit de s'amasser de la fortune pour l'époque où sa beauté n'aura plus de puissance, elle fait encore des dettes tout en ruinant les autres... Mais si quelque jour elle est dans la misère, je ne lui conseille pas de venir frapper à ma porte, car je n'ai nulle pitié pour les malheurs de ces dames qui ont dévoré huit ou dix fortunes. Ne trouvez-vous pas que j'ai raison, mademoiselle ?...

Marie tenait toujours sa tête baissée ; elle murmure :

— Monsieur, je ne puis pas juger la conduite de cette dame... mais peut-être l'a-t-on calomniée... peut-être est-elle moins coupable que vous ne le pensez.

— Calomniée ! mais on ne calomnie pas ces femmes-là ! plus on leur attribue d'amants ruinés, spoliés, dégommés enfin, car c'est le mot, plus elles en sont fières ; le scandale, c'est leur gloire à elles, c'est leur réclame, leur puff !... et en effet cela leur réussit : la preuve c'est que madame de Beauvert a la vogue, c'est à qui obtiendra la faveur de se ruiner pour elle... En ce moment c'est un certain Bernouillet, un entrepreneur, qui est, dit-on, le tenant, et comme on assure qu'il a des millions, on tâchera de le garder longtemps.

— Et madame de Beauvert avait désiré vous recevoir chez elle ? dit Marie.

— Oui ; cela était venu à l'occasion d'une perruche qui s'était envolée de chez ma voisine et venue se percher sur mon balcon ; alors cette dame me fit dire par sa camériste que je serais bienvenu en lui rapportant moi-même son oiseau chéri.

— Et vous ne vous êtes pas rendu à cette invitation ?...

— Ma foi non... cela ne m'a pas tenté, et puis je suis un drôle de corps, je n'aime pas ce qui s'offre à moi... je ne prétends pas dire que cette dame voulait me compter au nombre de ses conquêtes... à quoi bon ! un dessinateur... et qui loge au quatrième.

— Cependant elle voulait que vous allassiez chez elle ?

— Un caprice... une lubie... cette dame s'ennuyait probablement alors et désirait quelque distraction... Ah ! ce ne sont pas ces connaissances-là que je recherche... ou plutôt je n'en cherche plus... A quoi bon s'attacher à quelqu'un pour être ensuite trompé... trahi !... convenez que cela n'en vaut pas la peine.

Marie était tout émue : Roger lui parlait déjà avec cet abandon que l'on a près d'une personne que l'on connaît depuis bien du temps, et il lui semblait à elle qu'il était son ami depuis longtemps aussi. Quand on se plaît l'un à l'autre, on se sent tout de suite si bien ensemble qu'on n'a pas besoin de se le dire, les yeux l'expriment mutuellement.

— Pourquoi donc pensez-vous que l'on doive toujours être trahi par la personne que l'on aime ? dit Marie ; il me semble à moi qu'il n'y a de bonheur que dans un amour vrai... Est-ce que l'on peut trahir quand on aime bien?

— Vous avez raison, mademoiselle, on ne doit pas trahir quand on aime bien... apparemment qu'on ne m'a jamais bien aimé alors.

— Mon Dieu! soupçonneriez-vous déjà Thélénie?...

— Thélénie!... la belle Andalouse!... je vous assure que je ne pensais pas à elle en disant cela... Oh! celle-là, je lui permets de me trahir... de me tromper... cela ne m'affligera pas du tout... je m'y attends, je pourrais même dire que j'y compte.

— Vous y comptez!... mais vous ne l'aimez donc pas alors.

— Je rends justice à sa beauté, à ses charmes, à la gaieté, à la vivacité de son esprit, mais avoir pour elle véritablement de l'amour... Convenez, mademoiselle, qu'il serait bien malheureux celui qui compterait sur sa fidélité!... La constance n'est pas dans sa nature... il lui serait aussi impossible de ne point changer, qu'au chat de ne pas voler... Mais vous devez la connaître encore mieux que moi...

Avant que Marie ait eu le temps de répondre, la porte s'ouvre et la belle brune entre brusquement. En apercevant Roger elle s'écrie:

— Eh bien, vous êtes gentil, vous: on attend monsieur dans la rue, on croque le marmot, on se fait du mauvais sang, et monsieur est tranquillement assis... qui cause avec mademoiselle... Vous vous étiez donc promis de me faire poser?

— Non, ma chère amie: d'abord il n'est pas dans mes goûts de faire poser personne... je laisse cela aux Sibille Peloton et autres. Je me suis trouvé à l'heure juste au rendez-vous que vous m'aviez donné, je vous ai attendue dix minutes; ne vous voyant pas, je suis venu regarder aux carreaux de votre magasin, ne vous y voyant pas davantage, je suis monté ici croyant vous y trouver... il me semble que tout cela est fort simple.

— Oui; mais puisque je n'étais pas ici, pourquoi y êtes-vous resté?

— Pour vous y attendre. Vous voyez que j'ai bien fait, puisque vous voilà.

— Et il y a longtemps que vous m'attendez?

— Je ne sais... le temps ne m'a pas paru long... mademoiselle Marie avait la bonté de causer avec moi.

Thélénie se mord les lèvres et fronce ses noirs sourcils, en murmurant:

— Ah! oui... elle flâne maintenant... elle fait la malade... afin de pouvoir aller se promener avec son amant quand cela lui plaît: c'est pas bête.

Marie relève fièrement la tête, en s'écriant:

— Thélénie, c'est mal ce que vous dites là! vous savez bien que je n'ai aucune connaissance et que je ne sors avec personne.

— Vraiment! dis-nous donc cela, fais donc encore ta vestale... mais cela ne peut plus prendre, ma petite. Je viens de causer avec Fanfinette, qui m'a conté qu'elle t'avait rencontrée il y a huit jours, rue de la Pépinière, bras dessus, bras dessous, avec M. Lucien; est-ce vrai ou non, cela?... Fanfinette a-t-elle menti?

Marie devient très-pâle et balbutie:

— J'ai pu... par hasard, dans la rue, être obligée d'accepter le bras de M. Lucien... mais qu'est-ce que cela prouve?

— Qu'est-ce que ça prouve? ah! elle est bonne celle-là! Dis donc, Roger, elle demande ce que ça prouve!... elle nous prend pour des bécasses, apparemment.

Roger ne répond rien. Lui aussi avait pâli, et quittant brusquement sa chaise, il va prendre son chapeau, puis s'écrie:

— Quand vous voudrez venir, Thélénie, je vous attends.

— Me voilà, mon cher... mais je suis fatiguée d'avoir piétiné; nous prendrons une voiture, n'est-ce pas, pour aller à cette exposition?

— Oui... oui... nous prendrons une voiture... mais partons!

— Dieu! est-il pressé maintenant! eh bien, filons!

Le jeune artiste emmène sa maîtresse; Marie a levé les yeux dans l'espoir de rencontrer ceux de Roger, mais celui-ci est parti, sans même avoir jeté un regard de son côté.

XVI

MADAME MONTE.

On a dit: « *Désir de fille est un feu qui dévore.* » Mais je crois que le désir est tout aussi vif chez la femme que chez la jeune fille... il brûle toujours quand il s'est allumé dans un de ces cœurs qui ont l'habitude de tout soumettre à leur volonté, de ne rencontrer jamais d'obstacles pour satisfaire leurs caprices.

Or, vous savez que madame de Beauvert, cette femme à la mode qui voit tous les hommes briguer un de ses sourires et envier le plaisir de se ruiner pour elle, avait été fort surprise, et même piquée, en apprenant qu'un modeste dessinateur, qui demeurait au cinquième étage, n'avait pas profité de l'offre qu'on lui avait faite de rapporter lui-même la perruche chez sa belle voisine.

Certainement la conquête d'un artiste peu connu ne devait pas tenter cette dame, habituée aux hommages des sommités de la finance. Et si le jeune dessinateur avait cherché à faire agréer ses vœux à la belle courtisane, il est bien probable qu'il n'aurait pas été écouté. Mais les rôles étaient changés: on avait engagé l'artiste à venir, et c'était lui qui avait refusé de descendre au premier étage.

Et la belle Paola dit un matin à sa femme de chambre:

— As-tu revu ce jeune homme du cinquième, chez lequel était ma perruche?

— Oui, madame, oh! je le rencontre assez souvent dans l'escalier, en allant et venant.

— Te parle-t-il?

— Je lui dis bonjour, il en fait autant, mais il a toujours l'air de rire en me regardant... je ne sais pas pourquoi.

— Ah! il a l'air de rire, et tu dis qu'il est bien ce jeune homme?

— Oh! oui, madame, très-bien... c'est un brun... il a de fameux yeux... l'air un peu sérieux, mais j'ai entendu dire à madame que c'était plus distingué que ces figures qui rient toujours.

— Et la tournure?

— Charmante... il est plutôt grand que petit... ensuite il est toujours très-bien mis... aussi élégant que ces messieurs qui viennent chez madame.

— Allons, il faut que je voie si vraiment ce monsieur mérite les éloges que tu fais de lui... donne-moi mes gants.

— Madame sort?

— Je ne sors pas de la maison; je vais monter chez M. Roger... car il se nomme Roger, je crois, cet artiste?

— Oui, madame, Édouard Roger. Quoi! madame lui fait l'honneur de monter chez lui?

— Pourquoi pas? Je fais comme Mahomet: je vais à la montagne qui ne veut pas venir à moi.

— Mais madame oublie peut-être que M. Bernouillet doit venir ce matin prendre madame pour la mener à Enghien?

— Non, je ne l'ai pas oublié : eh bien, si Bernouillet vient, tu le feras attendre.

— S'il me demande où est allée madame?

— Tu lui diras tout ce qui te passera par la tête : cela m'est bien égal! ne crois-tu pas que je vais me gêner pour Bernouillet! Pauvre cher homme! il sera toujours trop heureux que je veuille bien sortir avec lui.

— Oh! pour ça c'est vrai... quand M. Bernouillet regarde madame, on dirait toujours qu'il regarde la lune.

— Comment, la lune... qu'entends-tu par là, Léontine?

— Madame, je dis la lune comme j'aurais dit le soleil.

— Tu dis que c'est au cinquième, ce jeune homme?

— Oui, madame, la porte à votre gauche.

Madame de Beauvert monte l'escalier, s'arrêtant de temps à autre pour reprendre haleine, en disant :

— Ah! mon Dieu, comment peut-on demeurer si haut!

Oubliant qu'elle-même a logé autrefois dans les mansardes. Mais avec la prospérité, il y a des gens qui oublient tout et qui ne veulent même plus croire qu'ils ont été pauvres et nécessiteux.

Enfin la belle dame a atteint le cinquième étage. Elle tourne le bouton d'une porte et pénètre dans l'atelier en disant :

— Peut-on entrer?

Roger était seul et travaillait. Habitué à voir venir chez lui des amis, des flâneurs ou des clients, il ne quittait jamais son ouvrage pour recevoir son monde et souvent ne levait les yeux qu'au bout de quelques instants et quand il n'avait pas reconnu la voix de la personne qui entrait dans son atelier. Madame de Beauvert a donc pu arriver au milieu de la pièce et regarder curieusement autour d'elle, avant que l'artiste ait levé la tête.

— Ah! mon Dieu! que c'est drôle ici!... c'est donc ça qu'on appelle un atelier... eh bien, franchement, ce n'est pas beau!

Cette voix féminine et inconnue fait lever les yeux à Roger : Paola avait une charmante toilette du matin; sur sa tête elle ne portait qu'un léger bonnet de tulle, qui lui seyait parfaitement; elle était chaussée si artistement que l'on était émerveillé de la petitesse de son pied, de sa cambrure, de sa forme élégante; enfin c'était une fort jolie femme, on ne pouvait lui disputer ce titre. Seulement, elle le savait si bien, qu'elle était persuadée qu'aucun homme ne pouvait résister à l'un de ses regards.

Roger, apercevant une dame, s'est levé et salue en disant :

— Pardon, madame, mais je n'avais pas regardé qui entrait... Puis-je savoir ce qui me procure l'avantage...

— Vous ne me connaissez donc pas, monsieur?

— Non, madame.

— Je suis votre voisine du premier... madame de Beauvert.

— Veuillez prendre la peine de vous asseoir, madame.

— M'asseoir... est-ce qu'on peut s'asseoir... je ne vois pas un siège un peu propre.

Roger se répondant d'un air railleur :

— Il est certain, madame, que ce doit être chez vous infiniment plus élégant qu'ici; mais un artiste n'a pas les mêmes moyens que madame pour se procurer ce qui lui fait plaisir. Voici une chaise qui certainement sera bien fière si vous daignez vous poser dessus.

Paola, qui avait plus de jargon que d'esprit, ne s'aperçoit pas que le jeune homme se moque d'elle et se laisse aller sur la chaise en disant :

— Mon Dieu! ce n'est pas que je sois plus difficile qu'une autre!... Quand je vais à la campagne, j'entre quelquefois dans des chaumières de paysans,... cela m'amuse.

— C'est bien de la bonté de votre part!... Mais pourrais-je savoir ce qui me procure l'avantage de recevoir madame?

— Ah! tiens, c'est vrai, je ne vous l'ai pas encore dit; mais d'abord je voudrais savoir pourquoi vous avez refusé de me rapporter vous-même ma perruche... quand ma femme de chambre vous l'a proposé?

— Madame, il m'a semblé que j'aurais en l'air d'aller quêter des remerciments... et vraiment je n'en méritais aucun, car votre oiseau est venu de lui-même se planter sur ma fenêtre, ce n'est pas moi qui l'ai pris...

— Oui, oui; oh! je sais bien que vous n'avez pas pris mon oiseau!

Paola s'arrête et regarde assez longtemps Roger, il est probable que cet examen tourne à l'avantage de l'artiste, car elle lui fait un sourire fort gracieux et minaude bien gentiment, en lui disant :

— Voyons, mon cher voisin, ne faisons pas de manières... moi je n'aime pas les détours... j'étais curieuse de vous connaître... vous n'avez pas voulu descendre, je me suis dit : Je vais monter... est-ce que j'ai eu tort?

— Nullement; je ne puis que vous remercier d'avoir daigné venir à mon cinquième.

— Je ne m'en repens pas... vous méritez les éloges qu'on m'avait faits de vous.

— On vous a fait mon éloge, et qui donc cela?

— Léontine, ma femme de chambre; elle m'a dit que vous étiez fort joli garçon.

— Je suis bien flatté d'être du goût de votre femme de chambre.

— Ne plaisantez pas, c'est une fille qui s'y connaît.

— Je pense bien qu'elle doit avoir beaucoup d'expérience.

— Elle m'avait vanté votre tournure... votre air distingué...

— De grâce, madame... Est-ce que vous êtes montée pour me faire des compliments?

— Il faut bien que je vous en fasse puisque vous ne m'en faites pas, vous!...

— Vous devez être tellement habituée à en recevoir, que j'aurais crainte de vous ennuyer en vous tenant ce langage.

— C'est vrai; oui, il y a des gens dont les compliments m'assomment; mais ils m'entrent par une oreille et ressortent par l'autre. Vous n'êtes pas de ces gens-là, vous! et puis, vous êtes artiste... vous devez vous y connaître.

— Vous avez trop bonne opinion de moi.

— Qu'est-ce que vous dessiniez donc là?

— Ceci... c'est pour un journal.

— Ah! mon Dieu!... sur quoi donc faites-vous cela?

— Sur du bois.

— Quelle drôle d'idée de faire des dessins sur des petits morceaux de bois!

— Quand on veut que cela soit gravé, il faut bien dessiner sur le bois, à moins de le faire sur acier; mais cela reviendrait trop cher pour les illustrations.

— Ah! c'est là ce qu'on appelle des illustrations... Est-ce que vous ne faites pas de portraits?

— Si, quelquefois. Tenez, en voilà un que j'ai fait il y a quelque temps... dans ce coin à droite.

— Ah! voyon'...

Paola se lève et va examiner le portrait de Thélénie que Roger avait terminé depuis peu de jours, mais qui était parfaitement réussi. Il avait coiffé la belle brune d'une résille, ce qui allait parfaitement à son genre de beauté et lui donnait tout à fait un cachet andalou.

Madame de Beauvert examine quelques instants le portrait, puis se pince les lèvres en disant :

— Oui, cela me paraît très-bien dessiné; du reste, je ne m'y connais pas du tout. Est-ce ressemblant ou est-ce une tête de fantaisie?

— C'est un portrait et fort ressemblant; la personne n'est même pas flattée, quoiqu'elle soit très-belle, comme vous voyez.

C'est un portrait, et fort ressemblant. (Page 47.)

—Oh! belle, cela dépend du goût... elle a l'air très-effronté, voilà ce qui saute aux yeux. Qu'est-ce que c'est que cette femme-là... un modèle?

—Non, c'est une demoiselle de magasin.

—Ah!... Et dans quelle espèce de magasin trône-t-elle?

—Dans un magasin de parfums.

—Ah! Dieu! c'est une parfumeuse... et c'est votre maîtresse, cette fille-là?

Roger est tout saisi de la question, et surtout de la façon leste dont elle lui est faite; il fronce les sourcils et répond d'un ton assez sec:

—Madame, il me semble que je n'ai pas à vous rendre compte de mes actions ni de mes sentiments, et je trouve votre question passablement indiscrète.

—Oh! vous vous fâchez!.... ô mon Dieu!... je ne pensais pas commettre un crime en vous demandant cela; mais il me paraît, monsieur, qu'avec vous il ne faut pas plaisanter. Après tout, cette demoiselle est peut-être une vestale... elle n'en a pas l'air cependant... elle me rappelle ces dames espagnoles qui sont venues se trémousser sur presque tous nos théâtres... Oh! je crois bien avoir vu danser la cachutcha à votre parfumeuse... Ah! ah! ah!... mais je vais encore vous mettre en colère, si je me permets de dire mon opinion sur cette demoiselle.

—Je ne suis nullement en colère, madame, répond Roger qui a repris sa bonne humeur, et vous avez le droit de dire tout ce que vous pensez sur ce que vous voyez ici.

—A la bonne heure, vous redevenez gentil. Mais je veux aussi que vous me fassiez mon portrait à moi... le voulez-vous?

—Pourquoi pas, madame? je suis à vos ordres.

—Oui, vous ferez ma tête... mais pas coiffée avec une résille par exemple. Ah! quelle horreur!... je trouve cela affreux... Qu'est-ce que vous me mettrez sur la tête... pour que cela soit distingué?

—Ce que vous voudrez, madame: un diadème si cela peut vous être agréable.

—Ah! que c'est méchant... on sait bien que je n'ai pas le droit d'en porter... à moins. Ah! oui, un diadème en fleurs, cela fera bien... n'est-ce pas? Regardez-moi donc, trouvez-vous que cela ira à mon genre de figure?

—Oui, madame, oui, cela vous ira parfaitement!

—Mais c'est à peine si vous m'avez regardée. Oh! décidément vous me boudez encore pour ce que j'ai dit sur votre parfumeuse.

—Je vous assure, madame, que je n'y pense plus.

—Mais j'oublie près de vous que l'on doit m'attendre en bas... je suis sûre que la calèche est devant la porte... on vient me chercher pour me mener à Enghien.

Roger se lève en disant:

—Ne vous faites pas attendre, madame; vous aurez un temps magnifique.

—Oui, je le crois... c'est égal, je vais beaucoup m'ennuyer... il y a de ces compagnies qui nous donnent le spleen. C'est une corvée que je fais là. Ah! si vous vouliez venir avec nous... je dirais à M. Bernouillet que vous êtes mon cousin, cela irait tout seul.

—Vous êtes mille fois trop bonne, madame, mais ce que je fais est très-pressé, il m'est impossible de quitter.

—Allons, puisque vous ne pouvez pas... je vais me sacrifier et bâiller à vingt francs par tête. Ah ça, mon voisin, je suis venue chez vous, maintenant il me semble que c'est à votre tour... vous viendrez, n'est-ce pas?

—J'aurai ce plaisir, madame.

Ne mettez donc pas vos pouces. (Page 52.)

— Venez sur le midi, c'est l'heure où je suis seule... je ne reçois jamais avant deux heures, mais vous, c'est différent, ce sera une autre consigne... vous vous en souviendrez?

— Oh! certainement.

— Au revoir donc, mon voisin.

Madame de Beauvert est partie, et Roger se remet à son ouvrage en se disant :

— Le plus souvent que j'irai chez toi!... Oh! vous êtes fort jolie, madame, je ne puis dire autrement! mais vous ne me séduisez pas du tout. D'abord je n'aime pas ces dames qui se jettent à la tête des hommes, et franchement, à moins d'être un imbécile, il n'y a pas à s'y tromper... elle me regardait... de façon à me faire baisser les yeux. Et ces questions au sujet du portrait de Thélénie... cette affectation à en dire du mal... que ferait-elle donc si elle était ma maîtresse? Je trouve déjà que Thélénie est assez embêtante, mais c'est cette belle dame qui serait un véritable *crampon!* comme nous disons entre artistes. Ah! comme tout cela est loin de cette jolie Marie!... Quel dommage que cette jeune fille soit fausse, dissimulée, hypocrite!... elle a l'air si décent, si honnête... et tout cela n'est qu'un air qu'elle prend pour mieux nous tromper. Elle est la maîtresse de Lucien Bardecourt... elle n'en est pas convenue... mais il n'y a pas à en douter... elle a été vue avec lui, à son bras... elle n'a pu le nier. Ah! cela m'a serré le cœur quand j'ai entendu cela... je me sentais si disposé à aimer cette jeune fille... quelque chose m'attirait vers elle... il me semblait lire dans ses yeux qu'elle m'aimerait aussi. Imbécile!... elle m'aurait aimé comme elle aime ce Lucien... pour me tromper ensuite. Ah! je ne veux plus penser à cette Marie!...

Et Roger se met à marcher avec précipitation dans son atelier, puis tout à coup il s'arrête devant le portrait de Thélénie, le considère quelque temps, puis murmure :

— Pourquoi donc n'est-ce pas celle-ci que j'aime, car certainement elle est plus jolie que mademoiselle Marie, infiniment plus jolie!... Oh! non, non... ce n'est pas vrai... celle-ci a l'air effronté, madame de Beauvert n'a pas menti... elle est fort belle, mais il n'y a pas dans ses traits, dans l'expression de sa physionomie, ce charme qui attire... qui séduit... Celle-ci fait naître des désirs... l'autre inspire de l'amour. Mais après tout ce qui m'est arrivé, dois-je encore parler d'amour!... C'est un sentiment qui n'est jamais ressenti également par la personne qui l'éprouve et celle qui l'inspire. Non, non, des amourettes, c'est bien assez!... parce que dans les amourettes, ce qu'on éprouve le moins, c'est de l'amour.

XVII

COUP D'ŒIL GÉNÉRAL.

C'est un samedi; il est dix heures du soir, mais les boutiques de la rue de Rivoli sont encore resplendissantes de lumière. Dans le beau magasin de parfumerie où est placée la belle Thélénie, règne une activité qui annonce que le commerce va fort bien. Outre la jolie brune que nous connaissons, quatre autres demoiselles sont employées chez le parfumeur. Puis il y a la maîtresse de la maison, beauté sur le retour, mais toujours très-

4

coquette et qui, depuis qu'on ne lui fait plus de l'œil, ne veut pas souffrir que l'on en fasse à ses demoiselles. Enfin il y a le patron, homme très-actif, très-intelligent, qui s'occupe continuellement de son commerce, ce qui pourtant ne l'empêche pas de lancer par-ci par-là des regards très-tendres à celles de ses demoiselles qu'il trouve à son gré, et depuis que Thélénie est chez lui, c'est elle qui a la préférence ; mais ce monsieur a bien soin de cacher cette préférence à sa femme, qui est extrêmement jalouse et renverrait bien vite celle de ses demoiselles pour qui son mari se montrerait aimable ou complaisant.

Le parfumeur va et vient et achève de fermer quelques paquets de marchandise. Madame est à son comptoir, où elle examine ses livres, puis elle dit :

— A-t-on envoyé chez madame de Bellaflori du vinaigre pour le visage, du blanc pour les sourcils et du carmin pour les lèvres ?

— Oui, madame, j'ai porté tout cela aujourd'hui chez cette dame, crie une des demoiselles.

— J'espère qu'en voilà une qui se maquille ! murmure Thélénie à une de ses voisines. Ah ! Dieu ! que je me trouverais malheureuse si j'avais besoin de tout ça... et puis, le plus souvent que les hommes donnent là-dedans et prennent ces peintures-là pour de la vérité.

— Mais si, ma chère, mais si, il y en a qui s'y trompent, et d'ailleurs, si cela ne servait à rien, nous ne vendrions pas tant de cosmétique.

— A-t-on porté douze flacons de vinaigre de Bully chez madame la vicomtesse de Vieuxsac ?

— Oui, madame ; cela fait vingt flacons que cette dame a pris depuis six semaines.

— Vingt francs de vinaigre en six semaines à cette vieille femme qui est ridée comme une pomme cuite... elle prend donc des bains de vinaigre ?

— Ou elle en met dans ses salades.

— En tout cas cela ne lui réussit guère, elle a l'air d'une momie mal conservée.

— Et les parfums pour cette jeune actrice des boulevards ?

— On les a portés, mais elle ne les a pas payés.

— En voilà une qui s'en fourre des parfums... mais cela ne l'empêche pas de sentir mauvais de la bouche ; en voilà une infirmité pour une femme.

— On mâche du cachou, ma chère.

— On a beau mâcher tout ce que tu voudras, on empoisonne tout de même... Je me souviendrai toujours d'une de mes amies qui avait cet inconvénient et qui suçait continuellement des pastilles de menthe... cela faisait un mélange d'odeurs épouvantable... Depuis ce temps je ne puis pas souffrir les pastilles de menthe.

En ce moment on ouvre la porte du magasin, et un jeune homme fort élégant, et qui se tient bien roide, entre en disant :

— Here englisch spoken ?

— Oui, milord, oui, s'empresse de répondre le maître de la maison. Mademoiselle Olivia, parlez à monsieur, sachez ce qu'il désire.

La demoiselle qui parle anglais s'avance d'un air aimable vers le personnage qui vient d'entrer en lui disant :

— Wath will you, sir ?

Et mademoiselle Thélénie murmure à l'oreille de sa voisine :

— C'est un Anglais comme je danse... Je le reconnais ce grand jeune homme-là... voilà plusieurs jours qu'il rôde dans la rue et me fait des mines... je te parie que c'est pour moi qu'il vient ici.

En effet, au lieu de répondre à la demoiselle qui lui a parlé anglais et qui à la vérité n'est pas jolie, le soi-disant étranger va droit à la belle brune et lui dit :

— Je volais... if you please... vous... servir moa.

— Milord, je vous demande pardon, mais je ne parle pas anglais, répond Thélénie.

Tandis que le parfumeur pousse ce monsieur vers mademoiselle Olivia, en disant :

— Voilà, sir... milord... c'est mademoiselle qui spoken englisch... et non pas mademoiselle.

Mais l'étranger tourne sur lui-même et revient devant Thélénie en lui disant :

— Give my cream whip... volez-vous ?

— Il est entêté, ce monsieur, murmure le parfumeur que cela impatiente de voir les regards de ce nouveau venu attachés sur sa plus belle demoiselle.

— Monsieur veut du cold-cream, dit la parfumeuse, j'ai fort bien compris, moi, il n'y a pas besoin de savoir l'anglais pour cela... donnez-lui en un pot, mademoiselle Olivia.

La demoiselle présente un pot de cold-cream à l'étranger qui se tient toujours devant Thélénie, et repousse avec humeur le pot qu'on lui présente, en s'écriant :

— No, no, ce n'était pas cela... je volais cream whip...

— Ah ! monsieur, c'est de la crème fouettée qu'il demande.

— Comment fouettée ! dit le parfumeur, il se croit donc chez un pâtissier ici... mais c'est lui qui va l'être fouetté, s'il ne s'en va pas bien vite.

Et courant secouer le bras de l'étranger qui fait des sourires à Thélénie, le maître du magasin lui dit d'un ton irrité :

— Vous vous trompez de maison, monsieur, on ne vend rien de fouetté ici... c'est un pâtissier que vous cherchez... allez plus loin... et ne venez pas empêcher nos demoiselles de travailler.

— Je volais cream whip.

— Nous n'en tenons pas, encore une fois ; plus loin, monsieur, plus loin.

Et le parfumeur pousse ce monsieur vers la porte et la lui referme sur le nez. Thélénie et les autres demoiselles rient aux éclats. Mais la maîtresse de la maison dit à son mari :

— Vous avez traité ce monsieur bien cavalièrement, et vous ne savez pas seulement ce qu'il voulait... car mademoiselle Olivia a, je crois, entendu de travers.

— Non, madame ; je vous assure que whip veut dire : fouetter.

— D'ailleurs, ma chère amie, je soupçonne ce jeune homme d'être un faux Anglais... il est entré ici pour s'amuser... faire une plaisanterie... il connaît probablement une de ces demoiselles.

— Mais non, monsieur.

— Nous ne le connaissons pas.

— Nous ne l'avons jamais vu.

Le parfumeur s'approche de Thélénie et murmure bien bas :

— Je suis bien sûr que vous le connaissez, vous.

— Moi ! par exemple.

— Qu'est-ce que vous dites à mademoiselle, Loulou ?

— Je lui demandais des ciseaux pour un moment.

— Pourquoi ne prenez-vous pas les miens ?

— Ils ne coupent pas, les tiens.

— Ah ! voilà du nouveau... c'est bon... suffit... Oh ! je ferai attention... et si on avait le malheur... Oh ! ce sera bientôt fait.

Le parfumeur ne fait pas semblant d'entendre, et les demoiselles se disent entre elles :

— Le patron aura sa danse ce soir... mais, Dieu merci, c'est demain dimanche ! Nous nous donnerons de l'air.

Dans le magasin de fleurs artificielles qui est au-dessus du parfumeur, et dans lequel sont employées une demi-douzaine de jeunes filles, c'est un brouhaha continuel, ces demoiselles causent presque toujours en travaillant, et la plupart du temps parlent plusieurs à la fois ; la maîtresse du magasin étant elle-même fort gaie, fort bavarde elle permet à ses ouvrières de causer, pourvu que la besogne n'en souffre pas. Là, une histoire n'attend pas l'autre, on sait les nouvelles du quartier, les aventures arrivées aux pratiques, les affaires que font les boutiquiers voisins, et parfois même on sait ce qui n'est pas arrivé.

— Qui est-ce qui va demain au bois de Boulogne?
— Ah! pas moi, ça devient trop cohue le bois de Boulogne, j'aime mieux les promenades où il n'y a personne.
— Passez-moi des pétales de roses, s'il vous plaît.
— Moi, je préfère le spectacle à tout.
— Qu'est-ce qui a pris mes pinces?
— Moi, j'ai vu jouer dernièrement les *Jeux de l'amour et du bazar*... c'est ça qui est amusant!
— Tâche donc de savoir ce que tu dis d'abord... et n'écorche pas les titres des pièces.
— Comment... de quoi? qu'est-ce que j'écorche, s'il vous plaît?... mam'zelle la savante! qui veut savoir tout mieux qu'une autre.
— Tu dis le titre de travers, c'est : les Jeux de l'amour et *du hasard* que tu as vus, et non pas du bazar!
— Hasard!... Bazar!... c'est pas la peine de me reprendre pour si peu de chose. De la colle... où est la colle?
— Il y en a devant toi.
— Moi je suis allée à un petit théâtre dans une petite salle qui est dans le passage du Saumon.
— Ah! je sais, mon cousin y a joué... Qu'est-ce que tu as vu?
— J'ai vu *Othello ou le Moricaud de Venise*... ça ne m'a pas amusée du tout... et puis un mari qui étouffe sa femme parce qu'il la croit infidèle... merci, voilà de belles choses à montrer... un joli exemple à donner.
— Ah! c'est un homme de couleur qui fait ça.
— Je dînerai demain chez mes parents, et je mangerai de l'oie!
— Bon! voilà Tontaine qui pense déjà à ce qu'elle mangera demain... Moi je n'aime que les pièces à musique.
— Avec des marrons.
— Les airs à roulades, c'est si joli!
— J'aime mieux la graisse d'oie.
— Moi je trouve ça bête comme tout, ces roulades qui n'en finissent pas... j'ai toujours envie de crier au chanteur : Quand vous aurez fini, je reviendrai.
— Ma chère, ces dames qui chantent comme ça ont des perles dans le gosier et gagnent jusqu'à soixante mille francs par an.
— Eh bien, j'aime mieux entendre madame, quand elle chante : *Je vais revoir ma Normandie.*
— Je crois bien, dit tout bas une apprentie, on l'entendrait de Rouen.
— Et quand elle se mouche, donc! c'est comme un cornet à piston.
— Voilà ma couronne de mariée finie.
— Ah! Dieu! sera-t-elle heureuse, celle qui va porter ça!
— Tu as donc envie de te marier, toi?
— Mais pourquoi pas, si c'était avec un joli garçon? *L'hymen est un lien charmant!*
— Ah! on la connaît, cette chanson-là! Il n'en est pas moins vrai que la petite dame de l'épicier en face, qui n'est mariée que depuis un mois, a déjà les yeux rouges comme un lapin, et un des garçons de la boutique assure que son mari l'a battue avec un pain de sucre!
— Ah! l'horreur!... si c'est un gros pain, il pouvait la tuer.
— Non, ce n'est pas d'un pain de sucre qu'il s'est servi pour battre sa femme, c'est d'un paquet de chandelles.
— Ah! c'est un peu moins dur, mais ça peut encore blesser.
— Mais non, mesdemoiselles, vous avez mal entendu;

ce n'est qu'avec une livre de bougie qu'il l'a frappée...
— Oh! tout à l'heure ce ne sera qu'avec un bâton de sucre d'orge... Assez! je redemande mon argent.
— Oh! comme je danserai demain!... J'irai au Jardin des fleurs...
— Moi, à la Closerie des lilas.
— Moi, à un bal champêtre.
— Et moi, je mangerai de l'oie.
— Bouci-boula mangera de l'oie... vous l'entendez, mesdemoiselles?

LES JEUNES FILLES EN CHŒUR :

Tonton, tonton, tontaine, tonton!

La maîtresse s'écrie :
— Eh bien, mesdemoiselles, qu'est-ce que cela signifie de chanter toutes comme cela!...
— Madame, c'est en l'honneur de Tontaine qui mangera de l'oie demain.
— Ah! qu'elles sont enfants!... mais c'est très-bon l'oie... Allons, mesdemoiselles, ne nous endormons pas, il faut que ces garnitures partent demain... chantez, je le veux bien; mais travaillez, dépêchez-vous.
— C'est ce que nous faisons, madame...

Dans le magasin de la lingère qui est au-dessous, règne un calme, un air de bonne compagnie qui fait tout à fait opposition avec la réunion des fleuristes. Ici, à la vérité, il y a beaucoup moins de monde. Le magasin n'est occupé que par la maîtresse de la maison, ses deux ouvrières, dont l'une est Marie, et une petite apprentie de douze ans; il y a bien encore une jeune bonne qui, quelquefois, se montre au fond du magasin, mais seulement pour prendre les ordres de sa maîtresse. Tout ce monde-là est calme, silencieux, on entendrait voler une mouche.

La demoiselle qui est la camarade de Marie a un air pincé, rechigné, et semble continuellement de mauvaise humeur; elle ne peut pas souffrir sa compagne, parce que, lorsque la maîtresse n'est pas là, c'est presque toujours à Marie que s'adressent les chalands... on n'a pas l'air de faire attention à elle, qui est cependant plus âgée, et puis la lingère elle-même parle à Marie avec plus de douceur, plus de bonté. Il n'en faut pas tant dans un magasin pour allumer la jalousie entre les ouvrières, et pourtant la jolie fille fait son possible pour être agréable à sa compagne, mais ses petits soins sont en pure perte. La demoiselle laide et maussade ne peut pardonner à Marie d'être jolie et gracieuse.

La lingère quitte sa place, va examiner l'ouvrage auquel travaillent ces demoiselles et dit à Marie :
— C'est très-bien, mon enfant, mais ces points à jour sont bien fatigants pour la vue... il ne faut pas vous abîmer les yeux. Reposez-vous, vous finirez cela lundi.
— Oh! madame, je n'ai plus que peu de chose à faire pour terminer ce mouchoir, je puis bien le finir ce soir.
— Comme vous voudrez, mais alors j'espère que vous vous reposerez demain toute la journée et n'emporterez pas d'ouvrage dans votre chambre.
— C'est donc demain dimanche, madame?...
— Sans doute... vous ne le saviez pas?
— Mon Dieu, non, cela m'est si indifférent que ce soit dimanche... au contraire, je crois que je préfère les jours de la semaine.
— Vraiment!... dit la demoiselle laide en faisant la grimace; parce que vous n'avez pas de parents et personne chez qui aller, vous voudriez que les autres ne sortissent pas! comme c'est égoïste!...
— Mais, Arsène, je n'ai jamais trouvé que l'on faisait mal de sortir; je ne sais pas pourquoi vous me dites cela.
— Mademoiselle Arsène, dit la lingère, si Marie n'a

plus de parents, ce n'est pas sa faute, et ce n'est pas bien à vous de le lui rappeler.

— Mon Dieu, madame, c'est qu'aussi on met mademoiselle dans du coton, on la dorlote, on a peur qu'elle ne s'abîme les yeux et il semble que les autres ne soient rien du tout.

— Vous êtes injuste, Arsène : j'apprécie ce que chacun fait, seulement je dois veiller sur la santé des personnes qui sont chez moi.

— Oui, murmure Arsène, c'est pour cela que j'ai toussé comme un bœuf pendant trois mois et qu'on ne m'a pas seulement donné un morceau de jus de réglisse ! si elle avait toussé... l'autre! on lui aurait fait de la tisane.

Marie ne dit plus rien, mais elle soupire profondément, car elle pense à Roger, qui était si aimable avec elle et qui a tout coup cessé de la regarder, en apprenant qu'on l'avait rencontrée au bras de Lucien Bardecourt.

— Désormais, se dit-elle, il va croire que je suis la maîtresse de ce monsieur. Thélénie et les autres en sont persuadées, ou du moins elles affectent de le dire. Ah! je savais bien que cette rencontre-là me porterait malheur! Et que m'importe à moi que ce soit demain dimanche!... est-ce que j'ai des jours de plaisir!...

Dans le magasin de modes où travaille la grande Fanfinette, on flâne au lieu de faire des chapeaux; mais la maîtresse du magasin est allée au spectacle et ses demoiselles profitent de son absence pour regarder au travers des carreaux, examiner ceux qui passent dans la rue et se dire :

— Ton Ernest vient-il te prendre ce soir?

— Mais je l'espère bien... Et ton Arthur?

— Il sera là dans cinq minutes, avec de la galette.

— Où vas-tu demain, toi?

— Je ne sais pas; je balance entre Vincennes et Versailles...Vincennes est plus amusant, mais Versailles est meilleur genre.

— Et toi, Fanfinette?

— Moi, je ne sais pas encore ce que je ferai... il y a Sibille Peloton qui doit venir me prendre avec un char à bancs.

— Sibille... Mais Alexandre?

— Alexandre est parti pour la Californie... *ne sais quand reviendra!*

— Et tu vas avec Sibille?

— Oh! mesdemoiselles, c'est uniquement pour le faire poser et me promener en char à bancs. D'ailleurs j'emmènerai ma petite cousine Nanine.

— Mais on m'a conté que, dernièrement, en calèche, Sibille ayant voulu conduire, avait renversé tout le monde... Edelmone a eu un œil poché.

— Oh! mais soyez tranquilles, je ne le laisserai pas conduire le char à bancs... d'autant plus que je veux conduire moi-même.

— Toi?

— Oui, moi...

— Tu sais conduire une voiture... des chevaux?

— Je crois bien... j'ai une amie à l'Hippodrome... elle m'a donné des leçons. Maintenant, mesdemoiselles, c'est la mode, au bois de Boulogne toutes les dames conduisent.

— Tiens... les dames se sont faites cocher toutes?

— Ah! non, celles qui fument.

Dans un grand magasin de confection du boulevard Sébastopol, la langoureuse Edelmone achève de bâtir un petit paletot d'enfant. Ce magasin a des employés des deux sexes; les commis sont pour la vente, les ouvrières sont pour la couture des vêtements : il y a aussi des hommes qui ne sont occupés qu'à tailler dans les étoffes; ceux-là sont ce qu'on nomme des coupeurs. Là, le patron a l'air fort sévère; il va sans cesse de l'un à l'autre examiner si le travail se fait bien, si chacun est à son affaire;

les commis et les demoiselles ne peuvent échanger entre eux que de courtes phrases et à voix basse.

Mademoiselle Edelmone murmure à une jeune fille qui travaille près d'elle :

— Je ne resterai pas longtemps dans cette maison-ci... on s'y embête trop!... il faut avoir toujours le nez sur son ouvrage.

— Heureusement, c'est demain dimanche.

— Oh! oui, et Sibille doit venir me chercher de bonne heure en coupé, pour me mener à une foire de village...

— Quel village?

— Je ne sais plus; mais enfin, c'est celui où il y aura une foire.

— Il y en a souvent dans plusieurs en même temps... Je croyais que tu ne voulais plus aller avec Sibille...c'est lui qui est cause que tu as eu un œil si abîmé...

— Pauvre garçon! ce n'est pas sa faute; mais au reste, je l'ai prévenu... je lui ai dit : Je n'irai avec vous qu'en coupé et à condition que vous ne conduirez pas.

— Eh bien, mesdemoiselles, pourquoi bavardez-vous au lieu de travailler!

— Nous ne disons rien, monsieur.

— Par exemple! je vous ai bien entendues... vous parliez de couper... Si vous faites la moindre coupure dans ce vêtement, mademoiselle Edelmone... je vous mets à l'amende.

— Merci, je sors d'en prendre.

— Comment dites-vous?

— Je dis que vous vous faites bien comprendre...

Enfin, dans un joli magasin de gants, la pétulante Anisette s'impatiente parce qu'elle est en train d'essayer des gants à une dame qui ne trouve jamais qu'on la gante bien.

— Tenez, madame, ceux-ci vous iront... oh! c'est bien votre main.

— Vous croyez... voyons...

— Oh! ils vous vont parfaitement...

— Oui, mais la couleur ne me plaît pas... j'en veux de plus clairs...

— Alors ce n'était pas la peine d'essayer ceux-ci.

— Essayons ceux-là...

— Ils vous seront trop petits.

— Mais peut-être... essayons toujours... les doigts sont trop longs.

— Et ceux-ci?

— La peau n'est pas assez fine.

En face d'Anisette, une autre demoiselle essaie des gants à un gros monsieur, et lui dit :

— Ne mettez donc pas vos pouces, monsieur...

— Pourquoi cela, mademoiselle?

— Parce qu'on ne met jamais ses pouces tout de suite en essayant des gants.

— Mais je veux aussi des gants pour mes pouces...

— Mais soyez tranquille, vous les entrerez après.

— Je veux les entrer tout de suite.

— Là! voyez-vous, vous avez fait craquer les gants... c'est votre faute, je vous ai averti... mais tant pis, nous ne les reprendrons pas.

— Alors il faut que je garde des gants que je ne peux pas mettre?

— Il ne fallait pas y fourrer tout de suite votre pouce; ils se seraient faits à votre main.

Ces demoiselles sont enfin parvenues à se débarrasser de leur monde. Elles se rapprochent l'une de l'autre et se disent tout bas :

— Comme il y a des gens assommants!

— Et entêtés!

— Et bêtes!

— Enfin, c'est demain dimanche... on tâchera d'oublier les ennuis de la semaine.

— Où vas-tu, Anisette?

— Sibille Peloton doit venir me chercher.

—Avec une voiture?... je croyais qu'il t'avait déjà versée?

—Aussi n'ai-je pas envie d'aller en voiture avec lui... mais il doit louer des chevaux et nous irons promener à cheval.

—Tu sais donc monter, toi?

—Comme feu *Franconi*, que je n'ai jamais vu, mais qui était, dit-on, le roi des écuyers.

—Où irez-vous?

—Parbleu! au bois de Boulogne.

—Je suis capable d'y aller pour vous voir passer. Tu as donc un habit d'amazone?

—Non; mais j'ai un chapeau de feutre avec un voile vert; ça suffit.

On voit que le jeune Sibille avait pris beaucoup d'engagements pour le dimanche suivant.

XVIII

LE DANGER QU'IL Y A A PRODIGUER SON PORTRAIT.

Madame de Beauvert a vainement attendu la visite de son jeune voisin; quatre jours se sont écoulés depuis qu'elle est montée à l'atelier de Roger, et celui-ci n'est pas venu la voir ainsi qu'il le lui avait promis, ainsi que le voulait la mode à la plus simple politesse. La dame à la mode est furieuse contre le jeune artiste; blessée dans son amour-propre, contrariée dans ses désirs, elle, avec qui les hommes se montrent si empressés, si galants, si heureux lorsqu'elle veut bien leur accorder un sourire... se voir dédaignée par un simple artiste, qui demeure à un cinquième étage; il y avait bien de quoi irriter ses nerfs. Aussi cette dame est-elle d'une humeur effroyable; elle gronde sa femme de chambre, elle reçoit fort mal les compliments et les petits soins de M. Bernouillet; enfin, il n'y a pas jusqu'à sa perruche qu'elle est sur le point de repousser; mais l'oiseau lui a dit : « Tu m'embêtes!... » et elle a trouvé cela si à propos, qu'elle ne lui a pas tenu rigueur.

Cependant la colère de cette dame serait probablement moins tenace, s'il ne s'y joignait pas, ou plutôt si elle ne cachait pas un autre sentiment. Mais la belle Paola qui jusqu'alors avait bien voulu inspirer de l'amour, en se donnant bien de garde d'en éprouver, cette courtisane qui, en franche coquette, s'amusait beaucoup des passions qu'elle faisait naître, et se moquait ensuite des hommes qui avaient été assez fous pour lui sacrifier leur fortune et souvent leur avenir, Paola, semblable à celle dont La Fontaine nous a conté l'histoire, était aussi devenue amoureuse.

Roger avait touché ce cœur qui se croyait invulnérable. Etait-ce seulement sa figure, sa personne qui avait subjugué cette dame? N'était-ce pas plutôt la froideur avec laquelle il avait reçu ses avances, le peu de cas qu'il avait fait de ses invitations, la façon tant soit peu railleuse dont il avait répondu à ses compliments? c'était probablement un peu de tout cela réuni. Car, pour plaire à une courtisane, soyez bien certain qu'il ne faut pas lui faire la cour, ni lui offrir le moindre bouquet; si donc tous les hommes font cela, et on n'aime pas un homme qui ressemble à tous les autres.

Quand une femme a dépassé la trentaine et qu'elle aime pour la première fois, soyez persuadé que cette passion la dominera entièrement, et que pour la satisfaire elle sera capable de commettre de grandes sottises.

Paola ne veut pas d'abord s'avouer à elle-même qu'elle ressent de l'amour pour son jeune voisin; elle cherche à se persuader que c'est seulement son amour-propre qui

est piqué. A chaque instant dans la journée elle appelle sa femme de chambre et lui dit :

—Léontine, est-ce que tu as rencontré M. Roger depuis peu?

—Non, madame, non; je n'ai pas rencontré ce monsieur depuis que madame a été chez lui.

—Et conçois-tu qu'il ne soit pas venu me rendre ma visite? comprends-tu quelque chose à cela?

—Oh! madame... ces peintres qui dessinent, ça ne se pique pas de politesse apparemment.

—Cependant celui-ci a l'air bien élevé. On voit qu'il a l'habitude du monde, mais il est malade peut-être; demande donc au concierge si M. Roger n'est point malade.

—Oh! je ne crois pas, madame, je l'ai rencontré avant-hier, qui descendait l'escalier en chantant.

—Mais depuis deux jours, mademoiselle, il a eu le temps de faire une maladie. Quelquefois cela vous prend du jour au lendemain. Allez vous informer chez le concierge.

Mademoiselle Léontine descend s'informer; elle remonte bientôt, en criant d'un air tant soit peu moqueur:

—M. Roger, le peintre du cinquième, se porte comme le pont Neuf; le portier lui a monté ce matin pour son déjeuner deux côtelettes, des rognons, du café, des flûtes.

—Assez! assez!

—Madame, il y avait encore quelque chose.

—Je vous dis qu'en voilà assez.

—Ah! une botte de radis.

—Ah! que vous m'impatientez!

—Et du beurre.

—Avez-vous fini?

—C'est pour prouver à madame que ce monsieur n'est pas malade. Il se nourrit bien pour un dessinateur.

—Que vous êtes sotte!... on voit bien que ce jeune homme est à son aise. Il loge au cinquième parce que les peintres tiennent à avoir un très-beau jour.

—Au fait, le concierge m'a dit que M. Roger était accablé d'ouvrage... il vient beaucoup de monde chez lui.

—Vient-il des femmes?

—Ah!... probablement c'est mêlé!... après cela, je ne sais pas.

—Léontine!

—Madame?...

—Écoute. Tu vas redescendre chez le concierge.

—Encore pour savoir si M. Roger est indisposé... au fait, il pourrait bien avoir eu une indigestion.

—Taisez-vous et écoutez-moi : Vous demanderez au concierge s'il vient souvent des femmes chez ce jeune homme... et entre autres une jeune fille brune, à l'air effronté, qui doit avoir la démarche hardie; sachez à quelle heure elle vient, si elle reste longtemps... si quand elle est là-haut ce monsieur ouvre encore la porte à d'autres visiteurs... Tu entends, Léontine... tu m'as comprise. Tiens, voilà cent sous que tu donneras au concierge pour qu'il entre dans de grands détails.

—Suffit, madame... oh! je vais le faire jaser, le *Pipelet!*...

La femme de chambre descend de nouveau, mais avant d'entrer chez le portier elle met la pièce de cinq francs dans sa poche et la remplace par une pièce de quarante sous, en se disant:

—Ce sera bien assez pour faire jacasser le portier : il ne faut pas gâter ces gens-là!... J'ai bien plus de mal que lui, moi, qu'on fait monter et descendre à chaque instant.

Madame de Beauvert attend avec impatience le retour de sa femme de chambre; enfin celle-ci revient:

—Le portier m'en a conté tant que j'ai voulu; pour cent sous cet homme-là parlerait depuis le matin jusqu'au soir sans s'arrêter... C'est pis qu'une portière!... M. Roger reçoit beaucoup de monde, mais bien plus de messieurs que de dames. Cependant la brune dont madame m'a fait le portrait est en effet venue assez souvent, mais depuis quelque temps elle vient moins. Plusieurs fois elle a déjeuné avec M. Roger, et ces jours-là on faisait toujours monter des huîtres; il paraît que cette demoiselle aime les huîtres.

— Et elle vient moins à présent?

— Elle vient moins, mais cependant elle vient toujours.

— A quelle heure vient-elle?

— Oh! elle n'a pas d'heure fixe, tantôt c'est de grand matin, tantôt c'est dans l'après-midi... Quant aux autres personnes qui viennent...

— C'est bien, Léontine, j'en sais assez.

Madame de Beauvert ajuste sur sa tête un charmant bonnet de dentelles, elle jette sur ses épaules un petit cachemire, puis sort de chez elle et gravit lestement les étages qui la séparent de l'atelier de Roger en se disant :

— Ah! il ne veut pas venir... eh bien, j'irai chez lui... j'irai si souvent que je l'habituerai à mes visites... D'ailleurs, je me ferai faire mon portrait... il ne peut pas me refuser cela, c'est son état; s'il ne peut pas le faire à l'huile, eh bien, il me dessinera comme cette demoiselle qu'il a déjà chez lui... et qui va y manger des huîtres. Oh! si je la trouvais avec lui, cette femme... je sais bien que je n'ai pas le droit de rien lui dire... c'est égal, je trouverais bien le moyen de la tourmenter.

Mais, au lieu de Thélénie, c'est le jeune Sibille Peloton qui est en ce moment chez Roger. Cette fois, Sibille n'est pas envoyé par son cousin, mais le jeune négociant voudrait avoir sa photographie, son portrait en carte, comme la mode en est venue depuis quelque temps, si bien que cela est passé en usage, on se donne son portrait comme jadis on se donnait simplement son nom et son adresse; c'est à qui se fera faire en trois poses : l'une debout, l'autre assis, le troisième de profil. Et qu'on ne croie pas que c'est seulement les artistes, les gens à talents, les grands personnages, les célébrités dont on a chez soi les portraits; tout le monde se fait photographier. Le tapissier envoie sa figure à son voisin le pâtissier, qui en revanche lui offre la sienne; l'épicier met sa carte-portrait chez le charcutier qui s'est fait tirer debout tenant à la main un superbe boudin. Inutile d'ajouter qu'il en est de même des dames, et celles-ci sont plus pardonnables que les hommes, les femmes ont toujours aimé à se voir; comment résisteraient-elles à ce torrent, à cette trombe de portraits photographiés qui tout à coup s'est abattue sur toutes les classes de la société?... Oui, toutes les classes, car vous trouverez fort peu de portières qui n'aient pas chez elles leur photographie, et incessamment les ouvreuses de loges distribueront la leur aux personnes qu'elles placeront, avec le numéro qu'elles donnent pour rendre les châles ou les chapeaux.

Revenons au jeune Peloton, qui a le plus ardent désir de posséder son portrait assis, debout et de profil, pour le distribuer à toutes les demoiselles de magasin qu'il courtise, persuadé que la vue de son image ne pourra qu'accélérer son triomphe. Mais comme en ce moment le jeune homme ne se trouve pas en fonds, ce qui est presque son état normal, il voudrait trouver moyen de se faire photographier gratis. Comme il sait que Roger est fort lié avec plusieurs photographes en renom, il veut tâcher d'avoir par son entremise accès et recommandation près de l'un d'eux. C'est donc ce motif qui l'a conduit dans l'escalier du dessinateur.

— Est-ce que votre cousin vous a chargé de quelque commission pour moi? dit Roger en voyant Sibille arriver chez lui.

— Non, monsieur, non, j'y suis venu de moi-même, pour avoir le plaisir de vous dire bonjour.

— Tu mens, se dit Roger en lui-même, je te connais, mon petit bonhomme, et ce n'est pas seulement pour cela que tu es monté ici.

Puis il répond tout haut :

— C'est fort aimable à vous, jeune homme! asseyez-vous... Eh bien! vous avez donc encore fait des vôtres à ce pauvre M. Boniface Triffouille...il paraît que cette fois vous avez failli le tuer, lui et les deux donzelles qu' vous accompagnaient.

— Ah! monsieur Roger, est-ce que c'est ma faute? On vous a donc mal conté l'histoire... je vous en fais juge : nous étions en calèche, je conduisais, les chevaux s'emportent dans un horrible cahot, nous tombons sur la route. Croyez-vous que je l'aie fait exprès de faire tomber ma société, puisque je suis tombé aussi, moi?

— Non, vous ne l'avez pas fait exprès, assurément, mais les chevaux se sont emportés parce qu'ils étaient mal conduits, et c'est vous qui avez voulu absolument conduire... malgré le cocher, que vous aviez trouvé moyen d'éloigner; vous voyez donc bien que c'est votre faute si l'accident est arrivé.

— Oh! c'est cela... un accident arrive... alors c'est ma faute... Si M. Boniface m'en veut, il a tort.

— Il ne vous en veut pas, il est trop bon pour cela... et pourtant il en aurait le droit: il lui a fallu payer l'accident arrivé au cheval; heureusement c'était peu de chose.

— Et moi donc, il m'a fallu payer la roue de la voiture du blanchisseur.

— Ce n'est pas vous qui l'avez payée, c'est votre cousin, à qui vous avez écrit de Saint-Cloud, où l'on vous gardait en ôtage et qui a été vous délivrer.

— Naturellement... entre cousins, c'est bien le moins, j'en ferais autant pour lui si l'occasion se présentait.

— C'est égal, le pauvre Boniface n'a pas de bonheur avec vous.

— Je le dédommagerai de cela un de ces jours. Dites-moi, monsieur Roger, vous êtes lié avec plusieurs photographes... très-célèbres?

— Bon! Je te vois venir, toi! se dit l'artiste, qui répond :

— Oui, pourquoi cela?

— Mon Dieu, je vais vous le dire.Vous savez que maintenant tout le monde fait faire son portrait sur des cartes.

— Oui, en attendant qu'on le fasse faire sur des boules de loto; après?

— Alors... je vous dirai que j'ai très-envie de me faire tirer... photographier sur cartes; d'abord cela me sera très-utile d'avoir mon portrait. Et près des femmes!... oh!... près des femmes, cela me fera faire tant de conquêtes!...

— Vous croyez?

— J'en suis sûr...

— Vous pourriez vous tromper; il est souvent fort maladroit de prodiguer son portrait... Voulez-vous que je vous conte ce qui est arrivé à quelqu'un que je connais beaucoup... et ceci n'est point une histoire faite à plaisir; du reste, cela n'a rien d'extraordinaire.

— Parlez, monsieur Roger... je vous écoute.

— Il s'agit d'un homme de lettres très-connu... très-aimé... mais dont il est inutile que je vous dise le nom. Il n'est pas partisan des portraits, lui; cependant un monsieur de ses amis, se livrant, pour son plaisir seulement, à faire de la photographie, le supplia tant de venir poser chez lui, qu'enfin, de guerre lasse, mon monsieur y consentit. On fit son portrait, non pas sur une carte, mais de moyenne grandeur : on le fit de deux façons différentes; ce n'était pas fort heureux d'exécution, mais enfin cela ressemblait. On lui donne ses deux portraits, en lui disant : « Quand vous voudrez d'autres épreuves, ne vous gênez pas, vous n'aurez qu'à parler. » Fort bien. Mon homme de lettres avait une maîtresse... Qui est-ce qui n'a pas au moins une maîtresse! Celle-ci trouve les portraits chez son amant et s'écrie :

« Ah! c'est pour moi que vous les avez fait faire, n'est-ce pas?... je les veux... »

— Ce monsieur lui répond :

« Prenez-en un si vous le voulez ; il me semble que c'est bien assez, vous n'avez pas besoin d'avoir les deux...

— Si fait ! si... je veux les deux... que feriez-vous de l'autre ? vous le donneriez à une autre femme, j'en suis sûre ! Non, non, je veux les deux... d'ailleurs, vous savez bien que je ne vous vois jamais assez... que personne n'aura autant que moi de plaisir à les regarder... je serai si malheureuse si vous ne me les donnez pas tous les deux !... »

— Ce monsieur ne veut pas faire de peine à cette dame. Les deux photographies sont encadrées et elle les emporte chez elle. Mais, six mois plus tard, cette liaison se refroidit, puis se rompt entièrement. Voilà qu'un beau jour mon homme de lettres se trouvant chez un pharmacien, avec lequel il était ami, éprouve le besoin d'aller en certain lieu. Le pharmacien lui donne la clef de son cabinet particulier ; il en sort au bout de quelque temps en riant comme un fou.

« Pourriez-vous me dire ce qui vous met en gaieté ! lui dit son ami.

— Et pourriez-vous me dire, vous, comment il se fait que mes deux portraits photographiés sont dans vos lieux à l'anglaise ?

— Quoi ! la bonne les a accrochés là !... oh ! l'imbécile... Mon cher ami, voici l'histoire : Madame X..., votre ancienne maîtresse, est aussi ma cliente ; dernièrement elle me fait demander et me dit :

— O monsieur ! rendez-moi un grand service... je vais me marier... du moins j'en ai l'espoir... mais je ne voudrais pas que mon futur vît chez moi ces portraits de votre ami... vous comprenez, cela lui ferait deviner des choses que je veux lui cacher... Voulez-vous ces deux portraits ? cela me fera bien plaisir si vous m'en débarrassez !...

— Vous pensez bien que j'ai accepté. J'ai apporté chez moi les deux portraits ; mais n'ayant pas encore trouvé d'endroit pour les placer, je les avais laissés sur un meuble de ma chambre, et il paraît que ce matin, la bonne voulant ranger, les aura accrochés où vous les avez vus, mais où je vous prie de croire qu'ils ne resteront pas. »

— Voilà, monsieur Sibille, et que je voulais vous apprendre pour vous prouver qu'il est quelquefois fort dangereux de prodiguer son portrait, même aux femmes qui ont l'air de nous adorer.

— Ah ! l'histoire est bonne... elle est très-bonne !... mais je n'ai pas peur qu'on mette ma carte-portrait dans les lieux d'aisances... il n'y en a qu'un, mon ami.

— On ne sait pas... on ne sait pas... *souvent femme varie...*

— Je gage, moi, que celles à qui je donnerai ma figure, la mettront dans leur lit sous leur oreiller.

— C'est possible ; on voit des choses si bizarres !

— Et je venais vous demander, monsieur Roger, un petit mot de recommandation pour un photographe de vos amis.

— Pourquoi faire une recommandation ? vous avez le droit de vous faire photographier partout.

— Oui, je sais bien... je puis aller me faire faire... mais, je ne veux être photographié que par une célébrité... et les célébrités prennent cher, tandis qu'avec un petit mot de vous...

— Vous pensez qu'on vous ferait gratis...

— Gratis, je ne dis pas... mais je ne serais pas obligé de payer tout de suite.

— Et alors vous ne paieriez pas du tout.

— Ah ! monsieur Roger, vous avez mauvaise opinion de moi !...

— C'est que j'ai su par M. Boniface que, dans les parties que vous avez faites ensemble, vous l'avez toujours laissé payer tout.

— Ma foi, écoutez donc, quand on pilote quelqu'un, ordinairement, c'est le quelqu'un qui paye... ce n'est pas celui qui nous procure de l'agrément.

— Il est gentil l'agrément que ce monsieur a goûté grâce à vous...

— Ah ! je ne peux pas répondre des événements... Eh bien, voulez-vous me donner le petit mot que je vous demande ?

— Non, jeune homme, non, je ne vous donnerai pas le plus petit mot.

— Et pourquoi donc cela ? ça vous coûterait si peu.

— Oh ! certainement, ce serait l'affaire d'une minute ; mais je vous répète que je ne le veux pas. Et si, grâce à moi, votre figure n'est pas sous une foule d'oreillers, il me semble que ce ne sera pas un grand malheur, et que la postérité s'en consolera facilement.

— Ah ! que vous êtes méchant, monsieur Roger ! enfin, c'est égal, je me ferai faire tout de même. Cela m'est indispensable. D'abord, je donne souvent des rendez-vous auxquels il m'est impossible de me rendre ; eh bien dans ce cas-là, j'enverrai mon portrait pour me remplacer.

— Et vous chanterez :

Et si je ne suis pas là,
Mon portrait du moins y sera.

— Justement. Voyons... chez qui me conseillez-vous d'aller ?

— Chez celui qui fait le moins ressemblant, c'est dans votre intérêt.

Le jeune Peloton allait répliquer, mais c'est en ce moment que madame de Beauvert entre dans l'atelier. A la vue de cette dame élégante qui répand sur son passage le parfum d'un délicieux bouquet, Sibille se lève, se cambre, passe sa main dans ses cheveux et tâche de se donner un air distingué.

Roger salue profondément sa voisine et lui présente un siège ; mais Paola s'écrie :

— Mon Dieu, excusez-moi, je vous dérange peut-être, messieurs, j'en serais désolée... monsieur posait, je crois...

— Non, madame, je ne posais pas, répond Sibille en s'inclinant profondément devant la jolie dame, et je poserais certainement... je m'empresserais de ne plus poser... mais je ne posais pas...

— Ah ! voilà une phrase qui me rappelle : *Je n'aime pas les épinards et j'en suis enchanté, car si je les aimais j'en mangerais, et je ne peux pas les souffrir !*

— Décidément, M. Roger m'en veut aujourd'hui... il ne cesse pas de se moquer de moi ; je crois que je ferai bien de m'en aller.

Sibille se penche vers l'artiste et lui dit à demi-voix :

— Quelle est donc cette dame ?

— Qu'est-ce que cela vous fait... est-ce que vous avez envie de la mener en calèche ?

— Pourquoi pas !... elle est fièrement jolie... Est-elle mariée ?

— De la main gauche seulement... Vous voudriez l'épouser ?

— Mais oui ; une femme comme cela à mon bras, ça me chausserait joliment.

— Je crois que cela vous coifferait aussi.

— Vous êtes un heureux mortel, monsieur Roger.

— Vous me flattez, jeune homme.

— Vous ne voulez pas me donner le petit mot ?

— Ah !... allez-vous recommencer ?

Sibille prend son chapeau, salue profondément Paola, dit adieu à Roger et s'éloigne en fredonnant l'air du *Mirliton.*

Mon Dieu, excusez-moi. (Page 55.)

XIX

UNE PREMIÈRE SÉANCE.

Paola a pris un siége et s'est assise en face de Roger, en lui disant :

— Vous devez trouver que j'ai bien peu de cœur, n'est-ce pas ?

— Comment cela, madame! je ne vous comprends pas.

— Vous n'avez pas eu seulement la politesse de me rendre ma visite... vous n'avez pas daigné entrer un moment chez moi... ce qui vous aurait bien peu dérangé, puisque vous passez journellement devant ma porte, et malgré cela je viens encore vous voir... Ah! convenez-en, c'est lâche... c'est bien sot de ma part.

— Madame, vous avez en effet le droit de me trouver impoli, et je m'en accuse devant vous, mais les artistes sont un monde à part, qu'il faut accepter comme il est, on ne point voir du tout. La visite... la cérémonie, tout cela n'est à mes yeux que sujétions et fatigue. Je vais fort peu dans le monde, justement pour n'être point assujetti à des visites... dans lesquelles on perd beaucoup de temps... pourquoi faire? pour échanger de banales politesses et des phrases dont les trois quarts du temps ou ne pense pas un mot. Je ne suis point allé chez vous, madame, parce que j'avais cru que vous ne feriez aucune attention à mon peu de savoir-vivre, et que vous aviez déjà oublié votre voisin du cinquième.

— Non... vous n'avez pas cru cela... vous ne pensez pas ce que vous dites en ce moment, je ne me paye pas de telles raisons... Vous n'êtes pas venu parce que... parce que cela ne vous a pas plu, voilà tout.

— Je vous le répète, madame, il me semblait que dans la foule d'admirateurs qui doit sans cesse vous entourer de ses hommages, un de plus ou de moins ne devait pas être remarqué... surtout quand ce n'est pas un personnage important.

— Vous êtes décidé à ne pas sortir de là... c'est bien, il est inutile d'en dire davantage sur ce sujet... Monsieur Roger, je désire que vous fassiez mon portrait... et c'est pour cela que je suis venue.

— Madame, je suis à vos ordres... mais je ne peins pas à l'huile, je vous en préviens.

— Mon Dieu, monsieur, vous me ferez comme vous voudrez, vous avez bien fait le portrait de cette fille qui est là-bas. Ah! je ne puis pas le regarder, ce portrait-là! il m'agace, il me fait mal aux nerfs.

— Vous n'êtes nullement obligée de le regarder... Si vous le désirez, je vous ferai au pastel.

— Qu'est-ce que c'est que ça, le pastel?

— C'est au crayon, mais en couleur.

— Ah! oui, oui... faites-moi au pastel alors... ce sera plus gentil que tout noir. Quant au prix, monsieur, je vous donnerai ce que vous me demanderez.

— Oh! madame, nous n'aurons pour cela aucune difficulté.

— C'est bien... Et vous me ferez ressemblante surtout!...

— Je vous prie de croire que j'y ferai tout mon possible au moins.

— Je vous préviens que je ne veux pas être flattée, d'abord.

— Vous n'en avez pas besoin, madame!

Me voilà, moi. (Page 60.)

— Voilà un mot que vous avez dû dire souvent! Quand commencerons-nous?

— Mais... demain, si vous avez le temps de poser.

— Non, pas demain, après-demain; je viendrai ici... je ne veux pas vous obliger à venir chez moi, cela vous rendrait malade.

— Madame, je ferai ce que vous voudrez; mais vous concevez que, dans mon atelier, j'ai tout ce qu'il me faut sous la main, et c'est infiniment plus commode pour travailler.

— Oui, oui, je viendrai; d'ailleurs, cela m'amuse de venir ici... et puis j'y ferai peut-être des rencontres... agréables... votre belle parfumeuse. Vient-elle souvent manger des huîtres avec vous?

Roger se met à rire en répondant:

— Diable!... mais vous avez donc un démon familier qui vous instruit de ce qu'on fait?

— Il n'y a pas besoin de démon quand on demeure dans la même maison; est-ce qu'on ne sait pas tout ce que font nos voisins!

— Cela dépend; moi, je vous certifie que c'est une chose dont je ne me suis jamais occupé.

— Qu'est-ce que c'est que ce petit jeune homme qui était ici tout à l'heure?... il a une drôle de tête!

— C'est un négociant en herbe.

— Comment! il vend des herbages?

— Je veux dire: c'est un apprenti commerçant.

— Il a l'air d'un groom.

— N'en dites pas de mal, il vous a trouvée ravissante.

— Vraiment!... il vous l'a dit?

— Sur-le-champ! Au reste, vous avez bien dû vous en apercevoir.

— Oh! je suis si habituée aux œillades, aux compliments. Il est fort laid ce petit homme.

Madame de Beauvert se lève, se promène dans l'atelier, s'arrête devant le portrait de Thélénie et s'écrie:

— Pourquoi donc cette demoiselle n'emporte-t-elle pas son portrait quand elle vient ici?

— Parce qu'elle m'en a fait présent.

— Oh! quel joli cadeau! Quand je viendrai poser ici je le retournerai, car je ne peux pas le voir. Adieu, monsieur Roger... à bientôt... mais à quelle heure puis-je venir?

— A l'heure qui vous conviendra, madame; je serai toujours disponible.

— Mais cependant... si vous étiez en train... de déjeuner... cela vous gênerait?

— Je vous demanderais la permission de continuer, voilà tout...

— Même... si vous mangiez des huîtres?

— Pourquoi pas?... seulement je vous engagerais à en manger aussi.

Paola se mord les lèvres, fait des yeux flamboyants, puis sort brusquement en disant:

— Adieu, monsieur.

— Cela ne m'amusera pas du tout de faire son portrait! se dit le jeune artiste, mais je ne pouvais pas refuser... je n'en avais pas le droit... et puis... c'est singulier, elle a dans le profil quelque chose de Marie... Oui, mais lorsqu'elle vous regarde ce n'est plus cela du tout. Celle-ci a des yeux hardis, impertinents, libertins lorsqu'ils veulent être aimables, tandis que cette jeune lingère, c'est un regard doux, tendre et toujours si décent. Comment ce Lucien a-t-il pu lui plaire! lui qui a des manières si libres, si décolletées. Ah! comprenez donc quelque chose aux femmes!... Est-ce que la voisine du premier serait amoureuse de moi, par hasard? cette colère contre le portrait de Thélénie, cet entêtement à vouloir que j'aille chez elle... sans fatuité je crois que j'ai fait sa conquête. Si cela est, tant pis pour vous, madame, car vous ne me plaisez nullement, et, bien que vous soyez très-jolie femme, vous en serez pour vos avances. Je suis fâché de n'avoir point demandé à Sibille s'il voyait quelquefois Lucien Bardecourt, j'en avais l'intention, c'est l'arrivée de cette dame qui m'en a empêché, j'aurais pu peut-être avoir par lui quelques renseignements sur la liaison de ce monsieur avec cette jeune Marie. Je sais bien que si je voulais questionner Thélénie, elle m'en donnerait; mais elle demanderait en quoi cela m'intéresse... de quoi je me mêle... Il aurait raison... cela ne me regarde pas.

Madame de Beauvert ne manque pas de se rendre le surlendemain chez Roger. Chaque fois qu'elle monte à l'atelier, elle fait une toilette du meilleur goût; elle emploie tous les moyens en usage, tous les raffinements de la coquetterie pour faire la conquête de l'artiste, et se pose devant lui en disant :

— Me trouvez-vous bien ainsi... cette robe fera-t-elle bien en portrait... et ma coiffure... je suis venue en cheveux... faut-il que je me fasse apporter un chapeau ou un bonnet?

— Vous êtes très-bien ainsi, madame; un chapeau vieillit toujours... enfin vous serez beaucoup mieux en cheveux comme vous voilà.

— Eh bien, en ce cas, faites-moi ainsi. Allons-nous commencer?

— Oui, madame, tout de suite... veuillez vous asseoir.

— Quelle pose faut-il prendre?

— Celle qui vous est la plus habituelle, cela vaut toujours mieux.

— Mais j'ai beaucoup de poses habituelles !

— Celle qui vous gênera le moins.

— Tenez, suis-je bien ainsi?

— Fort bien... un peu plus penchée à droite... là... c'est cela...

— Il me semble que j'aimerais mieux m'appuyer sur une table.

— Comme vous voudrez. Tenez, voilà une table.

— Je vais poser mon coude... là. Est-ce bien?

— Oui, ce n'est pas mal.

— Non, ça me fatiguera de tenir mon bras ainsi... j'aime mieux autrement. Ah! si je tenais un bouquet, ou un livre?

— Comme vous voudrez, madame; seulement, il faudrait tâcher de vous fixer.

— Mon Dieu! monsieur, il me semble que c'est assez important pour qu'on y réfléchisse; vous ne m'aidez pas aussi, vous me laissez chercher toute seule.

— Eh bien, madame, permettez-moi de vous dire que la première position était la meilleure.

— Vraiment? eh bien, reprenons-la alors; mais je ne me souviens plus comme j'étais; venez me placer vous-même.

Roger va mettre son modèle comme il l'entend. Paola fait une foule de petites minauderies pendant que l'artiste lui place les bras et les pieds; enfin la position est fixée, et Roger se met à l'ouvrage. Mais à chaque instant le modèle remue, se dérange et porte sa main à sa coiffure pour retoucher à ses cheveux.

— Madame, il faudrait pourtant tâcher de rester un peu tranquille, si vous voulez que je puisse bien dessiner votre pose.

— Monsieur, c'est que vous me regardez beaucoup, cela me trouble, cela me donne des distractions.

— Madame, il est impossible de faire un portrait sans regarder son modèle.

— Mon Dieu, je ne m'en offense pas; seulement je vous répète que cela me fait un drôle d'effet.

— Vous ne vous étiez pas encore fait peindre, madame?

— Oh! si, bien souvent; mais tous les peintres n'ont pas votre regard.

Roger fait semblant de ne pas entendre et travaille avec ardeur.

— Monsieur, ce sera-t-il long à faire mon portrait?

— Non, madame; trois ou quatre séances... surtout si vous posez bien.

— Oh! mais je ne suis pas pressée, donnez-vous le temps. Ah! je vois là-bas quelque chose qui me fait loucher.

Et cette dame, se levant vivement, va au portrait de Thélénie, lui met le visage du côté du mur, puis revient se mettre à sa place. Roger n'est pas maître d'un mouvement d'impatience, il s'écrie :

— Mais, madame, vous changez toute la pose; ce n'est plus cela du tout.

— En vérité! ah! je vois que vous êtes en colère de ce que j'ai retourné le portrait de votre maîtresse.

— Il n'est pas question de ce portrait, madame, mais du vôtre; et si vous continuez à changer de position, nous ne ferons jamais rien de bien.

— Ne vous fâchez pas, mon petit voisin, on ne bougera plus. Savez-vous bien que vous avez l'air méchant, quelquefois?

— Je ne crois cependant pas l'être, madame; de ma vie je n'ai eu l'idée de faire du mal à personne.

— Souvent on fait du mal sans le vouloir... sans le chercher... souvent on cause des chagrins... des peines.

— Souriez un peu, s'il vous plaît, madame.

— Ah! que vous êtes terrible ! et si je n'ai pas envie de sourire, moi !

L'arrivée de Boniface Triffouille interrompt cette dame. Le provincial salue, puis s'arrête en disant :

— Bonjour, monsieur Roger... Oh! mais pardon... vous avez du monde... je vous dérange... je m'en vais.

— Mais restez donc, mon cher monsieur Triffouille... vous ne me dérangez nullement... au contraire... je vous ai déjà dit que je ne travaillais jamais mieux qu'en compagnie.

— Alors... si c'est comme cela.

— Je fais le portrait de madame... c'est une besogne qui ne saurait vous faire fuir.

— Oh! assurément... c'est un ouvrage... bien agréable!

— Asseyez-vous... et contez-nous des nouvelles... Voyons, avez-vous revu ces messieurs avec qui vous m'avez fait dîner?

— Mais oui... je me suis trouvé hier au soir au spectacle avec l'un d'eux.

En ce moment madame de Beauvert, qui faisait la mine depuis l'arrivée de Boniface, se lève brusquement en disant :

— En voilà assez pour aujourd'hui, je ne pose plus.

— Quoi, madame, déjà !

— Oui, je suis fatiguée.

— Serait-ce moi qui ferais fuir madame? dit Boniface en se levant d'un air contrit.

— Non, monsieur, non, pas du tout. Adieu, monsieur Roger... à bientôt.

Roger se lève et reconduit Paola qui lui dit tout bas lorsqu'elle est sur le carré :

— Je ne suis pas venue pour poser devant le monde. vous n'aviez pas besoin de retenir cet olibrius !

— Mais, madame.

— Laissez-moi, je vous déteste!

Et cette dame descend l'escalier, tandis que Roger rentre dans son atelier en riant.

— Je suis désolé... je suis venu mal à propos... je crains d'avoir contrarié cette belle dame, dit Boniface.

— Vous êtes venu fort à propos au contraire, mon cher monsieur, et vous ne pouviez me faire un plus grand plaisir.

— En vérité... je craignais d'avoir mis cette dame en fuite.

— C'est justement de cela que je vous suis reconnaissant... j'ai des raisons... très-fortes pour ne point désirer de rester en tête à tête avec cette dame.

— Tiens! tiens! elle est fort jolie cependant cette dame.

— Oui, oh! je lui rends justice, elle est très-bien.

— Et vous faites son portrait?

— Elle l'a désiré... j'ai dû la satisfaire.

— Sa conversation n'est donc pas amusante?

— Elle me parle de choses... que je ne veux pas entendre. Enfin, je vous le répète, votre arrivée m'a fait grand plaisir.

— Ma foi, j'ai manqué de vous amener Calvados... cet ami dont je vous ai parlé.

— Ah! ce monsieur qui met sa femme à l'épreuve?

— Justement. Il aime beaucoup les artistes, et comme je lui ai dit que j'avais le plaisir de vous connaître...

— Amenez-le... nous ferons connaissance. Mais qui donc avez-vous vu hier au spectacle, Sibile?

— Non... Oh! celui-là je ne tiens pas à le rencontrer... il a une manière si désagréable de m'amuser...

— Alors, c'est son cousin que vous avez rencontré?

— Non, c'est M. Lucien Bardecourt.

— Lucien. Ah! vous l'avez vu... était-il seul au spectacle?

— Non, il était avec une petite femme... fort gentille, ma foi!

— Il était avec une femme... et lui avez-vous parlé?

— Certainement! il était dans une loge, il m'a fait signe. Je suis allé dans la loge, j'y suis resté avec eux tout le temps du spectacle.

— Et cette... jeune femme, qui était avec lui... elle est fort jolie, n'est-ce pas?

— Oui, c'est-à-dire elle est gentille... ce n'est pas une beauté, mais elle est drôlette.

— C'est une brune... de grands yeux bruns... de longs cils... le teint un peu pâle... l'air assez réservé.

— Non... non, oh! ce n'est pas cela du tout! C'est une blonde... un nez retroussé, des yeux bleus, des couleurs vives... et l'air très-gai, très-éveillé... elle riait pendant qu'on jouait, et pourtant on donnait un drame fort triste, ce qui même a été cause qu'on a crié plusieurs fois : Silence donc dans la loge... mais au lieu de se taire, cette jeune femme riait plus fort.

— Vous m'étonnez... et cette femme... Lucien ne l'appelait-il pas Marie?

— Non, il l'appelait Cléopâtre... j'en suis sûr; il lui a dit plusieurs fois :

— Mais, Cléopâtre, si tu fais tant de bruit, on va nous faire sortir.

Et elle a répondu :

— Zut! ça m'embête cette pièce-là.

— Oh! assurément ce monsieur n'était pas avec Marie, se dit Roger, ce n'est pas elle qui aurait répondu ainsi.

— Cette demoiselle, ou cette dame Cléopâtre, avait aussi une passion pour les oranges, reprend Boniface, à chaque entr'acte elle en envoyait chercher; j'ai même eu l'avantage de lui en acheter une demi-douzaine. Cela m'a fait l'effet d'une viveuse. En sortant j'ai entendu qu'elle disait à M. Lucien :

— Où me mènes-tu souper?

J'ignore ce qu'il lui a répondu, je les ai quittés alors.

— Et vous ne savez pas quand vous reverrez Lucien?

— Ma foi non. Ah! cependant il m'avait dit :

— Connaissez-vous le Château-des-Fleurs?

— Non, lui répondis-je.

— Eh bien, venez-y donc jeudi, j'irai avec quelques amis, vous ferez danser Cléopâtre.

Mais je vous avoue que cela ne me tente pas beaucoup de faire danser cette demoiselle, ce doit être une demoiselle; puisqu'elle fait tant de bruit au spectacle, qu'est-ce que cela doit donc être dans un bal!

— Alors Lucien sera jeudi prochain au Château-des-Fleurs?

— Oui; est-ce gentil ce château-là?

— Fort gentil; c'est tout bonnement un jardin dans lequel on fait de la musique, on danse; il y a une foule de jeux...

— Et le château?

— Il n'y a pas de château. Venez-y donc jeudi, j'irai moi.

— Si vous y allez, cela me décide; mais je ne connais pas vos danses à la mode.

— On n'est pas obligé de danser.

— Et cette demoiselle Cléopâtre que M. Lucien veut me donner pour la danse. Ah! j'y songe, j'emmènerai avec moi Calvados... c'est un danseur, lui, il me remplacera.

M. Boniface Triffouille reste encore quelque temps chez Roger, puis il le quitte en lui disant :

— A jeudi. Ah! faut-il être en grande toilette pour aller à ce château... où il n'y a pas de château?

— Ce n'est pas nécessaire. Allez comme vous êtes habituellement, vous serez toujours bien.

— Tant mieux, j'aime mieux cela; quand il faut être pincé dans un habit noir, je ne m'amuse pas.

Le jeune artiste est bien aise de se retrouver seul pour se livrer à son aise à ses pensées.

— Être l'heureux amant de Marie! se dit-il, et déjà la tromper, aller avec une autre. Ah! ce monsieur n'était pas digne d'une si charmante conquête!... Mais peut-être sont-ils déjà brouillés!... Oh! je le saurai... je verrai ce Lucien jeudi, je tâcherai de le faire causer de ses amours, ce ne sera pas difficile, il parle continuellement de ses bonnes fortunes... et certainement il parlera de Marie.

Roger était depuis longtemps plongé dans ses réflexions, lorsqu'on entre vivement dans son atelier, en chantant, en sautant, et on l'a déjà embrassé plusieurs fois avant qu'il ait eu le temps de voir qui venait chez lui.

C'est Thélénie, la jolie parfumeuse, qui a fait une grande toilette; mis sa robe de soie, un petit chapeau tout frais, des bottines neuves; qui a l'air coquet, radieux, joyeux, et s'écrie :

— Me voilà, moi! Ah! on ne m'attendait pas, mais j'aime à surprendre mon monde. Le temps est superbe... j'ai fait une jolie toilette, je me suis dit : Mon bon ami Roger m'a promis plusieurs fois de me mener dîner au bois de Boulogne, chez le traiteur qui est dans le chalet, ou le chalet qui est chez le traiteur, n'importe... eh bien, il m'y mènera aujourd'hui, et je me suis dépêchée et je suis venue. Ai-je bien fait, monsieur... et voudrez-vous me mener aujourd'hui dîner dehors et manger de l'omelette soufflée?... Oh! l'omelette soufflée! on dit que c'est mauvais genre à présent, qu'il n'y a plus que le petit bourgeois qui en mange; mais je m'en fiche, moi, j'en raffole. Eh bien! voyons, parlez, répondez... vous ne dites rien.

Roger, tout étourdi par le flux de paroles qui bourdonne à ses oreilles, regarde Thélénie et murmure :

— Tiens! c'est toi!

— Comment! si c'est moi! eh bien! vous ne vous en étiez pas encore aperçu, et vous vous étiez laissé embrasser sans savoir si c'était moi? Et quelle autre se permettrait donc de vous embrasser comme cela, s'il vous plaît... je voudrais bien le savoir, elle recevrait une fameuse danse, celle-là!

— Sais-tu que tu es très-gentille ce matin?

— Ah! il me trouve gentille... à la bonne heure, c'est aimable cela; cela ne te contrarie pas que je sois venue, tu veux bien me mener dîner aujourd'hui?

— Oui, certainement; mais ton magasin?

— Ah! tant pis! j'ai dit que j'étais marraine. Tu m'achèteras des pralines, je leur en donnerai, ils goberont la chose. Mon petit chapeau me va bien, n'est-ce pas?

— A ravir. Je passe une redingote et je suis à toi.

— Mets ton gilet de piqué chamois; tu sais que j'adore les hommes en gilet chamois.

— Tous ceux qui en portent?

— Qu'il est bête!... Eh bien, eh bien, qu'est-ce que tu as donc fait de mon portrait? je ne le vois plus.

— Ton portrait... je t'assure qu'il est toujours à sa place.

— A sa place...

Thélénie court à son portrait et pousse un cri:

— Retourné! mon portrait retourné! qu'est-ce que cela signifie, monsieur?

— Comment! ton portrait était retourné?

— Faites donc comme si vous ne le saviez pas! mettre ma figure du côté du mur... c'est poli; vous aviez donc peur qu'elle ne fût vue. Voyons, monsieur, qu'est-ce que cela veut dire... pourquoi mon portrait était-il retourné?... il me semble pourtant que ma tête n'est pas si désagréable à voir... c'est un affront qu'on m'a fait là.

— Je t'assure, ma chère amie, que je ne sais pas... que j'ignore... d'abord je te jure sur l'honneur que ce n'est pas moi qui ai retourné ton portrait.

— Alors c'est un autre. Qu'est-ce qui est venu aujourd'hui chez vous?

— Plusieurs personnes: M. Boniface Triffouille, le jeune Sibille.

— Sibille... oh! il est bien capable d'avoir fait cela; il m'a fait les yeux doux et je l'ai envoyé à l'ours; mais si c'est lui, le singe, je lui tirerai les oreilles.

Thélénie a remis son portrait en vue. Roger a achevé sa toilette; il court prendre le bras de sa maîtresse en lui disant:

— Je suis prêt, partons.

— Partons. C'est égal, mon portrait retourné! ah! il faudra bien du champagne pour me faire oublier cela!

XX

CHEZ UN PHOTOGRAPHE.

M. Boniface Triffouille s'est dit en sortant de chez Roger:

— Allons trouver Calvados et sachons s'il pourra venir avec moi à ce Château-des-Fleurs; car s'il me fallait aller là tout seul, je serais gauche, embarrassé, et je ne m'amuserais pas.

En arrivant chez Calvados, Boniface est reçu par son ami lui-même, qui, au lieu de le faire entrer dans son salon, le prend par le bras et l'entraîne dehors en lui disant:

— Viens, viens avec moi, je ne veux pas que tu voies ma femme dans ce moment; elle est en épreuve, mon cher ami, et je ne veux pas la déranger.

— Ta femme est en épreuve!... qu'est-ce que cela signifie?

— Eh! mon Dieu, mon cher Boniface, cela veut dire que je fais encore une épreuve de sa vertu, de sa fidélité. Que veux-tu, l'occasion était si belle que je n'ai pas pu y résister.

— Comment, Calvados, tu n'en as pas fini avec tes épreuves? Tu as eu déjà plusieurs fois la certitude que ta femme était sage, qu'elle n'écoutait pas les galants, et tu recommences à l'éprouver. Tu veux continuer jusqu'à ce qu'elle ait soixante ans?

— Non, mon ami, non, cette fois sera la dernière; oh! j'en ai fait le serment sur ma propre tête. Mais, figure-toi qu'un de mes neveux, qui est lieutenant dans la ligne, vient d'arriver avec son régiment à Paris, où tu le voilà en garnison. Ce jeune officier est fort joli garçon, fort aimable; il ne pensait pas du tout à ma femme; mais je l'ai pris à part et je lui ai dit en secret: Fais la cour à ta jeune tante, ça me fera plaisir, tu seras fort mal accueilli, j'en suis à peu près sûr d'avance; mais sois tranquille, je ferai ta paix avec elle, c'est une épreuve que je veux tenter; je veux être certain de ne pas être... un cerf... eh! eh! tu comprends! Mon jeune gaillard a accepté avec joie ma proposition. Oh! il n'a pas mieux demandé que de m'être agréable, et aujourd'hui même je lui ai ménagé un tête-à-tête avec Léonore; je suis sorti en prétextant des affaires, et voilà pourquoi je ne veux pas que tu ailles déranger tout ce que j'ai si bien préparé; dans une demi-heure j'irai dans un café où j'ai donné rendez-vous à mon neveu, et il viendra me rendre compte du résultat de sa première déclaration.

Boniface secoue la tête en disant:

— Enfin, du moment que cela t'amuse; moi, je n'ai jamais eu de ces idées-là étant marié.

— Oh! mais toi tu n'étais pas amoureux de ta femme et jaloux de ton honneur.

— Mon honneur!... ah! ah! je ne puis m'empêcher de dire comme le comte Almaviva dans *Figaro*: où diable a-t-on été le placer?

— Tiens! tu connais ton *Beaumarchais*, toi?

— Je le sais par cœur; c'est-à-dire *le Barbier de Séville* et *le Mariage de Figaro*. Je t'abandonne tout le reste. Mais j'étais venu chez toi pour te demander si tu voulais m'accompagner jeudi au Château-des-Fleurs: c'est un endroit que je ne connais pas, je ne voudrais pas y aller seul; mais nous y trouverons M. Roger, ce jeune artiste dont je t'ai parlé. Tu as justement envie de faire sa connaissance. Tu veux probablement lui faire aussi éprouver ta femme.

— Ah! tu te moques de moi, Boniface; je te pardonne, mais je ne puis pas aller avec toi jeudi.

— Pourquoi cela?

— Parce que, pour ce jour-là, j'ai déjà préparé une seconde épreuve. J'ai dit à ma femme que nous irions à Vincennes avec mon neveu. Je les perdrai quelque temps dans le bois.

— Que le diable soit de toi avec tes épreuves!... Ainsi, tu ne veux pas venir avec moi jeudi au Château-des-Fleurs?

— C'est impossible. Au reste, pour aller dans un jardin public, je ne vois pas que tu aies besoin de quelqu'un; mais mon neveu est peut-être déjà au café où il m'attend; tu comprends que je suis curieux de savoir ce qu'il va me dire. Au revoir, Boniface, à bientôt.

M. Calvados a quitté son ami, et celui-ci continue son chemin en se disant:

— Est-il possible qu'un homme d'un âge mûr passe son temps à de telles niaiseries! Je conçois qu'on mette à l'épreuve un pont, une salle de spectacle, un fusil, un cordage, une échelle, mais sa femme! jamais!... Avec tout cela je n'ai personne pour aller avec moi à ce château, qui est un jardin, et je ne sais pas seulement où il est situé.

Comme M. Boniface se disait cela, un bras se passe sous le sien, et une voix, qui lui est bien connue, lui dit:

— Me voilà, moi; vous me faites l'effet de chercher quelque chose. Que cherchez-vous, mon cher monsieur Boniface? est-ce moi, parlez, vous savez que je suis toujours prêt à vous piloter, à vous servir de guide, enfin à vous être agréable le matin comme le soir, la nuit comme le jour.

— Ah! c'est vous, monsieur Sibille Peloton! Non, oh non! je ne vous cherchais pas! je ne vous avais pas revu depuis notre partie en calèche. Je m'en souviens, de cette partie-là... si je n'ai pas été brisé, ce n'est pas votre faute.

— Quoi! vous pensez encore à cela; ce n'est pas ma faute si des chevaux s'emportent.

— Et cette pauvre demoiselle Edelmone! je l'ai rencontrée, elle a encore l'œil tout noir.

— Ça ne lui va pas mal; ça change sa physionomie... convenez, du reste, que nous nous amusions bien, et sans l'événement de la calèche, quelle ravissante journée! Anisette me parle bien souvent de vous; elle me dit : Quand donc me ferez-vous dîner avec ce monsieur si aimable, qui a nom Boniface, et qui en a une si bonne, de face!... c'est un jeu de mot.

— Vraiment, cette demoiselle vous a parlé de moi?

— Elle ne fait que cela; c'est au point même qu'elle a fait une chanson sur vous; elle est pleine d'esprit, cette petite...

— Je serais bien curieux de la connaître, sa chanson...

— C'est sur l'air : *Turlurette!*

— Justement je connais cet air-là. Vous ne savez pas par cœur quelque couplet?

— J'en savais... ça va me revenir tout à l'heure. Mais que cherchez-vous donc par ici? Ah! je le devine... un photographe.

— Un photographe! Pourquoi faire?

— Parbleu!... pour faire faire votre portrait sur une carte.

— Ah! de ces petits portraits, comme j'en ai vu beaucoup. C'est donc la mode?

— C'est-à-dire, mon cher monsieur, qu'un homme qui se respecte ne peut plus sortir de chez lui s'il n'a pas son portrait-carte dans sa poche; d'abord, c'est de la plus grande utilité.

— Utilité? et en quoi, s'il vous plaît?

— En quoi? vous allez le comprendre tout de suite : Vous sortez de chez vous; en chemin vous êtes écrasé par une voiture. Entièrement défiguré, on ne vous reconnaît plus; on vous fouille, on trouve sur vous votre portrait, on vous reconnaît et on vous porte chez vous.

— On vous reconnaît, quand il y a là des gens de votre connaissance.

— Il y en a toujours dans la foule. Autre exemple d'utilité : Vous vous trouvez dans un rassemblement... quelqu'un a été volé de sa montre ou de sa bourse, on vous arrête avec plusieurs autres; vous avez beau dire qui vous êtes, on commence par vous mener au corps de garde; mais vous envoyez votre carte-portrait chez plusieurs marchands, vos fournisseurs habituels... ils vous reconnaissent, ils s'empressent de venir vous réclamer... Hein! que dites-vous de cela?

— Je dis que j'aime mieux ne pas me fourrer dans un rassemblement.

— Mais c'est surtout pour les intrigues galantes près des femmes que ces petits portraits-cartes sont d'un grand secours; c'est extraordinaire le nombre de conquêtes que, grâce à eux, on parvient à faire.

— Ah! diable, vous croyez; et par quel moyen?

— Il y en a mille. Vous voyez dans un magasin, dans une boutique, une femme qui vous plaît; vous lui écrivez une déclaration brûlante que vous lui envoyez en y joignant votre portrait; alors elle voit à qui elle a affaire, et elle vous répond... ou elle ne vous répond pas. Autre exemple : Vous envoyez un bouquet à une actrice en lui disant : « Je serai ce soir au balcon pour vous claquer. » Vous joignez votre portrait au bouquet, et dès que l'actrice entre en scène, elle vous reconnaît et vous sourit..,

ou ne vous ne sourit pas; mais enfin, elle vous reconnaît, et dit à ses camarades : « Voyez-vous ce monsieur qui est au balcon, là-bas, eh bien, il m'a envoyé un bouquet ce matin. » Hein, c'est gentil, ça!

— C'est assez gentil.

— Et les grisettes, les fillettes, les lorettes; la première chose qu'elles vous demandent, c'est votre portrait pour placer dans de petits livres faits exprès pour en mettre des collections.

— Vous me donnez presque envie de me faire tirer.

— C'est-à-dire que nous allons tout de suite nous rendre chez un photographe; j'irai avec vous, je ne vous quitterai pas. Quand je rends un service, je ne le fais pas à demi.

— Oh! y aller tout de suite...

— Mais il le faut; vous ne pouvez pas vivre à Paris sans votre portrait-carte; c'est une lacune dans votre existence, il faut la combler.

— C'est bien ennuyant de poser.

— Poser? mais on ne pose pas, c'est-à-dire qu'on pose à peine, le temps d'éternuer et c'est fait. D'ailleurs je poserai pour vous.

— Comment... vous poserez pour moi... pour mon portrait?

— C'est une façon de parler. Je veux dire que je vous montrerai comment on pose, et le peu de temps qu'il faut pour que cela soit terminé; je vous ferai des poses charmantes, et vous choisirez; vous direz : Je veux être comme cela.

— Vous ne vous rappelez pas cette chanson?

— Ça va me revenir chez le photographe... attendez, attendez... ah! ça commence ainsi :

> Tous les hommes ont des yeux,
> Un nez, des dents, des cheveux.

C'est le commencement du premier couplet, la fin va revenir.

— Le commencement est déjà très-bien; dites-moi donc, jeune Bibille, vous devez connaître le Château-des-Fleurs?

— Si je le connais!... comme si je l'avais fait; pourquoi?

— M. Roger doit s'y trouver jeudi et M. Lucien aussi. J'ai presque promis de m'y rendre; mais je ne voudrais pas y aller seul.

— Eh bien, est-ce que je ne suis pas là, moi, toujours prêt à vous être agréable? J'irai vous prendre pour dîner, et de là, je vous pilote au Château-des-Fleurs. Mais avant tout, il faut vous faire photographier.

— Vous croyez que c'est nécessaire?

— C'est indispensable. Venez de ce côté; il y a un photographe sur le boulevard ici près.

— Un bon?

— Pas mauvais; après cela, si vous voulez aller chez les fameux, mais ce sera plus cher. Avez-vous vu les photographies des frères Bisson?... ah! c'est cela qui est beau, qui est magnifique. Vous rendre les gravures les plus parfaites au point que vous ne pouvez plus distinguer la gravure de la photographie... monter jusqu'au sommet du Mont-Blanc pour y rendre sur le fait les tableaux les plus majestueux, les plus grandioses que puisse nous offrir la nature, voilà ce qu'ils ont fait! Quand la photographie est poussée à ce point, ce n'est plus une imitation, c'est une création.

— Oh! je me contenterai d'être fait par le premier photographe venu; je ne suis pas une célébrité, moi... et puis je ne veux pas mettre beaucoup d'argent à mon portrait.

— Alors, entrons ici. Voici un tableau qui nous indique que dans cette maison nous trouverons notre affaire. Suivez-moi, je vous pilote.

—Tâchez donc de vous rappeler la chanson.

—Elle me reviendra en vous montrant des poses.

On arrive chez le photographe. Ces messieurs sont introduits dans un salon d'attente où il y a déjà du monde.

Mais, pour que son compagnon ne s'ennuie pas, Sibille se met à lui fredonner dans l'oreille :

> Tous les hommes ont des yeux,
> Un nez, des dents, des cheveux...

—Je sais ce commencement. Après?

—Après... attendez que je cherche... des dents... des cheveux... Ah! j'y suis.

> Tous les hommes ont des yeux,
> Un nez, des dents, des cheveux...

—Mais c'est toujours la même chose.

—Chut! attendez...

> Mais qui sourit sans grimace,
> Boniface, (bis)
> Monsieur Boniface!

—Ah! c'est fort gentil, cela. Il y a d'autres couplets?

—Je crois bien ; il y en a quatorze.

—Tâchez de vous souvenir de quelques autres...

—Ça me reviendra. Apprenez toujours celui-là par cœur.

—Oh! je le sais déjà.

—Diable! quelle mémoire vous avez!

On vient avertir ces messieurs qu'ils peuvent passer dans le sanctuaire de l'artiste. Sibille s'empresse de parler au photographe, et lui dit quelques mots à l'oreille pendant que M. Triffouille regarde des portraits, des tableaux et visite un petit livre qui ne contient que des cartes-portraits. Enfin Sibille dit tout haut :

—Voilà mon ami intime qui désire se faire portraiter ; mais auparavant, si vous le voulez bien, je vais lui montrer comment on pose... pour lui donner une idée de la chose. Asseyez-vous, Boniface, et regardez-moi... vous choisirez ensuite celle de mes poses que vous voudrez prendre... et vous verrez combien cela dure peu de temps... monsieur va braquer son instrument devant moi, absolument comme s'il me photographiait.

Le confiant Boniface va s'asseoir dans un fauteuil, d'où il regarde attentivement qui pose pour son portrait-carte, puis qui, lorsqu'il a posé debout, pose assis ; puis pose de profil, puis de trois quarts, et cela dure assez longtemps, quoique M. Triffouille lui dise :

—J'en ai assez vu... je ne ferai jamais tant de poses que cela... une me suffit... ne m'en montrez pas davantage.

Sibille s'étant fait tirer sous quatre poses différentes, cède enfin la place à son compagnon, en lui disant :

—Vous voyez ce que c'est ; maintenant laissez monsieur vous poser, et surtout faites un air gracieux.

—Si c'est monsieur qui me pose, ce n'était pas la peine que vous me montrassiez vos poses. Enfin, commençons.

Le photographe fait placer Boniface et lui appuie la tête contre le petit cercle de fer qui empêche qu'on ne la remue. Mais ce petit morceau de fer gêne notre provincial qui s'écrie :

—Monsieur, pourquoi me mettez-vous cela derrière la tête?

—Monsieur, c'est pour vous la maintenir, pour que vous ne puissiez pas la rejeter en arrière.

—Mais cela me gêne beaucoup ; cela m'agace, cela me fait faire la grimace ; je vous en prie, ôtez-moi cela, et je vous promets que je ne remuerai pas.

—Oh! monsieur, il m'est impossible de vous accorder cela; malgré vous, votre tête ferait un mouvement et le portrait serait manqué.

—Allons, monsieur, puisqu'il le faut ; mais je vous assure que ce petit morceau de fer que l'on sent derrière sa tête nuit beaucoup à l'expression agréable ou même habituelle que l'on pourrait donner à sa physionomie.

—Mon ami Boniface, pensez à Edelmone, cela vous donnera un air séducteur.

—Oh! non, je ne veux pas penser à cette demoiselle, au contraire ; elle boitait déjà, son œil en compote ne l'embellit pas.

—Ah! j'avais oublié cette circonstance, alors pensez à Anisette.

—J'aime mieux cela.

—Laissez-moi vous donner une jolie pose... à mon idée.

—Puisque monsieur m'a placé.

—Vous pouvez encore changer, ce n'est pas commencé. Tenez, comme ça. Ah! vous êtes très-bien ainsi, pose superbe... vous avez quelque chose de Coriolan.

—Ne bougez pas, monsieur ; nous commençons.

Le portrait de Boniface est bientôt terminé ; il ne veut être fait que d'une seule façon. Cependant Sibille a quitté la pièce où l'on pose ; mais il revient au bout d'un moment, en s'écriant d'un air très-joyeux :

—Bien venu! très-bien venu tous les quatre, ce sera ravissant!

—Qu'est-ce qui est bien venu? demande Triffouille.

—C'est votre portrait.

—Comment pouvez-vous déjà savoir cela? vous n'avez pas regardé là-dedans.

—J'ai vu votre réverbération.

—Je voudrais bien voir cela aussi, moi.

—Il n'y a plus moyen, c'est trop tard. Allons, payez, mon oncle, et partons.

—Tiens! vous m'appelez votre oncle à présent?

—Il ne veut pas que je l'appelle mon oncle! il est étonnant. Combien en voulez-vous de douzaines, de votre portrait?

—Il me semble que j'en aurai bien assez d'une...

—Mais non, ça vous sera toujours utile ; ne lésinez donc pas... trois douzaines pour mon oncle.

—Allons, va pour trois douzaines. Est-ce qu'on va me les donner tout de suite?

—Non, monsieur, c'est impossible ; mais dans trois ou quatre jours on les portera chez vous.

—Il nous en faut pour jeudi d'abord... vous entendez, monsieur le photographe... j'en veux pour jeudi, moi ; je viendrai les chercher.

—C'est inutile, dit Boniface, puisque monsieur aura la complaisance de me les envoyer à cette adresse, chez moi.

Le jeune Peloton se retourne pour rire ; puis, reprenant son air sérieux, dit à Boniface :

—A présent, payez et partons.

—Combien vous dois-je, monsieur?

—Pour le tout?

—Comment! le tout?

—Cela va sans dire! s'écrie Sibille, c'est mon oncle qui paye le tout.

—Quatre-vingts francs, monsieur.

—Diable! vous m'aviez dit que ce n'était pas cher, vous?

—Mais ce n'est pas cher non plus... vous serez superbe... et trois douzaines de fois... Allons, payez et filons.

Boniface paye en faisant un peu la grimace ; ces messieurs sortent de chez le photographe. Sibille est enchanté ; il se frotte les mains en s'écriant :

—Ah! je voudrais déjà être à jeudi!

—Quoi! vous êtes si pressé que cela de voir mon portrait? moi, je ne le suis pas tant.

— A jeudi, mon cher monsieur Boniface; nous aurons nos portraits, et je vous réponds que nous ferons des conquêtes.

— Vous aurez donc aussi le vôtre?

— Assurément. Oh! il y a longtemps que je me suis fait faire de plusieurs façons. A jeudi.

— C'est égal, se dit Boniface en rentrant chez lui : quatre-vingts francs pour une seule pose... c'est cher...

XXI

AU CHATEAU-DES-FLEURS.

Il était neuf heures du soir; la journée avait été magnifique, aussi la foule s'était-elle portée au Château-des-Fleurs. Les jardins publics étant devenus fort rares à Paris, il est naturel que ceux qui restent reçoivent nombreuse société; si celle des jardins où l'on danse n'est pas toujours de premier choix, du moins a-t-elle cet entrain, cette gaieté que l'on aime à rencontrer dans les endroits où l'on va chercher les distractions et le plaisir.

C'est vers ce moment que M. Boniface Triffouille et son pilote, le jeune Sibille, font leur entrée au Château-des-Fleurs. Ces messieurs y arrivent tard, parce qu'ils ont tenu table longtemps; sans être positivement gris, ils ont tous deux cette pointe de gaieté qui dispose à faire mille folies. Déjà pour entrer Sibille, au lieu de prendre un billet au bureau, a voulu donner son portrait-carte au contrôleur qui n'a pas voulu l'accepter en paiement, et le jeune commerçant a remis le portrait dans sa poche, en s'écriant :

— Vous n'en voulez pas! vous êtes bien difficile, mon cher... eh bien, tant mieux... j'en ai une douzaine sur moi, mais je suis persuadé que je n'en aurai pas assez, il m'en manquera... Et vous, cher Boniface, avez-vous fait provision de vos miniatures photographiques?

— Moi! répond le provincial dont la voix est tant soit peu pâteuse et embarrassée, moi! mais je ne sais pas si j'ai mon portrait sur moi... et d'ailleurs pourquoi faire ici?

— Il est étonnant, ce cher ami, il ne veut pas comprendre que cela lui servira pour faire une petite connaissance... plus ou moins honnête! fouillez-vous, mon bon, fouillez-vous bien vite... cherchez vos cartes.

M. Boniface cherche dans un volumineux portefeuille qu'il porte toujours sur lui et s'écrie :

— Tiens!... voilà le paquet! je les ai tous les douze, tels qu'on me les a apportés chez moi.

— Ah! bravo alors, nous sommes des bons; nous allons en faire de ces distributions.

— Oh! permettez, jeune Bibille, je ne veux pas donner comme cela mon portrait à tout le monde.

— Laissez-vous donc guider par moi... je veux que ce soir toutes les femmes vous portent sur leur cœur.

— Toutes! c'est beaucoup.

— Ou au moins une douzaine.

— Tiens! mais c'est fort gentil, ce jardin... j'aperçois déjà des minois très-chiffonnés.

— Vous verrez bien autre chose de chiffonné!... allons du côté de la danse, je suis sûr que mes conquêtes y sont déjà.

— Il faut aussi que je cherche M. Roger, M. Lucien Bardecourt.

— Pourquoi faire? Est-ce que vous voulez danser avec eux? est-ce que nous avons besoin de ces messieurs pour nous amuser... d'autant plus que M. Roger n'est pas gai du tout. Je ne lui ai jamais vu casser des chaises, monter

sur des tables, envoyer des bouffées de fumée dans le visage de quelqu'un, faire des farces, enfin.

— Permettez... je n'ai point du tout envie de casser des chaises, moi! je ne m'amuse pas non plus comme cela.

— Ah! j'aperçois Fanfinette... et anisette... et Edelmone... trois infantes auxquelles j'ai manqué de parole l'autre dimanche... mais nous leur ferons prendre du punch à la romaine et elles nous adoreront... En avant, cher Boniface.

— Fort bien, mais je vous préviens que je ne veux pas faire la cour à mademoiselle Edelmone.

— Elle n'a plus l'œil noir.

— C'est possible, mais elle boite toujours.

Pendant que Sibille entraîne Boniface du côté où il a aperçu les trois demoiselles de magasin, Roger, qui était aussi au Château-des-Fleurs, se promenait dans toutes les allées en cherchant le beau Lucien Bardecourt, et il commençait à croire que M. Triffouille avait entendu de travers, et que celui qu'il croyait être l'amant de Marie, ne devait pas venir au Château-des-Fleurs, lorsqu'en se rapprochant de l'endroit où l'on dansait, il aperçoit la personne qu'il désirait rencontrer.

Lucien donnait le bras à une petite femme aux allures très-vives, à la tournure très-excentrique, de ces tournures qui sont comme une enseigne et vous disent sur-le-champ à qui vous avez affaire. Le physique était bien tel que Boniface l'avait dépeint, c'était bien en effet mademoiselle Cléopâtre, qui aimait tant les oranges.

Roger s'était trouvé assez souvent avec Lucien pour pouvoir l'aborder, et celui-ci, qui bâillait déjà au bras de sa maîtresse, est enchanté de rencontrer quelqu'un de connaissance.

— Tiens, c'est M. Roger. Ah! vous venez donc aussi dans les endroits où l'on danse, vous?

— Pourquoi pas? d'autant plus qu'on n'est pas obligé d'y danser.

— Oui, mais moi je danse et je veux danser! s'écrie mademoiselle Cléopâtre en lançant un regard sur Roger. Mon petit Lucien, je t'ai prévenu, je ne me contente pas de faire ma tête en regardant danser les autres... merci, ça ne me va pas! Je veux pincer mon quadrille... d'autant plus qu'on le pince un peu bien son quadrille. J'ai fait fureur à Mabille, à Valentino, chez Pilodo.

— Tu es fait fureur partout, je n'en doute pas; mais aujourd'hui je ne suis pas en train de danser... j'ai mal au genou.

— Je m'en fiche, il faut que je danse!

— Je ne t'en empêche pas, ma chère amie, tu sais bien que je ne suis pas jaloux... accepte le premier qui t'invitera.

— Et monsieur ne danse pas?

Cette question s'adressait à Roger, qui répond :

— Je regrette de ne pouvoir vous servir de cavalier. Je suis au reste un trop mauvais danseur et je serais indigne de figurer avec vous.

— Ah! qui est-ce qui m'a bâti des hommes comme ça!.. Lucien, lâche-moi le bras... on m'invitera bien plus vite quand je serai seule.

En effet, à peine mademoiselle Cléopâtre a-t-elle fait quelques pas dans l'enceinte où l'on danse, qu'un jeune homme vient l'inviter, et elle va se placer avec lui. Alors Lucien prend une chaise en disant :

— Mettons-nous là, nous verrons danser Cléopâtre; je vous certifie que cela en vaut la peine... elle fait des pas très-excentriques, elle est fort amusante.

Roger, qui est enchanté de trouver l'occasion de causer en tête à tête avec Lucien, s'empresse de prendre une chaise près de lui et dit :

— Elle m'a semblé en effet très-gaie, cette demoiselle Cléopâtre... il n'y a pas longtemps qu'elle est votre maîtresse sans doute?

Le confiant Boniface va s'asseoir. (Page 62.)

— Mais si... déjà assez longtemps... deux mois ! c'est beaucoup pour moi. Je l'aurais quittée déjà si elle n'était pas si drôle.

— Et la... la jeune Marie... la lingère... vous êtes donc brouillé avec elle ?

Lucien regarde Roger d'un air surpris en répondant :

— Marie... la lingère... Comment ! de quelle Marie me parlez-vous ?

— Mais de cette jeune fille qui travaille dans un magasin de lingère, rue de Rivoli... dans la même maison que Thélénie.

— Ah ! oui... oui... la petite Marie, la mélancolique... mais fort jolie personne, ma foi ! Et qui donc vous a dit qu'elle avait été ma maîtresse ?

— Je l'ai entendu dire... est-ce que ce n'est pas vrai ? on pourrait s'être trompé.

Lucien semble hésiter un moment, puis il répond, en se dandinant sur sa chaise :

— Non... non ! on ne s'est pas trompé, elle a été ma maîtresse... je ne me rappelais pas tout de suite... parce que j'en ai tant connu !... vous comprenez... dans le nombre on s'embrouille.

— Et vous avez donc rompu avec elle, puisque je vous vois aujourd'hui avec une autre ?

— Ah ! mon cher monsieur Roger, ceci ne serait pas une raison : est-ce qu'on n'a qu'une maîtresse ? allons donc ! ce serait pour mourir d'ennui. Quant à moi, quand je n'en ai pas trois, je ne suis pas au complet ; ce qui n'empêche pas encore les *extra*... les bonnes fortunes inattendues... Est-ce que vous n'êtes pas comme moi ?

— Ma foi, non ; je n'ai jamais eu qu'une seule maîtresse à la fois... je trouve que c'est bien assez... mais il ne faut pas plus disputer sur les goûts que sur les opinions. Alors... vous n'avez pas encore rompu avec cette jeune Marie ?

— Non... c'est-à-dire à peu près ! cette petite a un caractère triste... qui ne cadre pas avec le mien... c'est pourquoi je la vois fort peu maintenant. Ah ! parlez-moi de Cléopâtre !... voilà une gaillarde, une luronne avec laquelle il n'y a pas moyen de s'ennuyer ! vingt fois j'ai eu l'intention de la quitter, mais bah ! pas possible... elle crie, elle pleure, elle fume, elle jure, elle brise tout... elle fait des tours de force avec du vin de Champagne. Quittez donc une femme comme celle-là !... elle sera fort difficile à remplacer.

— Mais... cette jeune Marie... vous aimait sincèrement sans doute ? car on la disait sage, et pour vous céder il a fallu qu'elle crût aussi à votre amour.

— Est-ce que nous ne faisons pas accroire aux femmes tout ce que nous voulons !... du moment que nous leur donnons dans l'œil, elles ajoutent foi à tous nos discours, et je crois même que nous leur dirions que nous les trompons, qu'il nous est impossible d'être fidèles, de tenir nos serments, eh bien ! elles nous céderaient également... il faut qu'elles aiment, c'est dans leur tempérament, et entre nous je crois qu'elles préfèrent les mauvais sujets aux amants constants... elles ont raison, l'un est bien plus gai que l'autre : n'êtes-vous pas de mon avis ?

Roger n'écoutait plus Lucien, il pensait à Marie, il éprouvait une peine mêlée de dépit ; il ne comprenait pas qu'ayant eu le bonheur de lui plaire, on pût la quitter si légèrement et surtout lui préférer mademoiselle Cléopâtre, dont la danse commençait à attirer tous les regards.

— Bon ! voilà Cléopâtre qui est en train. Voyez, on

Tenez, la voilà, sacrebleu ! (Page 67.)

accourt de toutes parts pour la voir danser... elle a un *balancez* étonnant... elle jette son corps en arrière avec une souplesse merveilleuse. Ah ! bon, on se met devant nous... il faut nous lever, car nous ne voyons plus rien.

Et M. Lucien quitte sa chaise afin de pouvoir jouir des succès de sa maîtresse ; mais Roger, qui avait appris de lui tout ce qu'il voulait savoir, profite du mouvement que les curieux font devant eux et s'éloigne de la danse pour aller penser à son aise à ce qu'il vient d'apprendre dans une des allées les moins fréquentées du jardin. Là, il peut tout à son aise pousser des soupirs en se disant encore :

— Cette charmante Marie a été sa maîtresse... et ce monsieur se fait gloire de la tromper... de ne plus l'aimer... de ne l'avoir jamais aimée même ! Est-ce que ce garçon-là sait ce que c'est que d'aimer ! c'est un égoïste qui ne pense qu'à lui. Après tout il a raison... oui... en amour il faut être égoïste, et j'ai toujours été un niais, moi, parce que j'aimais réellement, et que je n'avais qu'une maîtresse à la fois ; aussi on m'a trompé, trahi, quitté. Décidément Lucien fait bien... mais j'ai beau vouloir faire comme lui... je n'y parviendrai jamais... le proverbe a bien raison qui dit : Chassez le naturel, il revient au galop. Mon naturel est d'aimer... de désirer l'être... et si j'avais été l'amant de cette charmante Marie... ah ! je ne l'aurais pas trompée !

Pendant que Roger se promenait seul, Sibille avait entraîné Boniface vers un groupe de femmes qui se composait de mesdemoiselles Fanfinette, Anisette, Edelmone et de la jeune Nanine, qui, pour sa première sortie de son magasin, était charmée de se trouver avec sa cousine au Château-des-Fleurs qui lui semblait un séjour enchanteur.

En apercevant le jeune Peloton, ces demoiselles commencent à l'accabler d'injures, en s'écriant :

— C'est comme cela que vous nous faites poser !
— Je vous ai attendu dimanche !
— Et moi aussi !
— Et moi aussi !
— Voyez ce petit scélérat, dit Anisette, il nous faisait aller toutes ; monsieur fait la cour à d'autres, il nous fait des traits !
— Il veut faire le sultan !
— Joli pacha !... il lui manque... un sérail.
— Nous devrions vous arracher les yeux !
— Ou vous donner le fouet !
— Ah ! mesdemoiselles, j'aime mieux cela... je m'y prêterai même de bonne grâce, pour peu que cela vous soit agréable !
— Taisez-vous, méchant gamin !
— Dites donc, murmure Boniface à l'oreille de Sibille, est-ce pour vous entendre traiter comme cela que vous étiez si pressé de rejoindre ces demoiselles ?
— Laissez donc... tout cela est pour rire : est-ce que je ne les connais pas ? Vous allez être témoin d'un changement à vue, comme à l'Opéra.

Et se tournant vers les demoiselles, Sibille leur dit :
— Je vous avais donné rendez-vous à toutes, c'est vrai... excepté à mademoiselle Nanine cependant ; mais c'était afin de vous offrir à chacune mon portrait ; je pensais que le don de mon image vous serait agréable... mais il n'était pas fait, c'est pourquoi je vous ai manqué de parole... Aujourd'hui j'accourais pour vous l'offrir... avec mon ami Boniface... qui vous offrira aussi le sien... plus un punch à la romaine, au son de la musique de ce bal... mais, puisque vous êtes si en colère...

5

— Non ! non !... c'est fini !...

— C'est passé !... nous acceptons le punch...

— Et même les portraits...

— Ah !... je savais bien que j'amollirais votre cœur... Alors en avant du côté du café... une dame sous chaque bras.

Fanfinette et Edelmone ont pris chacune un bras de Sibille, les deux autres demoiselles s'emparent de ceux de Boniface, qui est enchanté de son lot, et se met à fredonner en regardant Anisette qui est à sa gauche ;

Tous les hommes ont des yeux !...
Un nez, des dents, des cheveux !...

— Eh ! eh !... vous connaissez cela, n'est-ce pas ?

Anisette regarde Boniface d'un air étonné, en répondant :

— Non, connais pas... Qu'est-ce que c'est que cette chanson-là ?

— Ah ! vous ne la connaissez pas, malicieuse !... Du reste, c'est fort joli... et permettez-moi de vous adresser mes remerciments...

— Des remerciments de quoi ?

— De la chanson.

— Quelle chanson ?

— Mais celle que je vous chantais, et que vous avez eu la bonté de faire pour moi.

— J'ai fait une chanson pour vous, moi !... qui est-ce qui vous a fait cette blague-là ?

— Mais c'est Sibille... Est-ce qu'il m'aurait menti ?

Mademoiselle Anisette hésite un moment, puis elle répond :

— Ah, si c'est Sibille qui l'a dit, alors c'est différent ; oui, c'est que je l'avais oubliée... mais la chanson est de moi.

— Vous me l'apprendrez, n'est-ce pas ?

— Je vous l'apprendrai quand je m'en souviendrai... Vous ne la savez donc pas ?

— Je ne sais que le premier couplet.

— Eh bien, vous me l'apprendrez, ça me rappellera peut-être les autres.

On est arrivé près du café ; on se place à une table, le punch à la romaine est commandé et, en attendant qu'il arrive, Sibille fouille à sa poche et en tire un énorme paquet de portraits-cartes qu'il présente aux demoiselles en disant :

— Choisissez.

On regarde les cartes et Fanfinette s'écrie :

— Mais c'est toujours vous, tout cela !

— Certainement moi sous différentes poses ; c'est pour cela que je vous dis : Choisissez ; ils sont tous frappants de ressemblance.

— Oui, malheureusement...

— Vous ne dites pas ce que vous pensez, belle Fanfinette.

— En voilà un ou vous avez l'air de danser.

— Justement ; je m'élance, je me tiens sur une pointe.

— Dans celui-ci on ne voit qu'un œil.

— Elle est étonnante cette jeune Nanine... puisque je suis de profil là, comment voulez-vous qu'on me voit les deux yeux ? à moins qu'on n'ait mis le second à la place de l'oreille.

— Oh ! moi, j'aurais fait voir les deux yeux.

— Alors ce ne serait plus un profil.

— Mon petit, s'écrie Anisette, dans celui-ci vous avez l'air d'avoir mal au ventre !

— Ah ! c'est que c'est la dernière pose, ça commençait à me fatiguer.

— C'est bien dommage que vous ne teniez pas du papier à votre main... ça compléterait l'effet.

— Anisette, voilà une plaisanterie qui sent bien son

Pantin... on voit que vous êtes née dans ce village odorant.

— Eh bien ! oui, je suis de Pantin et je ne m'en cache pas. Quel mal y a-t-il à cela ?... c'est très-gentil Pantin, il y a de fort belles maisons de campagne par là, et l'air y est très-sain.

— Ça dépend de la manière de le prendre. Voyons, mesdemoiselles, faites votre choix, décidez-vous...

— Je prends celui-ci.

— Moi, celui-là.

— Moi, je prends le petit qui a la colique... c'est le plus drôle.

Sibille distribue ses portraits. On apporte le punch glacé que les demoiselles paraissent regarder avec infiniment plus de plaisir que la figure du petit commis.

Boniface met du punch dans les verres ; lorsqu'il a fini, Sibille lui dit :

— Maintenant, à votre tour, cher ami.

— A mon tour de quoi ?

— De donner votre portrait à ces dames.

— Mon portrait... mais quelle nécessité ?... je ne vois pas en quoi cela pourrait plaire à ces demoiselles...

Les demoiselles de magasin, qui ont beaucoup de considération pour un homme qui paye si volontiers du punch à la romaine, se mettent à répondre en chœur :

— Ah ! si, monsieur... ah ! si !... donnez-nous votre portrait, ça nous fera bien plaisir.

— Mesdemoiselles... c'est différent... du moment que cela peut vous être agréable, je suis très-heureux de vous l'offrir.

Et Boniface sort de sa poche son paquet de cartes, en murmurant :

— Je vous assure que je suis très-embarrassé pour offrir mon portrait.

Mais Sibille s'empare du paquet en s'écriant :

— Donnez-moi donc cela... je vais être le distributeur de vos dons. Voyons d'abord le portrait... Ah ! parfait, parlant... admirable... c'est vous tout craché... Voyez, mes sylphides.

— Oh ! oui... que c'est bien monsieur...

— Son nez surtout ! on dirait qu'il va parler.

— Est-elle bête, cette Anisette !... est-ce que monsieur parle du nez ?

— Vous en êtes une autre, vous, Edelmone, si vous ne comprenez pas ce que je veux dire. Voyons les autres cartes.

— Oh ! mesdemoiselles, c'est toujours le même, je n'ai pas changé de pose, moi.

— Et vous avez très-bien fait, cela évite la peine de choisir.

Sibille distribue la photographie de Boniface ; mais lorsqu'il en présente un portrait à Nanine, celle-ci le refuse en disant :

— Merci... Qu'est-ce que vous voulez que je fasse de ça ?

Fanfinette lui allonge un coup de coude en lui glissant dans l'oreille :

— Tu es bête comme un pot.

— Et le jeune Peloton met les cartes dans sa poche en disant :

— Tant mieux, il en restera davantage et nous n'en aurons jamais assez.

Boniface Truffouille a été légèrement mortifié par le refus de la jeune Nanine ; mais pour dissimuler cela, il s'empresse de remettre du punch dans les verres, et les jeunes filles le prennent avec délices.

— Mesdemoiselles, dit Peloton, vous mordez au punch glacé ?

— Oui, c'est bien bon !

— Moi, j'adore cela !

— Moi je n'en avais jamais pris !

— Est-ce que vous n'avez pas encore dansé ?

— Oh! si fait... mais comprenez-vous un animal qui me fait danser, puis qui m'offre de me rafraîchir? je lui réponds :

— Mais je suis avec du monde.

— Cela ne fait rien, me dit-il.

— Très-bien; nous rejoignons ces demoiselles, il nous conduit à une table; le garçon arrive, il lui commande une chope et cinq verres... Là-dessus, nous nous levons toutes les quatre et nous laissons ce monsieur devant sa chope.

— Ah! il méritait bien cela!... c'est un malheureux qui n'avait que six sous dans sa poche.

— Alors on n'offre pas à une dame de se rafraîchir.

— Il espérait que vous n'accepteriez pas.

Le punch étant pris et payé par Boniface, on se rend à la danse; ces demoiselles tiennent beaucoup à être invitées, et M. Triffouille n'ose pas se risquer dans un quadrille; quant à Sibille, après leur avoir promis de les faire danser toutes, il disparaît tout à coup au moment de se mettre en place.

Le jeune négociant venait d'apercevoir une fort jolie blonde qu'il avait déjà rencontrée plusieurs fois dans les endroits publics et à laquelle il avait commencé à faire la cour; mais les personnes avec qui cette jeune femme était l'avaient toujours empêché de faire plus ample connaissance avec elle. Cette fois elle n'est qu'avec une dame, et Sibille va bien vite l'inviter à danser; elle accepte; il a soin de se placer bien loin de l'endroit où il a laissé sa société.

Tout en dansant, Sibille fait l'aimable, le galant; il ne manque pas de se dire chef d'une maison de commerce et dans une position à devenir incessamment millionnaire. Puis il glisse son portrait dans la ceinture de sa danseuse, qui rit et le laisse faire. Mais un peu avant la fin du quadrille, un orage se déclare et tout à coup la pluie tombe à torrents. Sibille prend sa danseuse sous son bras en lui disant :

— Sauvons-nous; nous allons prendre une voiture et je vous reconduis chez vous.

— Mais mon amie... cette dame avec laquelle je suis venue...

— Cette dame se fera probablement reconduire de son côté... Dans cette foule qui se sauve, où voulez-vous la chercher?... et si nous tardons, nous ne trouverons plus de voiture à la porte.

— Alors, tant pis, chacun pour soi... partons.

Sibille entraîne la jolie blonde; tout le monde courait vers les voitures. Une petite citadine restait encore, notre jeune homme y fait monter sa dame, bien que le cocher lui crie :

— Je suis retenu, monsieur... je suis pris.

— C'est moi qui vous ai retenu.

— Vous?... Mais il me semble que c'était un grand monsieur.

— C'est que tout à l'heure je me tenais sur les pointes pour vous parler... Allons, vivement, il y a du pourboire... Place Breda...

Mais avant qu'il ait eu le temps de refermer la portière, un monsieur arrive avec une dame qu'il veut faire monter dans la voiture.

— Vous voyez bien qu'il y a du monde! lui crie Sibille.

— Monsieur, j'avais retenu cette voiture, elle est à moi... vous n'aviez pas le droit de la prendre.

— Vous voyez bien que si, puisque je suis dedans.

— Cocher, ne vous ai-je pas retenu tout à l'heure?

— Monsieur m'a dit que c'était lui... et comme on n'y voit pas très-clair...

— Monsieur en a menti... descendez bien vite.

— Le plus souvent... je suis dedans... j'y reste... Cocher, en route!

— Cocher! je vous défends de marcher. Voyons, monsieur, finissons-en... je ne suis pas d'humeur à souffrir qu'on se moque de moi...

— Laissez-nous donc tranquilles. Cocher, en route!

— Vous êtes un polisson... un drôle...

— Vous en êtes un autre...

— Ah! c'est trop fort... vous me ferez raison de cette offense.

— Quand vous voudrez... depuis l'épingle jusqu'au canon, cela m'est égal... Partez donc, cocher!

— Votre carte, monsieur...

En ce moment, un sergent de ville, entendant qu'on se dispute, s'approche de la voiture en disant :

— Allons, cocher, partez donc : qu'est-ce que vous faites là?... vous gênez la circulation.

Mais le monsieur s'accroche à la portière en disant à Sibille :

— Votre carte, lâche!... ou je ne quitte pas cette place.

— Tenez, la voilà, sacrebleu! je vous ai dit que j'étais votre homme... je vous attends demain matin.

Et Sibille donne à ce monsieur une des cartes-portraits de Boniface. Alors ce monsieur lâche la portière et la voiture part au grand trot.

XXII

L'AMOUR EST LE PLUS FORT.

Roger avait quitté le Château-des-Fleurs sans revoir Lucien; il n'avait rencontré, au moment de la pluie, que Boniface Triffouille entouré par les quatre demoiselles auxquelles il avait payé du punch et qui se serraient contre lui en criant :

— O monsieur!... trouvez-nous une voiture... un omnibus... n'importe quoi; mais nous ne vous quittons pas.

— Mais il n'y a plus une seule voiture à la porte, mesdemoiselles...

— Alors entrons au café et prenons quelque chose jusqu'à ce que la pluie cesse.

— Volontiers, mesdemoiselles. Mais où diable est Sibille?

— C'est un polisson... un gamin... un rat!... il a fui de peur d'être obligé de nous payer une voiture... mais nous ne sortirons jamais avec lui, n'est-ce pas, mesdemoiselles?

— Non, non, jamais...

— Et quant à son portrait, je sais bien ce que j'en ferai.

— Et moi donc, je le clouerai sur la porte d'un certain endroit.

— Oui; mais les miens, dit Boniface, il les a pris et les a mis dans sa poche... mais il a oublié de me les rendre... de façon que je n'en ai plus un seul.

— Monsieur, il est capable de les vendre en disant que c'est le portrait de lord Wellington... Ce Sibille est un bien mauvais sujet.

Roger est rentré chez lui en se disant :

— Je sais tout ce que je voulais savoir : Lucien a été... est peut-être encore l'amant de cette jeune fille qui a l'air si décent, si réservé... qui ne va jamais dans les parties de plaisir avec les autres... fiez-vous donc aux airs honnêtes... je n'ai plus besoin d'en apprendre davantage, et il est fort inutile que je cherche à revoir mademoiselle Marie.

Et le lendemain, un peu avant neuf heures du matin, et au risque de trouver la Thélénie, le jeune artiste frappait à la porte de la chambre où logeaient les trois demoiselles de magasin.

C'est mademoiselle Tontaine, dite Bouci-boula, qui ouvre, tenant dans sa main un œuf dur, qu'elle est en train d'éplucher et de manger en même temps; elle regarde un moment Roger, puis s'écrie :

— Ah! c'est M. Chose!... je ne sais plus votre nom, mais je vous ai vu plusieurs fois causant en bas avec Thélénie. C'est vous qui avez remplacé le petit Jules!... Ouf!... les œufs, ça étouffe!... je suis bête, je mange trop vite... je ne peux jamais me corriger de ça... Vous vouliez parler à Thélénie? mais vous n'avez donc pas regardé dans le magasin du parfumeur en bas...elle doit y être, à moins qu'on ne l'ait déjà envoyée en commission... Aujourd'hui, contre son ordinaire, elle est descendue de bonne heure, parce qu'hier elle a reçu un fameux savon de la parfumeuse, qui lui a signifié que si elle n'était pas plus matinale, elle lui donnerait son compte... Ah! je vais boire... de l'eau pure; c'est peu agréable... mais quand on n'a pas mieux, il faut s'en contenter.

Roger a laissé parler Tontaine sans l'interrompre; il regardait au fond de la chambre, et il avait aperçu Marie. La petite fleuriste aurait pu parler beaucoup plus longtemps, il aurait toujours eu l'air de l'écouter; mais mademoiselle Bouci-boula, après avoir été boire un verre d'eau, prend un petit panier et cherche dans la partie de la chambre qui lui appartient, en disant :

— Mon mouchoir... mon mouchoir... où donc l'ai-je fourré?... Il faut pourtant que je m'en aille, sans quoi j'aurais un savon aussi, moi... Il n'y a que Marie qu'on ne savonne pas, parce qu'elle est le bijou de sa maîtresse... Je ne le trouve pas... Marie, tu n'as pas vu mon mouchoir?

— Non; si je l'avais vu, je te le dirais tout de suite.

— Est-ce que je l'aurais laissé hier au soir chez le pâtissier en achetant de la frangipane?... J'en suis capable... Ah! le voilà!... je le sens... il est dans ma poche : c'est un petit pain de seigle qui était dessus, qui m'empêchait de le sentir... Je me sauve...Bonjour, monsieur; si je rencontre Thélénie, je lui dirai que vous êtes là...

La grosse boulotte est partie, et Roger est toujours debout presqu'à l'entrée de la chambre.

Marie qui achevait une broderie et, depuis l'entrée du jeune homme, affectait de ne point lever les yeux de dessus son ouvrage, se décide cependant à relever la tête, en murmurant :

— Monsieur, si vous avez l'intention d'attendre Thélénie, pourquoi ne vous asseyez-vous pas?

— Je vous remercie, mademoiselle... je voulais en effet... c'est-à-dire... je pourrais bien attendre un peu, mais je craindrais de vous gêner...

— Vous voyez bien, monsieur, que je continue de travailler... par conséquent, vous ne me gênez nullement.

— Mais vous allez bientôt descendre, peut-être?

— Oh! non, monsieur, pas avant midi. Madame, qui est en effet très-bonne pour moi, ne veut pas que je descende avant parce que j'ai été un peu malade ces jours-ci... et dans ma chambre je puis boire de la tisane, ce qui ne se pourrait guère dans le magasin.

Roger s'est empressé de prendre une chaise qu'il va placer auprès de Marie, et lui dit en s'asseyant :

— Vous êtes malade? qu'avez-vous donc?

— Oh!... presque rien, monsieur... un gros rhume que j'ai attrapé en bas... parce qu'on y est souvent entre deux airs... Cela va déjà mieux... Mais si vous n'avez pas dit à Thélénie que vous viendriez lui parler dans sa chambre, je crois que vous l'attendrez inutilement, elle restera dans son magasin.

— Je vois bien que je vous gêne, mademoiselle, que ma présence vous est désagréable... vous craignez que je ne reste longtemps... mais je vais partir.

Et Roger fait un mouvement comme pour se lever, bien qu'il n'en ait nullement l'intention.

Marie s'écrie :

— Mon Dieu! monsieur, je ne vous ai pas dit cela pour que vous partiez... il me semble que je ne vous ai jamais témoigné que votre présence me fût désagréable; j'ai cru devoir vous avertir... voilà tout.

— Pardon... excusez-moi, mademoiselle, je ne sais plus ce que je dis... parce que je n'ose pas toujours dire tout ce que je pense.

— Vous avez tort; il me semble qu'on doit toujours dire ce que l'on pense.

— Eh bien, tenez, je vais vous l'avouer. Je n'attends pas du tout Thélénie... ce n'est pas elle que je suis venu chercher ici. Je suis monté dans l'espérance de vous voir, vous, vous seule...

— Moi, monsieur... que pouvez-vous donc avoir à me dire?...

— Oh! bien des choses... mais je ne sais si j'oserai... je crains de vous fâcher.

— Non, monsieur, je vous promets que je ne me fâcherai pas. Voyons... parlez...

— C'est que... je suis vraiment très-embarrassé...

— Ce que vous avez à me dire est donc bien terrible!

— Ce n'est pas cela... mais... mademoiselle, je suis allé hier au soir au Château-des-Fleurs...

Marie ne peut s'empêcher de rire, en s'écriant :

— Eh quoi! c'est cela que vous ne saviez comment me dire, et qui vous embarrassait tant!

— Non, ce n'est pas cela. Mais au Château-des-Fleurs j'ai rencontré M. Lucien Bardecourt...

Marie redevient sérieuse... son front se rembrunit et elle répond :

— Eh bien, monsieur, en quoi cela peut-il m'intéresser, que vous ayez rencontré cette personne...

— C'est que M. Lucien n'était pas seul... il avait à son bras une jeune femme qui se nomme Cléopâtre... et qui est sa maîtresse... Lui-même ne le cache pas?

— Qu'y a-t-il donc d'étonnant à cela? il me semble que M. Lucien peut bien avoir une maîtresse et la mener au Château-des-Fleurs... n'êtes-vous pas de mon avis?

Roger a regardé attentivement Marie, et, lorsqu'il a parlé de Cléopâtre, elle n'a paru nullement émue; l'expression de ses yeux n'a point changé. Il reprend :

— Oui, sans doute; M. Lucien a le droit de promener cette demoiselle Cléopâtre... mais j'avais cru... j'avais pensé... que cela vous intéressait...

— Moi, monsieur; et pourquoi cela m'intéresserait-il?

Roger reste un moment indécis; enfin il balbutie :

— Alors, c'est donc entièrement fini, vous êtes brouillée tout à fait avec ce Lucien?

Marie ne répond rien, mais elle porte son mouchoir sur ses yeux et bientôt des sanglots éclatent, tandis qu'elle murmure :

— Mon Dieu! je suis bien malheureuse; on aura donc toujours ce soupçon!...

— Vous pleurez! et c'est moi qui fais couler vos larmes!... s'écrie Roger... Ah! pardon, mille fois pardon! je savais bien que je ne devais pas vous dire cela!

— Ah! vous ne deviez pas le penser, monsieur!...

— Oh! c'est malgré moi... mais... je ne sais plus me taire... je ne puis plus vous cacher ce que j'éprouve... Ah! vous avez bien dû le deviner d'ailleurs... vous avez dû lire dans mes yeux cet amour que vous m'avez inspiré... cet amour qu'en vain j'ai voulu combattre, car je m'étais promis de ne plus aimer... mais, dès le premier jour que je vous vis, je me sentis entraîné vers vous... et si j'ai connu Thélénie, mon Dieu! ce n'était peut-être que dans l'espoir de vous revoir en revenant chez elle... chez elle avec qui vous logiez; c'était un moyen pour me retrouver ici... dans cette chambre, et, je vous le jure, c'est à cela d'abord que j'ai pensé.

—Ne me dites pas tout cela, monsieur.

—Oh! si, je dois vous le dire... vous-même, tout à l'heure, avez dit qu'il fallait avouer franchement sa pensée.

— Et vous croyez aussi que ce M. Lucien a été mon amant... cela n'est pas, monsieur ; je vous jure sur ma vie que cela n'est pas! J'avais rencontré ce Lucien dans la rue de la Pépinière, où ma lingère m'avait envoyée porter plusieurs achats faits par une de ses pratiques; ce monsieur, qui me poursuit et m'obsède sans cesse. vint me parler et s'obstina à marcher à côté de moi; en vain je le suppliais de ne point m'accompagner... « La rue est libre, me répondait-il, et vous ne sauriez empêcher que je suive le même chemin que vous. » Tout à coup, en continuant à me parler, quoique je ne lui répondisse point, il prononça un nom... que je ne puis entendre sans émotion... je me sentis défaillir... Je voulais continuer de marcher, mais je ne pouvais plus me soutenir sur mes jambes. C'est alors que ce monsieur m'offrit son bras en me jurant de ne plus me tenir de discours qui m'obsédaient. J'acceptai son bras... il m'était impossible de faire autrement... et je n'avais pas fait vingt pas avec lui, que nous rencontrâmes Fanfinette... Ah! je pressentis alors tout ce qu'on penserait de moi! Je ne m'étais pas trompée, Fanfinette alla dire partout que j'étais la maîtresse de M. Lucien parce qu'elle m'avait vue à son bras. Et voilà comment les actions les plus simples, les plus innocentes, peuvent avoir des apparences coupables!

— Je vous crois, Marie, je vous crois, dit Roger, en prenant une main que la jeune fille lui abandonne... Non, vous ne mentez pas... la fausseté n'a point cet accent... mais ce Lucien est un misérable!...

— Qu'a-t-il donc fait?

— Ne le devinez-vous pas?... il affirme que vous avez été sa maîtresse.

— Oh! c'est affreux, cela! il ose dire... Tenez, monsieur Roger, je ne suis qu'une femme, mais mettez-moi en présence de cet homme, et je le forcerai à convenir qu'il a menti... Oui... oh! je suis certaine que, devant moi, il n'osera pas soutenir son infamie...

— Chère Marie, ne vous mettez point en peine de ce Lucien, c'est moi qui me charge de le punir comme il le mérite, s'il ne désavoue pas ce qu'il a osé me dire sur vous.

— Mais alors même qu'il désavouerait, serez-vous entièrement convaincu? ne penserez-vous pas que c'est la peur qui fait dire à cet homme ce que vous voulez?... non, non, je veux mieux que cela. Je veux me trouver un jour dans un lieu où vous m'aurez fait savoir que va ce Lucien, en me rencontrant, à coup sûr il viendra me parler... vous serez près de nous sans qu'il en doute, vous entendrez tout ce qu'il me dira. Alors, vous ne pourrez plus douter que cet homme a menti en assurant que j'ai été sa maîtresse.

— Si vous le voulez ainsi, chère Marie, je ferai ce que vous désirez. Je saurai facilement un jour à quelle promenade il doit se rendre. Je vous avertirai... alors vous pourrez exécuter votre plan... Mais maintenant, de grâce, dites-moi que vous me pardonnez de vous avoir soupçonnée... Dites-moi que vous me permettez de vous aimer, de vous adorer... de vous le dire.

— Ah! monsieur Roger, c'est bien mal à moi de vous écouter... et Thélénie?

— Je vous ai déjà dit que cette liaison n'était que passagère... que Thélénie elle-même est incapable de constance. Vous devez la connaître aussi bien que moi.

Roger ne peut achever, on ouvre la porte, il n'a que le temps de quitter bien vite la main de Marie, qu'il tenait encore dans la sienne : c'est Thélénie qui entre dans la chambre, et fait une moue très-prononcée en voyant que Roger est assis fort près de Marie. Elle les regarde tous les deux d'un air vexé en disant :

— C'est heureux que Bouci-boula, que je viens de rencontrer dans la cour, m'ait avertie !... sans cela je ne serais jamais doutée que vous étiez ici, monsieur. Et que faisiez-vous donc là... tout près de Marie ! il paraît que vous avez des choses bien mystérieuses à vous dire, car vous vous parliez dans le nez !

Roger se hâte de quitter sa chaise, en répondant :

— Voyons, Thélénie, est-ce que vous allez encore faire une scène de jalousie?... vous savez cependant que je ne les aime pas !

— Si je fais des scènes, c'est que depuis quelque temps je m'aperçois bien que vous ne m'aimez guère. Oh ! je ne suis pas de la Saint-Jean ! je ne prends pas des crapauds pour des grenouilles. Je ne dis pas que c'est positivement Marie qui vous plaît... car si j'en étais sûre... je lui arracherais les yeux.

Et la belle brune a fait un mouvement comme pour aller vers Marie; celle-ci ne bouge pas et ne lève pas la tête ; mais Roger s'empresse de retenir Thélénie ; il lui prend le bras et l'entraîne vers la porte en lui disant :

— Allons, calmez-vous, mauvaise tête ; je vous apportais un billet de spectacle, et je demandais à mademoiselle si elle pensait que vous auriez la permission d'y aller.

—Vraiment ! vous avez un billet? et pour quel théâtre?

— Pour le théâtre de la Porte-Saint-Martin.

— Ah ! Dieu ! où l'on donne le Pied de mouton que j'ai tant envie de voir... que tout Paris a vu... dont tout le monde parle. Ah ! que vous êtes gentil... et moi qui le grondais... embrassez-moi bien vite !

— Non, je vous en veux à mon tour.

— Je vous dis de m'embrasser... je n'aime pas rester fâchée, moi... Marie, dis-lui donc de m'embrasser, à ce vilain-là qui veut me bouder à présent.

Marie fait une singulière mine en balbutiant :

— Mais il me semble que cela ne me regarde pas.

Pour mettre fin à ce débat, Roger se hâte de déposer un baiser sur le front de Thélénie qui s'écrie :

— Tiens, il m'embrasse à présent comme s'il était mon parrain ! C'est égal, descendons bien vite que je demande à madame si elle veut me permettre d'aller ce soir au spectacle... elle est capable de n'y consentir qu'à condition de profiter de mon billet et d'y venir avec moi.

— Eh bien, vous irez ensemble... descendons. Mademoiselle, je vous présente mes hommages.

— C'est bien ! c'est bien !... ses hommages à Marie... est-il cérémonieux ! Allons, passez devant, beau monsieur.

Et Thélénie pousse Roger dehors et sort après lui.

III

AU PIED DU MUR.

Le lendemain de son entrevue avec Marie, Roger, tout en travaillant dans son atelier, rêvait au moyen d'attirer le beau Lucien Bardecourt dans un endroit où la jeune fille pourrait le rencontrer et avoir un entretien avec lui, entretien que lui, Roger, serait à portée d'entendre sans que ce monsieur s'en doutât.

Le jeune artiste ne soupçonnait plus Marie, il était persuadé qu'elle lui avait dit la vérité en lui jurant qu'elle n'avait jamais été la maîtresse de Lucien, mais il comprenait aussi que cette jeune fille voulait que cette vérité fût prouvée d'une manière irrécusable, et l'idée qui lui était venue était la meilleure, puisque celui qui l'avait calomniée prouverait lui-même qu'il avait menti, en renouvelant près d'elle ses tentatives de séduction.

Roger voudrait bien aussi en finir avec Thélénie, car il lui est pénible de feindre encore avec elle et d'exposer

Marie à ses accès de jalousie ; il sait bien qu'une fois leur liaison rompue, la belle brune aura vite fait une autre connaissance et ne songera plus à lui. Mais rompre, et briser une chaîne est souvent beaucoup plus difficile que de la former. La veille, Thélénie a été forcée de partager son billet de spectacle avec la maîtresse de son magasin. Mais Roger avait promis d'aller l'attendre à la sortie, et il n'a pas manqué de n'en rien faire.

Madame de Beauvert, en entrant dans l'atelier, vient donner un autre cours aux pensées de Roger.

Paola va se placer devant le jeune artiste et lui fait un sourire charmant, en disant :

— Me voilà, monsieur ; je gage que vous ne m'attendiez pas ?

— Madame... en effet... j'ignorais si vous viendriez aujourd'hui ; mais je n'en suis pas moins à vos ordres.

— Vous étiez en train de travailler ?

— Oh ! je travaille toujours, moi !

— Mais si ce que vous faites là est pressé, continuez... je ne le suis pas, moi, j'attendrai... en causant avec vous... j'aime autant cela que poser.

Et cette dame prend un siège et s'installe près du jeune homme.

Roger, qui aime autant en finir avec cette dame, va chercher le portrait commencé, et le place devant lui en disant :

— Moi, madame, je ne veux pas abuser de votre complaisance et de vos moments, et puisque vous avez pris la peine de monter ici, je vais sur-le-champ vous donner séance.

Paola soupire légèrement, en murmurant :

— Pris la peine !... mais si ce n'est pas une peine... si c'est un plaisir pour moi de venir vous voir... est-ce que vous en êtes fâché ?

— Ah ! madame, en vérité vous êtes trop bonne... Je ne sais comment vous remercier... Je vois que vous aimez les arts, que vous protégez les artistes... c'est bien, cela.

La belle dame fait un mouvement d'impatience, en répondant :

— Je me fiche pas mal des arts et des artistes... je n'y connais rien aux arts... je n'ai jamais pu parvenir à jouer Malbrouck sur le piano... Si je monte ici, ce n'est pas du tout par amour pour la peinture et le dessin.

— Alors c'est pour avoir votre portrait... désir bien naturel quand on a vos traits, madame !

Paola piétine et frappe de sa main sur son genou en disant :

— Ah ! que vous m'impatientez... que vous m'agacez... que vous me faites damner !... Vous le savez très-bien pourquoi je monte... vous faites semblant de ne le point deviner ; mais vous ne me ferez pas croire que vous êtes un niais... un innocent qui ne connaît pas les femmes... qui ne sait pas lire dans leur cœur...

— Moi ! savoir lire dans le cœur d'une femme !... oh ! vous me croyez donc plus savant que Caton, que Juvénal, que Tertullien, que...

— Assez ! assez !... est-ce que je connais tous ces messieurs-là ?

— Madame, permettez-moi de vous faire reprendre la pose que vous avez adoptée l'autre jour...

— Eh bien, soit, monsieur, posez-moi comme vous voudrez, car, quant à moi, je ne me rappelle plus du tout comment j'étais.

Roger place madame de Beauvert ; celle-ci ne se tient jamais tranquille afin que l'artiste soit toujours obligé de retoucher à ses bras ou à sa tête. Il finit par s'impatienter et lui dit :

— Madame, si vous ne voulez garder aucune des positions que je vous donne, nous n'en finirons jamais et je dois renoncer à faire votre portrait.

— O mon Dieu ! monsieur, je vois bien que vous

vous fâchez... on se tiendra tranquille... ne vous mettez pas en colère.

— Je ne me mets pas en colère, madame ; mais j'aime à bien employer mon temps, et nous le perdons en ce moment.

— Ah ! vous trouvez que vous perdez votre temps avec moi !... ah ! c'est très-joli !... je ne me serais pas attendu à cela... vous êtes aimable... Allons, monsieur, ne froncez pas le sourcil, je ne bouge plus... vous voyez bien que je ne bouge plus.

Roger est allé se remettre devant son modèle et commence à travailler, lorsque tout à coup Paola regarde au fond et aperçoit le portrait de Thélénie qui n'est plus tourné du côté de la muraille ; aussitôt elle s'écrie :

— Ah ! encore cette horrible tête !... cette figure que je ne peux pas souffrir... vous l'avez retournée !... pourquoi l'avez-vous retournée ? je l'avais placée comme elle devait être... Vous tenez donc bien à la voir, cette femme !...

— Madame, je n'ai pas des portraits dans mon atelier pour qu'ils soient tournés du côté du mur... alors ce ne serait pas la peine de les avoir...

— Monsieur, allez retourner ce portrait, je vous en prie... il me gêne, il m'empêche de poser... je vous assure que je vais me trouver mal si je le vois encore.

Roger se lève, en disant :

— Mon Dieu, madame, puisque cela vous empêcherait de poser... je ne veux pas vous contrarier.

Et il va retourner le tableau. Alors Paola s'écrie :

— Ah !... que c'est bien, cela ! .. que vous êtes gentil !... donnez-moi votre main, ne soyez plus fâche avec moi.

Roger ne peut se dispenser de prendre cette main qu'on lui tend et qui serre la sienne avec force ; mais il se dégage et court reprendre sa place, tandis que Paola murmure :

— Que je suis émue !... Ah !... si vous pouviez ne plus l'aimer cette femme !...

— La tête un peu plus tournée à gauche...

— Ah ! qu'il m'ennuie !... il ne pense qu'à son ouvrage !... J'espère au moins qu'on nous laissera tranquilles aujourd'hui et que ce gros imbécile de l'autre jour ne va pas revenir.

— Je ne puis pas vous affirmer qu'il ne viendra personne...

— Mais il y a un moyen bien simple : en ôtant la clef qui est à votre porte en dehors, personne ne pourra entrer, et on croira que vous n'y êtes pas.

— Cela ne se peut pas ; d'abord le concierge sait fort bien que j'y suis.

— Est-ce qu'on écoute les concierges ?

— Ensuite, il peut me venir des clients... des commandes... l'éditeur pour qui je fais des bois...

— Eh bien ! tous ces gens-là s'en iront... Otez la clef, mon petit, je vous en prie.

— Je suis fâché d'être obligé de vous refuser... mais j'ai des choses bien importantes à dire à mon éditeur, et je suis bien aise qu'il me trouve, sans cela il croirait que je vais me promener au lieu de faire les bois qu'il me confie... voilà ce que vous voulez pas.

Paola se mord les lèvres de dépit en disant :

— Ce que vous ne voulez pas !... eh ! mon Dieu ! c'est d'être seule avec moi... il n'y a pas besoin de prendre tant de détours. Et quand cette femme qui est accrochée là-bas vient ici, je suis bien sûre que vous ne lui dites pas toutes ces raisons, et que vous ôtez bien vite la clef de votre porte. Monstre que vous êtes !... oui vous êtes un monstre ! car vous voyez bien que je vous aime, moi, que vous m'avez tourné la tête !... Pourquoi ! Ah ! par exemple, ce n'est pas parce que vous m'avez fait la cour et que vous avez été galant avec moi... ce serait plutôt le contraire... car les femmes sont si singulières... et puis moi

74

je suis lasse d'hommages, de compliments, de fadeurs!..
s'entendre toujours dire qu'on vous adore ! c'est si monotone... si ennuyeux ! Avec vous, c'est bien différent !
il faut que ce soit moi qui fasse la cour... qui fasse le rôle
de l'amant ! Vous m'y avez forcée, méchant que vous
êtes; car si je monte ici, si je viens vous trouver, c'est que
vous avez refusé de venir me voir. Ah ! il faut que
vraiment vous m'ayez ensorcelée... et vous en êtes bien
fier... vous jouissez maintenant de votre triomphe... Je
gage que vous vous êtiez dit : « Je la forcerai à s'humilier
devant moi, à m'avouer sa faiblesse... » eh bien, soyez
satisfait, monsieur, cet aveu je l'ai fait... êtes-vous content ?

Au lieu d'être content, Roger est fort embarrassé, et
ce qu'il venait d'entendre ne le rendait nullement fier.
Ne sachant que répondre, il tâche de tourner la chose en
plaisanterie et dit :

— Savez-vous bien, madame, que c'est charmant tout
ce que vous venez de me débiter là... et que si j'étais un
fat, je pourrais prendre la chose au sérieux et croire que
vraiment j'ai eu le bonheur de vous plaire, d'attendrir
votre cœur! Mais, grâce au ciel, la fatuité ne fut jamais
mon défaut... et puis je ne crois pas les choses invrai-
semblables. Vous, dont tous nos lions, nos gandins
briguent un sourire; vous, qui êtes accablée de déclarations, qui voyez à vos pieds toutes les sommités dans la
finance, dans les arts, dans le commerce... vous devien-
driez éprise d'un simple artiste, bien modeste, bien inconnu
encore! Oh ! non, je ne croirai jamais cela ! et vous me le
répéteriez cent fois que je me dirais : Cette dame joue fort
bien la comédie !... elle veut la jouer avec moi, s'engager
dans les rôles à grande passion : après tout où est le mal ?
il faut bien s'amuser un peu.

Paola trépigne des pieds et s'écrie :
— Mais c'est affreux ce que vous me dites-là !... mais
quel homme êtes-vous donc ?... il ne veut pas croire qu'on
l'aime, qu'on l'adore !... qu'on éprouve pour lui ce qu'on
n'avait jamais éprouvé pour nul autre. Que faut-il donc
faire pour vous le persuader ? faut-il aller se jeter dans
vos bras ?... eh bien ! monsieur, je vais m'y jeter.

Déjà la belle courtisane s'est levée pour faire ce qu'elle
dit, et Roger, tout interdit, ne sait à quel saint se vouer,
lorsque la porte de son atelier s'ouvre, et Boniface paraît
suivi de son ami Calvados. Paola est retombée sur sa
chaise en murmurant :
— Ah ! encore cet homme ! mais c'est donc une fatalité !
Tant pis ! je ne m'en vais pas cette fois.

Roger respire et se dit :
— Je l'échappe belle ! décidément M. Boniface est mon
bon génie.
— C'est moi, s'écrie le provincial, c'est encore moi qui
viens vous voir travailler, parce que vous m'avez dit que
cela ne vous dérangeait pas! Madame, j'ai bien l'honneur...
C'est madame que j'ai déjà eu le plaisir de rencontrer ici...
je crois ?

Paola ne répond pas au salut de Boniface, elle fronce
le sourcil, si elle osait elle lui tirerait la langue. Mais
celui-ci continue :
— Je ne suis pas seul... j'ai pris la liberté de vous
amener mon ami... dont je vous ai souvent parlé, et qui
désirait tant faire votre connaissance.
— Vous avez fort bien fait, mon cher monsieur Boniface. Monsieur, avancez donc, je vous en prie... et excusez-
moi si je ne me lève pas.

Calvados était resté un peu à l'entrée de l'atelier.
Madame de Beauvert était assise de façon à tourner le dos
à la porte, si bien que les personnes qui entraient ne
pouvaient voir sa figure, à moins d'aller se mettre tout
près de Roger. L'ami de Boniface s'avance en saluant
l'artiste, et cette dame qu'il ne voit encore que par derrière.
— Monsieur... je me présente sous les auspices de mon
ami Triffouille... j'ai vu beaucoup de vos bois dans les

illustrations... c'est charmant ! bien dessiné; bien com-
posé.
— Vous êtes trop indulgent, monsieur.
— Non, je ne fais au reste que répéter tout ce que le
monde dit. Je suis heureux de connaître l'auteur de tant
de dessins ravissants. Mais vous travaillez, et je me demande si Boniface n'abuse pas de votre bonté en venant
ainsi vous troubler.
— Nullement, monsieur. Si pour entrer dans mon
atelier on attendait que je fusse à rien faire, on viendrait
bien rarement me voir, et cela me priverait.

Pendant que Calvados parlait, madame de Beauvert a
paru éprouver comme un trouble subit, elle a un petit
peu tourné la tête pour apercevoir ce monsieur, puis elle
l'a détourné bien vite, parce que de son côté Calvados,
grand amateur du beau sexe, cherchait déjà à voir cette
dame dont on faisait le portrait.
— Tu vois, mon cher ami, que je ne t'ai pas trompé,
dit Boniface; M. Roger n'est pas comme le greffier de
Vaugirard, qui, dit la chronique, ne pouvait pas écrire
quand on le regardait. Moi, j'avoue que j'ai quelque
chose de ce greffier-là. Quand j'ai à travailler, n'importe
à quoi... et qu'on me regarde... c'est fini, je ne peux
plus continuer.
— Il serait fâcheux, répond M. Calvados, en avançant
encore pour tâcher d'apercevoir les traits de la dame qui
pose, très-fâcheux que monsieur ne continuât pas ce
qu'il fait en ce moment... car tout le monde y perdrait.
— Toujours galant, Calvados. Oh ! c'est un admirateur
du beau sexe... aussi a-t-il épousé une fort jolie femme.

En entendant prononcer le nom de Calvados, madame
de Beauvert a tressauté sur son siège, et elle tourne encore
plus sa tête pour que ce monsieur ne la voie pas en face,
mais Roger lui dit :
— Pardon, ma belle voisine, mais vous tournez beaucoup trop votre tête à droite. Je ne vous vois plus qu'en
profil.
— Eh bien, faites-moi de profil, répond Paola d'une
voix saccadée.
— Mais, madame, puisque je vous ai commencée de
trois quarts, je ne puis plus vous faire de profil... ou alors
tout serait à refaire.
— Eh bien... je suis fatiguée... je ne pose plus aujourd'hui.

En disant ces mots, cette dame s'est levée vivement et
voudrait s'en aller sans passer devant les deux messieurs qui
viennent d'arriver, mais elle a beau se chercher un chemin, des chevalets, des bustes en plâtre, des cartons
amoncelés sur des chaises lui barrent le passage. Calvados,
qui voit l'embarras de cette dame, s'empresse de déranger
quelques chaises et court lui offrir sa main, en lui disant :
— Permettez-moi, madame, de vous frayer une route,
car dans un atelier, il y a souvent des choses précieuses
qu'il faut prendre garde de déranger.

Paola n'ose pas refuser cette main qu'on lui présente.
Calvados peut alors voir la figure de cette dame et il
paraît tout surpris, tout ému, puis en conduisant Paola
jusqu'à la porte, murmure :
— Mais il me semble que j'ai déjà eu le plaisir de
voir madame... je ne me rappelle plus où... cependant...
attendez.

Avant qu'il ait achevé sa phrase, la belle dame est
partie en refermant brusquement la porte de l'atelier et
sans avoir répondu un seul mot à Calvados.
— Décidément nous avons fait fuir cette dame, dit
Boniface, et j'en suis désolé.
— Et moi, je suis enchanté que vous soyez venus faire
cesser notre tête-à-tête ! s'écrie Roger; vous savez bien,
mon cher monsieur Triffouille, ce que je vous ai déjà
dit à ce sujet. Mais à quoi donc rêve votre ami, M. Calvados? la vue de ma voisine a paru l'émotionner. Est-ce

Roger ne peut achever, on ouvre la porte. (Page 69.)

que vous la connaissez? cela n'aurait rien de surprenant... c'est une dame très-répandue dans le monde.

— Si je la connais ! s'écrie Calvados en se frappant le front, eh parbleu ! c'est elle, j'en suis certain à présent, oui, c'est elle..., c'est Lucette !

— Lucette !... quoi, mon élégante voisine, madame de Beauvert, serait tout bonnement Lucette ? Oh ! cela ne m'étonne pas du tout, monsieur Calvados, car ces dames-là prennent ordinairement des noms pompeux auxquels elles n'ont aucun droit... et je crois que ma voisine a dû en changer souvent.

— Voyons, Calvados, ne te trompes-tu pas ? une belle dame... si parfumée, qui a des manières si grand genre... serait tout simplement une Lucette? mais d'abord qu'est-ce que c'est que Lucette ?

— Ah ! oui, monsieur Calvados, si ce n'est pas une indiscrétion, contez-nous donc cela.

— Volontiers, messieurs, parbleu entre hommes, on peut bien se conter ses petites fredaines de jeunesse... et d'ailleurs ma femme elle-même sait bien qu'elle n'a pas épousé un novice.

— Asseyez-vous, messieurs. Monsieur Calvados, nous vous écoutons.

« Lucette était à dix-sept ans une simple brunisseuse, mais elle était extrêmement jolie... d'après ce qu'elle est encore aujourd'hui, vous devez juger ce qu'elle devait être dans tout l'éclat de son printemps et de sa fraîcheur. Je fis sa connaissance dans un petit bal champêtre aux environs de Paris, elle me permit de la reconduire... bref, je fus son amant ; elle prétendit que j'étais le premier et que je l'avais séduite ; j'étais alors assez joli garçon pour faire la conquête d'une jeune fille, cependant je suis persuadé que je n'avais pas eu son premier amour.

Notre liaison dura assez longtemps, mais je m'aperçus que mademoiselle Lucette me faisait ce qu'on appelle des traits... ou, si vous aimez mieux, qu'elle ne m'était pas fidèle. Sans vouloir en acquérir la preuve et lui faire des scènes, je cessai de la voir. Il y avait trois mois que j'avais rompu avec elle, lorsqu'un beau matin elle vint chez moi me dire : « Je suis enceinte, j'espère que vous aurez soin de votre enfant ! » Je lui répondis : « Ma chère amie, j'ai peut-être fait les oreilles à cet enfant-là, c'est possible ! mais à coup sûr d'autres y ont travaillé... car depuis longtemps je ne possédais pas seul vos bonnes grâces. Quand une fille dans votre position veut que l'homme qu'elle a connu s'y intéresse, il faudrait d'abord qu'elle eût avec lui conservé une conduite sage et n'eût pas été courir avec d'autres. Je ne ferai donc rien pour votre poupon. » Mademoiselle Lucette me traita de canaille et s'en alla en cassant ma cuvette. Quelques mois après, j'appris qu'elle avait mis au monde une fille ; comme Lucette pouvait être gênée, et qu'après tout il faut se montrer obligeant pour les femmes qui ont eu l'air de vous aimer, je lui envoyai cinq cents francs avec mes compliments. Elle prit mes cinq cents francs et dit à mon commissionnaire : Celui qui vous envoie est un imbécile, ne manquez pas de lui dire que je lui défends de jamais se représenter chez moi.

— Bon, me dis-je, cela t'apprendra à envoyer cinq cents francs à une bambocheuse qui s'est toujours moquée de toi. Le temps s'écoula : je rencontrai quelquefois mademoiselle Lucette à la promenade ou au spectacle ; mais déjà elle était mise avec une élégance qui m'annonçait qu'elle ne devait plus exercer son état de brunisseuse, et elle me regardait d'un air dédaigneux, impertinent, qui me faisait rire et pitié ; au spectacle elle était toujours

Et ce monsieur est repoussé et renversé. (Page 74.)

placée aux avant-scènes; aux Champs-Élysées, elle trônait dans une calèche et c'était rarement avec le même cavalier que je la voyais, de tout cela je dus conclure ce qui probablement est arrivé : Que mademoiselle Lucette, la modeste brunisseuse, était devenue une lorette à la mode. Elle a changé de nom... c'est tout simple... c'est la première chose que font ces femmes qui changent de nom comme de robes et ne se gênent point pour se donner même quelquefois les titres de noblesse, auxquels on ne croit guère dès qu'on les entend parler. Lucette a-t-elle fait fortune? je l'ignore, mais je le désire pour elle, car je ne lui en veux pas, moi, bien que tout à l'heure elle ait encore fait la grimace en me reconnaissant, mais il y avait au moins douze ans que je l'avais perdue de vue, et quoiqu'elle soit encore assez bien... ah! il m'a fallu rassembler tous mes souvenirs pour retrouver dans cette dame élégante ma jolie brunisseuse d'autrefois. »

— Quelle aventure étonnante! s'écrie Boniface, cette belle dame a été brunisseuse!

— Mais, mon cher monsieur Boniface, cette histoire est au contraire fort commune et toute naturelle, dit Roger; c'est ce qui arrive si souvent aux jeunes ouvrières jolies et qui pour le plaisir abandonnent le travail. Quelques-unes, comme celle qui sort d'ici, arrivent à la fortune, ou du moins à mener le train des personnes riches; mais la plus grande partie de ces dames n'ayant aucun ordre, ne s'inquiètent pas de l'avenir, dissipent tout ce qu'on leur donne, font des dettes, et, quand les amoureux disparaissent avec leur beauté, tombent dans la misère où elles inspirent rarement la pitié, parce qu'on se rappelle le luxe insolent qu'elles ont étalé, la vie folle qu'elles ont menée au temps de leur prospérité.

— C'est bien cela, dit Calvados, monsieur connaît parfaitement ces dames! c'est bien là la marche qu'elles suivent! Et vous dites que Lucette se fait appeler maintenant...

— Madame de Beauvert.

— Madame de!... Je suis surpris qu'elle n'ajoute pas à cela : la comtesse, ou la baronne... mais cela viendra. Et c'est votre voisine?

— Elle demeure dans cette maison, occupe un superbe appartement au premier.

— Allons, je vois qu'elle est au pinacle maintenant! mais gare la dégringolade.

— Et cet enfant, cette fille qu'elle a eue, savez-vous ce qu'elle est devenue?

— Ah! oui, dit Boniface, cet enfant dont on voulait te faire les honneurs?

— Ma foi, messieurs, vous m'en demandez trop... en envoyant cinq cents francs à Lucette, je lui donnais bien de quoi payer pendant deux ans les mois de nourrice de son enfant! J'ignore si elle l'a fait... franchement je ne m'en suis pas occupé, parce que je n'ai jamais cru être le père de cet enfant et je me suis rappelé cet axiome : Dans le doute, abstiens-toi! Mais je suis vraiment fâché, monsieur Roger, pour la première fois que je viens chez vous, d'avoir été la cause bien involontaire de la fuite d'une personne dont vous faisiez le portrait.

— Ne vous excusez pas, monsieur Calvados, je suis au contraire enchanté que votre rencontre avec mon élégante voisine ait eu lieu dans mon atelier... car je pense que cela pourra ôter à madame Lucette l'envie de monter si souvent ici.

— Et elle vous ennuie... c'est pourtant une fort jolie femme... et qui ne paraît pas avoir plus de trente-trois à trente-quatre ans, bien qu'elle frise la quarantaine.

—Je ne dis pas le contraire... mais je n'en serai jamais amoureux !

— Et toi, Calvados, il me semble que la vue de ton ancienne maîtresse t'a ému ?

— Surpris... étonné, oui... mais ému... oh ! non... d'ailleurs je ne pense plus qu'à ma femme... que je chéris plus que jamais maintenant, depuis que je suis sûr de mon fait.

— De quoi es-tu sûr ?

— De la sagesse d'Éléonore.

— Ah ! l'épreuve avec ton neveu a donc eu un résultat satisfaisant ?

— Magnifique, mon cher ! mon jeune officier a mené la chose au pas de charge, et il est revenu un matin me dire :

—Ma tante est furieuse contre moi : je lui ai dit que je l'adorais... elle me défend de me représenter devant elle... elle m'a presque chassé !

Moi, je riais comme un fou. Alors j'ai rassuré mon neveu, je lui ai dit :

— Sois tranquille, je vais faire ta paix avec ma femme.

En effet, je suis allé trouver Éléonore, je lui ai avoué que mon neveu n'avait agi que par mes ordres, que c'était encore une épreuve... mais je lui ai juré que ce serait la dernière. Ma femme s'est d'abord fâchée contre moi... j'ai eu beaucoup de peine à la ramener. Enfin elle m'a pardonné, et elle a été la première à me dire qu'elle n'en voulait plus à mon neveu. Ce pauvre garçon a été enchanté de cela... il est revenu bien vite à la maison, et il y vient tous les jours, et ma femme veut qu'il dîne chez nous... et il lui sert de cavalier quand elle veut se promener et que je n'ai pas le temps de l'accompagner... et il fait le soir sa partie de bésigue quand je suis obligé de sortir.

— Et tu es sûr de ton affaire ?

— Oui, mon bon Boniface, je le dis hautement devant M. Roger, j'ai éprouvé la vertu de ma femme. C'était hardi... c'était imprudent peut-être... mais j'ai été plus heureux que sage. De cinq épreuves mon épouse est sortie victorieuse ; mais la dernière est surtout concluante, parce que mon neveu, qui est officier, est fort joli garçon et très-aimable. Aussi c'est bien fini. Je m'en tiens là, je suis sûr de mon fait.

—Je vous en fais mon compliment, dit Roger en accompagnant ces mots d'un sourire tant soit peu railleur.

Et les deux visiteurs, après avoir encore causé quelque temps, prennent congé de l'artiste.

XIV

UNE FEMME QUI A SES NERFS.

Roger est enchanté que Boniface lui ait amené son ami Calvados, et que celui-ci ait rencontré chez lui madame de Beauvert, ci-devant Lucette ; il ne doute pas que la crainte de retrouver ce monsieur dans son atelier n'empêche cette dame de venir le voir, et après l'aveu qu'elle lui a fait, il sent qu'il sera très-gauche lorsqu'il se retrouvera avec elle, non pas qu'il se sente disposé à être touché de l'amour qu'elle prétend éprouver pour lui, mais parce qu'elle a une manière de vouloir vous convaincre qui met les gens dans une position très-embarrassante.

En effet, Paola est redescendue chez elle dans un état d'irritation qui frise l'attaque de nerfs ; en entrant dans son salon, elle repousse si brusquement sa femme de chambre, que mademoiselle Léontine, qui voulait avertir sa maîtresse que le riche entrepreneur l'attendait, tombe sur une chaise placée tout contre un buffet, auquel elle donne une telle secousse, que plusieurs pièces de porcelaine placées dessus sont renversées et se brisent sur le parquet.

Au bruit que produit la porcelaine qui se brise, M. Bernouillet passe sa tête joufflue et bête hors de la porte du salon ; mais justement alors Paola s'y précipitait, et ce monsieur est repoussé et renversé comme la femme de chambre. Tout cela semble fort peu inquiéter Paola qui va se jeter sur une dormeuse, en s'écriant :

—Ah ! quelle fichue rencontre ! faut-il que j'aie du guignon ! Ah ! je suis furieuse, je voudrais briser quelque chose !

M. Bernouillet, qui ne se relève pas facilement parce que son ventre et ses douleurs rhumatismales s'y opposent, s'asseoit comme un Turc sur le tapis dont heureusement pour lui le parquet est recouvert, en disant :

— Ah ! vous avez envie de briser quelque chose... mais il me semble que vous y avez bien réussi ; toutes les porcelaines qui paraient votre buffet sont à terre. Qu'est-ce que vous avez donc aujourd'hui, ma belle amie ? vous faites tomber tout le monde ! moi ! votre femme de chambre !

—Comment ! vous êtes tombé ?

— Vous ne vous en étiez pas encore aperçue ?

— Et comment donc avez-vous fait pour tomber ?

— Ah ! voilà qui est joli ! c'est vous qui m'avez jeté par terre.

— Je vous ai jeté par terre, moi ! ah ! par exemple... est-ce que j'aurais la force, quand bien même je le voudrais, de renverser une masse comme vous.

— Une masse ! vous m'avez très-bien renversé en vous jetant brusquement sur la porte du salon... et j'étais derrière.

— Si vous ne savez pas vous tenir sur vos jambes, est-ce ma faute à moi ? je vous trouve encore bien singulier de me dire cela.

— Je ne prétends pas que ce soit tout à fait de votre faute ; mais vous avez aussi fait tomber Léontine.

— Allons, bon ! j'ai fait tomber ma femme de chambre à présent.

— C'est-à-dire... elle n'est tombée que sur une chaise, mais elle a cogné le buffet, ce qui a renversé et brisé les porcelaines.

— Taisez-vous, monsieur, taisez-vous, vous ne savez ce que vous dites... vous radotez.

—Comment ! je radote...

— Vous voyez bien que je souffre... que j'ai mes nerfs... et vous venez me dire que je vous ai jeté par terre... que j'ai renversé ma femme de chambre... brisé quelques vases... et quand cela serait !... voyez donc le beau malheur !... si je veux renverser, briser, mettre tout le monde à la porte... est-ce que je n'en ai pas le droit ?... est-ce que je ne suis pas la maîtresse chez moi ?

M. Bernouillet, qui est parvenu à se relever, s'approche doucement de Paola, et tâche de faire une petite voix flûtée, en lui disant :

— Allons, ma toute belle, ne vous emportez pas... vous savez bien que la colère vous rend malade.

— Alors, monsieur, si vous savez que la colère me fait du mal, pourquoi vous appliquez-vous à me contrarier... à m'agacer... à me tourmenter... pour quelques misérables vases de porcelaine qui se sont brisés ?... vous en achèterez d'autres, voilà tout !

— Oui, certainement, je vous en achèterai de plus beaux même.

— Ce n'est donc pas la peine de me reprocher cela.

— Je ne vous ai point fait de reproches, ma toute belle.

— Si, monsieur, vous m'en avez fait ; et dire que je vous ai jeté par terre.

— J'ai eu tort.

— Que je vous ai poussé.

— C'est la porte seulement qui m'a poussé; oubliez tout cela.

— Demandez-moi pardon d'abord; je ne pardonne pas vite, moi!

— Eh bien, oui, chère amie, je vous demande pardon de... ce que vous m'avez... de ce que je me suis jeté par terre.

— A la bonne heure. Ah! je suis trop bonne... je vous pardonne. Donnez-moi Cocotte.

M. Bernouillet, après avoir baisé la main que sa maîtresse a bien voulu lui donner, va chercher l'oiseau chéri qui était sur son perchoir et qui, lorsqu'il le prend, ne manque pas de s'écrier :

— Ah! qu'il m'embête, celui-là!

Ce qui ramène le sourire sur les traits de la belle dame qui prend sa perruche et lui baise tendrement la tête, en lui disant :

— Ah! tu es ma fidèle amie, toi!... tu ne me fais jamais de chagrin, toi!... tu fais ce que tu peux pour me distraire, toi !... aussi je t'aime!... je t'aime!...

— Prenez garde, belle dame, murmure M. Bernouillet, vous confiez votre délicieuse figure à ces oiseaux, et ils sont traîtres quelquefois.

— Non, monsieur... non; il n'y a que les hommes de traîtres!... de scélérats!... d'infâmes!... mais les perruches sont des amours...

— J'espère, ma belle, que vous ne me rangez pas parmi les traîtres et les scélérats?...

— Vous!... eh! mon Dieu, vous ne valez pas mieux que les autres.

— Décidément, vous avez des idées noires aujourd'hui.

— Eh bien, monsieur, procurez-moi des distractions. Votre calèche est-elle en bas?

— Oui, sans doute; car je voulais vous proposer une promenade au bois.

— Je ne veux pas aller au bois... toujours le bois avec vous... c'est monotone... je veux courir les boutiques, les magasins. J'ai beaucoup d'emplettes à faire... j'ai besoin de dépenser de l'argent, il n'y a que cela qui puisse me distraire!... Votre portefeuille est bien garni, j'espère?

— Toujours, belle dame, toujours; quand je vais voir les dames, je ne suis pas homme à me faire prendre au dépourvu.

— C'est bien... je veux acheter un châle nouveau... quelques soieries... quelques bijoux... enfin je verrai!... Léontine! Léontine!...

La femme de chambre, qui est tombée un peu rudement sur la chaise et s'est cognée la tête contre le buffet, arrive en faisant une moue très-prononcée, et dit d'un air d'humeur :

— Que veut madame?

— Mon chapeau, mon châle... Allons, dépêchez-vous!

— Je ne puis pas aller plus vite, madame.

— Qu'est-ce que c'est que cette manière de me répondre, mademoiselle?

— Ah! si madame n'est pas contente, elle n'a qu'à me donner mon compte; je ne tiens pas à rester chez quelqu'un qui vous bouscule... au point que je me suis fait une bosse à la tête contre le buffet.

Madame de Beauvert, qui est infiniment plus douce avec sa femme de chambre qu'avec son entreteneur, prend un joli bonnet garni de dentelles, qu'elle n'a encore porté que deux fois, et le jette à mademoiselle Léontine en lui disant :

— Allons, taisez-vous, mauvaise tête, et prenez cela, je vous en fais cadeau.

La camériste redevient charmante; elle ne songe plus à sa bosse au front et s'écrie :

— Pour moi, ce joli bonnet!... ah! que madame est bonne!... ah! que je suis contente!... Je le mettrai dimanche.

— C'est bien, c'est bien... donnez-moi mon chapeau... et vous, monsieur, remettez Cocotte sur son perchoir.

M. Bernouillet n'est jamais enchanté quand il faut qu'il prenne l'oiseau dont il a peur; cependant il avance son bras sur lequel Cocote va se placer en lui disant :

— Ah! c'te tête!...

Ce qui fait encore rire Paola, qui regarde Léontine en murmurant :

— Est-elle drôle! est-elle amusante!... je ne la donnerais pas pour mille écus.

Enfin madame est prête; elle descend avec M. Bernouillet, non sans lever la tête plusieurs fois pour regarder dans le haut de l'escalier; et cela recommence si souvent, que le gros entrepreneur lui dit :

— Vous avez oublié quelque chose, belle amie?

— Non, monsieur, je n'ai rien oublié; pourquoi me faites-vous cette question?

— C'est que je vous vois regarder en l'air.

— Eh bien, est-ce que, je ne pourrai pas regarder où je voudrai maintenant sans que vous cherchiez à savoir pourquoi? En vérité, cela devient trop fort! vous tournez au tyran si je n'y prenais garde.

— Oh! par exemple!... ma toute belle!...

— Assez! pas un mot de plus ou je ne sors pas avec vous.

M. Bernouillet se tait en se disant :

— Elle a ses nerfs... certainement elle en souffre aujourd'hui, ne la contrarions pas... cela se passera.

On monte en calèche. Madame a une robe que sa crinoline gonfle tellement, qu'il faut qu'elle ait pour elle seule le fond de la calèche, et M. Bernouillet est obligé de se mettre sur le devant. Il essaie de nouer un entretien agréable, et selon son habitude parle du temps qu'il fait, de ses douleurs rhumatismales, et de ce qu'il a mangé à son déjeuner. Mais la belle dame ne l'écoute pas, elle est enfoncée dans ses réflexions et s'écrie tout à coup :

— M'aimera-t-il?... il n'a rien répondu!

— Ah! il faudra bien qu'il m'aime!

M. Bernouillet se permet de demander d'un air timide :

— De qui donc voulez-vous être aimée, belle amie, et qui ne vous a pas répondu?

— Comment, monsieur! qu'est-ce que vous dites?

— Permettez... c'est vous qui venez de vous écrier : M'aimera-t-il?... il n'a rien répondu!

— Eh bien, je parlais de ma perruche.

— Mais vous avez dit : Il faudra bien qu'il m'aime... au masculin.

— Eh bien, monsieur, je pensais à mon oiseau... c'est du masculin, il me semble?

— C'est juste... pardon... je suis une buse.

— Ah! il est heureux que vous vous en aperceviez.

Madame de Beauvert fait arrêter la calèche devant son bijoutier habituel; elle descend, M. Bernouillet s'apprête à en faire autant, elle lui dit :

— Restez, je n'ai pas besoin de vous pour choisir ce qui me plaira; au contraire, quand vous êtes à côté de moi, cela me gêne.

— Cependant, ma belle amie...

— Je vous dis de rester dans la voiture... est-ce que vous ne m'avez pas comprise?

— Pardonnez-moi... mais, c'est que...

— Ah! si vous ne voulez pas m'attendre, partez avec la voiture... je ne vous retiens pas... je me passerai fort bien de vous.

— Mais je n'ai jamais eu l'intention de m'en aller, belle amie!

— Alors restez là.

— Il ne faut pas la contrarier, se dit l'entrepreneur en se rasseyant dans la calèche ; les jolies femmes ont comme cela des jours où elles se fâchent pour un rien.

On trouvera peut-être que ce monsieur pousse un peu loin l'obéissance aux caprices de sa maîtresse ; mais ce portrait n'est cependant pas outré, et, pour ceux qui ont vu de ces sots enrichis près de ces dames à la mode, il est encore d'une couleur fort douce ; et notez bien que ce n'est pas l'amour qui rend ces messieurs si souples, si empressés près de leur belle ; ils sont trop épais, trop obtus pour connaître ce sentiment ; la vanité seule les fait agir. C'est par vanité qu'ils veulent avoir pour maîtresse la femme la plus à la mode ; c'est par vanité qu'ils la couvrent de diamants, de cachemires et de dentelles ; et cette femme qui connaît son pouvoir sur ces *Midas* ne manque pas d'en abuser et de les faire aller comme des marionnettes, bien certaine que si elle était douce, aimable, raisonnable, économe, ces messieurs la quitteraient bien vite, en se disant :

— Ma maîtresse a bien peur de me perdre... c'est qu'elle n'a pas la vogue.

Paola est remontée dans la voiture suivie d'un commis qui lui remet un petit carton fermé. Elle dit à Bernouillet :

— Donnez à monsieur cinq cents francs... vous voyez que j'ai été raisonnable, j'ai dépensé bien peu.

L'entrepreneur paye sans faire la moindre grimace, puis il dit à Paola :

— Peut-on voir ce que vous venez d'acheter ?

— Mon Dieu ! oui... ouvrez le carton, vous verrez.

— Tiens ! c'est une chaîne en or...

— Oui, c'est une chaîne.

— Mais vous en avez déjà deux.

— Eh bien, ça m'en fera trois. Est-ce que vous ne trouvez pas celle-ci jolie ?

— Pardonnez-moi... elle est très-belle... mais un peu forte... un peu lourde pour une dame ; c'est plutôt une chaîne d'homme, ceci.

— Bah ! vous ne vous y connaissez pas.

Et Paola referme le petit carton qu'elle fourre derrière elle en murmurant :

— Ah ! je triompherai ! je triompherai !...

— Vous voulez triompher, ma chère amie, et de quoi ?

— Qu'est-ce que vous me demandez, monsieur ?

— Je vous demande de qui vous voulez triompher ?

— En vérité, monsieur, je ne vous comprends pas ! à propos de quoi me faites-vous cette question ?

— Mais parce que, en glissant ce carton derrière vous, vous venez de vous écrier : Ah ! je triompherai ! je triompherai !

— Eh bien, monsieur, en ayant de superbes bijoux, est-ce qu'on ne l'emporte pas sur ses rivales... est-ce qu'on ne triomphe pas ? car c'est un triomphe que d'être proclamée la mieux mise, la plus élégante.

— C'est parfaitement vrai ! j'aurais dû deviner que c'était cela que vous vouliez dire... où donc avais-je l'esprit ?

— Ah ! je ne sais pas où vous l'avez, mais vous le cachez bien aujourd'hui. Ah ! voilà mon magasin d'étoffes, de soieries. Cocher, arrêtez.

— Dois-je descendre cette fois, belle dame ?

— Mais non, encore une fois : restez donc dans la voiture, vous y êtes bien mieux que si vous me suiviez dans ces immenses salles.

Et la belle dame descend lestement de la calèche pour entrer dans le magasin de nouveautés ; tandis que M. Bernouillet étend ses jambes dans la voiture, en se disant :

— Au fait, je suis tout aussi bien ici. Ah ! si elle entrait dans un magasin de modes... c'est différent, j'insis-

terais pour l'accompagner, parce qu'il y a là de jolis minois, des figures chiffonnées à lorgner. Mais il n'y a pas de danger que jamais Paola me mène chez sa modiste... elle sait que je suis trop mauvais sujet... Eh ! eh ! eh !...

Le gros monsieur, enchanté de sa réflexion, se fait rire tout seul ; puis, comme sa maîtresse reste fort longtemps dans le magasin de nouveautés, il finit par s'endormir dans la calèche. Il est réveillé par Paola qui remonte en voiture et lui crie aux oreilles :

— Comment ! monsieur, vous dormez !

— Ma foi... je crois que oui... je m'étais endormi en m'amusant...

— Payez monsieur... qui attend.

— Combien, madame ?

— Attendez que je regarde ma note. Six cent quinze francs... je n'ai presque rien acheté... je ne suis pas en goût aujourd'hui.

M. Bernouillet paye le commis, qui a placé sur le devant de la voiture plusieurs pièces d'étoffes, si bien que l'entrepreneur n'ose pas remuer, de peur de faire tomber un paquet.

— Chez moi, dit Paola au cocher.

M. Bernouillet examine les paquets qui l'entourent en murmurant :

— Peut-on voir ?

— Mon Dieu ! regardez si vous voulez... mais des étoffes pour robes, est-ce que vous vous connaissez à cela !...

— Mais oui... mais oui... je vois bien ce qui est beau.

Et M. Bernouillet, ouvrant le papier qui enveloppe un des paquets, y trouve plusieurs devants de gilets choisis dans ce qu'il y a de plus élégant et de plus à la mode. Il développe un des morceaux d'étoffe en disant :

— Mais, ma chère amie, vous ne pourrez jamais vous faire une robe avec cela ! c'est trop petit.

Paola ne peut retenir un éclat de rire ; mais elle referme le paquet en disant :

— A coup sûr, il n'y a pas même une manche là-dedans.

— On dirait des devants de gilets.

— Mon Dieu ! monsieur, on peut faire des gilets avec toutes les étoffes possibles ; mais on peut faire des toques... des bérets avec cela... en vérité, vous devenez tatillon. Laissez cela... je vous défends de toucher à mes achats.

— J'obéis, belle dame... j'obéis.

Et M. Bernouillet s'incline en souriant, car il se figure que sa maîtresse veut lui faire une surprise, et que c'est à son intention qu'elle a acheté des devants de gilets.

On est arrivé devant la demeure de madame, qui prie le concierge de lui monter ses emplettes. L'entrepreneur s'apprête cette fois à descendre de voiture ; sa maîtresse l'arrête en lui disant :

— Restez donc là... il est inutile que vous descendiez.

— Comment ! Est-ce que je ne pourrais pas monter avec vous ?... je serais bien aise... j'aurais voulu... belle amie...

— Rien du tout. J'ai très-mal à la tête, je vais me coucher et je veux qu'on me laisse dormir.

— Ah ! ça me contrarie... parce que...

— Je vous dis que j'ai la migraine, il me semble qu'il n'y a rien à répliquer à cela. Adieu, monsieur, à demain ; il faut espérer que je serai mieux portante.

La belle dame est rentrée dans sa maison et M. Bernouillet se place dans le fond de la calèche, en se disant :

— Quand elle a ses nerfs, il n'y a pas moyen d'en rien obtenir.

XXV

En rentrant chez lui, ce même soir, Roger reçoit de son concierge un grand carton plat, soigneusement ficelé et cacheté.

— Qu'est-ce que c'est que cela? demande le jeune artiste.

— Je n'en sais rien, monsieur; mais on m'a remis cela pour vous... Vous voyez bien d'ailleurs qu'il y a sur le carton : Pour M. Edouard Roger.

— Et qui vous a remis ce carton?

Le portier se gratte le nez, sourit, puis répond :

— Monsieur... c'est un... c'est un commissionnaire...

— Du quartier?

— Oh! oui... c'est-à-dire... je n'en sais rien.

— Enfin... de quelle part venait-il?

— Il ne me l'a pas dit.

— Monsieur le concierge, j'ai dans l'idée que vous en savez beaucoup plus... il y a donc du mystère dans cet envoi?

— Eh! eh!... je ne sais pas, monsieur; il y a peut-être du mystère, mais je vous jure qu'on m'a dit de vous dire que c'était un commissionnaire qui l'avait apporté.

— Très-bien!... au reste, en ouvrant le carton il est probable que je saurai d'où cela vient.

— Si monsieur veut l'ouvrir dans ma loge?

— Non, merci, je préfère l'ouvrir chez moi.

Roger monte chez lui en soupesant le carton et se dit :

— Ce sont probablement des dessins que l'on m'envoie et dont on veut avoir la reproduction sur bois. Nous allons examiner cela.

Arrivé dans son atelier, le jeune artiste allume sa lampe et s'empresse de déficeler le carton.

— Comme c'est fermé avec précaution... des cachets sur les nœuds de la ficelle... on n'a pas coutume de prendre tant de soins pour des gravures ou des dessins... cela pique ma curiosité. C'est peut-être une attrape... entre artistes on s'en permet assez souvent... enfin nous allons bien voir.

— Le couvercle est enlevé : Roger reste stupéfait en apercevant des pièces de soierie pour devants de gilets, il y en a quatre de la dernière élégance; puis sous les gilets est un autre petit carton renfermant la superbe chaîne en or que nous avons vu acheter dans la journée par la maîtresse de M. Bernouillet; puis enfin, à côté de la chaîne, il y a une lettre que Roger s'empresse de décacheter en se disant :

— Une chaîne d'or, des devants de gilets magnifiques! tout cela ne peut pas être pour moi... il doit y avoir erreur. Cette lettre va, j'espère, me donner la clef de cette énigme. Lisons. Diable! l'écriture n'est pas belle... n'importe, j'en viendrai à bout :

« Je vous ai dit que je vous aimais, et à celui qu'on aime il est doux de faire de petits présents. J'espère que vous ne refuserez pas ce que renferme ce carton, et que vous croirez que je ne joue pas la comédie, en vous disant que vous m'avez fait connaître un sentiment dont jusqu'alors je n'avais fait que rire, mais que je suis obligée maintenant de prendre au sérieux.

« A bientôt,

« Votre PAOLA. »

— Ma Paola!... ma Paola!... s'écrie Roger en froissant avec colère le billet, mais je n'en veux pas de ma Paola... pour qui donc me prend-elle, cette dame qui m'envoie une chaîne d'or et de quoi me faire des gilets! Ah! c'est

trop fort... ma belle voisine présume apparemment, parce que je loge au cinquième, que je n'ai pas le moyen de me vêtir... que je suis de ces jeunes gens qui se font entretenir par les femmes! Ah! morbleu! madame, je ne vous ai pas donné le droit de me juger ainsi, et je vous trouve bien impertinente avec vos cadeaux!... Vous croyez par là me séduire... parvenir à vous faire aimer... mais si vous n'étiez pas une sotte, vous sauriez que les plus beaux présents ne font pas venir l'amour là où il ne veut pas aller, car tout ce que vous donnent ces imbéciles qui ont la bonté de se ruiner pour vous ne vous fait pas éprouver pour eux une parcelle de ce sentiment. Ah! j'ai bien envie de descendre sur-le-champ reporter ce carton à la voisine... mais il est minuit et demie... je dort peut-être... et tout cela ne vaut pas la peine que je réveille personne... Demain matin je répondrai à sa lettre et je la lui enverrai avec son carton, reficelé et recacheté, par ce sournois de concierge qui, j'en suis certain, savait fort bien d'où venait tout cela.

Le lendemain, sur les dix heures du matin, madame de Beauvert n'était pas encore levée, mais elle ne dormait pas. L'image de Roger, dont elle était réellement amoureuse, ne lui laissait plus de repos. Enchantée de ce qu'elle a fait la veille, cette dame, qui croit qu'un jeune homme ne résiste pas plus aux cadeaux qu'une lorette ou une biche, disons tout de suite qu'une *mal peignée*, puisque, pour le moment, c'est sous cette épithète que l'on désigne une courtisane (nous avons pour ces dames un vocabulaire qui menace de devenir par trop volumineux), Paola est donc persuadée que le jeune artiste a été séduit par les charmants présents qu'elle lui a faits. Elle a réfléchi que la rencontre de Calvados n'a pu en rien lui nuire près de Roger; d'abord son ancien amant a fort bien pu ne pas la reconnaître, et, dans le cas contraire, que lui importe que Roger sache qu'elle a été Lucette? ce n'est pas avec lui qu'elle veut trancher de la grande dame et se donner des airs de baronne. Elle doit donc plus que jamais se flatter de faire la conquête de son jeune voisin; aussi compte-t-elle bien monter à son atelier aussitôt après son déjeuner.

Madame se promettait donc une journée délicieuse, lorsqu'elle vout entrer dans sa chambre Léontine qui porte un carton et une lettre.

— Que me voulez-vous? je ne vous ai pas sonnée, dit Paola.

— C'est vrai, madame; mais on vient d'apporter pour vous une lettre et ce carton... et comme je savais que madame était réveillée...

— Qui donc a apporté cela?

— Le concierge, madame.

— Encore quelques cadeaux de cet imbécile de Bernouillet! s'il croit pour cela que je le trouverai moins assommant. Voyons, approchez... Mon Dieu!... mais... ce carton... c'est celui que j'avais envoyé hier à Roger!

— Oui, madame... ce doit être celui-là, car le portier m'a dit que c'était M. Roger qui l'avait prié de vous apporter tout cela.

— Comment! vous saviez que cela venait de Roger et vous ne le disiez pas!

— Madame, je n'ai pas encore eu le temps.

— Et il y a une lettre?

— La voilà, madame.

— Donnez et laissez-moi.

La femme de chambre voit que les nouvelles amours de sa maîtresse ne vont pas bien, elle s'éclipse vivement. Paola se hâte de décacheter la lettre de son jeune voisin et lit :

« Madame, je pourrais me fâcher bien fort de ce que vous m'avez classé parmi ces hommes qui ne rougissent pas de devoir à des femmes leur toilette et les moyens de briller dans le monde; je préfère en rire et vous dire en passant que vous connaissez bien peu les hommes, madame, vous qui, cependant, avez eu tant d'occasions pour les étudier. Quand vous rencontrerez un artiste qui aime son art, qui aime le travail, qui s'y livre avec ardeur, soyez persuadée que celui-là ne veut parvenir et briller que par lui-même, par son talent, et qu'il met sa réputation, son bonheur, bien au-dessus d'une chaîne d'or et d'un gilet plus ou moins élégant. Les hommes qui ne se font remarquer que par leur toilette sont des sots ; on les contemple quelquefois, mais c'est de la même façon que l'on admire ces mannequins qui sont placés devant la boutique d'un tailleur. Je ne tiens pas à leur ressembler. Je vous renvoie vos présents, madame, vous en trouverez facilement un placement plus avantageux; et quant à ce sentiment que vous prétendez éprouver pour moi, je ne puis y répondre, car vous savez bien que mon cœur n'est pas libre; mais tant d'adorateurs vous entourent, qu'il vous sera bien facile d'oublier ce caprice, qui passera rapidement comme tous ceux d'une jolie femme.

« Recevez mes salutations,

« ROGER. »

— Il refuse! s'écrie Paola, après avoir lu, et d'un coup de pied elle envoie le carton au milieu de la chambre ; il ne veut rien accepter de moi... il a donc un cœur de rocher, ce monsieur; mais voyons, relisons la fin : *Quant à ce sentiment que vous prétendez éprouver pour moi...* (il en doute le monstre! il en doute encore!...) *je ne puis y répondre, car vous savez bien que mon cœur n'est pas libre...* Ah! la voilà, la cause de ses refus... la cause de ces mépris pour ce que je lui offre... son cœur n'est pas libre! et c'est pour cela qu'il ne peut m'aimer. Imbécile! Est-ce que cela nous gêne, cela, nous autres femmes? Est-ce qu'il n'y a pas toujours au fond de notre cœur de la place pour un nouvel amour? Oh! cette femme... cette parfumeuse... ou cette demoiselle de magasin... est-ce que je ne parviendrai pas à les brouiller... à rompre cette liaison qui empêche Roger de m'aimer?... car si son cœur était libre il m'aimerait, sa lettre le dit assez clairement. Oh! je la maudis, cette femme... je la déteste... je veux lui arracher les yeux.

Et, dans les transports de la jalousie qui l'animent, cette dame empoigne son oreiller et le jette sur sa femme de chambre qui venait dire à sa maîtresse que M. Bernouillet accourait s'informer si sa migraine de la veille était passée et demandait à entrer.

— Je ne veux pas le voir! s'écrie Paola; il m'obsède, il m'agace, cet homme... qu'il me fiche le camp.

— Mais, madame... que lui dirai-je?

— Tout ce que tu voudras... que je prends un lavement.

— Ah! ah! ah!... oui, madame, je vais lui dire cela.

Mademoiselle Léontine s'éloigne en riant. Paola a déjà oublié son entrepreneur; elle se refourre dans son lit en murmurant :

— Oui, je dois avant tout le brouiller avec sa maîtresse... malheureusement je ne sais pas dans quelle boutique elle perche, cette demoiselle; mais elle est chez un parfumeur... eh bien, je visiterai tous les magasins de parfumerie de Paris... oui, oui... c'est cela... mais comment savoir où demeurent tous les parfumeurs... Parbleu!... avec l'Almanach du commerce... je trouverai toutes les adresses. Oh! c'est cela, mon idée est excellente... mais il me faut l'Almanach du commerce... je ne l'ai pas. Léontine! Léontine! mon Dieu! elle ne m'entend pas à présent!... je gage que c'est ce gros bœuf de Bernouillet qui la retient.

Madame se jette sur le cordon de sonnette qui est contre son lit; elle le tire et le retire avec tant de force, qu'il lui reste dans la main; alors M. Bernouillet se présente tenant à sa main un énorme vase de nuit, qu'il présente à sa belle maîtresse, en lui disant :

— Votre femme de chambre cause sur le carré avec une voisine... elle ne vous a pas entendue... j'ai présumé, à la violence de vos coups de sonnette, que vous étiez très-pressée... que vous vouliez le rendre... et j'ai pris cela.

L'entrepreneur était si drôle avec son air inquiet et son vase nocturne, que Paola ne peut retenir une explosion de rire qui se prolonge jusqu'à l'arrivée de Léontine, qui fait chorus avec sa maîtresse, en voyant ce que M. Bernouillet tient à la main. Enfin ces dames se calment et Paola dit à sa femme de chambre :

— Otez donc cela à monsieur.

— Vous ne le demandiez donc pas, belle amie?

— Eh non, monsieur, je ne demandais pas cela. Savez-vous que vous êtes bien hardi de pénétrer chez moi quand j'avais défendu ma porte?

— Je vous ai quittée hier si souffrante... j'étais alarmé sur votre santé.

— Enfin, puisque vous voilà, vous allez me servir à quelque chose.

— A vos ordres, tendre amie.

— Avez-vous un Almanach du commerce chez vous, monsieur?

— Oui, certainement... cela m'est indispensable. Vous désirez savoir une adresse? c'est facile.

— C'est plus qu'une adresse; il me faut celle de tous les parfumeurs de Paris.

— De tous! eh! mon Dieu! mais savez-vous qu'il y en a considérablement à Paris.

— Je le pense bien; mais il me faut leur adresse, et surtout qu'on n'en oublie pas une seule. Vous avez des commis chez vous, l'un d'eux peut bien faire cette besogne.

— Assurément. Mais que voulez-vous donc faire chez tant de parfumeurs?

— Eh bien, monsieur, puisqu'il faut tout vous dire, une de mes amies a reçu en cadeau une pommade qui embaume... c'est une espèce de *cold cream;* on en met légèrement sur son visage, cela vous donne le teint frais et empêche qu'il ne vienne jamais aucune ride sur la peau.

— Oh! mais voilà qui est précieux!

— Mon amie... n'a pas voulu me donner l'adresse du parfumeur qui a inventé ce nouveau cosmétique.

— C'est bien vilain de sa part.

— Elle veut avoir la palme de la fraîcheur... mais heureusement je sais le nom de cette pommade, il lui est échappé par inadvertance... cela s'appelle de la... du... du bouquet éternel. Je me suis promise d'en avoir, et en allant chez tous les parfumeurs, il faudra bien que je trouve l'inventeur... celui qui en vend.

— Permettez, belle dame, vous aurez une terrible besogne à faire, s'il faut que vous visitiez tous les parfumeurs de Paris. Avec le nom de ce cosmétique nouveau, je puis envoyer un de mes commis, il se chargera de cette recherche.

— Non, monsieur, non, ce ne serait pas du tout la même chose; il peut y avoir plusieurs cosmétiques de ce nom, mais son odeur, son parfum est tout particulier... il faut donc l'avoir senti pour le reconnaître. C'est pourquoi je ne puis m'en rapporter qu'à moi-même... faites-moi donc faire cette liste et envoyez-la-moi dès qu'elle sera faite.

— Il suffit, belle dame, vos désirs vont être accomplis. Ah! vous serez bien aimable, quand vous aurez trouvé ce précieux cosmétique, d'en prendre aussi un pot pour moi.

—C'est bien, monsieur; soyez tranquille, on vous achètera de la fraîcheur. Ah! envoyez-moi votre calèche avec cette liste, je m'en servirai pour commencer mes recherches.

— A vos ordres, belle amie, à vos ordres.

M. Bernouillet baise la main de Paola et s'éloigne enchanté, parce que cette dame a daigné lui sourire. Madame de Beauvert se lève, déjeune, puis fait sa toilette, en disant à chaque instant:

— Je la trouverai la maîtresse de Roger!... oh! je la trouverai... puisqu'elle est chez un parfumeur. Comprends-tu, Léontine, que ce monsieur refuse mes présents?

— Il est bien dégoûté... je n'en ai jamais refusé, moi!

— Il a chez lui le portrait d'une effrontée... qui est sa maîtresse.

— Et madame va être obligée de visiter tous les parfumeurs de Paris?

— Bah! ça m'amusera; d'ailleurs, du moment que j'aurai trouvé celle que je cherche, tu penses bien que mes courses seront finies.

— Madame croit qu'elle la reconnaîtra?

— Si je la reconnaîtrai! oh! je t'en réponds! ses traits sont gravés dans ma mémoire, et il m'a dit lui-même que son portrait était très-ressemblant. Mais cette bête n'arrive pas! ce Bernouillet est si bête! est-ce qu'il ne m'aurait pas comprise?

Enfin la voiture arrive, et le domestique apporte la liste des adresses, qu'il remet à la femme de chambre; celle-ci qui n'a pas manqué d'examiner aussitôt cette nomenclature de parfumeurs que l'on a eu l'attention de numéroter, s'écrie en la donnant à sa maîtresse:

— Ah! madame!... il y en a deux cent cinquante-trois!

— Eh bien, qu'importe!... donne-moi un crayon, j'aurai soin de faire une barre sur tous ceux que j'aurai visités.

— Vous ne pourrez jamais les visiter tous en un jour, madame!

— Je ne le pense pas non plus, mais comme je suis maîtresse de mon temps, je le prendrai.

Paola est montée dans la calèche et, sa liste à la main, visite d'abord les parfumeurs qui sont dans son quartier. A chaque boutique ou magasin, il faut qu'elle descende de voiture afin de passer en revue les demoiselles qui sont dans les comptoirs. Il y a des boutiques où cette revue est bientôt faite, le personnel de la maison ne se composant que de la parfumeuse et d'une demoiselle de comptoir. Mais il y a de grands magasins où plusieurs jeunes filles servent les acheteurs. Dans ceux-là, il faut que Paola reste plus longtemps afin d'avoir le temps d'examiner tous les visages, et même ceux qui sont occupés dans le fond du magasin. Tout cela demande du temps; ensuite cette dame ne peut pas entrer dans une boutique sans rien acheter. Chez l'un elle demande de l'eau de Cologne, chez l'autre du vinaigre de Bully; ici, de la pommade à la vanille, là de l'essence de rose. Enfin l'heure du dîner arrive et Paola rentre chez elle avec une cargaison de parfums, de pommades et n'ayant pu visiter que vingt-sept parfumeurs.

Le lendemain sur le midi, la belle dame recommence ses courses et ses recherches sans être plus avancée. Au bout de quatre jours elle avait visité cent dix-neuf magasins de parfumerie, et son appartement était tellement encombré par les productions de ces industriels, qu'on ne savait plus où les placer, et mademoiselle Léontine distribuait au concierge, à la fruitière, au pâtissier et à toutes ses connaissances du quartier, des produits de parfumerie, si bien que la fruitière sentait l'essence de rose, le garçon épicier se mettait du rouge et le concierge s'était teint les cheveux au point de ne plus être reconnu par les locataires.

Enfin, le cinquième jour, madame de Beauvert est arrivée rue de Rivoli, et sa voiture s'arrête devant un superbe magasin de parfums. C'est celui dans lequel est employée Thélénie. Mais, avant de descendre de sa calèche, madame de Beauvert ne peut s'empêcher de jeter un coup d'œil sur le beau magasin de lingerie qui est de l'autre côté de la porte cochère; elle avance même un peu la tête pour regarder les personnes qui sont dedans; mais presque aussitôt, et comme si elle craignait d'avoir été remarquée, cette dame entre vivement chez le parfumeur, et la première personne qu'elle aperçoit, parmi plusieurs autres demoiselles, c'est l'original du portrait qui est dans l'atelier de Roger. Paola éprouve une émotion où se mêlent à la fois de la joie, de la jalousie et de l'envie, car elle ne peut se dissimuler que la demoiselle est fort jolie; mais commandant bientôt à ses sentiments, elle affecte un air gracieux et s'adresse directement à Thélénie en lui disant:

— Mademoiselle, je voudrais... plusieurs objets de toilette... de l'essence de violette... de tubéreuse... de la poudre pour les dents. Ah! il me faut aussi du *cold cream*. On pourra m'envoyer tout cela chez moi, n'est-ce pas?

— Assurément, madame, si vous voulez bien donner votre adresse...

— Madame de Beauvert, rue de Navarin, 19.

En entendant cette adresse qui est aussi celle de son amant, Thélénie n'est pas maîtresse d'un mouvement de surprise, et elle regarde avec plus d'attention la dame qui lui parle. Celle-ci, sans paraître remarquer le trouble de la demoiselle, reprend:

— Ah! il me faudra beaucoup de *cold cream*, car j'en prends pour deux... et mon artiste me gronderait si j'oubliais ce que je dois acheter pour lui... Voyons, que je me rappelle ce que Roger m'a demandé... j'ai si peu de mémoire...

Thélénie est devenue cramoisie en entendant prononcer le nom de Roger; elle dévore des yeux Paola et balbutie:

— Madame a dit... madame veut... quelque chose pour un monsieur...

— Oui, du savon pour la barbe... du savon pour les mains... une petite éponge bien fine...

— Et tout cela pour un monsieur qui se nomme... Roger?

— Edouard Roger, peintre... il demeure dans ma maison.

— Et il faut envoyer cela chez ce monsieur?

— Oh!... chez lui... ou chez moi... c'est la même chose... Envoyez tout chez moi... il y est plus souvent que chez lui.

Si les yeux de Thélénie étaient des pistolets, Paola serait tuée depuis longtemps... la colère qu'elle fait naître rend celle-ci radieuse. Elle se dandine, se drape dans son châle, se pose avantageusement, tout en disant:

— Voyons, n'ai-je rien oublié pour mon Roger?... je ne voudrais pas qu'il crût que je suis distraite en l'écoutant, il est si gentil avec moi!

— Son Roger! entends-tu? elle dit: «Mon Roger!» murmure Thélénie à l'oreille d'une de ses camarades. Ah! j'ai envie de la dévisager, cette femme!

— Ne fais pas de bêtises, Thélénie, madame te regarde.

La parfumeuse venait de s'avancer vers cette belle dame qui demandait tant de choses, elle lui offrait d'autres cosmétiques nouveaux pour conserver la fraîcheur, la beauté, les dents, les cheveux et la jeunesse. Mais Paola a tout ce qu'elle voulait; elle s'aperçoit que Thélénie change de couleur à chaque instant et qu'il lui

L'entrepreneur était si drôle avec son air inquiet. (Page 78.)

prend des mouvements nerveux; ne jugeant pas à propos d'attendre que sa rivale lui saute aux yeux, elle laisse son adresse et remonte en voiture en se disant :

— Cette fois, j'ai réussi!

XXVI

LE TEMPS SE BROUILLE.

Depuis que Roger est persuadé que Marie n'a pas été la maîtresse de Lucien, depuis surtout qu'il a cru entrevoir qu'il n'était pas indifférent à la jeune lingère, son plus ardent désir est de la revoir, afin de lui répéter cet aveu qu'il venait à peine de lui faire, lorsque Thélénie, par sa brusque arrivée, l'a empêché d'en connaître le résultat.

Mais comment revoir Marie? monter à sa chambre, c'est s'exposer à se trouver encore avec Thélénie, et puis Marie descend maintenant de très-bonne heure à son magasin. Est-ce de crainte de recevoir seule la visite du jeune artiste? est-ce par prudence ou par indifférence qu'elle agit ainsi? Roger se demande tout cela, et comme à présent il ne veut plus combattre ce nouvel amour qui s'est emparé de son cœur, il est décidé à employer tous les moyens possibles pour parler à Marie sans être aperçu par les demoiselles du parfumeur.

Marie sortait seule rarement; cependant quelquefois elle était envoyée chez une pratique. Depuis deux jours Roger guettait inutilement; mais enfin, le troisième, il voit Marie sortir de son magasin, un petit carton à la main. Il attend qu'elle soit assez éloignée pour n'être plus aperçue de sa demeure, et alors en quelques secondes il l'a rejointe, il peut lui parler.

En voyant Roger à côté d'elle, la jeune fille fait un mouvement de surprise; mais ses yeux expriment plutôt le plaisir que la contrariété, et elle balbutie :

— Quoi! c'est vous, monsieur! Ah! par quel hasard! moi qui sors si peu.

— Ce n'est point un hasard, chère Marie; depuis quelques jours je passe une partie de mon temps dans les environs de votre magasin... car j'avais besoin de vous revoir, de vous parler... de vous répéter ce que l'autre jour j'eus à peine le temps de vous dire... Je vous aime, Marie, je vous aime...

— Ah! monsieur... je vous ai déjà répondu que ce serait bien mal à moi de vous écouter... puisque ce serait faire de la peine à Thélénie.

— Mais, moi, je vous ai dit que ma liaison avec Thélénie était déjà à peu près rompue...

— A peu près... cela ne veut pas dire tout à fait.

— Je cherche une occasion pour rompre entièrement; je ne vais plus à aucun des rendez-vous qu'elle me donne, je suis bien certain que déjà elle songe à me donner un successeur... si ce n'est pas déjà fait.

— Pourquoi penser cela, monsieur? vous jugez mal Thélénie... elle peut être étourdie, légère, mais elle est franche, et, du moment qu'elle cessera de vous aimer, elle vous le dira sur-le-champ.

— Et vous, vous êtes bonne, car vous prenez toujours la défense des autres; mais au moins dites-moi, si, lors-

Ah! M. Roger, ne prenez pas ma main dans la rue. (Page 84.)

qu'il n'y aura plus entre nous de Thélénie, vous pourrez... m'aimer un peu...

Marie est bien émue, elle balbutie :

— Vous aimer... mon Dieu... je ne pourrai peut-être pas m'en empêcher... mais ce ne sera pas comme Thélénie, moi... je ne veux être la maîtresse de personne.

— Ah! chère Marie, je ne vous en demande pas davantage... être aimé de vous, n'est-ce pas déjà le plus grand bonheur qu'on puisse goûter?

— Ah! monsieur Roger, ne prenez pas ma main dans la rue... si on nous remarquait...

— Pardon, pardon, mais je suis si heureux...

— Ah! rappelez-vous aussi que je veux vous prouver la fausseté des propos que ce M. Lucien a tenus sur moi, et pour cela...

— Soyez tranquille... je verrai Lucien sous peu, et il sera facile de le faire tomber dans le piége que nous lui tendrons... je monterai à votre chambre vous prévenir, dès que je saurai où vous serez certaine de le rencontrer.

— C'est bien; mais à présent quittez-moi... me voici devant la maison où l'on m'envoie... et je vous en prie, ne m'attendez pas dans la rue... retournez travailler, monsieur, et ne passez pas votre temps à me guetter.

— Vous le voulez... je dois vous obéir... Oh! mais aujourd'hui je m'éloigne bien content, bien heureux!... Au revoir, chère Marie!

Roger prend la main de la jeune fille et une douce pression répond à la sienne. Il s'éloigne alors ravi, enchanté et léger comme une plume : je l'ai déjà dit quelque part, le bonheur nous donne des ailes, tandis que le malheur nous alourdit; mais il n'est pas défendu de répéter les vérités.

Le jeune artiste était depuis peu de temps de retour dans son atelier, où tout en travaillant il ne pensait qu'à Marie, lorsque la porte du carré est ouverte brusquement, et la belle Thélénie entre, toute pâle, toute bouleversée, roulant des yeux où brille la colère, et vient d'un pas accéléré se placer devant Roger en s'écriant :

— Ah! monstre! traître! perfide!... je connais votre conduite... je ne m'étonne plus à présent si, depuis quelque temps, monsieur me néglige... s'il manque à tous les rendez-vous que je lui donne... s'il est froid, maussade avec moi... Oh! je me doutais bien qu'il y avait quelque chose...Vous comprenez que je ne suis pas une oie! que je ne me laisse pas jobarder comme une Bouciboula et tant d'autres!... Je connais les hommes, moi! je ne suis pas la dupe de leurs détours, de leurs petits mensonges; mais cependant, je l'avoue, je ne vous aurais pas cru faux, traître à ce point-là !

Roger, tout étourdi par ce déluge de paroles que Thélénie vient de lui lancer au visage, sans même reprendre sa respiration, se demande si par hasard la belle brune l'a vu causant dans la rue avec Marie, et répond en hésitant :

— Mais, mademoiselle... pourquoi me dites-vous tout cela... à quel propos?

— Oh! à quel propos est joli... monsieur veut encore faire l'innocent; mais je vous répète que je sais tout, entendez-vous?... je sais tout, depuis tout à l'heure que votre nouvelle maîtresse est venue à notre magasin.

— Elle a été à votre magasin...

— Oui... tout à l'heure... elle est arrivée en calèche, faisant un embarras de cheval. Ah! il vous faut des princesses de ce genre-là!... Madame de Beauvert! ce nom... son vrai nom est peut-être Toinon, ou Margot!... Mais dites donc, elle n'est pas jeune votre nouvelle passion ; je ne vous en fais pas mon compliment... elle a beau se mettre des cosmétiques, des parfums... du rouge au vinaigre... nous connaissons tout cela... elle n'en est pas plus fraîche. Je parie que cette femme-là a au moins quarante ans, si elle n'a pas plus. Et c'est pour cette vieille fripée que vous me trompez, moi qui n'ai pas encore vingt-deux ans, et qui, sans me flatter, ne peux pas faire un pas dans la rue sans m'entendre dire : « Ah ! la belle fille ! » Mais les hommes se fichent pas mal qu'on soit belle et bien faite !... il faut qu'ils changent, qu'ils aient de nouvelles figures. Ils prendraient une bossue, une boiteuse plutôt que de rester fidèles à la même femme. Ah ! les vilains merles !

Depuis qu'il sait que c'est de madame de Beauvert qu'il s'agit, Roger se rassure, il est même enchanté de tout ce qu'il entend, puisque cela va lui fournir l'occasion qu'il cherche pour rompre entièrement avec Thélénie. Aussi, loin de chercher à la détromper, à dissiper sa jalousie, il se contente de dire :

— Mais comment donc avez-vous pu savoir... qui donc vous a appris...

— Votre liaison avec votre voisine du premier... car je sais qu'elle demeure au premier cette pimbêche... et tout à l'heure elle la verra que je le sais !... Vraiment, monsieur, c'est elle-même qui est venue me le dire... Oh ! elle ne s'en cache pas, bien au contraire... elle affecte de répéter à chaque instant : « Il me faut du savon à barbe pour mon Roger... du cold cream pour mon Roger... » Oh ! que j'avais bien envie de lui dire : « Mais, vieille pomme cuite, il est autant à moi qu'à toi, le Roger en question... et si tu te flattes de le posséder toute seule, je te rendrai des points au corbillon. » Je me suis contenue par respect pour le magasin, et je me suis dit : « Perdre ma place pour ce monsieur, en vérité ce serait trop bête, et il n'en vaut pas la peine. » Il paraît qu'elle vous fournit de la parfumerie, votre dame ; peste, on ne s'en prive pas... et puis ce genre de dire : « Envoyez ça chez Roger ou chez moi, c'est la même chose. » Comme pour dire : « Nous faisons ménage ensemble. » Ah ! je ne m'étonne plus si je trouvais mon portrait retourné quand je venais ici. Je gage que c'est madame de Beau... gazon qui se permettait cela... hein ? n'est-ce pas que c'est elle qui mettait ma figure du côté du mur ? Ah ! monsieur rit... monsieur trouve cela drôle... Scélérat ! fourbe ! il ne cherche pas à nier maintenant.

— A quoi bon nier... puisque vous savez tout ? D'ailleurs, ma chère Thélénie, vous savez bien que les liaisons ne sont jamais éternelles.

— C'est possible. Tenez, je ne dirais rien, si vous m'aviez lâchée pour une autre femme jeune et gentille ; mais me préférer une vieille momie qui a trois couches de pommade sur la peau !... ah ! je ne puis pas avaler cela !... Ah ! madame, vous retournez mon portrait ! je le comprends bien, le vôtre ne brille pas à côté... mais vous n'aurez plus le plaisir de me faire baiser la muraille, en voilà assez !

Et Thélénie, courant décrocher le portrait, arrache du cadre le dessin, puis le déchire et le foule aux pieds en s'écriant :

— Tenez, monsieur, voilà le cas que je fais de vos ouvrages. Vous n'étiez pas digne de posséder mon portrait, faites celui de votre nouvelle Dulcinée, cela pourra plus tard servir d'enseigne à un marchand d'antiquailles ! Adieu, je vous déteste !

— Thélénie, on peut se quitter sans se fâcher.

— Non, non, non, vous êtes un ingrat ! et je ne vous pardonne pas de me préférer une marquise de pretintailles. Adieu !...

Thélénie sort de l'atelier aussi brusquement qu'elle y est entrée ; elle descend rapidement deux étages ; alors elle s'arrête, croyant que Roger la rappellera ; mais comme il n'en fait rien, elle se remet à sauter les marches, et, arrivée au premier, se jette sur le cordon de la sonnette et le tire avec tant de violence, qu'il lui reste dans la main. Cependant au tintamarre qu'a fait la sonnette, mademoiselle Léontine est accourue, elle ouvre la porte en disant :

— Qui est-ce qui se permet de sonner au point de casser notre cordon ?

Thélénie, qui est déjà devant la loge du concierge, relève la tête en s'écriant :

— C'est moi... je viens de chez mon Roger ; vous direz à votre maîtresse que je lui enverrai incessamment une perruque, des dents et des mollets.

Dans la soirée qui suit cette journée, Thélénie n'est rentrée à la demeure commune que fort tard, et ses deux camarades de chambrée dorment profondément, ce qui l'empêche d'épancher près d'elles tout ce qu'elle a sur le cœur ; et, bien que depuis sa sortie de l'atelier elle ait conté à toutes les personnes qu'elle a vues sa rupture avec Roger, elle éprouve toujours le besoin d'en parler. Aussi, le lendemain matin, elle est éveillée plus tôt que de coutume, et c'est elle qui réveille ses deux compagnes, en leur criant :

— Ah ! mesdemoiselles ! ouvrez donc un peu l'œil... vous êtes trop dormeuses ce matin... et puis j'ai bien des choses à vous raconter.

— Qu'est-ce qu'il y a donc ? murmure Fontaine en se frottant les yeux, Thélénie est levée la première. Ah ! voilà qui est extraordinaire. Tu as donc un grand déjeuner ce matin ?... est-ce que tu veux nous emmener avec toi ?

— Mais non, il n'est pas question de déjeuner... elle ne pense qu'à manger, celle-là !

— Dame ! il me semble qu'on est bien obligé d'y penser.

— Est-ce que tu es malade, Thélénie ? dit Marie qui se hâte de se lever et de s'habiller.

— Non, je ne suis pas malade... pas si bête... se rendre malade parce qu'un homme nous trompe ! on aurait donc une jaunisse perpétuelle... mais je suis encore furieuse. Ce Roger !... fiez-vous donc aux airs sérieux... ils ne valent pas mieux que les autres ceux-là. Ah ! ma pauvre Marie, et moi qui avais la bêtise d'être jalouse de toi... parce qu'une fois ou deux j'ai trouvé ce monsieur causant avec toi. Ce traître ! c'était pour mieux cacher son jeu... pour me donner le change !

— Comment !... que veux-tu dire ? balbutie Marie en cachant son émotion.

— Je veux dire que j'ai rompu avec M. Roger, n, i, ni, c'est fini !

— Oh !... pour quelques jours peut-être, et puis vous vous raccommoderez.

— Oh ! jamais !... d'ailleurs sa trahison est flagrante, et, du reste, lui-même ne l'a pas niée.

— Sa trahison ?

— Oui... enfin il a une autre maîtresse, une de ces femmes entretenues dans le grand genre... qui font leur poussière ! qui ont voiture, laquais !... Mon Dieu, elle est bien connue... c'est la Beauvert... sa voisine ; c'est commode, elle demeure dans sa maison, au premier.

Marie devient d'une pâleur extrême et peut à peine murmurer :

— Madame de Beauvert serait la maîtresse de M. Roger !... qui te l'a dit... qui peut te faire croire cela ?

— Me le faire croire ! ah ! je n'ai pas à en douter ! ce sont eux-mêmes qui me l'ont dit... les effrontés ! D'abord cette dame, qui est venue à notre magasin faire des emplettes pour son Roger... en répétant sans cesse : « Envoyez tout cela chez lui, ou chez moi... c'est la même chose. » Et puis elle ajoutait : « N'oublions rien pour mon

Roger! il est si gentil, si aimable. » Mais qu'est-ce que tu as, ma pauvre Marie... est-ce que tu te trouves mal ?

— Non, non... c'est ce que tu me dis.

— Ça te fait de la peine pour moi ! ah ! bah ! va !... demain je n'y penserai plus... mais dans le moment, tu comprends comme j'étais furieuse, j'avais envie de lancer un pot de pommade sur le nez de cette dame. Enfin je me suis contenue, mais à peine était-elle partie que j'ai couru à l'atelier de Roger, lui dire que je connaissais sa perfidie. Je pensais qu'il allait nier, chercher à s'excuser... pas du tout ! ce monsieur a pris la chose en riant, il est convenu que cette femme était sa maîtresse... une femme qui a bien quinze ans de plus que lui... mais elle l'entretient de pommade et probablement d'autre chose... il y a des hommes qui aiment cela !

— Elle lui paye sans doute à dîner ? dit Tontaine ; les hommes sont quelquefois plus gourmands que les femmes.

— M. Roger... l'amant de... de...

— Eh ! oui, ma petite Marie, l'amant de sa voisine du premier ; ils se seront rencontrés dans les escaliers... ils auront fait vite connaissance.

— Mais... il m'avait dit... il avait refusé d'aller chez cette dame...

— Il paraît qu'il n'a pas toujours refusé, puisqu'elle lui fournit son savon et son cold cream. Soyez donc fidèle à un homme pour qu'il vous trompe ainsi ! Ah ! je n'ai qu'un regret, c'est de n'avoir pas commencé... mais cela me servira de leçon pour un autre. Au revoir, je descends, je me dépêche, car hier je suis sortie comme une fusée et sans même demander la permission.

Thélénie sort ; Tontaine ne tarde pas à en faire autant ; alors Marie donne un libre cours à ses larmes, en disant :

— Ah ! je suis bien malheureuse !

Deux jours se sont écoulés depuis ces événements, lorsque Roger, qui s'est assuré que Thélénie est en bas dans son magasin, que Marie n'est pas encore dans le sien, monte lestement à la petite chambre de ces demoiselles, et y arrive au moment où Marie en sortait.

— Je suis bien content de vous rencontrer ! s'écrie Roger ; je viens vous dire, ma chère Marie, que demain dimanche, Lucien doit se rendre au parc de Monceaux, nous irons aussi ; dès que nous l'apercevrons je vous quitterai, et...

— C'est inutile, monsieur... tout à fait inutile... il me suffit de savoir que je n'ai jamais été la maîtresse de ce monsieur ; peu m'importe à présent que d'autres le croient ou non ! Je n'irai pas à Monceaux.

— Quoi ! vous avez changé d'idée !... mais c'est vous-même qui avez conçu ce projet.

— C'est possible ; aujourd'hui j'y renonce.

— Qu'avez-vous donc, Marie ? quel air sévère !... vous me parlez comme si vous étiez fâchée.

— J'ai... monsieur... que j'ai réfléchi ; il ne faut plus chercher à me rencontrer... je ne vous verrai pas... d'ailleurs ce serait inutile, car je ne dois pas... je ne puis pas vous aimer.

— Que signifie ce langage ?... est-ce bien vous, Marie, qui me parlez ainsi ?... vous qui, lors de notre dernière rencontre, m'avez laissé entrevoir que vous répondiez à mon amour.

— Non, monsieur, je mentais quand je vous disais cela... je ne vous aime pas... je ne vous aimerai jamais ; ma résolution est irrévocable... vous chercherez en vain à m'en faire changer.

— Mais que s'est-il donc passé ?... qu'est-il arrivé pour que vous me traitiez ainsi ?

— Il est inutile de m'en demander davantage... je ne veux plus ni vous voir ni vous parler... ne me retenez pas... Encore une fois, monsieur, il ne peut jamais y avoir d'amour entre nous... et je vous le répète, ma détermination est bien prise ; si vous essayez de me voir,

moi, je vous fuirai, je vous fuirai toujours. Adieu, monsieur... adieu !

Marie descend rapidement l'escalier, laissant Roger tellement stupéfait par ce qu'il vient d'entendre, qu'il est resté immobile sur le carré du cinquième.

XXVII

BESOGNE PERDUE.

Roger est revenu dans son atelier, désolé, désespéré, puis ensuite furieux contre les femmes et se disant :

— J'ai ce que je mérite, qu'avais-je besoin d'aimer encore ?... ne m'étais-je pas promis, juré de ne plus me laisser séduire ? n'avais-je pas déjà été assez trompé, assez malheureux ? Cette fois, c'est d'une autre façon qu'on me berne... cette Marie, après m'avoir laissé espérer qu'elle m'aimerait... après me l'avoir presque avoué même... car lors de notre dernier entretien dans la rue, lorsqu'en la quittant, je tenais sa main, cette main a doucement pressé la mienne... n'est-ce pas un aveu, cela ! et une femme serre-t-elle la main d'un homme que qui dit : « Je vous aime ! » lorsqu'elle ne veut pas répondre à son amour ? Ah ! mademoiselle Marie... et aujourd'hui vous me défendez de vous parler, de chercher à vous voir... vous m'annoncez positivement que vous ne m'aimerez jamais !... vous êtes donc une coquette... vous vous êtes donc amusée à mes dépens !... et cette preuve de votre innocence... des calomnies que ce Lucien a débitées sur votre compte, vous ne voulez plus me la donner... Alors Lucien n'avait donc pas menti... et cette femme qui était vrai ! Mentir à ce point... si jeune... avec un air si candide. Mais que je suis niais, de me laisser prendre à ces airs-là !

Après sa sortie de chez le parfumeur, où elle avait enfin trouvé ce qu'elle cherchait, Paola était revenue chez elle enchantée, et avait appris à sa femme de chambre ce qu'elle avait dit devant la demoiselle dont Roger avait le portrait. Mademoiselle Léontine n'avait pas manqué d'applaudir à tout ce qu'avait fait sa maîtresse, et c'était fort peu de temps après leur entretien qu'avait eu lieu l'incident de la sonnette cassée.

Mademoiselle Léontine s'empresse d'aller rapporter à sa maîtresse les paroles peu flatteuses criées dans l'escalier par cette demoiselle qui a brisé la sonnette. Mais, loin de s'en fâcher, Paola rit aux éclats en disant :

— Tu vois que j'ai réussi... cette péronnelle est furieuse, elle est persuadée que je suis la maîtresse de Roger, et je suis certaine qu'elle vient de son atelier, où elle est allée lui faire une scène ; mais je crois que mon bel artiste n'aime pas les scènes, et je serais bien étonnée si une rupture ne s'en était pas suivie. Au reste, je saurai bien si cette demoiselle revient ici. Tu vas donner dix francs au concierge pour qu'il la guette et qu'il t'avertisse si cette impertinente ose revenir dans la maison, d'où il a le droit de la mettre à la porte, parce qu'elle casse les cordons de sonnette. Tiens... ce n'est pas assez de dix francs, en voilà vingt, tu lui diras que je doublerai la somme dans le cas où cette pécore reviendrait et s'il la chassait à coups de balai.

Mademoiselle Léontine prend les vingt francs, en garde quinze pour elle et va donner le reste au concierge avec les instructions de madame, mais l'occasion ne se présente pas de mettre Thélénie à la porte, parce qu'elle ne reparaît pas dans la maison.

Paola a laissé plusieurs jours s'écouler avant de retourner à l'atelier de Roger. Lorsqu'elle est bien certaine que l'apprentie parfumeuse ne revient plus chez l'artiste, elle se décide à remonter au cinquième.

Cette dame est vivement émue en montant à l'atelier, car elle se dit que Roger doit savoir ce qu'elle a fait dans le magasin de parfumeur, et elle se demande comment il aura pris tous les mensonges qu'elle a débités sur son compte et s'il n'a pas trouvé mauvais qu'elle ait eu l'air de le fournir de savon.

Mais le jeune homme s'était fort peu inquiété de tout cela ; toujours préoccupé de Marie, et cherchant sans cesse à deviner ce qui avait pu amener un changement si subit dans ses manières, dans ses discours, il ne pensait pas plus à madame de Beauvert qu'à Thélénie, et, comme c'est l'ordinaire, songeait sans cesse à celle qu'il s'était promis d'oublier.

En voyant la belle dame du premier entrer chez lui, Roger éprouve une certaine contrariété, ce sentiment qui se peint malgré nous sur notre figure quand nous recevons une visite qui nous ennuie. Cependant, il est poli avant tout, et présente une chaise à sa voisine, en la saluant profondément. Mais Paola est assez habituée à lire sur les physionomies et elle se dit :

— Il est fâché... il m'en veut de ce que je l'ai brouillé avec cette fille... tant pis, il se défâchera... nous allons voir ce qu'il va me dire.

— Je viens vous donner séance, mon cher voisin, dit Paola en s'asseyant ; il y a assez longtemps que vous ne m'avez vue... mais j'ai été trop occupée... j'ai pensé que cela vous était indifférent.

— Moi, madame, je suis toujours à vos ordres... que le portrait soit fait vite ou non... cela dépend entièrement de vous, et puisque vous n'en êtes pas pressée...

— Oh !... nullement... ce portrait est pour moi... je n'ai personne à qui en faire cadeau. C'est-à-dire il y a bien quelqu'un à qui je serais heureuse de l'offrir, mais je crains que cette personne-là tienne fort peu à le posséder.

Roger ne répond rien à cela, mais il dispose son chevalet et tout ce qu'il lui faut pour travailler au dessin de cette dame, qui ne manque pas de porter ses regards du côté où était attaché le portrait de Thélénie ; le cadre est à sa place, mais il est entièrement vide, et il ne contient plus rien. Un sourire de satisfaction se peint sur les traits de Paola qui ne peut s'empêcher de s'écrier :

— Comment ! vous n'avez plus le portrait de votre... Andalouse. Par quel miracle n'est-il plus dans son cadre ? Est-ce que, par hasard, cette demoiselle vous aurait repris son image ? Ah !... ce serait bien vilain de sa part... vous y tenez tant.

— Non, madame, répond froidement Roger, cette demoiselle n'a pas repris son portrait, mais elle a fait mieux, elle a ôté du cadre pour le déchirer en tout petits morceaux ; voilà, puisque vous tenez à le savoir, ce qu'elle a fait de mon ouvrage.

Madame de Beauvert rit aux éclats tout en disant :

— Ah ! que je suis contente !... si vous saviez quel plaisir je ressens ! Je suis donc parvenue à vous brouiller avec cette demoiselle ! Voyons, Roger, ne m'en voulez pas, car il ne s'agit plus de dissimuler ici ; vous devez savoir ce que j'ai fait, ce que j'ai dit chez ce parfumeur où travaille cette fille...

— Mais oui... Thélénie me l'a dit...

— Et vous êtes bien fâché contre moi, n'est-ce pas ? Mais ne comprenez-vous pas l'amour, la jalousie ?... Je vous ai dit que je vous aimais... par conséquent, je devais la détester, la haïr, celle qui était votre maîtresse... je m'étais promis de vous brouiller avec elle... rien ne m'aurait coûté pour y parvenir... Je suis arrivée à mon but. Qu'importent les moyens ? et m'en voudrez-vous longtemps pour avoir brisé votre liaison avec une femme qui n'était pas digne de vous ?

Roger sourit et répond :

— Moi, vous en vouloir parce que vous avez rompu mes relations avec Thélénie ! mais vous êtes complètement dans l'erreur, madame, et bien loin d'avoir pour cela des reproches à vous faire, je vous voterais plutôt des remerciments. C'est un véritable service que vous m'avez rendu... et j'en suis extrèmement reconnaissant.

Paola demeure toute surprise ; elle ne comprend rien à ce langage, elle regarde fixement Roger, en murmurant :

— Comment ! cela ne vous donne pas des regrets... d'avoir rompu avec cette demoiselle... mais... vous ne l'aimiez donc plus alors ?

— Je n'avais éprouvé pour elle que ce sentiment léger qui nous fait désirer la conquête d'une jolie femme. Ce sentiment-là n'est jamais de longue durée, il s'éteint avec la possession... depuis longtemps je cherchais une occasion pour rompre avec Thélénie, vous me l'avez procurée. C'est bien aimable à vous... et je vous réitère mes remerciments.

Paola devient rêveuse. Elle garde quelques instants le silence ; enfin elle reprend :

— Mais quand je vous ai avoué que je vous aimais, pourquoi donc avez-vous dit que vous n'étiez pas libre ?... Vous l'étiez, puisque vous n'aimiez plus cette femme...

— Permettez-moi de vous dire, madame, qu'il y a au monde d'autres femmes que Thélénie, pour lesquelles on peut éprouver un amour plus profond .. plus durable...

Paola pâlit, ses traits se contractent ; elle balbutie :

— Ah ! c'est-à-dire que vous avez une autre passion dans le cœur. Oh ! ces hommes ! ces hommes !... on ne peut donc jamais compter sur eux. J'ai la faiblesse... la sottise d'aimer monsieur... de le lui dire... il repousse mon amour en me laissant croire qu'il aime sa parfumeuse... et aujourd'hui ce n'est plus celle-là qu'il aimait. Ah ! tenez, c'est fini, bien fini... désormais je vous déteste, je vous abhorre, et si ce n'était pas pour avoir ce portrait qui est commencé, je ne resterais pas une minute de plus près de vous.

Roger sourit et se met à travailler en disant :

— Eh bien, madame, nous allons tâcher de finir rapidement votre portrait, afin que vous n'ayez plus l'ennui de poser devant moi.

— Monstre !... il se moque de moi encore.

— Oh ! jamais !... La tête tournée un peu plus de mon côté, s'il vous plaît.

— Je ne veux plus vous regarder... je ne veux plus vous voir...

— Alors, comment voulez-vous que j'achève votre tête ?

— Comme vous pourrez... ça m'est bien égal. Suis-je bien ainsi, monsieur ?

— Parfaitement, madame... parfaitement.

— Et quelle est cette femme dont vous êtes amoureux maintenant ?... dans quelle classe l'avez-vous choisie, celle-là ?

— Mais, madame, je ne vous ai pas dit que j'étais amoureux de quelqu'un ; je vous ai dit seulement qu'il y avait dans le monde d'autres femmes que mademoiselle Thélénie susceptibles d'inspirer de tendres attachements...

— Allons, bon, voilà qu'il prétend n'être plus amoureux à présent... Oh ! mais je suis certaine que si, moi ; seulement vous ne voulez pas me dire de qui...

Roger, que ces questions impatientent, change la conversation en disant :

— Mais, à propos, madame, vous avez revu l'autre jour ici une de vos anciennes connaissances ?

— Comment... une connaissance... ici ?...

— Sans doute, M. Calvados... Est-ce que vous ne l'avez pas reconnu ? Quant à lui, il vous a reconnue sur-le-champ, et il s'est écrié : « Cette chère Lucette !... que cela me fait donc plaisir de l'avoir revue... elle n'est pas changée, elle est toujours charmante !... »

— Vraiment ! il a dit cela ? mais il se trompe ce monsieur, je ne sais pas ce qu'il veut dire... Je ne m'appelle pas Lucette, je ne le connais pas... il ne sait ce qu'il dit.

— Comme vous voudrez, madame ; vous pourriez vous être appelée Lucette autrefois et être aujourd'hui madame de Beauvert... ces changements de noms sont très-fréquents. Au reste, il nous a fait de cette Lucette un portrait enchanteur... c'était une perle, une rose, elle avait tout, grâce, fraîcheur, taille fine, pied mignon...

— Eh bien, oui, monsieur, oui, c'est moi qui suis, qui étais cette Lucette ; mais quant à ce M. Calvados, il s'est conduit avec moi comme un polisson, comme un homme sans délicatesse ; après m'avoir séduite, il m'a lâchement abandonnée, lorsque je lui appris que j'allais devenir mère. Trouvez-vous que ce soit bien, cela ?... et comprenez-vous pourquoi, en revoyant ici ce monsieur, je ne me suis pas souciée de le reconnaître ?

— Madame, je suis loin de vouloir excuser la conduite de M. Calvados... je ne me permettrai pas d'être juge entre vous. Je comprends aussi que la vue de ce monsieur peut vous être désagréable.

— Oh ! je vous le répète, s'il me parlait, je lui dirais : Monsieur, vous vous trompez, je ne vous connais pas.

— Et cette enfant... cette fille que vous avez eue... qu'est-elle devenue ?

— Elle est morte, monsieur ; je n'ai plus de fille, plus d'enfant !...

Un silence assez long suit cette conversation. Paola était devenue rêveuse, et Roger en profitait pour travailler avec ardeur. L'arrivée d'un éditeur interrompit ce travail ; en voyant un étranger venir parler d'affaires, Paola se lève vivement en disant :

— Je suis fatiguée, en voilà assez pour aujourd'hui.

— Encore une seule petite séance, madame, et votre portrait sera terminé, dit l'artiste en reconduisant son modèle jusqu'à la porte de son atelier.

Madame de Beauvert est rentrée dans son appartement, triste, rêveuse, de mauvaise humeur, et, lorsque mademoiselle Léontine veut lui faire sentir un petit flacon nouveau qu'elle vient de prendre parmi les nombreux achats faits brusquement chez les parfumeurs, elle la repousse en lui disant :

— Laisse-moi tranquille avec tes parfums !... c'était bien la peine que je visitasse tous les parfumeurs de Paris... et que j'emplisse ma demeure de pommades... il n'aimait plus cette fille de comptoir... il ne cherchait qu'une occasion pour rompre avec elle ; il m'a remerciée de la lui avoir procurée, et il est enchanté d'être débarrassé de sa Thélénie.

— Ah ! bah ! Mais alors...

— Alors il en aime une autre, le traître... il a une autre passion dans le cœur, et je me suis donné bien du mal pour rien.

— En vérité !... et cette autre, qu'est-ce que c'est ?

— Il n'a pas voulu me le dire, l'ingrat... oh ! mais il aura beau me le cacher, je découvrirai sa nouvelle passion... je la connaîtrai, cette femme qui a maintenant son amour... Oui, oui, je la trouverai...

— Et vous les brouillerez encore, voilà tout.

Et mademoiselle Léontine se dit en elle-même :

— Oh ! quel bonheur ! si celle-ci pouvait être chez un confiseur.

XXVIII

AFFAIRE DES PORTRAITS.

— Qu'est-ce que tu fais donc là sur le boulevard ? dit un matin M. Calvados à son ami Boniface Triffouille qu'il vient de voir arrêté près du passage des Panoramas.

— Ah ! tiens... c'est toi, Calvados. Bonjour, cher ami. Figure-toi que je suis là à guetter quelqu'un...

— Ah ! ah ! une femme, libertin ! une beauté que tu auras suivie et qui est entrée dans quelque boutique... tu attends qu'elle en sorte... je connais ça.

— Non, tu n'y es pas, ce n'est pas cela du tout ; c'est un jeune homme que je guette.

— Un débiteur ?

— Non ; il ne me doit pas d'argent, et cependant c'est bien un débiteur, car il possède quelque chose qui est à moi, et je veux qu'il me le rende. C'est un nommé Sibille Peloton, un jeune négociant... tu l'as peut-être vu avec moi ?

— Je ne crois pas...

— Nous avons été ensemble au Château-des-Fleurs ; ce jour-là, j'avais sur moi une douzaine de mes portraits photographiés, que je venais de faire faire... nous étions avec des dames... non, c'était des demoiselles...

— Voyez-vous... Quand je disais que tu étais un séducteur.

— Eh ! mon Dieu ! dans tout cela je n'étais encore séduit personne. Bref, ce jeune Sibille me dit : « Il faut offrir votre portrait à ces demoiselles, ça leur fera plaisir. » Moi, je n'osais pas offrir cela moi-même. Alors il reprend : « Passez-moi vos portraits, je me charge de les bien placer. » Je ne demandais pas mieux ; je lui donne mon paquet de cartes, il en donne à ces demoiselles ; ensuite, par inadvertance, il met les autres cartes dans sa poche ; moi, je n'y songe plus. A la fin de la soirée, un orage nous sépare... il me laisse toutes les demoiselles à reconduire... cela m'a coûté quatre bols de punch et trois heures de voiture, parce qu'ayant de pouvoir en trouver une, nous sommes restés fort longtemps au café à consommer. Enfin, depuis ce jour-là, je n'ai pas aperçu mon jeune ami, et il a toujours mes portraits. Cela m'a fait faute dernièrement, parce que j'ai écrit à de vieilles connaissances d'Orléans, qui auraient été contentes de l'avoir.

— Tu ne sais donc pas l'adresse de ton jeune homme ?

— Si, mais il a toujours déménagé quand on va chez lui ; mais tout à l'heure il m'avait semblé le voir entrer dans ce passage... j'y suis entré... je ne l'ai pas trouvé... et dans tout cela je n'ai pas encore déjeuné.

— Tu n'as pas déjeuné, et il est près de midi ?

— Oui, j'ai flâné en regardant les boutiques. Veux-tu déjeuner avec moi ? nous allons entrer dans un de ces cafés... il n'en manque pas par ici ; on n'a que l'embarras du choix.

— Oh ! moi, j'ai déjeuné avec ma femme ; mais c'est égal, je te tiendrai compagnie pendant que tu déjeuneras. D'ailleurs, je prendrai bien encore une demi tasse, et un verre de Chartreuse, le tout pour t'être agréable.

Ces messieurs entrent dans un café. Boniface se fait servir des côtelettes et des rognons. Calvados prend plusieurs journaux et lit les nouvelles. Au bout de quelques instants, deux jeunes gens, qui viennent d'entrer dans le café, vont se placer à une table, à côté de celle où déjeune notre provincial.

Les nouveaux venus ont aussi commencé à déjeuner ; mais bientôt celui qui est presque en face de Boniface paraît frappé d'étonnement. Il le regarde d'abord un p

puis beaucoup plus, et bientôt dit à demi-voix à son compagnon :

— Pardieu ! je crois que le hasard vient enfin de me
faire trouver cet homme que je cherche depuis assez
longtemps.

— Comment! qui donc?

— Tu sais bien... je t'ai conté cette affaire... au Château-des-Fleurs, il y a trois semaines... ou un mois...
enfin, à la sortie, j'étais avec madame Noirville... il
faisait un orage affreux. J'étais parvenu à trouver et à
retenir une voiture, quand je reviens pour la prendre
avec ma dame, un monsieur s'en était emparé; je veux
qu'il en descende, il refuse. Bref, nous nous querellons,
je traite ce monsieur de polisson, de drôle... Je lui demande sa carte, il me la jette et la voiture part. Mais
le plaisant de l'affaire, c'est qu'en croyant probablement me donner son adresse, mon impertinent m'avait
jeté son portrait photographié que j'ai toujours gardé
précieusement, et que j'ai même encore dans ma
poche.

— Eh bien, ton monsieur?

— Il est là, à côté de toi, à la table voisine.

— Tu crois?

— Oh! j'en suis sûr; d'ailleurs, je vais te passer son
portrait et tu verras si ce n'est pas cela.

— C'est ma foi vrai... il est frappant... oh! ce doit
être lui.

Boniface continuait de manger ses côtelettes sans remarquer l'attention que ses voisins mettaient à le regarder; mais Calvados, qui a jeté les journaux, ne tarde pas
à s'apercevoir que son ami est constamment le point de
mire des deux jeunes gens attablés près d'eux; il se penche vers Triffouille et lui dit :

— Est-ce que tu connais ces messieurs qui sont à côté
de toi ?

— Ces deux jeunes gens?... ma foi non; voilà la première fois que je les vois. Pourquoi me demandes-tu
cela ?

— Parce que depuis quelque temps ils t'examinent,
te toisent, te regardent d'une façon singulière... cela devient même inconvenant... celui qui est de mon côté
surtout.

— Probablement je ressemble à quelqu'un de leur connaissance.

— On ne toise pas les personnes comme cela... c'est
indécent.

— Voyons, ne veux-tu pas que je me fâche parce qu'on
me regarde?

— Ah! bigre! si c'était moi qu'on regardât de la sorte!
Je te dis que ce n'est pas naturel.

En ce moment, celui des deux jeunes gens qui faisait
presque face à Boniface, se penche de son côté et lui
dit :

— Ne vous étonnez pas, monsieur, si je vous regarde
avec cette attention, c'est qu'il y a bien longtemps que je
désirais vous rencontrer, et je me félicite d'y être enfin
parvenu.

— Vous désiriez me rencontrer?... moi, monsieur ?

— Oui, monsieur, vous-même... je vous cherchais
partout : aux spectacles, dans les promenades... car nous
avons une certaine affaire à vider ensemble.

— Nous avons une affaire... nous deux?...

— Oui, monsieur. Oh! vous ne me reconnaissez pas?
je le conçois, il faisait nuit quand nous nous sommes
rencontrés, et moi-même certainement, il m'eût été impossible de vous reconnaître, si vous ne m'aviez pas donné
votre portrait, en croyant me donner votre adresse.

Boniface ouvre de grands yeux en répondant :

— Je vous ai donné mon portrait... à vous, monsieur?
Allons, vous faites erreur; cela ne se peut pas.

— Tenez, monsieur, n'est-ce pas votre portrait, cela?
j'en fais juge monsieur qui est avec vous.

Calvados se penche sur le portrait-carte et s'écrie :

— Oui, pardieu, c'est toi. Oh! il est très-bien... il est
parfait.

— C'est vrai, c'est bien mon portrait, je me reconnais
moi-même; mais comment se trouve-t-il en votre possession, monsieur?

— C'est bien simple. Vous avez été au Château-des-
Fleurs... il y a un mois. Tenez, un jeudi, il y aura demain quatre semaines.

— En effet, monsieur, je me le rappelle; oui, j'y fus...
et même le temps, qui était fort beau d'abord, tourna tout
à coup à l'orage, si bien que, pour s'en aller, il était fort
difficile d'avoir des voitures.

— Allons donc, nous y voilà! c'est cela même, et vous
voilà arrivé au moment où nous avons fait connaissance.
J'avais retenu une voiture, elle m'attendait devant la
sortie; quand je revins pour y monter avec la dame qui
m'accompagnait, vous vous étiez emparé de ma voiture, vous étiez dedans avec une dame. Je réclamai ce
qui m'appartenait, vous avez refusé de descendre. Oh! je
vous y aurais bien forcé, sans le sergent de ville qui or-
donna au cocher de filer; mais je ne suis pas d'humeur
à souffrir une impertinence; je vous ai demandé votre
carte et vous m'avez jeté ceci au nez. Voilà, monsieur,
comment je me trouve en possession de votre photographie... c'est ce qui m'a permis aujourd'hui de vous reconnaître, ce dont je suis enchanté, puisque je puis vous
demander raison de l'insulte que vous m'avez faite ce
soir-là.

Boniface doute s'il veille, il pousse une exclamation
qui fait retourner toutes les personnes qui sont dans le
café, en s'écriant :

— Par exemple! c'est trop fort; mais je ne comprends
rien du tout à ce que vous me dites, monsieur... ce n'est
pas moi qui ai pris votre voiture. J'avais cinq demoiselles à reconduire ce soir-là, c'est vrai, mais nous sommes restés au café jusqu'à une heure du matin avant de
trouver un fiacre.

— Monsieur, vous avez oublié cette aventure, ou vous
ne voulez pas vous en souvenir; mais vous ne pouvez pas
nier que ce portrait ne soit le vôtre.

— Ce portrait... assurément c'est le mien.

— Alors, vous voyez bien que c'est vous qui m'avez
pris ma voiture et laissé barboter à pied avec une dame
qui en a fait une maladie; c'est pourquoi nous nous battrons, à l'épée ou au pistolet, ça m'est égal.

— Pas plus à l'un qu'à l'autre, monsieur, pas même
au bâton, répond Boniface, qui est devenu fort pâle en
entendant parler de se battre, et dans son trouble frappe
avec colère sur la table et fait sauter un de ses rognons à
la brochette au visage de celui qui lui parle.

— Sapristi! monsieur, vous me tachez maintenant.

— Je ne l'ai pas fait exprès, monsieur; mais je ne
peux pas me battre pour une chose qui ne me regarde
pas...

— Et qui donc alors m'a donné votre portrait?

— Qui?... parbleu! je m'en doute bien maintenant...
C'est un petit jeune homme qui était venu avec moi au
Château-des-Fleurs; dans la soirée, il s'est emparé de mes
cartes photographiées pour en distribuer des dames...
il a oublié de me les rendre... nous ne l'avons plus retrouvé pour partir. C'est lui qui aura pris votre voiture,
il n'y a pas de doute.

— Et comment nommez-vous ce jeune homme, monsieur?

— Sibille Peloton, négociant... en chambre...

— Sibille Peloton! voilà de singuliers noms... Et où
demeure-t-il ce M. Peloton?

— Où il demeure? Ma foi, je ne saurais pas vous
dire... il demeurait... où j'ai été; mais il a déménagé, on
ne sait pas son adresse.

— Permettez-moi de vous dire, monsieur, que tout

ceci me semble une histoire faite à plaisir. C'est un autre qui a vos portraits, qui les donne pour vous, et vous ne savez pas même où demeure cet autre... je ne puis pas me payer de cette monnaie... Veuillez bien me donner votre adresse, monsieur...

— Mon adresse... pourquoi faire?

— Parce qu'il me la faut... c'est indispensable. Tenez, voici la mienne.

— La vôtre! mais je n'en ai pas besoin.

— Pardonnez-moi, monsieur. Votre adresse, s'il vous plaît?

— Et si je ne veux pas vous la donner, moi?

— Ah! monsieur! je vous en prie, ne me forcez pas à employer des moyens qui me répugnent.

— Voyons, sacrebleu, Boniface, donne donc ton adresse et que cela finisse! s'écrie Calvados.

— Je te trouve encore bon, toi, de vouloir que je me batte pour les sottises d'un autre!

Cependant le pauvre Boniface se décide à fouiller à sa poche. Il en tire son adresse qu'il remet en tremblant à ce jeune homme.

Celui-ci la prend en lui disant:

— Monsieur, demain à huit heures du matin, mes témoins seront chez vous; veuillez faire en sorte que les vôtres s'y trouvent.

— Mais encore une fois, monsieur, ce n'est pas moi qui ai pris votre fiacre.

— Si ce n'est pas vous, trouvez celui qui m'a donné votre portrait, je me battrai avec lui... je le veux bien; mais si vous ne pouvez pas le trouver, c'est qu'il n'existe pas, et alors je me battrai avec celui dont j'ai le portrait, c'est-à-dire avec vous. Monsieur, j'ai bien l'honneur de vous saluer.

Le jeune homme se lève et quitte le café avec son ami. Boniface est consterné, il n'a plus faim et s'écrie:

— Un duel à présent... un duel par vous. M. Sibille fait des impertinences, des insolences! Mais ce petit bonhomme-là est donc né pour mon tourment... pour me fourrer sans cesse dans les affaires les plus désagréables! Ah! si je le tenais!

— Voyons, calme-toi, Boniface, je te servirai de témoin avec mon neveu; il entend ces affaires-là, il réglera tout cela comme il faut.

— Fiche-moi la paix, avec ton neveu! je ne veux pas de témoins, puisque je ne veux pas me battre... Je te trouve charmant de vouloir que j'endosse les sottises d'un autre.

— Alors il faut tâcher de trouver ton jeune homme... d'ici à demain matin, ce sera peut-être difficile. Voyons donc quel est le nom de ton adversaire... « Léon Guerbois, peintre. » Je ne connais pas cela... il a l'air assez distingué...

— C'est-à-dire qu'il a l'air d'avoir une très-mauvaise tête... vouloir se battre pour une voiture qu'on lui a prise il y a un mois... il faut être bien rancunier.

— Écoute donc, et sa dame qui a pataugé à pied...

— Est-ce ma faute à moi? et ce polisson de Sibille qui lui donne mon portrait au lieu de lui donner son adresse; mais je mérite cela, ça m'apprendra à me faire photographier... Qu'est-ce que c'est que cette manie d'avoir maintenant son portrait dans sa poche, comme une carte de visite... de le donner à ses amis et connaissances comme une pastille de menthe ou de la pâte de jujube! Quel cas voulez-vous que l'on fasse maintenant de notre image, si nous la prodiguons ainsi à droite et à gauche? Je gagerais qu'il y a des gens qui, pour placer leur portrait, le donnent à leur épicier, à leur porteur d'eau... Je te répète donc que je trouve cela stupide.

— Tu parles ainsi parce que tu es en colère, mais cette nouvelle invention a cependant son bon côté. Ah! mon ami! si la photographie avait été connue il y a trente ans, j'aurais aujourd'hui les portraits de toutes les dames

dont j'ai été l'heureux vainqueur... Quelle galerie, Boniface! quelle charmante galerie!... et comme je serais heureux et fier aujourd'hui, en la montrant à mes amis!

— Si tu tenais tant à avoir le portrait de chacune de ces dames, il fallait les faire faire en miniature ou à l'huile.

— C'était trop cher, mon ami, et puis c'était trop long. Aujourd'hui, grâce à cette précieuse découverte, vous montez chez un photographe avec votre belle, et crac, en quelques secondes le portrait est fait, et trois jours après vous l'avez. Tiens, Boniface, je te parie quelque chose que maintenant pas un jeune homme ne se privera du portrait de sa maîtresse. Veux-tu parier?

— Ah! que tu m'ennuies... il s'agit bien de gageure. Voyons donc encore l'adresse de mon batailleur?

Boniface considère quelques instants la carte que le jeune homme lui a remise, puis tout à coup il s'écrie:

— Peintre... c'est un peintre... Ah! quelle idée! quel espoir... viens, Calvados, viens vite.

— Où cela?

— Chez M. Roger.

— Pourquoi faire?

— Il est peintre aussi ou dessinateur, enfin il est artiste; il en connaît beaucoup... Il connaîtra peut-être celui-ci.

— Et après?

— Comment, après? M. Roger est un charmant garçon, très-obligeant; il ne voudra pas que je me batte pour une affaire qui ne me regarde pas.

— Tu crois?

— Enfin c'est une planche de salut... viens... si tu ne peux pas m'accompagner, j'irai seul.

— Par exemple! quitter un ami quand il a un duel sur les bras... jamais... Moi et mon neveu, nous sommes tes témoins... nous réclamons cet honneur.

Boniface n'écoute plus Calvados; il se hâte de payer sa dépense, et ces messieurs sortent du café et se rendent à la hâte chez Roger.

L'artiste était seul chez lui; il venait de donner encore une séance à madame de Beauvert dont il avait achevé le portrait que celle-ci s'était obstinée à lui laisser, en prétextant qu'il y avait encore des changements à y faire. Comme les visites de Paola devenaient très-fréquentes et que cela ennuyait beaucoup Roger, il était décidé à déménager pour n'avoir plus le voisinage de cette dame.

— Ah! grâce au ciel! le voilà! il est chez lui! s'écrie Boniface en entrant dans l'atelier.

— Eh! mon Dieu! qu'y a-t-il donc, messieurs?... demande Roger surpris de l'air bouleversé du provincial.

— Il y a, mon cher monsieur Roger, que je ne vois que vous qui puissiez me sauver la vie!

— Ah! mon Dieu! que me dites-vous là? mais si cela dépend de moi, soyez tranquille, je vous la sauverai. Voyons, expliquez-vous.

— Je vous assure, monsieur Roger, que Boniface exagère les choses... d'abord moi et mon neveu nous sommes là.

— Tais-toi, Calvados, je t'en prie, et ne fourre pas ton neveu là-dedans. Mais avant tout, mon cher monsieur Roger, connaissez-vous un peintre qui s'appelle Léon Guerbois?

— Guerbois?... oui, certainement, je le connais beaucoup; c'est un de mes anciens camarades d'école.

— Oh! alors tout va bien!... vous ne souffrirez pas qu'il me tue en duel.

— Vous! un duel avec Guerbois? et à quel propos?

— Parce que je me suis fait photographier, mon Dieu! parce que j'ai eu cette faiblesse.

— Je ne vous comprends pas...

— Vous vous rappelez bien ce jour... ou plutôt ce soir où nous allâmes au Château-des-Fleurs?

Tenez, monsieur, n'est-ce pas votre portrait cela ? (Page 86.)

—Oui... eh bien !

— Moi, j'y étais allé avec ce petit scélérat de Sibille.

— Ah! il y a encore du Sibille là-dedans! vous auriez dû vous méfier cependant...

— J'avais mes portraits-cartes dans ma poche... nous rencontrons des demoiselles de magasin... fort aimables...

— Vous leur donnez votre portrait...

— Non, je n'osais pas; mais ce jeune drôle, car décidément c'est un drôle, me prend mon paquet de cartes, en distribue à ces demoiselles, puis, par inadvertance sans doute, met le reste dans sa poche, et moi j'oublie de les lui redemander.

— Je ne vois pas encore.

— Attendez donc! Plus tard, ce monsieur nous quitte, me laissant cinq demoiselles à reconduire... c'était beaucoup! mais enfin, s'il n'avait fait que cela. Vous devez vous rappeler qu'il fit le soir un orage épouvantable... J'eus bien de la peine à trouver une voiture pour moi et ces demoiselles... d'autant plus que nous étions six... le cocher ne voulait pas nous prendre tous les six; ça me coûta fort cher...

— Arrive donc à ton jeune homme.

— Calvados, si tu me troubles, je vais m'embrouiller. Eh bien, savez-vous ce que ce... mauvais sujet de Sibille faisait pendant ce temps-là? il prenait la voiture retenue par votre ami Guerbois... ne voulait plus la rendre; de là, dispute, querelle. Puis, au lieu de donner son adresse à ce monsieur, savez-vous ce qu'il lui a jeté? mon portrait!...

Roger éclate de rire, en disant :

— Ah! elle est bonne celle-là!... elle est digne de Sibille.

— Vous trouvez la chose plaisante... mais vous ne savez pas que ce M. Guerbois, n'ayant pas bien vu Sibille dans la nuit et au fond d'une voiture, a conservé le portrait qu'on lui a donné... qu'il en cherchait partout l'original... et aujourd'hui au café, où j'étais avec Calvados, un jeune homme qui me dévorait des yeux depuis longtemps, me présente mon portrait en me disant :

« — Il y a longtemps que je vous cherche, monsieur; c'est vous qui avez pris ma voiture, nous nous battrons en duel.»

J'ai beau lui jurer que ce n'est pas moi qui me suis emparé de son fiacre, il ne veut rien entendre, et demain matin il m'envoie ses témoins.

— Oui, mais je serai là avec mon neveu, et nous saurons...

— Encore une fois, Calvados, je ne veux pas que tu m'amènes ton neveu; mets-le en sentinelle près de ta femme si ça te convient, tu en es le maître, mais ne le mêle pas là-dedans. Comment, monsieur Roger, vous riez encore?

— Excusez-moi, mon cher monsieur Boniface; mais je trouve cette aventure si comique...

— Comique!... vous trouvez comique que ce peintre veuille absolument me tuer demain?

— D'abord, rassurez-vous, ce duel n'aura pas lieu; je verrai Guerbois, je me charge d'arranger cette affaire, de lui faire entendre raison.

— Vraiment!... vous serez assez bon... ce cher Roger... vous me rendez la vie... c'est que votre ami Guerbois me fait l'effet d'être entêté comme un mulet... il dit qu'il lui faut moi ou celui qui lui a donné ma carte.

Je vais y aller tout seul! (Page 90.)

—Encore une fois, ne vous inquiétez pas... je vous promets...

Roger n'a pas le temps d'achever sa phrase. La porte de l'atelier est ouverte brusquement; quelqu'un entre en sautillant et se trouve tout de suite au milieu de ces messieurs, qui poussent un cri de surprise en reconnaissant Sibille.

—Ah! parbleu! voilà qui simplifie beaucoup la question, dit Roger, tandis que Boniface pousse un cri de joie qui fait vibrer les vitres.

Le jeune Peloton salue à droite et à gauche d'un air fort délibéré.

—Bonjour, messieurs, comment allez-vous? Tiens, voilà ce cher monsieur Boniface... Ah! ce hasard!... je venais de la part de mon cousin... pour un déjeuner...

—Laissons là votre cousin. Corbleu! monsieur Peloton, dit le provincial en roulant de gros yeux, savez-vous que vous m'avez mis dans une belle affaire... que je suis très en colère contre vous, monsieur!... et que, sans M. Roger, j'étais exposé à avoir un duel... et que je n'aime pas les duels; mais enfin, vous voilà, et, comme dit monsieur, cela simplifie la question.

—Qu'est-ce qu'il y a donc, cher monsieur, et pourquoi êtes-vous en colère? parce qu'au Château-des-Fleurs je vous ai laissé cinq jolies demoiselles à reconduire... il se plaint que la mariée est trop belle...

—Il n'est pas question de mariée... D'abord, monsieur, pourquoi avez-vous gardé mes portraits-cartes au lieu de me les rendre?

—Ma foi, je n'y ai plus pensé, mais je dois les avoir dans mon porte-cigares... je vais vous les rendre.

Sibille fouille à sa poche et tire de son porte-cigares des photographies qu'il remet à Boniface.

—C'est gentil... mon portrait empeste le tabac à présent. Qu'est-ce que c'est que ça, monsieur? vous me rendez quatre portraits sur douze que je vous ai remis.

—Mais vous savez bien que j'en ai d'abord distribué cinq à ces demoiselles.

—Quatre, monsieur; il y en a une qui n'en a pas voulu.

—Au reste, soyez tranquille, les autres sont bien placés... chez des femmes charmantes... qui brûlent d'envie de faire votre connaissance.

—Oui, comme ce monsieur dont vous avez pris la voiture en sortant du Château-des-Fleurs... vous lui avez donné mon portrait au lieu de votre adresse; et depuis ce temps, il me cherchait partout pour se battre avec moi.

—Ah! bah!... quelle plaisanterie...

—Ce n'est point une plaisanterie; demandez à ces messieurs.

—Le duel est pour demain, dit Calvados; moi et mon neveu nous aurions servi de témoins à Boniface, mais nous serons volontiers les vôtres; car, naturellement, puisque vous voilà, vous, l'auteur de l'offense, c'est vous qui vous battrez, et non pas lui.

—Comment... c'est tout de bon? murmure Sibille qui ne rit plus.

—Oui, jeune Sibille, dit à son tour Roger.

—Et si vous voulez venir avec moi chez votre adversaire, Léon Guerbois, peintre, dont voici l'adresse, nous prendrons tout de suite son heure et fixerons le lieu du rendez-vous.

—Ah! c'est tout de bon... comment! ce monsieur veut se battre pour une voiture, un mauvais coupé... à un cheval?

— Que voulez-vous? il y a des gens susceptibles. Il prétend que la dame qui était avec lui a été malade pour avoir été mouillée.

— Voyons l'adresse de ce monsieur.

Sibille prend la carte, la regarde, la tourne dans ses doigts, semble réfléchir, puis tout à coup s'écrie :

— Je vais y aller tout seul !

Et, se précipitant vers la porte, il sort de l'atelier avant qu'on ait eu le temps de lui répondre.

— Comment ! il est parti ! dit Boniface.

— Il s'est écrié qu'il allait chez M. Guerbois, dit Calvados.

— Et moi, je suis bien persuadé qu'il n'ira pas, et que nous ne le reverrons plus de longtemps, dit Roger en riant de la fugue exécutée par Sibille.

Mais Boniface frappe du pied en s'écriant:

— Sapristi ! mais alors on va retomber sur moi !

— Rassurez-vous, mon cher monsieur, reprend Roger; je vais sur-le-champ me rendre chez Guerbois. Je lui parlerai et je vous certifie que vous n'aurez plus à vous inquiéter de cette affaire. J'irai demain vous apprendre le résultat de ma visite.

— Allons, vous me rassurez un peu. Viens, Calvados; merci mille fois, mon cher Roger, de la peine que vous voulez bien prendre.

Et Boniface quitte l'atelier avec son ami, en disant :

— Pourvu que ce jeune polisson ne m'attire pas d'autres méchantes affaires avec les portraits qui manquent. Je ne vais plus oser me promener, aller au spectacle ou au café, de peur d'être reconnu et apostrophé !... Sapristi ! que je suis donc fâché de m'être fait photographier !

XXIX

RENCONTRE AU BOIS.

Madame de Beauvert continuait d'être d'une humeur insupportable, dont souffrait surtout son riche entreteneur, M. Bernouillet qui, certes, n'était pas cause de l'irritation constante des nerfs de cette dame. Ce monsieur s'ingéniait en petits soins, en prévenances et en riches cadeaux, à mesure que sa maîtresse augmentait ses rebuffades, ses boutades et son air maussade. Mais il y a des hommes qui veulent être malmenés par les femmes qu'ils entretiennent, et celui-ci était servi à souhait.

La belle Paola, qui voyait tant de gens du monde briguer ses faveurs, ne pouvait comprendre qu'un modeste artiste fût insensible à ses charmes et ne répondît pas à ses avances; elle en éprouvait à la fois du dépit, de la colère et de la jalousie. Elle était désolée d'avoir mal employé son temps, en brouillant Roger avec Thélénie, et se désespérait de ne pouvoir découvrir de quelle femme il était amoureux.

Un matin, Paola vient encore de donner plus de soins à sa toilette; une nouvelle petite toque espagnole est posée coquettement sur sa tête, et elle s'apprête à monter au cinquième pour faire une nouvelle tentative sur le cœur de Roger, lorsque mademoiselle Léontine l'arrête en lui disant:

— Madame sort; mais elle n'a pas demandé de voiture...

— Je n'ai pas besoin de voiture pour monter à l'atelier de cet ingrat... de ce monstre... que j'ai la faiblesse d'aimer toujours.

— Ah ! c'est chez M. Roger que madame allait ?

— Sans doute; tu vois bien que je n'ai ni châle ni manteau.

— Que madame ne se dérange pas alors, elle grimperait inutilement les étages et se fatiguerait pour rien.

— Que veux-tu dire ?

— Que M. Roger ne demeure plus dans la maison ; il est déménagé.

— Déménagé ! Depuis quand ?

— Depuis hier, pas plus tard ; c'est le concierge qui m'a appris ça ce matin. Oh ! il paraît que cela a été vite bâclé une grande voiture a tout emporté.

— Déménagé !... il a quitté cette maison pour ne plus être près de moi, pour ne plus recevoir mes visites. Ah ! le traître ! le perfide ! l'infâme ! Déménagé !...

Et, dans sa fureur, Paola ôte sa charmante toque, la jette à terre, la foule aux pieds, en fait autant de son fichu, de sa ceinture; elle va même jusqu'à déchirer les manches de sa robe. La femme de chambre ramasse tout ce que jette sa maîtresse et cache tout cela en se disant :

— Cela pourra encore servir, les morceaux en sont bons.

Puis, elle va s'éloigner de peur que sa maîtresse ne passe aussi sur elle sa colère; mais madame la rappelle en criant:

— Léontine !

— Madame ?

— Où est-il allé ?

— Qui cela, madame ?

— Comment, qui cela? et de qui parlons-nous? vous êtes donc aussi bête que M. Bernouillet, vous?

— Ah ! non, madame; par exemple, j'espère bien que ça ne va pas jusque-là !

— Je vous demande où il est allé se loger... lui... ce monstre... que j'exècre !

— M. Roger... mais je n'en sais rien, moi, madame.

— Quoi ! vous n'avez pas eu l'esprit de le demander au concierge? Ah ! quelle buse !... mais allez donc alors... courez donc vous en informer.

— Il ne l'a peut-être pas dit, s'il ne veut pas... que madame aille chez lui.

— Vous êtes une sotte !... Est-ce qu'un artiste, un peintre peut cacher sa demeure ? Allez vite demander...

Mademoiselle Léontine descend en se disant :

— Tu me payeras un jour toutes tes sottises, toi. Je suis enchantée que ce beau jeune homme n'ait pas voulu d'elle : ça lui apprendra à tant faire sa tête.

Et la femme de chambre remonte au bout d'un moment crier :

— Rue de Seine, 29, faubourg Saint-Germain.

— Faubourg Saint-Germain, dans un autre quartier bien éloigné de celui-ci. Oui, c'est pour ne plus recevoir mes visites qu'il est allé se loger si loin. Oh ! qu'il soit tranquille, ce monsieur, je n'irai certes pas le chercher là. Probablement celle qu'il aime demeure au faubourg Saint-Germain... et ne pouvoir la connaître cette femme ! mais je ne suis entourée que d'imbéciles, qui ne sont pas en état de rien trouver, de rien savoir.

Ces mots s'adressaient naturellement à la femme de chambre, qui murmure entre ses dents :

— Madame trouve tout le monde bête... madame n'a cependant pas été plus maligne, en courant pour rien chez tous les parfumeurs.

— Qu'est-ce que vous dites, mademoiselle ?

— Je dis que madame s'est donné bien de la peine... inutilement...

— Donnez-moi ma perruche... ma Cocotte... il n'y a qu'elle qui me comprenne, qui compatisse à mes ennuis. N'est-ce pas, ma belle... ma mignonne ?

— Ah ! qu'il est bête, celui-là !

— Bon ! voilà Cocotte qui prend madame pour M. Bernouillet. A propos, ce monsieur a fait dire qu'il viendrait chercher madame sur les deux heures.

— Il ne me trouvera pas... je ne suis pas disposée à le

supporter aujourd'hui, Léontine, allez chez le carrossier voisin, qu'il m'envoie sur-le-champ une calèche, je sortirai dès qu'elle sera en bas; et quand M. Bernouillet viendra, vous lui direz que je suis chez une de mes amies, qui a la rougeole.

La calèche arrive. Madame de Beauvert s'y place et dit au cocher :

— Au bois.

Arrivée au bois, où il y a foule de voitures, la calèche ne va plus qu'au pas, madame ne voulant pas descendre, et désirant seulement se faire voir et répondre aux saluts d'élégants cavaliers qui passent près d'elle. Mais outre les cavaliers, il y avait aussi de nombreux gandins et des personnages du grand monde qui se promenaient à pied dans le bois. Paola jetait nonchalamment ses regards sur tout ce monde et daignait encore accorder des sourires aux lions, aux hommes à la mode empressés de la saluer.

Tout à coup elle est fort surprise et même choquée de se voir saluer à plusieurs reprises par un petit jeune homme, dont le paletot est très-mesquin, le chapeau déjà usé et qui n'a pas de gants. Au lieu de répondre à ses saluts, Paola prend un air dédaigneux et détourne la tête en se disant :

— Qu'est-ce que c'est que ça!... est-ce que je connais ça!... il se trompe assurément ce petit monsieur...

Mais à peine la voiture a-t-elle fait quelques tours de roue, que la mémoire revient à Paola, elle se rappelle que c'est dans l'atelier de Roger qu'elle a vu ce jeune homme; aussitôt elle crie à son cocher d'arrêter, et, mettant sa tête en dehors, cherche des yeux celui qui la saluait, et l'aperçoit immobile à la même place, assez mécontent de ce qu'on n'avait pas répondu aux saluts qu'il avait prodigués.

Depuis que Sibille était parti de chez Roger si précipitamment, il ne se promenait plus guère dans l'intérieur de Paris, où il craignait de faire des rencontres fâcheuses. Au lieu d'aller chez le peintre Léon Guerbois pour lui rendre raison de l'offense qu'il lui avait faite, en sortant de l'atelier il avait couru chez lui dire à son portier.

— Si on vient me demander, dites toujours que je n'y suis pas, que vous ne savez jamais quand je rentre... si on insistait pour me voir, dites que je suis parti pour la campagne et peut-être pour l'étranger.

Ensuite le jeune Sibille avait cessé de fréquenter les cafés, les spectacles, et avait jugé prudent de se promener de préférence dans les environs de Paris. Cependant, le bois de Boulogne fait maintenant partie de la capitale; mais, après avoir été à Sèvres, Sibille n'avait pu résister au désir de voir le beau monde dans l'endroit qu'il fréquente le plus habituellement, et voilà pourquoi il s'était trouvé sur le passage de la calèche dans laquelle trônait madame de Beauvert.

Sibille avait de bons yeux et de la mémoire, il avait sur-le-champ reconnu cette dame qu'il n'avait cependant vue qu'une fois dans l'atelier de Roger. Il s'était empressé de la saluer, enchanté d'avoir l'air d'être de la connaissance d'une femme à la mode, et il avait été beaucoup moins charmé de l'accueil fait à ses saluts. On doit juger de sa surprise en voyant la belle voiture s'arrêter et la dame élégante qui est dedans pencher sa tête, puis lui faire, avec sa main, signe de venir à elle.

Dans sa joie, le jeune Peloton ne fait qu'un saut jusqu'à la calèche, où il fait de nouvelles salutations à cette dame qui lui dit :

— Je ne vous avais pas reconnu d'abord, monsieur, veuillez m'excuser...

— Ah! madame... par exemple... c'est moi qui dois m'excuser de m'être permis... mais je vous ai reconnue tout de suite... les jolies femmes ne s'oublient pas...

— C'est dans l'atelier de M. Roger que je vous ai rencontré, n'est-ce pas, monsieur?

— Oui, madame, dans l'atelier de mon ami Roger... Oh! c'est un de mes amis intimes...

— Monsieur, si vous avez le temps, voulez-vous monter un peu dans ma voiture?... ce sera plus commode pour causer.

— Comment donc, madame! si j'ai le temps! mais je ne l'aurais pas que je le prendrais!... Trop heureux... trop flatté... puisque vous permettez...

Et, dans son ivresse de monter en voiture près d'une dame remarquable par l'élégance de sa toilette, le jeune Peloton se précipite avec tant de force dans la calèche, qu'il manque de tomber par-dessus l'autre portière; mais heureusement il se retient en s'agrippant au cocher. Enfin il s'est assis en face de cette dame et la voiture se met en marche.

— Ah! vous êtes un ami intime de M. Roger? dit Paola, après avoir laissé Sibille chercher un moyen de placer ses jambes sans toucher à sa robe.

— Oui, madame, oui... c'est-à-dire... intime... vous savez, entre jeunes gens, ça se dit toujours... du reste je le connais beaucoup... et mon cousin aussi...

Et tout en parlant, Sibille se penche à droite et à gauche; il ne craint plus d'être vu, bien au contraire; son amour-propre est si flatté d'être au bois en calèche, avec une si belle dame, que cela l'emporte sur ses anciennes frayeurs; puis tout à coup il se lève et se tient debout, en ayant l'air de chercher dans ses poches.

— Qu'avez-vous donc, monsieur? est-ce que vous avez perdu quelque chose? demande Paola impatientée de ce que son vis-à-vis ne se tient pas tranquille.

— Madame... oui... ce sont mes gants... Je m'aperçois que je n'ai pas de gants... moi qui en ai toujours... c'est singulier, je ne les trouve pas dans mes poches... je les aurai perdus en tirant mon mouchoir.

— C'est un léger malheur, monsieur; il ne faut pas que cela vous contrarie.

— Oh! si fait... parce que... justement, moi qui ai toujours des gants...

— Cocher, prenez à droite... suivez des allées moins fréquentées.

— Comment! madame, vous voulez quitter l'endroit où le beau monde se donne rendez-vous... vous si bien faite pour y briller...

— Oui, monsieur, toute cette foule, cela me fait mal aux yeux... je ne suis pas fâchée de la fuir un peu.

Sibille est contrarié de ce que la voiture quitte l'endroit où il y a du monde pour prendre des chemins presque déserts et il se dit :

— Probablement c'est parce que je n'ai pas de gants qu'elle a donné cet ordre; quelle maladresse à moi!... désormais j'en aurai toujours une paire dans ma poche, et dans des occasions comme celle-ci, on les met.

— Monsieur, puisque vous êtes lié avec M. Roger... vous devez connaître aussi... ses maîtresses. Ma question vous semble peut-être un peu indiscrète... mais je vais vous avouer que j'ai quelques raisons pour vous la faire.

— Mon Dieu! madame, il n'y a aucune indiscrétion là-dedans. Nos amours, à nous autres jeunes gens, ne sont pas de ces mystères qu'on craigne de trahir... bien au contraire... nous aimons à les conter... à moins cependant qu'il ne s'agisse d'une personne que l'on craindrait de compromettre. Oh! alors... on sait être discret; moi, par exemple, je me ferais tuer cent fois plutôt que de divulguer une bonne fortune avec quelqu'un qui... quelqu'un que...

— Monsieur, vous avez dû alors savoir que M. Roger avait pour maîtresse une jeune fille... qui était chez un parfumeur...

— Thélénie... c'était Thélénie!... une fort jolie brune...

belle femme... c'est-à-dire belle... il y a beaucoup mieux!
il y a cent fois mieux! mais Roger n'est plus avec elle...
il l'a lâchée... pardon, je veux dire il l'a quittée...

— Vous croyez?

— J'en suis sûr... je l'ai su un des premiers par Tontaine... surnommée Douci-boula, une fleuriste qui loge
avec Thélénie... et que j'ai rencontrée il y a deux jours,
et qui même m'a forcé de la régaler de meringues... c'est
une petite fille qui est d'une gourmandise...

— Alors ce n'est plus cette demoiselle Thélénie qui est
la maîtresse de votre ami Roger?

— Non; oh! ils ont rompu complétement... on dit que
le petit Jules retourne folâtrer près de la belle brune...
il est assez bête pour cela... moi, je ne comprends pas
qu'on reprenne une ancienne maîtresse!... alors ce n'é-
tait pas la peine de la quitter... Etes-vous de mon avis,
madame?... Sapristi! que ça me contrarie de n'avoir pas
de gants!

— Mais, monsieur, cela dépend; on peut quelquefois
se brouiller, se quitter pour un motif frivole dont on a
regret ensuite. Alors vous êtes certain que M. Roger n'est
plus avec cette demoiselle Thélénie?

— Parfaitement certain, madame; il y a déjà près d'un
mois qu'ils ne se voient plus.

— Oh! alors depuis ce temps M. Roger a probablement formé une autre liaison... Connaissez-vous sa nouvelle maîtresse?

— Il n'en a pas, madame; non, depuis Thélénie, on
ne l'a vu avec personne.

— Vous croyez!... Ah! vous pensez qu'il n'aime personne...

— Oh! permettez... je n'ai pas dit qu'il n'aimait personne... au contraire; je crois qu'il est très-amoureux
dans ce moment-ci... et s'il n'a pas de maîtresse pour
l'instant, c'est qu'il guigne une jeune fille qui fait la
cruelle...

— Vous avez dit, monsieur?...

— Ah! pardon! j'ai dit *il guigne*... oui, c'est notre mot
à nous pour exprimer que l'on convoite, que l'on guette
une femme...

— Et cette jeune fille, dont il est amoureux, vous la
connaissez... vous savez qui elle est... il vous a conté son
amour pour elle?

— Du tout! il ne m'a rien conté... Oh! c'est encore
un mystère pour beaucoup de monde... mais moi, rien
ne m'échappe... je vois tout, je sais tout, je devine tout!
comme feu le *Solitaire* que je n'ai jamais connu.

— Oh! monsieur, contez-moi donc tout ce que vous
avez appris... deviné... cela m'amuse beaucoup de vous
entendre...

— Madame, vous êtes bien bonne... je suis bien
flatté... assurément... et si je n'avais pas perdu mes
gants...

— Mon Dieu! monsieur, ce n'est pas cela qui m'empêchera de vous écouter. Vous disiez donc que vous savez
de qui M. Roger est amoureux...

— Oui, madame; ma foi, c'est le hasard qui m'a fait
découvrir la passion secrète de Roger, car il n'est pas
très-causeur, lui... il ne dit pas ses intrigues. Moi, il y
a des cas où je suis discret aussi... quand on a eu le
bonheur d'avoir su plaire à une dame haut placée...

— Monsieur, vous vous écartez de votre sujet... ces
amours de votre ami?

— Ah! c'est juste, madame... Il faut vous dire qu'un
matin, comme je passais dans la rue de Rivoli, j'aperçus,
arrêtées à quelques pas de moi, deux personnes que je
reconnus tout de suite; c'était Roger et une jeune fille
qui est fort bien, ma foi... et qui a la réputation d'être
sage... ce qui ne l'empêchait pas cependant d'écouter
mon gaillard, qui la regardait comme s'il avait voulu
la manger... et lui faisait des protestations d'amour...
de tendresse...

— Vous avez entendu?...

— Oui, j'ai entendu un peu... je m'étais approché en
ayant l'air de regarder dans une boutique; nos deux
amoureux étaient si occupés d'eux, qu'ils ne firent pas
attention à moi.

— Et enfin...

— Enfin, ils se séparèrent; mais j'en avais assez entendu pour être sûr que Roger faisait la cour à cette jeune
fille. Cela ne m'a pas surpris, j'avais déjà eu des soupçons de la chose...

— Et cette jeune fille, vous la connaissez, vous savez
ce qu'elle fait, où elle demeure?

— Certainement : elle est chez une lingère... Mon
Dieu! c'est le magasin à côté du parfumeur chez qui est
Thélénie.

— La lingère... à côté... Et le nom de cette jeune
fille?

— Marie... Marie tout court; on ne lui connaît pas de
nom de famille.

Madame de Beauvert a tressailli, elle a changé de couleur et elle murmure :

— Marie!... quoi... ce serait... Marie!...

— Oui, madame, la jolie Marie; est-ce que vous la
connaissez?

— Oui... c'est-à-dire... de vue seulement... j'ai eu
plusieurs fois l'occasion d'entrer chez cette lingère... Et
c'est elle... c'est bien elle qui causait avec M. Roger?

— Oh! c'est elle... parbleu je la connais bien... je l'ai
guignée aussi... je veux dire lorgnée quelque temps;
mais comme elle ne sort jamais, je ne pouvais pas lui
parler.

— Si elle ne sort jamais, où donc Roger a-t-il pu faire
sa connaissance?

— Ah! je vais vous dire. Vous saurez que mademoiselle Marie occupe dans la maison de sa lingère une petite chambre, qu'elle partage avec Thélénie et avec Tontaine, cette jeune grosse fleuriste à qui j'ai payé des
meringues et qui travaille à l'entresol, toujours dans la
même maison; ces demoiselles n'ont qu'une seule
chambre pour elles trois, système d'économie de la part
de leurs patrons. Alors, vous comprenez, en allant voir
sa maîtresse Thélénie, Roger trouvait là Marie, et elle
lui aura d'autant plus donné dans l'œil, qu'elle avait la
réputation d'une Lucrèce, n'écoutant personne, n'étant
d'aucune partie de plaisir de ces demoiselles; mais ces
beautés si farouches finissent tôt ou tard par s'appri-
voiser.

— Oui, oui, je comprends maintenant; si elle habitait avec cette Thélénie... en effet, il l'aura rencontrée
là. Ah! si j'avais connu cette circonstance! Et vous ne
les avez pas rencontrés ensemble depuis?

— Non, madame, non; mais depuis quelque temps
j'ai été si occupé... je vais monter une maison de commerce, rue de Cléry; je tiendrai les mousselines, les
percales, les toiles... mais dans le beau, dans le très-
beau... Si madame veut m'honorer de sa confiance, j'ose
croire qu'elle ne s'en repentira pas; du reste, je pourrai
porter de mes échantillons chez madame. Madame voudra
bien me dire seulement quelle est l'heure à laquelle je
puis me présenter sans que cela la dérange, et je serai
toujours aux ordres de madame.

M. Peloton attendait vainement une réponse; depuis
quelques instants Paola ne l'écoutait plus, elle était absorbée dans ses pensées. Le jeune homme, vexé de ce
qu'on ne fait plus attention à lui et de ce que la voiture
suit une allée très-peu fréquentée, se penche vers le cocher et lui dit à demi-voix :

— Si vous retourniez dans la belle allée... autour du
lac, il me semble que ce serait plus gai que par ici...

Mais, en ce moment, madame de Beauvert sortant de
ses réflexions s'écrie :

— Oui, oui. A Paris, cocher, nous retournons à Paris,

allez un peu plus vite. Où désirez-vous que je vous mette, monsieur?

— Mon Dieu! madame, où vous voudrez... où vous irez, balbutie Sibille pris à l'improviste par cette question.

— Mais je vais chez moi, monsieur; je vous mettrai au carré Marigny, alors.

— Oui, madame, oui, au carré... je dîne justement... dans les environs.

La calèche file. Sibille essaie de renouer l'entretien, mais la belle dame l'écoute à peine et ne lui répond plus que par monosyllabes. Enfin on arrête au carré Marigny; alors le jeune homme se décide à descendre, mais il s'accroche à la portière en disant :

— Quand pourrais-je avoir l'honneur de me présenter chez madame avec des échantillons?

— Je ne sais pas, monsieur.

Et Paola fait signe à son cocher de partir.

— Comment! elle ne sait pas, se dit Sibille en regardant fuir la voiture : oh! cela ne fait rien, je m'y présenterai tout de même! mais ce jour-là j'aurai soin de mettre des gants.

XXX

LA MÈRE ET LA FILLE.

En arrivant chez elle, madame de Beauvert s'empresse de se mettre à son secrétaire et écrit à la hâte le billet suivant :

« Marie, j'ai besoin de vous voir, de vous parler; cela « est très-important et ne peut souffrir aucun retard. « Venez donc chez moi demain dans la matinée : qu'on « vous le permette ou non, venez; il le faut, je vous at-« tends. »

Après avoir signé ce billet du simple nom de Paola, elle le cachette et fait venir un commissionnaire auquel elle donne ses instructions.

Marie travaillait silencieusement dans son magasin; depuis qu'elle avait pris la résolution de fuir Roger, de ne plus lui parler, elle était encore plus triste, et la pâleur de son visage, l'expression de ses yeux, laissaient assez voir que son cœur éprouvait un violent chagrin. Cependant elle s'efforçait de sourire lorsque sa patronne lui parlait; elle aurait voulu cacher à tous les regards ce qui se passait au fond de son âme, mais elle ne savait pas encore bien dissimuler ses sentiments, cette science que tant de femmes possèdent dans la perfection.

L'arrivée d'un commissionnaire qui apporte une lettre pour la jolie demoiselle de magasin, cause une assez vive surprise chez la lingère. La jeune fille est sur le point de refuser la lettre, lorsqu'en jetant les yeux sur l'adresse elle reconnaît l'écriture. Alors une vive émotion s'empare d'elle, et d'une main tremblante elle prend le billet qu'elle se hâte de lire, tandis que le commissionnaire s'éloigne, parce qu'on lui a dit qu'il ne devait pas demander de réponse.

Le lendemain, dans la matinée, Marie demande à sa lingère la permission de s'absenter pour un moment. La maîtresse du magasin, quoique surprise d'une telle demande de la part de cette jeune fille qui ne voulait jamais sortir, lui répond :

— Allez, Marie : voilà la première fois que vous me demandez à sortir... je ne puis donc pas vous refuser; je vous crois d'ailleurs trop sage, trop raisonnable pour penser que vous agiriez ainsi sans de graves motifs.

Allez, mais faites en sorte que votre absence ne soit pas longue.

La jeune fille remercie sa maîtresse et, après avoir jeté un petit châle sur ses épaules, et noué sur sa tête un bonnet bien simple, mais de bon goût et qui la rend encore plus jolie, elle se rend à la hâte rue de Navarin, à la demeure de madame de Beauvert.

Plus elle approche du terme de sa course, et plus Marie se sent émue et tremblante. Ses pensées tournent sans cesse dans ce cercle :

— Elle veut me voir... elle veut absolument me parler. Mon Dieu! est-ce qu'elle m'aimerait enfin!... est-ce qu'elle se souviendrait maintenant que je suis sa fille!... elle qui m'a défendu de la nommer ma mère!... elle qui m'a toujours parlé avec un ton si froid, si indifférent... qui ne m'a jamais embrassée!... Et pourquoi!... en quoi donc ai-je mérité d'être traitée comme une étrangère?... Ah! je l'aurais tant aimée si elle me l'avait permis! Elle est riche, dit-on, elle vit au sein du luxe, de l'opulence!... Que m'importe à moi! ce ne sont pas ses richesses, ses belles parures que j'envie... c'est une caresse... une douce parole... c'est qu'elle me montre au moins quelquefois qu'au fond de son cœur elle se souvient encore que je suis sa fille... Mais non, jamais elle n'a daigné jeter sur moi un doux regard... à la manière dont elle me parle on croirait plutôt qu'elle n'éprouve pour moi que de la haine! Ah! c'est bien triste de ne pas être aimée de sa mère!

Enfin Marie est arrivée devant la maison de madame de Beauvert; elle se rappelle alors que c'est aussi là que Roger habite, car elle ignore que le jeune artiste a déménagé. Elle craint de le rencontrer, ou peut-être, au fond de son âme, cette crainte n'est-elle que de l'espérance; car en entrant dans la maison, en montant l'escalier, ses regards se portent involontairement vers les étages supérieurs, mais elle n'y aperçoit pas celui auquel elle pense toujours.

Elle sonne à une porte au premier. C'est mademoiselle Léontine qui lui ouvre et lui dit :

— Vous êtes probablement la jeune lingère que madame attend, mademoiselle Marie?

— Oui, c'est moi, à qui... ma... madame a écrit de venir...

— Suivez-moi, mademoiselle; oh! madame vous attend avec impatience...

La femme de chambre conduit la jeune fille dans la chambre à coucher où Paola était assise sur une causeuse et paraissait livrée à de sérieuses réflexions. En voyant entrer Marie, elle fait sur-le-champ signe à Léonie de les laisser, en lui disant :

— Vous savez ce que je vous ai ordonné, qu'on ne nous dérange pas, je n'y suis pour personne.

Puis, jetant enfin les yeux sur la fille qui est restée debout et toute tremblante à l'entrée de la chambre, ne sachant pas si on veut bien recevoir d'elle un baiser, Paola lui dit d'un ton assez sec :

— Prenez une chaise, mademoiselle, et asseyez-vous.

— Est-ce que... vous ne voulez pas auparavant me permettre de vous embrasser? balbutie Marie, en jetant un tendre regard sur sa mère.

— Cela n'est pas nécessaire... plus tard... et, selon ce que vous me répondrez, je verrai si je dois vous le permettre...

Marie sent son cœur se serrer à cette réponse; mais elle ne dit plus rien et s'assoit assez loin de la causeuse. Après avoir pendant quelques instants examiné la jeune fille et sans que l'expression de ses traits ait rien perdu de leur sévérité, Paola lui dit :

— Marie, je suis certaine que dans le fond de votre cœur vous trouvez que je me conduis assez indifféremment avec vous... je gage que vous m'accusez d'être une mauvaise mère...

— Ah ! madame ! pouvez-vous croire... qui vous fait supposer...,

— De grâce, mademoiselle, ne m'interrompez pas, et laissez-moi vous dire tout ce que je pense... vous me répondrez tout à l'heure. D'abord je commence par vous déclarer que je trouverais tout naturel que vous eussiez de moi cette opinion ; si je vous disais que je vous adore, à coup sûr vous ne me croiriez pas, et vous auriez raison. Mais, quoique je vous voie fort rarement, je ne vous ai cependant jamais perdue de vue. Je n'ai jamais oublié que vous étiez ma fille, et pourtant j'en avais presque le droit... votre père s'est si indignement conduit avec moi ! Vous allez me répondre que ce n'est pas votre faute... sans doute... mais il n'en est pas moins vrai que la mauvaise conduite, l'abandon de l'homme qui nous a fait commettre une sottise, ferme souvent notre cœur à la tendresse maternelle. Vous, Marie, je ne vous ai pas caché que vous étiez un enfant de l'amour. Quand je lui eus dit que j'étais mère, mon séducteur m'abandonna... c'est assez l'usage de ces messieurs... car les hommes sont tous des monstres qui ne cherchent qu'à nous tromper... et si nous le leur rendons plus tard, nous ne faisons que prendre une juste revanche.

Je ne vous ai point abandonnée cependant... je vous mis en nourrice ; quand vous eûtes deux ans et demi, je vous fis revenir près de moi, et j'allais vous chercher une pension, car il m'était impossible de vous garder avec moi, lorsqu'une vieille dame qui vous avait vue chez votre nourrice, vous prit en amitié et me proposa de vous garder avec elle, de se charger de votre éducation. Je ne demandai pas mieux. Qu'aurais-je pu faire de plus ?... ma position alors était loin d'être brillante ; en vous gardant avec moi, je n'aurais pu vous donner une meilleure éducation... il eut peu probable au contraire que vous eussiez été moins heureuse, car madame Blery vous aimait beaucoup... et, n'ayant pas d'enfants, elle vous traitait comme sa fille. Vous ne devez donc pas m'en vouloir de vous avoir laissée jusqu'à l'âge de quinze ans chez cette dame, où je savais que vous étiez très-bien.

Paola ayant pour un moment cessé de parler, Marie se hasarde à répondre :

— Je ne vous en ai jamais voulu, madame, je ne me suis jamais permis de censurer votre conduite à mon égard. Mon existence était douce et tranquille chez cette bonne dame, pour laquelle j'avais autant d'amitié que de vénération... Seulement j'ai pu regretter de ne voir que bien rarement celle... à qui je dois l'existence, j'ai pu gémir surtout de ce que, lorsqu'elle venait par hasard chez madame Blery, elle ne me permettait pas de lui donner ce doux nom de mère que j'aurais eu tant de bonheur à prononcer...

— Mademoiselle, si j'ai agi ainsi, c'est que probablement j'avais mes raisons pour cela. La manière indigne dont votre père m'a abandonnée avait bien pu m'empêcher d'éprouver un vif intérêt pour vous... Cependant, depuis, comme vous avez toujours été citée pour votre sagesse... pour votre bonne conduite, j'ai senti que j'aurais tort de vous rendre responsable des torts de votre père... et il est bien présumable que je vous aurais établie... je ne sais pas encore comment, mais enfin j'y aurais pourvu, si madame Blery, se sentant atteinte d'une maladie mortelle, n'avait pas eu l'idée de vous placer chez une lingère... Cette idée était fort bonne, et je n'aurais pu mieux faire. Cette pauvre madame Blery ne possédait malheureusement que des rentes viagères, sans cela, je suis bien persuadée qu'elle vous aurait faite son héritière, tandis qu'en mourant elle ne vous laissa, je crois, que de vieilles robes... un peu de linge... mais enfin chez votre lingère vous étiez logée, nourrie, et je savais que vous ne manquiez de rien...

— Il me semble, madame, que je ne me suis jamais plainte, que je ne vous ai jamais rien demandé...

— Sans doute ; mais ce que je tiens à vous faire comprendre, c'est que, moi, je connaissais fort bien votre position... je savais que vous aviez tout ce qu'il vous fallait, parce que, dans le cas contraire, je me serais empressée de pourvoir à vos besoins, de vous faire tenir l'argent qui vous eût été nécessaire, soit pour votre toilette, soit pour toute autre chose.

— Je n'en doute pas, madame, je suis bien persuadée que vous n'auriez pas laissé votre enfant souffrir de la misère ou du besoin... Grâce au ciel, je n'ai jamais connu ni l'un ni l'autre. Tout ce que je réclamais de vous, c'était un peu d'affection... un peu de ce sentiment qu'une mère ne saurait refuser à son enfant.

— Mademoiselle, qui vous dit que je n'en ai pas pour vous ?... je vous ai défendu de dire que vous étiez ma fille ; j'avais probablement des motifs pour en agir ainsi. Ces motifs existent encore, je ne vous en dois pas compte.

— Je ne vous demande que votre affection, madame...

— Mon Dieu, Marie, je ne demande pas mieux que de vous aimer...

— Ah ! madame...

— Attendez ! attendez ! j'ai voulu d'abord vous prouver que je n'avais jamais cessé de veiller sur vous, et que, par conséquent, vous deviez toujours avoir pour moi ce respect et cette obéissance qu'une fille doit à sa mère, alors même que celle-ci, pour des raisons qu'elle n'a pas besoin de vous expliquer, juge convenable de ne point vous donner publiquement le titre de sa fille.

— Ce respect... cette obéissance... je n'ai jamais cessé de les avoir... si j'ai eu peu d'occasions de vous les prouver, madame, c'est que nos relations ont été bien rares... c'est que jamais vous n'avez rien demandé à votre fille... mais mettez-moi à même de vous prouver ma soumission à vos moindres désirs, et vous verrez avec quel empressement je chercherai à les satisfaire.

— C'est bien, Marie, c'est bien ; je vais, en ce cas, mettre sur-le-champ votre obéissance à l'épreuve. Vous connaissez un jeune artiste... un dessinateur qui se nomme Edouard Roger ?

Marie devient écarlate et balbutie :

— Monsieur... monsieur Roger ?

— Oui, monsieur Roger ; allons, répondez, et surtout ne mentez pas dans tout ce que vous me direz.

— Oh ! je ne mens jamais, madame, et je n'ai aucune raison pour cacher la vérité. J'ai fait la connaissance de M. Roger parce qu'il venait voir Thélénie, sa maîtresse, qui demeure dans la même chambre que moi.

— Je sais cela, et quoique vous n'ignorassiez pas que ce jeune homme était l'amant de cette Thélénie, vous n'en avez pas moins écouté ses doux propos et souffert qu'il vous fît aussi la cour. C'est assez vilain, cela.

— Madame, M. Roger ne me faisait pas la cour ; il me parlait comme à quelqu'un... que l'on rencontre quelquefois... c'est seulement depuis qu'il s'est fâché tout à fait avec Thélénie, qu'il m'a... qu'il me...

— Qu'il vous a dit qu'il vous aimait... Voyons, mademoiselle, ne mâchez donc pas ainsi vos paroles entre vos dents... je n'aime pas les demi-mots, moi. Et qu'avez-vous répondu à ce jeune homme, quand il vous a dit cela ?

— Je lui ai répondu que je ne pouvais pas l'écouter.

— Vous mentez, vous ne lui avez pas dit cela, et vous l'avez fort bien écouté, car on vous a vue causant avec lui, dans la rue de Rivoli. On a même entendu les serments d'amour que vous faisiez à ce monsieur. Osez-vous nier cela ?

— Non, madame, non, je ne nierai rien de ce que j'ai fait ; mais puisque vous connaissez si bien toutes mes actions, vous devez savoir aussi que, depuis, j'ai constamment fui M. Roger, que je lui ai défendu de me parler, de chercher à me rencontrer, à me voir, et qu'enfin il m'a obéi. Je ne le vois plus, je n'entends plus parler de lui.

— Et qui vous a fait prendre cette résolution soudaine de fuir ce jeune homme que vous écoutiez si bien auparavant?

Marie hésite, elle craint de blesser sa mère en avouant pour quel motif elle a cessé d'écouter Roger; elle balbutie:

— Madame... si j'ai fait cela... c'est qu'on m'a dit... c'est que j'ai appris... que M. Roger connaissait encore une autre personne.

— Oui, mademoiselle, ce jeune homme vous trompait, il voulait seulement s'amuser à vos dépens... car il n'est pas libre... il a des engagements sérieux qui le lient à une autre femme... et cette femme... c'est moi.

Marie baisse la tête d'un air qui semble dire : « Je le savais. » Paola reprend avec le même ton d'autorité :

— D'après cela, mademoiselle, je crois inutile de vous faire sentir combien vous seriez coupable... criminelle même, si vous écoutiez encore les propos de Roger, enfin, si vous conserviez les moindres relations avec lui... songez alors que l'intérêt que je vous porte se changerait en haine, en aversion... que jamais je ne vous pardonnerais une telle offense...

— Oh! madame, n'ayez pas une telle crainte... Moi, m'exposer à votre haine, à votre mépris... moi dont les seuls désirs, les seules espérances étaient d'obtenir un jour de vous ce doux nom de fille, que vous ne m'avez jamais fait entendre... moi qui donnerais dix ans de ma vie pour une seule de vos caresses... car je vous aime, moi, madame; je vous ai toujours conservé cette tendresse qu'un enfant doit à sa mère, et, malgré votre froideur, malgré l'éloignement que vous me témoignez... ce sentiment si doux de l'amour filial n'a jamais cessé de faire battre mon cœur...

Les accents de Marie étaient si vrais, ils peignaient si bien le fond de son âme, que Paola ne peut se défendre d'une vive émotion, et c'est presque avec affection qu'elle tend sa main à sa fille en lui disant :

— C'est bien, Marie, je vous crois, je suis contente de vous. Alors, je puis être certaine que jamais, jamais, vous l'entendez, vous n'écouterez ce que Roger pourrait vouloir vous dire...

— Oh! jamais! je vous le jure : que le ciel me punisse si je manque à mon serment...

— Savez-vous où demeure M. Roger?

— Mais, je crois lui avoir entendu dire qu'il logeait dans cette maison.

Paola garde le silence et se contente d'examiner Marie; puis elle reprend après un moment :

— J'espère que ce jeune homme ne sait pas... que vous ne lui avez jamais dit que vous étiez... ma fille?

— Pourquoi le lui aurais-je dit, madame, puisque vous m'aviez défendu de faire connaître à personne le nom de ma mère? mais si je ne puis... si vous ne voulez pas que je vous donne ce nom... ne repoussez au moins mes caresses...

En disant cela, la pauvre petite pressait la main de sa mère et la couvrait de baisers. Celle-ci, après lui avoir quelques instants abandonné sa main, la retire enfin, en lui disant :

— Maintenant, Marie, vous pouvez vous éloigner. Je vous le répète, je suis contente de vous, j'ai foi en vos promesses, et quelque jour, je vous prouverai que je ne vous oublie pas... je vous établirai; enfin je m'occuperai de votre avenir...

— Je vous remercie, madame, je suis satisfaite de mon

sort; mais avant que je vous quitte, ne me permettrez-vous pas de vous embrasser?

Paola hésite; un secret combat semble se livrer dans son cœur; enfin elle daigne tendre sa joue à sa fille, qui se précipite et la couvre de baisers; mais, comme si elle craignait de se laisser attendrir, Paola se dégage des bras de Marie en lui disant :

— Maintenant, partez... partez... j'ai affaire... je ne puis vous garder plus longtemps.

Marie obéit; elle s'éloigne, en se retournant souvent pour regarder sa mère, et elle se dit :

— Elle ne m'a pas embrassée, mais elle a permis que je l'embrasse, moi, c'est toujours quelque chose.

Et, lorsqu'elle descend l'escalier, cette fois, bien loin de lever les yeux, elle se sauve sans oser tourner la tête, car elle ne voudrait pas maintenant, pour tout au monde, rencontrer Roger.

XXXI

LES SUITES DU CHAMPAGNE.

Après la visite que lui avait faite M. Boniface Triffouille, Roger s'était hâté de se rendre chez le peintre Guerbois, où il n'avait pas aperçu l'ombre de Sibille, ce qui, du reste, ne l'avait nullement étonné. Il n'avait pas été difficile à Roger de faire entendre raison à son ami, et de le faire entièrement renoncer à son projet de duel avec ce monsieur d'Orléans qui, loin d'être complice des méfaits du jeune Peloton, se trouvait au contraire être aussi sa victime. Quant à ce dernier, il l'avait fait connaître à Guerbois pour ce qu'il était, un fanfaron et un blagueur, et lui avait donné carte blanche pour se venger de lui, mais en l'engageant cependant à ne point pousser la chose trop au sérieux.

Boniface a été si content en recevant l'assurance qu'on ne le forcerait pas à se battre en duel, que, dans sa joie, il s'est jeté au cou de Roger en s'écriant :

— Mon cher ami, je vous dois la vie, car je ne sais pas me battre, et j'aurais infailliblement été tué. Vous arrangez les choses beaucoup mieux que cet entêté de Calvados qui voulait absolument être mon témoin avec son neveu. Je veux que nous fêtions l'heureux dénoûment de cette affaire dans un petit festin avec quelques amis!...

— A quoi bon?

— Ah! j'espère que vous ne refuserez pas de renouveler ce charmant repas que nous fîmes ensemble peu de temps après mon arrivée à Paris.

— Non, sans doute, si tel est votre désir; mais je pense que vous n'inviterez pas Sibille, cette fois.

— Non, certes, le petit scélérat, qui me met des duels sur le dos... et qui ne va pas, lui, au rendez-vous de l'honneur... car il n'a pas été chez ce M. Guerbois comme il l'avait dit en nous quittant.

— Est-ce que vous avez jamais cru qu'il irait? J'étais bien certain du contraire, moi.

— Ma foi, oui, je l'avais cru. Je crois tout ce qu'on me dit.

— Cela fait honneur à votre bonne foi; mais il est dangereux de pousser la confiance si loin.

— Et, tenez, je ne vous le cacherai pas, je regrette d'être obligé de me fâcher avec ce jeune farceur... car, à part ses inadvertances, il m'amuse, il est fort divertissant.

— Mais, mon cher monsieur Boniface, si vous avez envie de l'inviter encore, songez bien que vous en êtes

Prenez une chaise, mademoiselle, et asseyez-vous. (Page 93.)

le maître... moi, je n'ai aucune raison pour en vouloir à Sibille.

— Non, oh! je ne veux plus de lui. Au reste, j'en voudrais qu'il me serait difficile de le lui dire, je ne le rencontre plus nulle part.

— Et voyez-vous toujours Lucien Bardecourt?

— Je me suis encore trouvée près de lui hier à l'Opéra. Ah! l'Opéra! quel magnifique spectacle!... quelles danseuses!... quelles poses!... quelles grâces!... quand j'ai été à l'Opéra je ne dors pas de la nuit.

— Vous inviterez Lucien au dîner que vous voulez encore nous offrir, n'est-ce pas?

— Ma foi, qu'en dites-vous? il n'est pas bien aimable, ce monsieur-là, il ne parle que de lui...

— Si... invitez-le... il nous racontera ses bonnes fortunes... il a quelquefois des aventures piquantes...

— Du moment que c'est votre avis, je l'engagerai. J'aurai aussi Calvados et son neveu, parce qu'enfin, si je ne me suis pas battu, ce n'est pas leur faute, ils s'offraient toujours pour être mes témoins, et j'ai bien dans l'idée que Calvados aurait dit à son neveu de se battre pour moi:.. un militaire! c'est son état; il n'aurait pas mieux demandé.

Une indisposition survenue à Boniface avait retardé le festin prémédité; mais enfin, l'amphitryon avait recouvré la santé, fait ses invitations, et un samedi, à six heures du soir, les convives se trouvaient réunis dans le même restaurant qui les avait déjà vus en partie quelques mois auparavant. Boniface seul était en retard, ce qui étonnait et commençait à inquiéter ces messieurs, qui connaissaient l'exactitude et la ponctualité du provincial.

La société se composait de Roger, de Calvados et son neveu, de Lucien Bardecourt et enfin du cousin de Sibille, M. Ernest Miroir, fort bon garçon qui n'était nullement passible des sottises que commettait son petit cousin et était le premier à vous dire : « Ne croyez pas un mot de tout ce qu'il vous contera. »

— Que diable peut-il être arrivé à Boniface, pour qu'il ne soit pas au rendez-vous qu'il nous a donné! dit Calvados en regardant par la fenêtre du petit salon qui donne sur le boulevard.

— Il est certain que cela m'étonne, dit Roger, car j'ai toujours remarqué chez M. Triffouille une extrême exactitude, même pour les plus petites choses.

— Il aura suivi quelque dame, qui l'aura mené plus loin qu'il ne voulait, dit Lucien.

— Oh! ce n'est pas probable! est-ce que Boniface oserait suivre une femme? d'ailleurs, il n'aurait pas choisi le moment où il sait que nous l'attendons.

— Alors c'est qu'il est malade.

— Malade... ce serait le plus fâcheux; attendez, nous allons savoir... Garçon! garçon!...

Le garçon arrive dans le petit salon où sont ces messieurs. Calvados prend la parole :

— Garçon, ce monsieur qui a commandé un dîner pour six personnes et retenu ce petit salon où nous sommes, quand est-il venu?

— M. Boniface Triffouille est venu ce matin sur les dix heures... il a parlé au patron, commandé un dîner pour six... un dîner très-fin... oh! vous serez contents, messieurs...

— Ce n'est pas cela qui nous inquiète; mais M. Boniface comment était-il ce matin? avait-il l'air souffrant, indisposé?

— Oh! bien au contraire, ce monsieur avait fort bon

Ce n'était pas vous ? osez-vous nier, et ce portrait...... (Page 93.)

mine, il était très-gai ; il est parti en disant au patron :
« Distinguez-vous pour les vins comme pour les mets, je
veux que nous fassions un véritable festin. »

— Messieurs, un homme qui dit cela à dix heures du
matin, ne peut pas être bien malade à six heures...

— Il est la demie.

— Messieurs, dit à son tour Ernest Miroir, je ne crains
qu'une chose, moi, c'est que M. Boniface ait rencontré
mon petit cousin Sibille.

L'arrivée de Boniface met fin aux inquiétudes et aux
commentaires : cependant l'amphitryon est tellement es-
soufflé, effaré, bouleversé, que tout le monde s'empresse
autour de lui.

— Qu'avez-vous?

— Vous avez l'air bien fatigué...

— Que vous est-il arrivé?

— Vous n'êtes pas malade?

— Non, messieurs, non, mes chers amis... excusez-
moi de vous avoir fait attendre... Ah ! ce n'est pas de
ma faute, allez !... Ouf !... je n'en puis plus... Je demande d'abord un verre de madère pour me remettre...
je l'ai bien gagné...

Le madère est versé à Boniface, qui, après l'avoir bu,
s'essuie le front en disant :

— Ça va mieux, ça me remet... Ah ! messieurs, si vous
saviez ce qui vient de m'arriver... et dire que c'est encore à ce satané de Sibille, à votre petit cousin que je dois
cela...

— Ah ! je m'en doutais ! s'écrie Ernest en riant ; je me
doutais qu'il y avait du Peloton dans cette affaire-là.

— Comment! est-ce que tu aurais encore un duel?
dit Calvados ; mais tu sais que nous sommes là, moi et...

mon neveu... qui a accepté avec joie ton invitation, .
que je te présente.

Le jeune officier salue Boniface en disant :

— Disposez de moi, monsieur, je serai heureux de
vous être utile...

— Merci, monsieur, infiniment obligé... mais ce n'est
pas d'un duel qu'il s'agit... ou du moins, c'est d'un duel
d'un autre genre... le diable m'emporte! je crois que je
préférerais le premier.

— Voyons, explique-toi...

— Vous saurez donc, messieurs, que je me dirigeais
vers ce restaurant, où certainement je serais arrivé
avant vous, ce qui, du reste, était mon devoir, parce
que celui qui traite doit être là pour recevoir ses invités...

— Nous ne vous en voulons pas, allez toujours...

— Je marchais donc dans les meilleures dispositions...
j'avais un appétit d'enfer, je l'ai toujours heureusement,
lorsque tout à coup, dans la rue Richelieu, une dame
vient se poser devant moi en s'écriant :

« — Enfin, c'est bien heureux, vous voilà ! je vous
retrouve, ce n'est pas sans peine ; il y a assez longtemps
que je vous cherche. »

Moi, je reste ébahi devant cette dame... non, je veux
dire ce colosse féminin, car c'en était un... Figurez-vous
une tour de cinquante-cinq ans environ... de ces tours
qui ont de la barbe... deux ou trois mentons formant un
escalier... un nez épaté... farci de tabac, un teint beaucoup trop coloré, tout cela bien bourgeonné... voilà
quelle était la personne qui me barrait le passage, car à
elle seule, elle tenait tout le trottoir. Cependant, après
avoir envisagé cette espèce d'éléphant, je lui dis :
— Madame, assurément vous vous trompez, je n'ai

7

pas l'honneur de vous connaître; vous me prenez pour un autre.

« — Oh! non, je ne me trompe pas, me répond cette dame, votre figure est trop bien gravée dans ma mémoire... vous êtes frappant de ressemblance...

« — Comment, madame, avec qui ai-je de la ressemblance?

« — Eh mais, avec votre portrait, votre photographie que vous aviez si adroitement glissée dans mon gant... Ne vous en souvenez-vous plus? Il y a de cela un mois environ... c'était le soir, il faisait noir et le tonnerre grondait au loin; je sortais d'une maison rue de la Tour-d'Auvergne. Je marchais très-vite, craignant la pluie... cependant un homme se mit à me suivre, il marchait presque sur mes talons, me disant des douceurs, me suppliant d'accepter son bras... moi, je ne me retournais pas, espérant qu'il me quitterait; au lieu de cela, je sens qu'il glisse quelque chose sous mon gant. Aussitôt je me retourne pour lui reprocher son audace... nous étions justement alors près d'un bec de gaz; mais je n'eus pas plutôt fait ce mouvement, qu'il se sauve à toutes jambes... je ne puis apercevoir que son dos.

« — Ce n'était pas moi, madame...

« — Ce n'était pas vous? osez-vous nier... et ce portrait, direz-vous aussi que ce n'est pas le vôtre? »

En achevant ces mots, la grosse tour me met sous les yeux une de mes cartes photographiées... de celles gardées par ce petit gueux de Sibille.

Ici, toute la société part d'un éclat de rire; Boniface boit encore un verre de madère, puis reprend :

— Vous riez, messieurs, c'est que vous ne vous doutez pas à quelle espèce de femme j'avais affaire!... Vous allez voir. Je lui réponds : « Madame, ce portrait est bien le mien, en effet, mais ce n'est pas moi qui l'ai mis dans votre gant... c'est un autre...

« — A d'autres! s'écrie-t-elle. Ah! tu cours après les femmes! tu veux les endever et tu nies ensuite tes exploits, monstre! séducteur! mais tu ne sais donc pas qu'à force de regarder, de contempler ton portrait, tu m'as donné dans l'œil... oui, je ne veux pas te cacher ma faiblesse, je suis devenue amoureuse de ce portrait, c'est-à-dire de l'original... Je te cherchais par monts et par vaux...

« — Mais, madame, encore une fois, puisque ce n'est pas moi...

« — Comment, ce n'est pas toi!... tu viens tout à l'heure de convenir que c'est ton portrait, à présent tu dis que ce n'est pas toi... Ah! prenez garde, monsieur, je ne suis pas une femme dont on se moque!... »

Tout cela m'ennuyait beaucoup comme vous pouvez bien le croire; j'ôte mon chapeau, je dis à cette dame : « J'ai bien l'honneur de vous saluer, » et je veux continuer mon chemin, mais cette dame me saisit par le bras, s'y accroche et me dit :

« — Je vais avec vous.

« — Mais, madame, je suis attendu pour affaire importante.

« — Cela m'est égal, j'irai avec vous partout où vous irez. »

Vous jugez, messieurs, dans quelle situation je me trouvais... Je double le pas, je cherche à fatiguer ce crampon pendu après moi; c'était comme si je ne faisais rien, elle marchait comme un tambour-major. « Mais, madame, lui dis-je, je ne puis vous mener où je vais, c'est un dîner d'hommes...

« — Cela m'est égal; au contraire, les hommes ne me font pas peur...

« — Mais, lui dis-je, ce serait inconvenant; si vous voulez absolument me revoir, j'aime mieux que vous me donniez un rendez-vous... je m'y rendrai.

« — Ta, ta, ta!... s'écrie-t-elle, pas si niaise, vous ne viendriez pas à ce rendez-vous... c'est pour vous débar-

rasser de moi que vous me dites cela... si vous voulez absolument que je vous quitte en ce moment, il n'y a qu'un moyen...

« — Lequel, madame?

« — D'abord, vous allez me dire votre nom.

« — Mon nom?

« — Oui, votre vrai nom! »

Ici, messieurs, il me vint à l'esprit une idée... que je crois assez machiavélique... je me dis : Puisque ce polisson de Sibille Peloton donne mon portrait pour le sien, pourquoi, moi, ne donnerais-je pas son nom au lieu du mien?

— Bravo!... excellente idée! s'écrient les convives... c'était de bonne guerre.

— Alors je réponds avec assurance à mon affreuse conquête : « Je me nomme Sibille Peloton, jeune négociant en mousseline et autres calicots. » Mais vous allez voir. J'avais affaire à une gaillarde aussi fine qu'elle était grosse, elle me répond :

« — Sibille Peloton, c'est possible; mais comme je veux en avoir la certitude, vous allez me conduire à votre demeure; là, je demanderai au concierge si vous êtes bien en effet M. Peloton; s'il m'affirme que c'est la vérité, je vous quitte, je vous laisse vaquer à vos affaires; mais demain vous recevrez ma visite. »

Jugez de mon embarras, j'étais pris dans mes propres filets...

« — Où demeurez-vous? me dit mon colosse.

« — Vous le verrez bien, puisque vous ne voulez pas me quitter, » lui dis-je avec humeur; et je me mets à arpenter de nouveau. J'avais quitté la rue Richelieu. Je choisissais les rues les plus sales, les plus crottées, je pataugeais exprès dans les ruisseaux... rien n'y faisait, mon crampon ne me lâchait pas. J'étais désolé, je ne savais à quel saint me vouer, lorsqu'enfin la Providence vint à mon secours sous la forme d'un omnibus. Un charbonnier venait de passer contre nous, et avec son sac de charbon il avait heurté si rudement le chapeau de cette dame qu'il avait failli le lui enlever. Elle est donc obligée de lâcher un moment mon bras pour remettre son chapeau en place. O charbonnier, je te bénis!... Me sentant libre, et à dix pas un omnibus arrêté; je cours, ou plutôt je vole, c'est le mot. Il était temps, il allait partir... je saute dedans. Je me jette sur tout le monde, j'écrase des pieds... on me donne des noms fort désagréables, ça m'est égal; enfin je suis casé. Mais j'aperçois mon cauchemar qui court après la voiture en faisant signe au conducteur d'arrêter. Une sueur froide coule de mon front, lorsque j'entends retentir ce mot... qui me rend à la joie, à la liberté : Complet! nous étions complets... Ah! jamais mot si doux ne frappera mon oreille, jamais la roulade d'une Alboni, d'une Patti ne me fera éprouver une sensation plus délicieuse que ce mot : Complet! prononcé par la voix enrouée du conducteur. Par conséquent mon colosse en fut pour ses signes, ses cris, et c'est ainsi que je parvins à lui échapper. L'omnibus me conduisit à la Madeleine; mais là j'en pris un autre qui me ramena près de vous. Voilà, messieurs, pourquoi je me suis fait attendre.

Le récit de Boniface a beaucoup diverti ses invités. Tout le monde a ri, même Roger, qui cependant ne rit plus guère depuis quelque temps et n'a consenti à se rendre à ce dîner que parce qu'il veut y tenter une nouvelle épreuve sur Lucien Bardecourt.

On se met à table et le jeune peintre a soin de se placer à côté de Lucien. Tout le monde est disposé à faire honneur au repas. L'amphitryon a retrouvé toute sa bonne humeur; cependant il s'écrie encore :

— Diable de femme!... si du moins elle avait été jolie...

— Si elle avait été jolie, dit Ernest, mon petit cousin

ne se serait pas sauvé quand elle s'est retournée dans la rue.

— C'est probable; mais alors pourquoi lui fourre-t-il mon portrait dans son gant?

— Ah! ceci est une rouerie que je ne comprends plus.

— Moi, je suis persuadé qu'il fait tout cela pour m'attirer des aventures désagréables; mais qu'est-ce que je lui ai fait, mon Dieu! qu'est-ce que je lui ai fait?

— Oublions M. Sibille, dit Roger, et buvons à la santé de notre amphitryon.

La santé est portée avec enthousiasme.

— Excellent madère! dit Lucien.

— Messieurs, ne le ménagez pas; que ceux qui en veulent tout le temps du dîner ne se gênent point... ou du champagne frappé, ou du bordeaux, ou du corton... enfin de celui que l'on voudra; nous sommes ici pour ne nous rien refuser.

— Parbleu! dit Roger, je ne bouderai devant aucun... Je parie bien que mon voisin de droite n'est pas homme à me tenir tête.

Ces paroles s'adressaient à Lucien, qui s'empresse de répondre:

— Moi, mon cher?... oh! mais vous vous attaquez à forte partie; vous ne savez donc pas que j'ai une très-forte tête! non-seulement je boirai autant que vous, mais je boirai bien plus que vous, sans que cela m'étourdisse...

Roger avait piqué l'amour-propre de Lucien, c'était tout ce qu'il voulait, d'autant plus, qu'au dernier repas offert par Boniface, il avait remarqué que le brillant séducteur était très-étourdi au dessert mais cependant avoir beaucoup bu. Il emplit son verre de madère en disant:

— En ce cas, le pari est tenu; un dîner pour la société sera payé par celui de nous qui le premier avouera qu'il en a autant qu'il peut en porter.

— C'est entendu, c'est gagé! Messieurs, vous êtes nos témoins; vous serez aussi nos juges.

En disant cela, Lucien avale son verre de madère.

— Voilà un pari qui me réjouit, dit Ernest Miroir, car dans tout cela je vois en perspective un autre festin, et s'il vaut celui-ci, ma foi, messieurs, nous allons passer une joyeuse vie...

— Tu ne paries rien, Calvados? demande Boniface en s'adressant à son ancien ami.

— Ma foi non; que veux-tu que je parie, maintenant que, grâce à mon neveu, je suis sûr de la fidélité de ma femme?...

— Mais on ne sait pas... si tu essayais encore une épreuve?

— Tu crois?

— Non, mon oncle, non, n'essayez pas! s'écrie le jeune officier, c'est tout à fait inutile; d'ailleurs, vous avez juré que vous ne mettriez plus ma tante à l'épreuve... un homme d'honneur ne manque pas à son serment.

— C'est juste, tu as raison, mon neveu; alors, messieurs, buvons à Pénélope!... c'est le surnom que j'ai donné à mon épouse.

Les convives ne demandent pas mieux que de boire à Pénélope. Lucien fait remarquer à la société qu'il fait toujours rubis sur l'ongle, tandis que son pareur laisse fort souvent du vin dans son verre. Roger sourit en répondant:

— Je vous rattraperai. Mais il se garde bien de chercher à rattraper son voisin, et il sera enchanté de perdre le pari s'il parvient à griser Lucien.

— Dans tout cela, dit Boniface après un nouveau toast que Calvados a porté à la vertu de sa femme, si mon malheur voulait que je rencontrasse de nouveau cette bonne dame qui est amoureuse de moi, que

ferais-je pour m'en dépêtrer?... on n'a pas toujours sous sa main un charbonnier et un omnibus pour vous tirer d'affaire...

— Monsieur Triffouille, dit le jeune militaire, si pareille chose vous arrive, conduisez cette dame jusqu'à la demeure de mon oncle, faites-moi demander et je me charge de vous débarrasser de votre belle...

— En vérité!... vous feriez cela?... Est-ce que vous consentiriez à lui faire la cour?

— Oh! non, je ne vous promets pas cela; mais je ferai mettre cette dame au violon jusqu'à ce qu'elle ait promis de ne plus prendre de force le bras aux gens. Enfin, je tâcherai de lui faire un peu peur... en respectant son sexe cependant...

— Ah! merci mille fois!... Je n'aurais plus osé me promener dans Paris. Messieurs, un toast en l'honneur du lieutenant.

Le toast est porté; puis un autre au beau sexe qui ne court pas après les hommes dans la rue; puis un autre à la vengeance que Boniface espère exercer sur Sibille; puis un nouveau, proposé par Calvados, aux maris qui ont le bonheur de posséder une femme comme la sienne.

A force de porter des toasts, de passer du madère au corton, du corton au champagne, du champagne au bordeaux, ces messieurs sont arrivés à cette pointe de gaieté qui fait que tout le monde parle à la fois, qu'on ne sait plus trop ce qu'on dit, mais qu'on rit de tout ce qu'on entend.

Roger seul s'est ménagé et par cela même il a excité Lucien à boire davantage, car il lui dit à chaque instant:

— Décidément, je serai vaincu... je ne suis pas de force... Ah! comme vous buvez... comme vous me laissez en arrière...

— Eh! pardieu! mon cher, j'en étais sûr, je vous avais prévenu. Tenez, voyez comme j'avale ça! hop!... Tenez, en voulez-vous encore un... pendant que je suis en train... Eh! allez donc!... j'avale le champagne comme du petit-lait... Oh! vous avez perdu le pari.

— Oh! tout à fait... vous êtes mon vainqueur... je le reconnais.

— C'est bien. Pour que vous en soyez sûr, tenez... je bois... je bois encore... encore cette rasade...

Si les autres convives avaient une petite pointe, Lucien Bardecourt en avait une grande; il était complètement gris. C'était ainsi que Roger voulait le voir, car il se souvenait de ce vieux proverbe: in vino veritas. Il s'empresse alors de mettre Lucien sur le chapitre de ses bonnes fortunes, en lui disant:

— Eh bien! et les amours, les conquêtes, cela va-t-il toujours à votre gré?

— Les amours!... répond Lucien d'une voix pâteuse, oh! oui... les amours... c'est mon fort à moi!... c'est ma partie!...

— Et cette jolie femme avec qui je vous ai vu au Château-des-Fleurs?... elle se nommait Cléopâtre, je crois?...

— Cléopâtre!... ah! oui, une fameuse... oh! c'est fini avec elle... fini depuis longtemps... elle me jouait des tours... des tours pendables. Je vais reprendre du champagne... il est excellent. Pauvre garçon! qui ne sait pas boire.

— C'est vrai, je m'avoue vaincu. Ah! vous avez quitté cette demoiselle Cléopâtre?

— Mon petit, figurez-vous... elle venait chez moi... elle me chipait mes pantalons... elle en mettait sous sa crinoline... et mes gilets... elle allait les vendre... je l'ai lâchée...

— Et... et Marie... la jolie Marie?

— Marie! qu'est-ce que c'est que ça? Marie... connais pas!...

— Mais si, une jeune fille qui est chez une lingère... rue de Rivoli.

— Ah! Marie!... la pimbêche!... m'a-t-elle fait aller, celle-là... et droguer inutilement devant sa boutique!

— Inutilement, dites-vous... n'a-t-elle donc pas été votre maîtresse?

— Marie! pas moyen, mon cher... c'est une tigresse... une petite sotte!... Un jour je la rencontre... je ne sais plus où... ça ne me fait rien... je lui offre mon bras... elle refuse. J'insiste, elle refuse encore; puis, je ne sais plus à propos de quoi... la voilà qui pâlit... qui chancelle... qui allait se trouver mal; elle fut bien obligée alors d'accepter le bras que je lui offrais toujours. Versez-moi du champagne... non, du porto maintenant... il est fameux ce porto. Goûtez-en donc, mon cher...

— Et quand cette petite Marie fut à votre bras, où l'avez-vous menée?

— Menée... pas du tout, elle m'a lâché au bout d'un moment, en me disant... qu'est-ce qu'elle m'a dit? je ne m'en souviens plus... c'est une petite sotte!... une mijaurée!... mais un de ces jours je la retrouverai.... C'est singulier, j'ai mal à la tête...

Roger savait tout ce qu'il désirait; il ne pouvait plus douter de l'innocence de Marie, Lucien était trop réellement ivre pour mentir. Au bout de quelque temps, la société sort du restaurant, puis chacun va de son côté. Au lieu d'accompagner ceux de ces messieurs qui vont au café, le jeune artiste court rue de Rivoli. Il était alors dix heures du soir, car on avait tenu table longtemps. Roger regarde au travers des vitres de la lingère; Marie est encore à sa place dans le magasin. Le jeune homme veut absolument lui parler, lui dire qu'il sait qu'elle n'a jamais été la maîtresse de Lucien; il s'est juré de ne point prendre de repos avant d'avoir dit cela à Marie, mais comment y parvenir? Pour monter à sa chambre la jeune fille ne sort pas dans la rue, une porte qui est au fond de la boutique communique dans la cour. Roger prend le seul moyen qui se présente. Il sonne à la porte cochère, passe devant le concierge en disant :

— Je vais chez la fleuriste à l'entresol, et va se placer dans l'escalier qui est fort bien éclairé et où il attend Marie.

Dix minutes s'écoulent; puis une porte s'ouvre en bas; on sort du magasin de la lingère. On monte légèrement l'escalier et bientôt Marie se trouve devant Roger; elle pousse un cri de surprise, presque d'effroi en l'apercevant; celui-ci se hâte de lui dire :

— Ma présence vous déplaît, je le vois bien, mademoiselle; pardonnez-moi donc d'avoir bravé votre défense pour vous revoir, pour vous parler encore; mais je voulais absolument vous dire que Lucien Bardecourt a lui-même proclamé votre innocence et reconnu qu'aucune intimité n'avait existé entre vous et lui.

— Eh bien! monsieur, cela vous a étonné; vous pensiez donc que je vous avais menti moi? répond Marie avec fierté.

— Non, mademoiselle, non, Marie; mais je pouvais penser... ce changement si soudain dans vos manières avec moi... car autrefois vous m'écoutiez... vous ne me traitiez pas si durement... je pouvais donc penser que vous en aimiez un autre; puisque cela n'est pas, pourquoi me fuir... me défendre de vous parler?... Qu'ai-je donc fait pour que vous m'ôtiez maintenant toute espérance...?

— Monsieur Roger, cessez de me questionner, ce serait inutile, je ne dois pas vous répondre; pour agir comme je le fais, j'ai des motifs graves. Je vous le répète, toutes relations doivent cesser entre nous, et ce serait me causer un vif chagrin que de chercher à me parler encore.

En achevant ces mots, Marie gravit vivement l'escalier, laissant Roger consterné et désespéré.

XXXII

LE BOUT DU NEZ.

Madame de Beauvert était d'une humeur de dogue. Elle avait écrit à Roger qui ne lui avait pas répondu, et s'était borné à lui envoyer son portrait tout encadré, car il était bien décidé à ne plus y toucher. Paola n'avait pas voulu recevoir le dessin, elle avait dit au commissionnaire :

— Reportez ce portrait chez celui qui vous envoie, je ne le trouve pas ressemblant ainsi. Je veux qu'il y retouche, j'irai poser.

Mais Roger était aussi obstiné que cette dame, et il avait dit de nouveau au commissionnaire :

— Remporte ce portrait, je ne veux plus y toucher : si cette dame n'en est pas contente, cela m'est parfaitement égal, puisque je ne le lui fais pas payer. Toi, je t'ai payé ta commission, ne t'avise pas de revenir encore chez moi avec le portrait, ou je te fais descendre mon escalier sur ton derrière.

L'Auvergnat, c'était un Auvergnat, se l'est tenu pour dit. Il retourne offrir le portrait chez la belle dame, qui se met en fureur et lui dit :

— Vous êtes un sot, une buse, un animal! Je vous ai dit de rendre ce portrait à M. Roger, et vous me le rapportez encore! retournez bien vite chez ce monsieur... si vous revenez ici avec ce portrait, je vous flanque une paire de claques!

L'Auvergnat redescend du premier en se disant :

— Des claques d'un côté, des coups de pied d'un autre, cela n'est pas tentant.

Et, arrivé devant le concierge, il lui remet le portrait en lui disant :

— Tenez, moussia le portier, voilà pour vous, fichtra; c'est un cadeau que l'on vous fait; moi, je suis payé... je m'en vas.

Le concierge examine le pastel, qui est fort bien venu; il reconnaît la figure de sa locataire du premier et s'écrie :

— Tiens! madame de Beauvert me fait cadeau de son portrait! c'est bien aimable de sa part : je vais le placer juste en face de l'entrée de ma loge, de façon qu'il sera vu sur-le-champ par tous ceux qui viendront me parler.

Le pastel de Paola est accroché dans la loge du concierge. Au bout de quelque temps, c'est M. Bernouillet qui arrive et entr'ouvre la loge du concierge, en demandant si madame est chez elle.

— Oui, oui... madame de Beauvert est chez elle, répond le concierge en souriant.

Puis il ajoute :

— Elle est là-haut... et elle est ici !... eh! eh!...

— Comment! je ne comprends pas, murmure l'entrepreneur.

— Tenez, monsieur, regardez donc... là... en face, et vous comprendrez la plaisanterie.

M. Bernouillet lève les yeux, voit le portrait qui est très-ressemblant, et s'écrie :

— Eh mais, c'est le portrait de madame de Beauvert que vous avez là!

— Oui, monsieur, c'est le portrait de madame du premier; il est bien ressemblant, n'est-ce pas?

— Il est frappant. Mais qu'est-ce que ce portrait fait donc dans votre loge?

— Ce qu'il fait... mais, monsieur, il orne ma loge; c'est un cadeau que madame a bien voulu me faire... moi, je n'aurais jamais osé le lui demander; mais elle me l'a envoyé ce matin par un commissionnaire, je l'ai accepté avec joie.

— Madame de Beauvert vous a fait présent de son portrait; mais ce n'est pas possible!... Et à quel propos?

— Il n'y a pas de propos, monsieur, il n'y a pas eu le moindre petit propos. Madame m'envoie son portrait... je l'accepte... ça va tout seul.

— Par exemple, c'est un peu fort, il faut que j'éclaircisse cela.

Et M. Bernouillet monte l'escalier en se disant :

— Comment! depuis six mois je prie Paola de me donner son portrait, elle me remet sans cesse... et elle l'envoie à son portier... c'est bien peu aimable de sa part.

L'entrepreneur est arrivé chez sa maitresse, qui le reçoit avec son air boudeur habituel; mais cette fois, au lieu de chercher à la faire sourire, ce monsieur fait lui-même une mine assez maussade et s'écrie :

— Pardieu! madame, il faut que je vous fasse mon compliment. Vous êtes devenue bien généreuse! mais vous placez singulièrement vos dons...

— Qu'est-ce que c'est, monsieur? que voulez-vous dire?... expliquez-vous mieux, je vous en prie, et surtout ne me faites pas languir, car je ne suis pas disposée à être agacée... j'ai mes nerfs, monsieur...

— Si vous avez vos nerfs, madame, moi j'ai de l'humeur, et véritablement j'ai sujet d'en avoir.

— Encore une fois, au fait, monsieur, finissez-en, vous m'impatientez, vous m'excédez!

— Madame, que signifie cette idée de faire cadeau de votre portrait à votre portier, au lieu de me le donner à moi qui vous le demande depuis si longtemps?

— Qu'est-ce que vous dites? vous radotez, monsieur, ou vous êtes fou!... Moi! j'ai donné mon portrait au portier?

— Pardieu! madame, il est dans sa loge... je viens de l'y voir à l'instant; il est très-ressemblant.

— Mon portrait!... vous avez vu mon portrait chez le concierge?...

— Oui, madame, à l'instant même; il dit que vous lui en avez fait cadeau.

— Ah! les misérables!... Léontine! Léontine!

Paola casse sa sonnette; enfin sa femme de chambre accourt; elle lui dit :

— Monsieur assure que mon portrait est chez le portier, qui prétend que je lui en ai fait cadeau. Allez vite, qu'il n'y reste pas une minute de plus.

Léontine sort. Paola se promène dans la chambre avec agitation en s'écriant :

— Mais ce commissionnaire est donc un âne, un idiot... ou c'est Roger qui lui aura dit de le faire.

— Je me doutais bien, ma belle amie, qu'il y avait erreur, dit M. Bernouillet en se frottant les mains, mais calmez-vous, tout va se réparer.

— Non, monsieur, je ne veux pas me calmer, je veux tirer vengeance de tout ceci; mon portrait chez le portier! mais c'est épouvantable, cela!

Mademoiselle Léontine remonte avec le portrait qu'elle présente à sa maitresse :

— Le voilà, madame, je l'ai décroché... j'ai manqué de me battre avec le portier; il ne voulait pas me le rendre, parce que cet imbécile de commissionnaire lui a dit que vous lui en faisiez cadeau.

— Léontine, allez chercher cet homme, vous devez savoir où il se place; amenez-le que je le rosse, que je le fasse périr sous le bâton!

— Ah! je ne crois pas qu'il voudra venir pour cela : d'ailleurs, je ne le connais pas, moi, cet homme; j'ignore tout à fait où il se met.

— Il faut le trouver, il ne sera pas dit qu'on se moquera de moi à ce point-là.

— Ma belle amie, ne vous faites point de mal... la faute est réparée. Voilà le portrait, vous allez me le donner; car je gage bien que c'est à moi que vous vouliez l'envoyer; je l'accepte avec reconnaissance.

— À vous, ce portrait! s'écrie Paola en retenant le cadre que M. Bernouillet saisissait déjà; non, vous ne l'aurez pas, ni vous, ni d'autres, ni personne; voilà le cas que je fais de l'ouvrage de ce monsieur.

En disant cela, cette dame jette le portrait à ses pieds, puis se met à marcher, à trépigner dessus; elle ne le quitte qu'après l'avoir réduit en lambeaux. L'entrepreneur est stupéfait, mais il n'est pas content, et pendant que Paola, après avoir achevé la destruction de l'aquarelle, va se jeter sur un divan, ce monsieur prend son chapeau et s'en va en disant :

— Décidément, elle a par trop ses nerfs aujourd'hui... je crois qu'il vaut mieux la laisser se calmer toute seule.

Au bout de cinq minutes, Paola, redevenue plus calme, regarde autour d'elle, et ne voyant plus que les débris de son portrait, sonne Léontine qui accourt :

— Eh bien! où donc est M. Bernouillet?

— Il est parti, madame.

— Parti, sans me rien dire... voilà qui est bien peu honnête!

— Ce monsieur avait l'air très-fâché de ce que vous avez déchiré votre portrait au lieu de le lui donner.

— Voyez-vous ça... vieil imbécile, ne fallait-il pas lui demander la permission?... est-ce que j'ai jamais fait faire ce portrait pour lui?... Oh! il se fâchera; et il viendra me demander pardon à genoux... mais je le lui ferai payer cher.

— Madame fera bien... avec les hommes, il faut tenir son rang!

— Donne-moi ma perruche, ma chère Cocotte, il n'y a qu'elle qui me désennuie, qui me fait oublier mes chagrins...

— Oui, madame.

Mademoiselle Léontine va au perchoir; mais la perruche semble avoir de l'humeur comme sa maitresse, elle ne veut pas se laisser prendre et se borne à répéter :

— Tu m'embêtes! tu m'embêtes!

— Eh bien, Léontine... donne-moi donc Cocotte...

— Elle ne veut pas venir avec moi. Oh! mais nous allons voir, mademoiselle Cocotte...

Enfin, la femme de chambre a saisi l'oiseau et le porte à sa maitresse, qui le reçoit sur sa main et lui tend sa figure en lui disant :

— Allons, Cocotte, baisez vite cette maitresse... qui vous aime tant.

La perruche se jette sur le nez de sa maitresse dont elle empoigne le bout avec son bec. Paola pousse un cri.

— Ah! Cocotte!... tu me fais mal... veux-tu lâcher mon nez? Ah! quelle douleur!... Léontine! Léontine!... venez donc, cet oiseau me mord horriblement.

La femme de chambre accourt; elle veut ôter l'oiseau, mais la maudite bête, qui tient dans son bec fourchu un morceau du nez de sa maitresse, ne veut pas lâcher prise. Paola pousse des cris affreux en répétant :

— Ôtez-la... mais ôtez-la donc!...

Alors Léontine tire la perruche avec tant de force, qu'elle l'arrache de sa position; mais mademoiselle Cocotte n'a pas lâché ce qu'elle tenait si bien, et elle emporte dans son bec un morceau du nez de sa belle maitresse.

Le sang coule avec abondance de la blessure que l'oiseau vient de faire à Paola; celle-ci ne se doute pas encore cependant de la gravité de son mal, elle demande de l'eau fraîche, elle y baigne son nez, mais le sang coule toujours et elle souffre horriblement; enfin elle demande un miroir, elle veut voir en quel état est son nez; mais lorsque Léontine lui a présenté une glace, lorsqu'elle s'aperçoit qu'un grand morceau de chair manque sur cette partie si importante de son visage, elle pousse un cri et perd tout à fait connaissance.

Léontine a envoyé chercher un médecin; il ranime la blessée, et lui met un emplâtre sur le nez en lui promettant que cela guérira parfaitement.

— Mais cela se verra-t-il, docteur? demande Paola avec anxiété.

— Ah! il n'y a pas de doute que vous conserverez une cicatrice.

— Bien forte?

— Je ne puis pas encore vous dire. Si nous avions eu le petit morceau de chair que la perruche vous a emporté, j'aurais essayé de le recoller, et il est bien probable qu'il aurait repris.

— Eh bien... Léontine, pourquoi n'avez-vous pas donné ce morceau?...

— Vraiment, madame, c'eût été difficile, cet infernal oiseau l'a mangé; il l'a avalé comme un beefsteak.

— Calmez-vous, madame, et surtout ne touchez pas à votre blessure; demain je viendrai la panser.

Le médecin est parti. Paola est désolée. Léontine essaie de consoler sa maîtresse en lui disant :

— Ne vous inquiétez pas, madame; en se guérissant les chairs se rapprocheront et cela ne se verra pas.

— Et ce misérable oiseau... il n'est plus ici, j'espère?

— Oh! il n'y a pas de danger. Je l'ai jeté par la fenêtre avec sa cage; il est tombé sur un omnibus, un patronet s'en est emparé... il le fera empailler.

— Léontine, tant que j'aurai cet emplâtre sur le nez, je n'ai pas besoin de te dire que je ne reçois aucune visite.

— Soyez tranquille, madame, personne n'entrera, pas même M. Bernouillet; n'est-ce pas, madame?

— Non, personne.

Paola est obligée de garder le lit, car sa blessure lui donne de la fièvre. Le médecin vient le lendemain, il examine le bout du nez, hoche la tête et dit :

— Ce sera plus long que je n'aurais cru... cet oiseau vous a horriblement arrangé le nez.

— Mon Dieu! docteur, est-ce que cela ne guérira pas?

— Si fait; mais il s'établit une suppuration, il faut que cela ait son cours.

— Et la marque, sera-t-elle visible?

— Il serait difficile qu'une marque au bout du nez ne fût pas visible; mais soyez tranquille, cela ne vous empêchera pas de vous moucher.

— Mais serai-je défigurée?

— Non, non, je ne le pense pas; mais on ne pourra bien juger que lorsque cela se cicatrisera; surtout n'ayez pas le malheur de toucher à votre emplâtre, vous reculeriez votre guérison.

Paola se résigne; elle ne demande même plus de miroir, car elle ne verrait que le bandeau qui soutient l'appareil posé sur sa blessure. Dix jours s'écoulent. Enfin le médecin déclare que cela va mieux et est en voie de guérison.

— Puis-je regarder? demande la malade.

— Vous ne verrez encore qu'une énorme croûte qui sera fort longtemps avant de tomber. Dans huit jours nous ôterons l'appareil et vous pourrez vous regarder tout à votre aise.

Les huit jours se passent. Le médecin ôte tout ce qui était posé sur le nez, qui offre au bout une énorme croûte... à laquelle il défend bien à Paola de toucher. Celle-ci se regarde dans une glace, pousse un cri d'effroi

en voyant ce qu'il y a au bout de son nez. Mais on lui assure que cela tombera et elle espère encore.

Comme elle s'ennuie beaucoup dans sa solitude, elle permet à Léontine de laisser entrer les visiteurs. Elle reçoit les adorateurs de ses charmes, en tenant constamment son mouchoir sur son nez. On plaisante sur sa blessure parce qu'on est persuadé qu'une fois la croûte tombée il n'y paraîtra plus. M. Bernouillet seul fait une singulière grimace lorsque sa belle maîtresse ôte son mouchoir et lui laisse voir son visage; il s'écrie :

— Diable! mais si vous restiez comme cela, ce serait fort laid.

— Comme c'est bête ce que vous dites là, monsieur! est-ce qu'une croûte ne finit pas toujours par tomber?... Déjà celle-ci me démange, elle s'en ira bientôt.

— Tant mieux; je reviendrai vous voir quand vous ne l'aurez plus. Cela me contrarie trop de vous trouver avec cela au bout du nez.

Plusieurs jours se passent encore; enfin, un matin, en s'éveillant, Paola tâte son nez, sent que la croûte n'y est plus; elle s'est détachée pendant la nuit. Aussitôt elle tire sa sonnette et crie à Léontine qui accourt :

— Ma croûte est tombée... un miroir, Léontine... un miroir bien vite, que je me revoie jolie comme autrefois...

La glace est apportée; Paola se regarde, puis se frotte les yeux en disant :

— Mon Dieu!... qu'est-ce que cela signifie?... est-ce que j'y vois double, à présent! il me semble que j'ai deux nez...

— Deux nez! oh! non, madame, vous n'en avez toujours qu'un... seulement... au bout il y a une séparation, c'est ce qui fait...

— C'est ce qui fait que j'ai l'air d'en avoir deux; mais c'est affreux cela. Voyez donc, Léontine, quelle singulière figure cela me fait... je ressemble à ces chiens qui ont le bout du nez partagé... ce sont les carlins, je crois...

— Oh! madame, rassurez-vous, cela se rapprochera... cela finira par se rejoindre...

— Mais si cela ne se rapprochait pas... mais ma beauté est perdue alors...

— Oh! que non! Seulement, cela donne à madame une physionomie... tout à fait farce.

— Farce! j'ai l'air farce!... ah! malheureuse! et pas moyen de cacher cela!

Paola est désespérée; plus elle se regarde, plus elle s'aperçoit que le changement survenu dans le bout de son nez change complétement sa physionomie. Elle se mouche à toute minute en se pinçant le nez, elle ne parvient qu'à le rendre plus rouge et à le faire enfler; mais le morceau de chair qui a été enlevé a laissé un vide qui ne se comblera jamais.

M. Bernouillet revient voir sa maîtresse; il fait un bond en arrière en apercevant son double nez.

— Est-ce que vous ne me trouvez plus jolie? lui demande Paola d'un air furibond.

— Oh! si fait, pardonnez-moi... vous êtes encore bien... dans un autre genre... il faut s'y faire. Cela vous donne quelque chose de... je ne saurais vous dire...

— Vous faites bien d'arriver, monsieur, car j'ai besoin d'argent... je n'ai plus le sou, ce médecin m'a ruinée. Donnez-moi bien vite cinq ou six mille francs.

— Je ne les ai pas sur moi, répond l'entrepreneur en fourrant ses doigts dans sa tabatière. Je vais rentrer chez moi... je vous apporterai cela tantôt.

Et M. Bernouillet, qui semble très-pressé de s'en aller, prend son chapeau et disparaît.

— Cette vieille buse qui trouve que je suis moins jolie, sans doute, dit Paola, comme si je n'étais pas encore assez belle pour lui.

— Hum!... il est parti bien vite, murmure Léontine en hochant la tête, j'ai peur... j'ai bien peur...

Dans le courant de la journée on attend en vain le retour de l'entrepreneur, et madame de Beauvert est sur le point d'envoyer chez lui, lorsqu'on lui apporte enfin une lettre de M. Bernouillet qui, au lieu de billets de banque, ne contient que ces mots :

« Belle dame, vous avez trop souvent des attaques
« de nerfs, cela ne m'amuse pas, et puis votre nez a
« pris une forme qui n'est plus en rapport avec mes sen-
« timents; trouvez bon que toutes relations cessent entre
« nous.

« Votre ci-devant adorateur,

« BERNOUILLET. »

— Le cuistre !... le pleutre !... Ah ! je suis enchantée d'être débarrassée de lui ! s'écrie Paola en cherchant à dissimuler son dépit, il y a longtemps que cet homme me déplaisait, qu'il m'était insupportable; je n'aurai pas de peine à le remplacer, à trouver beaucoup mieux que lui.

— Ce n'est pas sûr, se dit Léontine en elle-même; elle ne se doute pas combien son double nez la rend cocasse et vilaine... Voilà un galant qui s'envole, j'ai bien peur que les autres ne voltigent plus autour d'elle.

Cependant madame de Beauvert se trouvait en effet sans argent, car, ainsi que beaucoup de ses pareilles, elle n'avait aucun ordre et ne songeait qu'à dépenser, à briller, à s'amuser, ne payant ses fournisseurs que lorsqu'elle ne pouvait pas faire autrement. Sa rupture inattendue avec M. Bernouillet l'oblige à recourir à ses cachemires pour se faire de l'argent.

Mais les beaux messieurs qui venaient aussi faire leur cour à Paola avant le malheureux accident arrivé à son visage, deviennent de plus en plus rares depuis qu'ils ont vu son double nez. Bientôt le bel appartement de madame ne voit plus qu'elle et sa femme de chambre; elle, qui se lamente, se dépite, se désole de se voir abandonnée, et mademoiselle Léontine qui se dit in petto qu'elle fera bien de se chercher une autre place, parce que, où il n'y a plus d'amoureux, il n'y a plus de profits.

Le produit de deux cachemires a été bien vite dissipé. Pour ajouter aux embarras de Paola, tous les fournisseurs auxquels elle doit de l'argent et qui ont appris qu'elle a cessé d'être à la mode, arrivent avec leurs mémoires et veulent être payés sans retard. C'est le tapissier, la modiste, la couturière, le coiffeur, le gantier, le parfumeur; il en arrive à chaque instant de nouveaux; de son côté le propriétaire réclame deux termes arriérés, qu'il n'aurait jamais songé à demander tant que sa locataire ne sortait qu'en voiture. La pauvre Paola ne sait plus auquel entendre, déjà on la menace, on l'accable de papier timbré; elle est obligée de vendre son riche mobilier et presque tous ses bijoux pour payer ce qu'elle doit. Puis, elle cherche un petit logement bien simple, bien modeste, pour s'y retirer avec le peu de meubles qu'elle a pu conserver.

C'est dans le haut du faubourg Saint-Martin que cette femme jadis si élégante, si belle, est obligée d'aller demeurer. C'est au quatrième, dans une maison dont les escaliers n'ont jamais été cirés, qu'elle a loué deux petites pièces et un cabinet, et qu'elle va habiter seule, n'ayant plus personne, car mademoiselle Léontine a depuis longtemps quitté son service.

Pour comble de disgrâce, Paola se sent atteinte de douleurs à la poitrine qui ne sont que la suite naturelle des nombreuses contrariétés, des malheurs qui lui sont survenus, et de son changement de fortune qui l'oblige à un changement de régime total et peu analogue à ses goûts.

Voilà pourtant où l'avait réduite le coup de bec de l'aimable Cocotte! mais nous savons depuis longtemps que les plus graves événements proviennent souvent des plus petites causes.

Confiez donc encore votre visage à une perruche!... s'il vous en arrivait autant, parole d'honneur, je vous plaindrais pas.

XXXIII.

CE QUE FAIT MARIE.

Trois mois se sont écoulés, Marie les a passés bien tristement, car dans le fond de son âme est toujours l'image de Roger, elle ne peut l'effacer de son souvenir, mais, fidèle à la promesse qu'elle a faite à celle qui ne veut pas lui permettre de l'appeler sa mère, elle a évité avec soin toute rencontre avec le jeune artiste, et lorsque, plus d'une fois, elle l'a aperçu rôdant auprès du magasin de la lingère et quelquefois s'arrêtant bien longtemps dans la rue, dans l'espoir qu'elle sortirait, elle a détourné ses yeux et n'a point quitté sa place, trompant ainsi l'espérance de celui qui cherche toujours à lui parler.

Un matin, les trois demoiselles de magasin étaient en train de s'habiller dans leur chambre commune, lorsqu'on entendit le cri d'un perroquet qu'un nouveau locataire avait apporté dans la maison. Aussitôt la grosse Tontaine s'écrie :

— Je ne puis plus entendre le cri de ces animaux-là, j'en ai une peur horrible depuis que je sais ce qui est arrivé à une dame avec sa perruche.

— Qu'est-il arrivé à cette dame? demande Thélénie.

— Sa perruche lui a mordu le bout du nez, lui en a emporté un morceau, au point qu'elle est défigurée... et une femme qui était si belle... que tous les hommes couraient après elle; mais vous en avez entendu parler... la Beauvert, la ravissante Beauvert!... c'est comme cela qu'on en parlait...

— Qu'est-ce que tu dis ?... c'est madame de Beauvert... la maîtresse de Roger, qui est défigurée! dit Thélénie en poussant un cri de joie. Ah! que c'est bien fait! ah! que j'en suis enchantée! elle n'enlèvera plus les amoureux aux autres... Ah! je suis contente...

Et Thélénie se met à danser dans la chambre, mais Marie, qui est devenue très-pâle en apprenant cette nouvelle, s'écrie :

— Ce n'est pas bien, Thélénie, de se réjouir du mal qui arrive aux autres. Vous n'êtes cependant pas méchante au fond.

— Tant pis... pourquoi cette chipie-là est-elle venue me narguer dans mon magasin! je n'allais pas la chercher, moi.

— Tontaine, comment sais-tu tout cela? qui t'a appris cet événement?

— C'est mademoiselle Léontine, l'ancienne femme de chambre de madame de Beauvert, qui est venue hier acheter des fleurs au magasin... une couronne pour aller au bal... avec un jeune homme qui va peut-être l'épouser, parce qu'il aura peut-être un emploi dans un théâtre qu'on a envie de bâtir.

— Arrive donc à l'accident de cette dame.

— Eh bien, elle m'a dit : « Je ne suis plus chez madame de Beauvert, elle n'avait plus le moyen de me garder... au lieu d'avoir plusieurs domestiques, je ne sais pas même si elle pourra maintenant se donner une femme de ménage. »

— O mon Dieu ! elle a donc été volée ! s'écrie Marie.

Ôtez-la ! mais ôtez-la donc. (Page 101.)

— Pas du tout; mais depuis que sa perruche lui a emporté une partie du nez... tous les galants ont disparu... et son riche entreteneur tout le premier. Ces dames-là ont rarement l'esprit d'amasser, de mettre de côté... celle-ci n'avait que des dettes. Quand ils ont su qu'elle avait perdu sa beauté, tous les créanciers sont accourus comme une volée de pierrots... ils ont tout fait vendre... les meubles, les tableaux.

— Oh ! mais c'est affreux, cela ! Pauvre femme !...

— Pauvre femme !... Est-elle bête de la plaindre, cette Marie... Pauvre femme ! elle n'avait qu'à ne point faire tant d'embarras, tant de poussière... ce n'est pas moi qui m'apitoyerais sur son sort.

— Et y a-t-il longtemps que tout cela est arrivé ?

— Mais dame, mam'zelle Léontine m'a dit : « Il y a plus de trois mois que je ne suis plus chez madame de Beauvert. »

— Alors cette dame a sans doute changé de demeure ?

— Probablement; mais je n'en sais pas davantage.

— Tant mieux ! c'est bien fait ! je suis contente ! s'écrie Thélénie en sortant, et bientôt la grosse Tontaine part aussi en disant :

— Ah ! les perroquets ! le plus souvent que j'en approcherai... je ne leur confierais pas ma pantoufle.

Marie est restée quelques instants absorbée dans ses réflexions ; mais bientôt elle achève à la hâte sa toilette, met un châle qu'elle ne prend pas ordinairement pour descendre à son magasin, et sortant par la porte cochère, ne regarde pas dans la boutique de sa lingère et se met en route pour la rue de Navarin, en se disant :

— Elle ne demeure plus là ; mais là, on doit connaître sa nouvelle adresse et je m'y rendrai sur-le-champ.

La jeune fille courait plutôt qu'elle ne marchait; elle arrive à l'ancienne demeure de sa mère et s'adresse au concierge :

— Madame de Beauvert...

— Nous n'avons plus cela dans la maison, répond le portier d'un air impertinent; il y a longtemps que nous sommes débarrassés de ce monde-là. On a tout vendu chez elle... Elle aurait aussi bien fait de me laisser son portrait qu'elle m'avait donné et qu'elle m'a repris... je ne sais pas pourquoi... un caprice, une idée qui lui sera passée par la tête... Ces femmes-là, est-ce que ça sait ce que ça veut...

— Mais où demeure-t-elle maintenant, cette dame ? reprend Marie qui ne comprend rien au bavardage du portier.

— Vous voulez savoir son adresse... Ah ! je vois ce que c'est ! elle vous doit de l'argent... vous arrivez bien tard pour être payée...

— Non, monsieur, cette dame ne me doit rien.

— C'est étonnant, car elle devait à tout le monde.

— Son adresse, s'il vous plaît?

— Attendez, je crois que je l'ai là sur un bout de carte... si je ne l'ai pas perdue cependant... car ça n'était pas bien utile, vous êtes la première personne qui soit venue la demander...Dis donc...eh ! petit, il y avait une carte par là... dans le coin...

— Le valet de trèfle?

— Je ne sais pas si c'était le valet de trèfle ou de pique..Où est-elle cette carte?

— J'ai fait un capucin avec.

— Comment! polisson... sans ma permission !...

Comment! c'est vous, Marie?.... (Page 106.)

— Tu disais toujours : « C'est bon à jeter, ça... »

— Mais ce capucin, dit Marie, l'avez-vous encore ?

— Ah! oui... le v'là...

— Ah! de grâce! donnez-le-moi.

Le fils du concierge ne se décide qu'avec peine à se dessaisir de son capucin; enfin Marie a la carte, elle peut y lire la nouvelle adresse de sa mère, et elle se met sur-le-champ en route pour le faubourg Saint-Martin.

C'était dans le haut du faubourg, passé la rue des Récollets, que cette femme qui, quelques mois auparavant, donnait les modes à Paris, avait été obligée d'aller se loger. Ce quartier populaire et populeux offrait un grand contraste avec la rue Navarin.

Marie s'arrête au numéro indiqué; elle entre dans une espèce d'allée, trouve avec peine une loge de portier où il fait noir en plein midi, et demande : Madame de Beauvert?

— Madame de Beauvert?... nous n'avons pas ça, répond une portière aussi noire que sa loge. Puis elle ajoute la question inévitable :

— Qu'est-ce qu'elle fait, cette femme-là?

— Mais elle ne fait rien... c'est une dame qui a été riche... qui ne l'est plus... elle doit être venue habiter ici il y a un peu plus de trois mois...

— Ah! attendez donc... est-ce une dame qui a le bout du nez fendu?

— Oui, justement.

— Ah!... fallait donc dire cela tout de suite... c'est madame Paola alors, et pas Beauvert comme vous disiez...

— Paola, oui; elle se nomme aussi comme cela... vous la connaissez?

— Pardi! c'est moi qui lui fais son ménage. Ah! à présent, je me souviens en effet, quand elle est entrée ici, elle nous a dit : « J'ai aussi un autre nom... » C'était celui que vous disiez. Ma foi! je l'avais oublié...

— À quel étage demeure-t-elle, s'il vous plaît?

— A c't'heure c'est au cinquième... Je dis à c't'heure, parce que au terme dernier elle logeait encore au quatrième... mais dame, trois cents francs. c'était trop cher pour sa bourse, et depuis huit jours elle est montée au cinquième... une chambre et un cabinet... c'est pas grand, mais aussi ça ne coûte que cent quatre-vingts francs.

— Cette dame est-elle chez elle maintenant?

— Oui, oui : oh! elle ne sort guère surtout depuis quinze jours qu'elle est malade... un rhume... une fièvre... Oh!... elle a une fichue mine.

Marie n'en entend pas davantage, elle monte rapidement l'escalier.

Trois mois avaient suffi pour mettre Paola dans une position voisine de la misère. Elle avait d'abord vécu du produit de quelques bijoux; puis il lui avait fallu avoir recours à ses robes, à son linge. L'habitude de satisfaire toutes ses fantaisies lui avait ôté toute idée d'économie; au lieu de ménager le peu qui lui restait, elle le dépensait encore comme au temps où elle donnait les modes, mais lorsqu'il lui fallut payer le terme de son nouveau logement, ce qui lui restait d'argent y passa, et en faisant la revue de ses effets, elle s'aperçut que bientôt elle n'aurait plus rien à vendre. Alors le découragement s'empara de cette femme qui ne se sentait plus capable de chercher des ressources dans le travail, alors elle quitta son petit logement du quatrième pour prendre la modeste chambre située au-dessus, et là, en proie à une fièvre lente, causée par l'ennui, l'inquiétude et les chagrins, elle passait ses journées à demi couchée sur une assez jolie causeuse qu'elle avait fait racheter lors de la vente de ses meubles : c'était tout ce qui lui restait de son ancienne opulence, et elle prévoyait avec douleur, qu'avant peu il lui faudrait encore se séparer de ce dernier témoin de ses beaux jours.

Marie est arrivée au cinquième; une clef est sur la porte qu'on lui a indiquée; elle frappe légèrement, on ne lui répond pas; elle entre et se trouve dans le nouveau logement occupé par sa mère; son cœur se serre à l'aspect de cette chambre à peine meublée, car elle se souvient de l'élégance, de la richesse du bel appartement dans lequel habitait sa mère la dernière fois qu'elle s'est rendue chez elle.

Paola, étendue sur sa causeuse, a entendu ouvrir sa porte.

— Qui est là? demande-t-elle sans retourner la tête. Est-ce vous, madame Lebas?... vous venez savoir ce que je veux pour mon dîner... mais je n'ai pas faim.

— Ce n'est pas madame Lebas... c'est moi... répond doucement Marie.

— Vous... qui... vous?

— Marie...

— Marie!...

Et Paola se soulevant à demi, considère la jeune fille qui, debout devant elle, la regardait avec des yeux pleins de larmes, mais dans lesquels respirait toute sa tendresse filiale.

— Comment! c'est vous, Marie? dit enfin Paola d'un air surpris, et par quel hasard... Comment avez-vous su que j'étais ici?

— Une de mes amies a rencontré votre ancienne femme de chambre qui lui a raconté le malheur qui vous est arrivé.

— Ah! cet affreux accident... qui m'a défigurée... car je suis bien changée, bien laide à présent, n'est-ce pas?

— Oh! non, madame; je ne vous trouverai jamais laide, moi.

La figure de Paola devient moins sombre, elle reprend :

— Vous avez appris tous mes chagrins, on m'a abandonnée... on m'a fuie... Ce M. Bernouillet... qui m'avait promis des rentes... Ah! les hommes sont des ingrats... Malheureusement j'avais fait des dettes... qui est-ce qui n'en fait pas! d'ailleurs est-ce que je pouvais deviner ce qui est arrivé?... Tous ces maudits créanciers sont tombés sur moi. J'ai été obligée de tout vendre... vous le voyez... cette jolie causeuse est le seul meuble qui me reste... et avant peu il faudra m'en défaire... Ah! c'est affreux la misère... Tenez, j'aimerais mieux être morte... mais heureusement, je crois bien que je n'irai pas loin !

— Ah! madame, par pitié, ne dites pas cela! s'écrie Marie en prenant une main de sa mère qu'elle couvre de baisers et de larmes, Vous, mourir! ah! je ne le veux pas... Oh! ne craignez plus la misère, ne craignez plus de manquer de quelque chose; est-ce que je ne suis pas là, moi? est-ce que ce n'est pas mon devoir de vous soigner, de veiller sur vous, de travailler pour que vous ayez tout ce dont vous avez besoin?

— Votre devoir, murmure tristement Paola... mais c'était le mien aussi de prendre soin de vous... et ce devoir, puisque je ne l'ai pas rempli, je n'ai pas le droit de rien exiger de vous.

— Ah! madame, vous ne devez pas vous accuser... est-ce que j'ai jamais manqué de rien? est-ce que je n'ai pas passé une jeunesse heureuse et tranquille? On m'a appris à travailler... n'est-ce pas la meilleure éducation que l'on pouvait me donner? et j'en suis fière maintenant, puisque cela me mettra à même de vous servir, de vous prouver mon dévouement, de vous être utile. Ah! ce n'est pas seulement un devoir que je remplirai : ce sera pour moi un plaisir, un bonheur, si je puis ainsi vous prouver mon amour.

Paola regarde Marie et, pour la première fois peut-être, elle porte avec joie ses yeux sur sa fille, puis elle lui dit :

— Merci... merci, Marie... vous êtes bonne... vous vous intéressez à moi... qui ne vous ai guère témoigné d'intérêt lorsque j'aurais dû le faire. Ah! si j'ai été coupable, je suis punie... car c'est triste, bien triste de se voir constamment seule dans une misérable chambre après avoir vécu dans le monde, dans l'abondance et au milieu de plaisirs sans cesse renaissants.

— Oh! mais tranquillisez-vous, madame, désormais vous ne serez plus seule, car je serai là, moi, toujours auprès de vous... Si vous me le permettez, je ne vous quitterai plus et c'est moi qui serai bien heureuse alors.

— Comment! Marie, vous consentiriez à rester avec moi dans ce triste réduit?

— Consentir... oh! mais je vous demande comme une grâce de me le permettre... je serai si contente de ne plus vous quitter.

— Pauvre Marie!... mais cela ne se peut pas... vous êtes chez une lingère, vous perdriez votre place.

— Ma place est près de vous, madame, du moment que vous avez besoin de moi. D'ailleurs, au lieu de travailler dans le magasin de ma lingère, je travaillerai ici, voilà tout. Oh! je suis bien sûre que je ne manquerai pas d'ouvrage... dites-moi seulement que vous consentez à ce que je vienne demeurer avec vous... tant que je vous serai utile. Eh bien, si quelque jour votre position change, si vous redevenez riche... heureuse... alors vous me renverrez. Je m'en irai... et je ne me plaindrai pas. Oh! je ne me plaindrai jamais.

— Ah! Marie, c'est bien, ce que vous me dites là, mais je ne sais si je dois accepter votre dévouement... vous serez si mal ici... voyez donc, je n'ai que cette chambre, et un cabinet... là... à côté.

— Oh! c'est bien suffisant... ce cabinet... il est bien assez grand pour y mettre ma couchette... je n'ai que cela de meubles à moi. Je vais retourner bien vite prévenir ma lingère et faire apporter ici tous mes effets... cela ne tiendra pas beaucoup de place... et puis je reviens m'installer près de vous. Oh! j'ai aussi mes petites économies... près de deux cents francs que j'ai amassés... ils sont pour vous... désirez-vous que je vous achète quelque chose?... dites... vous voyez bien qu'il ne faut plus vous priver de rien.

— Merci, Marie... plus je vous vois bonne, plus je me repens d'avoir été si indifférente avec vous.

— Ne dites plus cela... maintenant vous m'aimez un peu... n'est-ce pas? Au revoir. Je vais courir... me dépêcher, oh! vous me reverrez bientôt.

Marie est partie le cœur content, légère comme un oiseau, parce qu'elle pense qu'elle va vivre près de sa mère et qu'elle pourra nuit et jour veiller sur elle, lui prodiguer ses soins. Elle arrive chez sa lingère, qui était fort surprise de son absence, mais qui l'est bien plus encore lorsque la jeune fille lui apprend qu'elle est obligée de la quitter.

— Vous voulez me quitter, mademoiselle? dit la dame dont la physionomie est devenue sévère, et pour quel motif voulez-vous sortir d'ici?

— Madame... c'est pour aller demeurer avec une personne qui est malade et qui a besoin de moi.

— Une personne qui a besoin de vous! murmure la lingère en hochant la tête d'un air de doute.

— Mais vous m'aviez dit que vous n'aviez point de parents... pour qui donc abandonnez-vous ainsi votre position? J'avais des égards, de l'amitié pour vous... vous étiez fort bien vue ici... et vous voulez me quitter... cela ne se comprend pas.

La pauvre Marie n'osait pas dire que c'était pour aller soigner sa mère, car elle se souvenait toujours que celle-ci lui avait défendu de se dire sa fille. Elle balbutie :

— Madame, il ne faut pas m'en vouloir. Je suis bien

reconnaissante des bontés que vous avez eues pour moi...
mais il faut que je vous quitte.

— Et quand comptez-vous accomplir ce beau projet,
mademoiselle?

— Tout de suite, madame; je vais prendre mes effets
et m'en aller...

— Ah! c'est trop fort... sans même me donner le temps
de chercher quelqu'un pour vous remplacer... et c'est
ainsi que mademoiselle est reconnaissante de mes bontés!
Eh bien, partez, mademoiselle; mais ne remettez plus
les pieds ici, n'espérez pas y jamais rentrer surtout.

— Je croyais que madame voudrait bien me confier de
l'ouvrage.

— Moi! vous donner de l'ouvrage! Oh! ne l'espérez
pas... Je n'emploierai jamais quelqu'un qui se conduit
comme vous le faites en ce moment. Voici l'argent qui
vous revient. Adieu, mademoiselle, vous pouvez partir...

La lingère a jeté quelques pièces de cinq francs sur le
comptoir, puis elle tourne le dos à Marie, qui prend son
argent et monte à la hâte dans sa chambre, faire ses ap-
prêts pour partir en se disant :

— Madame est fâchée, ce n'est pas ma faute. Ma mère
est seule et souffrante, je ne devais pas reculer le moment de me rendre près d'elle. Si on ne me donne pas
d'ouvrage ici j'en trouverai ailleurs... car je sais bien
travailler, et tout le monde ne sera pas en colère contre
moi...

Trois heures plus tard, Marie était installée chez sa
mère : son petit lit était dressé dans le cabinet dans lequel elle avait encore trouvé moyen de placer sa malle ;
puis elle s'occupait à tout ranger, à tout approprier dans
la chambre, car la portière n'avait fait l'ouvrage qu'en
gros, et Paola n'avait jamais eu le courage de se livrer à
aucune besogne.

On était aux derniers jours d'octobre et déjà le froid
se faisait sentir. Jusqu'alors Paola s'était privée de feu,
mais Marie s'empresse de faire venir du bois, et bientôt
la flamme qui pétille dans la cheminée ranime la malade
et donne à la chambre qu'elle habite un air de gaieté, de
vie qu'elle n'avait plus depuis longtemps.

Puis la jeune fille s'occupe du dîner. Paola se faisait
apporter à manger de chez un petit gargotier du quartier.
Cela revenait cher et cela était mauvais.

— Désormais, dit Marie, je ferai la cuisine; je mettrai
le pot-au-feu, je le soignerai tout en travaillant; vous
aurez du bon bouillon qui vous fera du bien et vous dé-
penserez moins d'argent.

Paola écoutait Marie avec surprise; elle la regardait
aller et venir dans la chambre, rangeant, nettoyant avec
soin. Déjà, grâce à la jeune fille, le logement avait pris
un tout autre aspect; et cette femme qui, au sein de
l'opulence, avait perdu toute habitude du travail, ne con-
cevait pas que Marie pût faire tant de choses sans se
plaindre, sans avoir l'air d'être fatiguée.

Dans la soirée, Marie visite le linge, les effets de sa
mère et s'occupe à raccommoder en état bien
des choses que Paola avait jetées de côté pour ne pas y
faire un point ou une reprise.

La soirée se passe ainsi. Paola se met au lit, moins
triste, moins inquiète sur son avenir; Marie lui demande
alors si elle n'a plus besoin de rien et la supplie de l'appeler dans la nuit, si elle désire quelque chose. Puis,
elle va regagner son cabinet après avoir tendrement
pressé la main de sa mère, lorsque celle-ci la rappelle en
lui disant :

— Ne voulez-vous pas m'embrasser, ma fille?

Ce doux mot : « Ma fille! » qu'elle s'entendait adresser
pour la première fois, cause à Marie une sensation si
vive, si ravissante, qu'elle demeure un moment comme
saisie, comme étourdie par son bonheur; mais bientôt
elle court au lit de Paola, elle la presse dans ses bras, la
couvre de baisers en l'appelant mille fois sa mère et ne
la quitte qu'en répétant :

— Bonsoir, ma mère... Ah! je suis bien heureuse!...
Ah! ce jour est le plus beau de ma vie!

Le lendemain de bon matin, Marie se lève, et, après
avoir tout préparé pour le déjeuner, sort en se disant :

— Allons demander de l'ouvrage... je dirai à ma mère
que ma lingère m'en fournit toujours... Rendons-nous
chez celles où je suis allée quelquefois en commission;
elles me connaissent, elles ne me refuseront pas.

Marie parvient en effet à obtenir de l'ouvrage chez une
lingère; mais elle est toute surprise du peu qu'on doit le
lui payer. Cependant elle accepte ce qu'on lui donne et
se hâte de retourner près de sa mère en se disant :

— Je ne lui dirai pas que je vais gagner si peu, car
cela l'inquiéterait pour notre existence; mais en travaillant quelques heures de plus le matin et le soir,
je saurai bien faire en sorte qu'elle ne manque de
rien.

Paola, qui voit Marie revenir avec de l'ouvrage, est
persuadée que sa lingère l'emploie toujours, et, fort
ignorante de ce que peut gagner une femme avec le travail à l'aiguille, elle ne s'inquiète plus de leurs moyens
d'existence futurs, et laisse sa fille prévenir tous ses désirs, satisfaire ses moindres fantaisies, sans songer que
tout ce qu'elle dépense d'inutile coûte à Marie plusieurs
heures de travail et souvent de sommeil.

L'hiver qui arrive nécessite de nouvelles dépenses, il
faut du bois pour se chauffer, il faut de l'huile pour veiller et travailler tard. Paola ne sort presque plus depuis
l'accident qui l'a enlaidie, et, lorsque par hasard elle
quitte sa chambre, c'est toujours avec un grand voile
par-dessus son chapeau; mais le chagrin qu'elle éprouve
de ne plus être jolie est un mal dont elle ne peut guérir
et que tous les soins de sa fille ne peuvent parvenir à
dissiper.

Bientôt elle se sent atteinte d'une toux plus violente,
et ne quitte plus le coin de son feu; la pauvre Marie travaille avec plus d'ardeur que jamais afin de pouvoir
acheter du bois, indispensable pour sa mère; depuis
longtemps ses petites économies sont épuisées, car la
malade a eu bien des fantaisies que sa fille a voulu contenter. Mais Marie ne se plaint pas, bien loin de là, elle
se trouve heureuse maintenant qu'elle peut appeler Paola
sa mère et que celle-ci lui donne le doux nom de fille.

Une seule crainte vient quelquefois assaillir Marie : si
l'ouvrage venait à lui manquer. Cette pensée lui donne
un serrement de cœur, mais elle l'écarte bien vite comme
un mauvais rêve en se disant :

— Le ciel ne permettra pas que je manque d'ouvrage,
puisque ma mère n'a plus que moi pour soutien.

XXXIV

LE GATEAU DES ROIS.

Thélénie et Tontaine avaient été bien surprises, lorsqu'un matin, en s'éveillant de fort bonne heure, elles
s'aperçurent que leur compagne de chambre, Marie,
n'était pas avec elles. Puis, regardant mieux, elles voient
ce qu'elles n'avaient pu remarquer la veille, parce que
souvent ces demoiselles se couchaient sans lumière, que
la couchette de Marie avait été enlevée, ainsi que sa malle
et plusieurs petits bibelots lui appartenant et qui étaient
habituellement placés sur la cheminée.

— Quoi! Marie est partie? dit Thélénie... partie... sans
même nous dire adieu...

— C'est bien singulier cela... qu'est-ce que cela veut
donc dire? est-ce que sa lingère l'aurait remerciée?

—Oh! ce n'est pas probable, et puis elle lui aurait toujours donné le temps de chercher une autre place. Tontaine, puisque tu es habillée, toi, descends donc t'informer chez la lingère ou chez le portier... enfin, demande à quelqu'un ; il faut absolument que nous sachions ce qui est arrivé à Marie... ce qu'elle est devenue...

La grosse fleuriste descend ; au bout de dix minutes elle remonte et dit à Thélénie :

— Je sais tout. Je viens de voir la chipie qui est chez la lingère et qui était la camarade de Marie. Elle m'a conté ce qui s'est passé... c'est bien extraordinaire... c'est à ne pas le croire !

— Si tu me le disais un peu, je verrais si je dois le croire.

—Marie, qui était sortie hier de très-bon matin et sans demander la permission à sa lingère, est arrivée au magasin sur le midi pour dire à sa patronne qu'elle la quittait, qu'elle ne pouvait plus rester avec elle. Juge de l'étonnement de la lingère, qui lui demande pour quels motifs elle veut sortir de chez elle. Marie n'en donne aucun... elle avoue qu'elle n'a pas la moindre plainte à faire ; elle remercie cette dame de ses bontés, de l'amitié qu'elle lui a toujours témoignée, assure qu'elle en est très-reconnaissante, puis finit en disant qu'elle veut s'en aller tout de suite.

— Tout de suite ?... sans donner le temps de chercher quelqu'un pour la remplacer ?

—Oui, sans accorder le moindre délai. Juge de la colère de sa patronne, qui lui a jeté au nez l'argent qu'elle lui devait, en lui disant : « Eh bien, mademoiselle, allez-vous-en, fichez-moi le camp ; mais surtout ne remettez jamais les pieds ici... ne vous y représentez pas pour demander de l'ouvrage, vous n'en aurez jamais. » Et là-dessus elle lingère lui a tourné le dos et Marie est remontée ici, d'où elle a emporté ce qui était à elle à l'aide d'un commissionnaire, et elle est partie.

— Sans dire où elle allait ?

— Sans rien dire, et le concierge ne connaît même pas le commissionnaire qui portait sur son dos son lit et sa malle.

— C'est bien singulier de la part de Marie, qui ne sortait jamais, qui ne causait avec personne.

— Il faut cependant bien qu'elle connaisse quelqu'un ; elle ne serait pas partie comme cela pour n'aller chez personne.

— Tiens, vois-tu, Tontaine, il ne faut pas se fier à ces petits airs pincés qui font tant les farouches. Marie aura fait la connaissance d'un monsieur riche qui l'aura mise dans ses meubles. Voilà le fin mot.

— C'est possible... elle s'est joliment cachée de nous alors ! C'est égal, je désire qu'elle soit heureuse, car elle était bien douce, bien obligeante... elle ne se moquait de personne.

— Ah! moi aussi, je ne lui en veux pas, au contraire ; seulement, quand on a des amies comme nous, on leur conte ses affaires... Moi, je dis tout ce qui m'arrive. Mais Marie ne causait pas assez.

Quelques mois plus tard, on était dans les commencements de janvier. Après les fêtes du jour de l'an arrive presque aussitôt celle des Rois. Les demoiselles de magasin que nous connaissons s'étaient depuis longtemps promis de se réunir ce soir-là et de tirer entre elles le gâteau des Rois.

La grande Fanfinette, qui était dans un magasin de modes de la rue Saint-Honoré, occupait provisoirement une fort belle chambre que lui avait offerte un jeune musicien, obligé de partir brusquement pour l'Allemagne, et qui avait laissé dans son logement un piano qu'il n'avait pas eu le temps de vendre. La chambre de mademoiselle Fanfinette pouvait contenir aisément une vingtaine de personnes ; c'était donc chez elle que l'on

était convenu de se réunir. Ces demoiselles, sachant qu'il y avait un piano chez Fanfinette, s'étaient dit :

— Nous danserons au piano.

Il n'y avait qu'une petite difficulté : c'est qu'aucune de ces demoiselles ne savait en toucher. La réunion devait se composer de Thélénie, Tontaine, Fanfinette, Nanine, Edelmone, Anisette et deux amies de ces demoiselles. D'abord on s'était bien promis de n'admettre aucun homme à cette soirée ; mais ensuite un amendement avait été proposé, c'est que l'on pourrait y inviter un monsieur s'il savait toucher du piano.

Comme il n'y a pas de bonne fête si l'on ne s'y restaure pas, on s'était dit :

— Quand nous serons toutes réunies nous improviserons un petit souper suivant nos moyens.

Le jour des Rois est arrivé. La réunion est fixée pour neuf heures au plus tard ; mais plusieurs de ces demoiselles ne peuvent être libres avant. A huit heures, Fanfinette et Nanine s'occupent déjà à préparer le local pour la fête. D'abord, comme il gèle très-fort, c'est un grand feu qu'on a allumé dans la cheminée ; ensuite on songe à l'éclairage. Fanfinette veut que ce soit très-brillant ; elle a emprunté une lampe Carcel à une voisine, un quinquet au portier ; joignez à cela deux flambeaux dépareillés dans lesquels elle met de la bougie, et un brûle-tout qu'elle place sur son carré, et vous aurez une idée de l'éclairage de cette soirée.

A huit heures et demie, un bruit de socques qui se fait dans l'escalier annonce l'arrivée de plusieurs de ces demoiselles. En effet, c'est Anisette avec deux apprenties en confection ; on les entend bavarder depuis le premier étage :

— Ah! que c'est brillant ici! dit Anisette en entrant chez la modiste ; en vérité, c'est superbe... j'ai cru que j'entrais au grand hôtel du boulevard de la Madeleine... Mesdemoiselles, ôtons nos socques et tâchons de ne pas les mêler. Dernièrement on m'a pris un des miens et on m'en a laissé une cassé à la place... j'ai été obligée de revenir en boitant.

— Vous n'amenez pas de pianiste ? dit Fanfinette.

—Je ne connais en fait de musicien que M. Colinot ; il viendra sur les dix heures, il ne peut pas venir avant, il est dans un orchestre de théâtre.

— Et il sait toucher du piano, ton M. Colinot ?

— Dame!... je pense que oui, puisqu'il est musicien. Est-ce que tous les musiciens ne jouent pas du piano ?

— Je n'en suis pas persuadée.

— Et le souper ? as-tu pensé au souper, au gâteau des Rois ?

—Tu sais bien que nous ne devons régler le menu que quand tout le monde sera réuni.

— Ah! à propos, j'ai rencontré Sibille Peloton ; je lui ai parlé de notre soirée, il m'a demandé à venir.

—Tu l'as refusé, j'espère ; il promettait beaucoup de choses et n'apporterait rien.

— Je lui ai dit : « Nous ne recevons que les jeunes gens qui savent toucher du piano ; » alors il m'a assuré qu'il en touchait très-bien.

— Je parie que c'est un mensonge. Alors il viendra, ce mauvais sujet ?

— Dame! puisqu'il nous fera danser.

— Ah! j'entends Edelmone.

— Elle est avec un monsieur. Ah! quelle grande asperge!

— C'est, dit-elle, un jeune homme très comme il faut, qui arrive d'Amérique et veut s'établir dans la haute nouveauté.

— Il a l'air d'un fameux jobard.

— Chut! le voilà.

La sentimentale Edelmone fait son entrée en tenant toujours son bras sous celui de son cavalier. Celui-ci, habillé tout en noir et cravaté de blanc, se tient raide comme un pieu et salue tout d'une pièce, tandis que son introductrice dit :

— Mesdemoiselles, permettez-moi de vous présenter M. Yorksir, Anglo-Américain, qui a l'intention de s'établir peut-être à Paris où il vient se perfectionner dans la langue française.

— Il a l'air d'un employé aux pompes funèbres, son Anglo, dit tout bas Anisette.

— Et monsieur sait toucher du piano? dit Fanfinette au nouveau venu.

— Oh! yes, médcuioiselles; je apprenais depuis trois années.

— S'il apprend depuis trois ans, il doit être fort, murmure la modiste, tandis que le couple qui vient d'arriver se dirige, sans se lâcher, du côté de la cheminée et se chauffe en se tenant toujours sous le bras, comme s'ils étaient sur le boulevard.

— Il paraît qu'Edelmone a peur qu'on ne lui vole son Anglo-Américo, murmure Anisette en riant. Voyez donc, mesdemoiselles, elle ne le lâche pas, même pour chauffer ses pieds... ce sera drôle si cela dure comme cela toute la soirée.

— Ecoutez donc, mesdemoiselles, Edelmone a eu tant de peine à trouver un amoureux, qu'il n'est pas étonnant qu'elle s'y agrippe.

Les réflexions de ces demoiselles sont interrompues par l'arrivée de Thélénie ; la belle brune fait son entrée en polkant, puis s'arrête au milieu de la chambre, en disant :

— Eh bien! je n'entends pas la musique... est-ce qu'il n'y a personne pour nous toucher quelque chose...

— Si, voilà un monsieur qu'Edelmone a amené, et qui a trois ans de piano ; il faut espérer qu'elle lui lâchera le bras pour qu'il nous fasse danser; nous attendons aussi M. Colinot, qui est musicien dans un théâtre.

— A l'Opéra?

— Non, aux Funambules.

— C'est pas la même chose.

— Mesdemoiselles... il faut bien commencer... les premiers talents dramatiques se sont fait connaître d'abord aux boulevards.

— C'est juste... Et le souper, mesdemoiselles, y pense-t-on?

— Quand nous serons toutes réunies... il nous manque encore Tontaine. . elle ne peut tarder.

Un bruit inattendu qui se fait sur le carré attire l'attention de la société ; on court voir ce qui se passe et on trouve Sibille Peloton, qui a marché sur le brûle-tout et mis le feu au bas de son pantalon.

— Un verre d'eau, mesdemoiselles... sauvons mon pantalon! s'écrie Sibille.

— Ah! il arrive pour faire des bêtises, celui-là, dit Fanfinette. Comment! vous écrasez mon brûle-tout?

— J'ai cru que c'était un lampion.

— Ce n'était pas une raison pour marcher dessus... Tenez, voilà un verre de cidre. Eh bien, il le boit.

— Pourquoi pas? mon pantalon est éteint... il y a un morceau de brûlé... mais ça ne se voit pas... Mesdemoiselles, je vous présente mes hommages!...

— Comment! vous avez invité ce petit blagueur? dit Thélénie, et de quel droit est-il de notre festin?

— Il a dit qu'il savait toucher du piano.

— Nous allons voir si cela est vrai... Allons, jeune Peloton, mettez-vous au piano et jouez-nous un quadrille.

— Quoi! mesdemoiselles, à peine arrivé... laissez-moi du moins le temps de me chauffer... J'ai l'onglée aux doigts.

— Chauffez-vous vite alors.

— Si monsieur voulait, en attendant, nous jouer un petit air... pour que nous sautions un peu, dit Fanfinette en s'adressant à l'étranger. Celui-ci détache enfin son bras de celui d'Edelmone et fait un profond salut en répondant :

— Oh! yes! miss... médemoiselles, je voulais bien... je suis content de pouvoir... amuser vo...

Et ce monsieur se dirige majestueusement vers le piano ; il s'assoit, se mouche, regarde longtemps les touches, semble chercher dans sa tête ce qu'il veut exécuter, puis enfin pose ses mains sur le clavier, a l'air fort embarrassé et essaie, d'un doigt, deux ou trois notes tout en disant :

— Je ne me rappelle plus bien mon air... Oh! je vais retrouver... Ah! oui... je sais... Oh! le voilà...

Et M. Yorksir se met à jouer l'air de Malbrouck en y faisant un accompagnement faux.

— Mais c'est Malbrouck! ça, crient les demoiselles, nous ne pouvons pas danser là-dessus!... jouez-nous donc autre chose...

— Vo volez autre chose?

— Oui, oui; un air dansant.

— Attendez que je me souvienne... oh! oui, je savais autre chose... oh! je me souviens...

Et ce monsieur se met à jouer : Ah! vous dirai-je, maman...

— Mais c'est encore pis que l'autre, ça, dit Thélénie; on ne danse pas là-dessus... autre chose, monsieur...

— Encore autre chose... Oh!... attendez... je voulais bien.

M. Yorksir recommence l'air de Malbrouck; toutes les jeunes filles crient :

— Assez, assez... pas celui-là! Alors ce monsieur rejoue : Ah! vous dirai-je, maman!... et finit par déclarer qu'il ne sait encore que ces deux airs-là.

— Il va bien, ce gaillard-là, pour trois ans de piano, dit Sibille en continuant de se chauffer ; s'il continue, dans une dizaine d'années il saura le Monaco.

— Comment, monsieur, il y a trois ans que vous apprenez le piano et vous ne savez encore que ces deux airs-là? dit Fanfinette à l'Anglo-Américain, qui répond :

— Oh! miss, attendez... Je avais commencé il y a trois ans, mais je avais pas continué. Je avais rappris il y a deux ans, mais je avais suspendu. Je avais remis à apprendre il y a un an... mais je avais encore cessé... Je recommence seulement depuis huit jours...

— Eh bien, si nous n'avons que vous pour nous faire danser, ce sera gentil...

— Edelmone nous a mis dedans avec son Anglo. Mesdemoiselles, il faudra qu'il paye un fameux gâteau des Rois pour nous dédommager.

— Oh! oui, avec un pâté en guise de fève.

— Allons, petit Sibille, vous vous êtes assez chauffé, vous ne devez plus avoir l'onglée... vite au piano et faites-nous sauter.

Le jeune négociant fait la sourde oreille; mais Anisette et deux autres demoiselles vont le chercher et le poussent vers le piano. Quand il est tout contre, il met ses deux mains sur l'instrument, en disant :

— Mesdemoiselles, je vous ai dit que je savais toucher du piano, je ne vous ai pas menti : voyez si, en ce moment, je ne le touche pas, et des deux mains encore... mais je n'en touche pas autrement que ça...

Un cri général s'élève, les jeunes filles se jettent sur Sibille, qui rit comme un fou; elles veulent le battre et le renvoyer, mais il demande grâce en disant :

— Mesdemoiselles, suis-je donc si coupable, parce que je désirais passer la soirée avec vous?... mais si je ne sais pas jouer de cet instrument, en revanche, je joue très-joliment du mirliton, et j'en ai apporté un qui est de taille; voyez...

En disant cela, le jeune homme sort de sa poche un

mirliton qui a deux pieds de long. La vue de cette flûte à l'oignon calme ces demoiselles, et Thélénie s'écrie :

— Enfin, si nous n'avons pas mieux, nous danserons au mirliton... Mais voyez donc cette Tontaine qui ne vient pas.

— On monte l'escalier, c'est elle, sans doute.

— Non, c'est M. Colinot.

— Ah! un vrai musicien, celui-là; il nous fera danser au moins.

M. Colinot est un petit homme de cinquante ans, très-laid, très-chauve, très-sale, qui a toujours une redingote aussi longue qu'une soutane, qu'il boutonne hermétiquement, afin d'avoir plus de négligence dans l'entretien de ses pantalons. Du reste, d'un caractère charmant, faisant tout ce qu'on veut pour se rendre agréable en société.

Les demoiselles l'entourent en criant :

— Ah! voilà M. Colinot! bonsoir, monsieur Colinot.

— Mesdemoiselles, j'ai bien l'honneur... je suis venu plus tôt que je n'espérais; mais il y a notre comique qui s'est donné une entorse... on n'a pas pu finir la pièce.

— Ah! comme c'est heureux!... vous allez nous faire danser, monsieur Colinot?

— Je ne demande pas mieux, mesdemoiselles... Est-ce que vous avez une contre-basse ici?

— Une contre-basse!... par exemple!... nous avons un piano.

— Ah! diable! c'est que je ne sais pas le piano, moi; mon instrument, c'est la contre-basse.

— Ah! mon Dieu! nous sommes encore volées!... Comment, monsieur Colinot, vous ne savez pas une pauvre petite polka au piano?

— Je ne m'y suis jamais essayé, mesdemoiselles... mais si on pouvait trouver une contre-basse chez des voisins...

— Laissez-nous donc tranquilles! joli instrument pour danser... c'est bon pour faire valser des ours.

— Ah! je joue encore du triangle.

— Nous n'en avons pas.

— Avec des pincettes, je l'imiterai parfaitement.

— Des pincettes et un mirliton! il sera harmonieux, notre orchestre!

— Mesdemoiselles, dit Thélénie, comme je vois que la danse n'ira que d'une jambe, faisons toujours le menu du souper. Nous n'avons pas besoin d'attendre Tontaine pour cela... Voyons, d'abord, sommes-nous bien riches? mettons à la masse... moi, je mets vingt francs.

— Diable! tu es riche, toi, dit Fanfinette; moi j'en mets quinze...

— Moi dix.

— Moi autant.

— Moi cinq.

— Moi six francs.

— Moi, dit la jeune Nanine, je n'ai pu économiser que trois francs dix sous.

— Ça ne fait rien... chacun selon ses moyens... pas de fierté ici... Cela nous fait déjà soixante-neuf francs cinquante... c'est gentil... il y a encore Tontaine, mais elle n'augmentera pas beaucoup la masse.

— Et ces messieurs que nous oublions... puisque c'est un pique-nique, il me semble que nous n'avons pas besoin de les régaler.

— D'autant plus qu'ils ne touchent pas du piano.

Fanfinette présente à M. Yorksir l'assiette dans laquelle on a mis l'argent, en lui disant :

— Monsieur, que mettez-vous pour le souper?

Le soupirant d'Edelmone regarde l'assiette, regarde la société, puis regarde le plafond.

— Est-ce qu'il cherche encore un air? dit Anisette

— Pardon, mademoiselle, miss... je comprenais pas.

— Edelmone, fais donc comprendre à monsieur que c'est un pique-nique... et que chacun paye...

La grande blonde chuchote dans l'oreille de son amoureux, qui se pince les lèvres d'un air vexé et sort enfin de sa poche trois pièces de vingt sous en disant :

— Oh! pardon, je savais pas qu'on payait... *very well...* voilà trois francs . je mangerai pas pour davantage!...

— Eh bien! il est généreux, son noble étranger, dit Thélénie en riant; je crois que cette grande Edelmone s'est moquée de nous; c'est un Américain de Chaillot, ça... Voyons à Sibille, maintenant. Allons, petit homme... exécutez-vous, vous avez un mensonge à expier.

Sibille fouille dans une poche, puis dans l'autre, puis dans ses goussets et s'écrie :

— Ah! sapristi!... j'ai oublié ma bourse!...

— Oh! nous la connaissons celle-là... elle est mauvaise; mesdemoiselles, fouillez ce monsieur.

Le jeune Peloton se laisse fouiller, on trouve sur lui une pièce de dix sous et sept gros sous.

— Mon petit, dit Fanfinette, je vous certifie que vous ne mangerez que pour dix-sept sous.

— Mesdemoiselles, rassurez-vous; je voulais vous faire une surprise, mais puisque vous m'y forcez, je dois vous dire que j'ai commandé un superbe gâteau des Rois qu'on apportera dans une heure.

— Nous verrons si c'est encore un mensonge... si le gâteau ne vient pas, prenez garde à vos oreilles.

— Mesdemoiselles, dit M. Colinot, permettez-moi de vous offrir ces quarante sous... je regrette de ne pouvoir faire plus...

— Oh! vous, papa Colinot, vous ne paierez pas, nous voulons vous régaler.

— Non, mesdemoiselles, je ne le souffrirai pas... je tiens à contribuer au souper.

— Soit!... Nous possédons alors soixante-quinze francs et sept sous, en comptant le fond des goussets de M. Sibille; mais avec cela nous pouvons faire un festin de Balthazar. Pâté, volaille, jambon, saucisson, fromage, gâteau, petits-fours...

— Et des mendiants, mesdemoiselles; n'oubliez pas les quatre mendiants.

— Et du vin donc!

— J'ai déjà du cidre ici.

— Oh! nous aimons mieux le vin... nous pourrons nous permettre deux bouteilles de champagne... enfin il faut tout dépenser.

— Oui, oui, jusqu'au dernier sou.

— Il faut tout manger.

— Et tout boire! s'écrie le jeune Peloton en se frottant les mains.

— Mais quelqu'un monte l'escalier.

— Ah! voilà Bouci-boula, ce n'est pas malheureux.

La grosse Tontaine entre avec un cabas sous son bras et salue à droite et à gauche.

— Bonsoir, mesdemoiselles.

— Te voilà enfin! s'écrie Thélénie, et pourquoi donc viens-tu si tard, toi qui devais te charger d'aller aux provisions?

— Ah! mademoiselle... ce n'est pas ma faute... c'est que... si vous saviez... j'ai fait une rencontre...

— Tiens! on dirait que tu as pleuré, Tontaine; tu as l'air tout triste.

— Oui, j'ai pleuré... ah! cela m'a fait tant de peine de la voir ainsi!...

— Qui donc?... voyons, parle, conte-nous ce qui t'a comme cela attristée...

— Eh bien, mesdemoiselles, voilà ce que c'est : Figurez-vous que je sortais de chez le charcutier... où je venais d'acheter un jambon de Reims... tout désossé... tenez, le voilà.

— Oh! c'est délicieux cela...

— Diable!... Tontaine s'est distinguée... c'est cher ça...

— Mais laissez-la donc parler.

— Eh bien, tout à coup je me trouve en face d'une figure pâle et maigre... et un air si malheureux... je ne l'aurais pas reconnue, si elle ne m'avait dit bonsoir la première. C'était Marie...

— Marie... notre ancienne camarade de chambre?

— Oui, Marie, notre ancienne compagne... qui était si gentille, si fraîche... Ah! si vous saviez comme elle est changée... c'est à ne pas croire que c'est elle!

— Que lui est-il donc arrivé?

— Elle n'a donc pas fait fortune?

— Celui qui l'a fait quitter son magasin l'a donc plantée là?

— Ah! mesdemoiselles, ce n'était rien de tout cela... nous avions mal jugé Marie, cette pauvre fille; c'est pour avoir soin de sa mère, c'est pour la soigner... pour rester toujours près d'elle qu'elle a tout à coup quitté sa lingère.

— Sa mère... elle a donc retrouvé sa mère? je croyais qu'elle n'en avait pas.

— Qu'elle est bête cette Anisette! comme si on n'avait pas toujours une mère... Seulement, il paraît que celle-ci, qui voulait sans doute faire toujours la jeune, ne voulait pas qu'on sût qu'elle avait une fille.

— Il y en a beaucoup de mères comme ça, qui ne veulent être que notre sœur.

— Elle avait défendu à Marie de dire qu'elle était sa fille... probablement que dans ce temps-là elle roulait sur des cachemires; mais elle est devenue malheureuse, et alors elle a été bien heureuse de trouver sa fille pour la soigner.

— Pauvre Marie! Comment! c'était pour soigner sa mère qu'elle quittait si brusquement sa lingère?... et nous qui la croyions richement entretenue.

— Le plus malheureux de tout cela, c'est que sa mère est tombée malade... pour qu'elle ne manque de rien, Marie a dépensé toutes ses petites économies. Ensuite elle a demandé de l'ouvrage, mais on n'en trouve pas toujours; la lingère chez qui elle était et qui sait comme elle travaille bien, aurait pu lui donner de bons ouvrages bien payés, mais elle a défendu à Marie de se représenter chez elle. La pauvre fille est désolée, car l'hiver est venu, il faut du bois pour se chauffer, et Marie pleurait en me disant : « Je n'ai pas d'ouvrage, je n'ai plus rien à engager... et ma mère va avoir froid, car je ne sais plus comment avoir du bois. » Ah! mesdemoiselles! ça m'a fait bien de la peine d'entendre cela... et si alors mon jambon n'avait pas été acheté, j'aurais offert tout mon argent à Marie pour qu'elle pût avoir du feu.

Toutes les jeunes filles sont devenues sérieuses; quelques-unes ont même des larmes dans les yeux, et Thélénie est de ce nombre. Mais, tout à coup, passant sa main sur son visage, elle s'écrie :

— Pas d'ouvrage!... pas de bois!... une mère malade!... Pauvre Marie!... et nous ferions un festin ici!... et nous engloutirions soixante-quinze francs en une soirée! tandis qu'avec une partie de cette somme, nous pouvons soulager la misère d'une ancienne camarade. Mesdemoiselles, est-ce que c'est votre avis?... est-ce que vous avez encore envie de champagne, de volailles et de pâtés pour souper?

— Oh! non, non... secourons Marie d'abord...

— Des pommes de terre frites et du cidre... mais que notre ancienne camarade ne soit plus dans la peine.

— Oui! oui!... des pommes de terre... ça nous est égal...

— Oh! je n'avais pas donné trois francs, *goddem!* pour rien que des pommes de terre...

— Monsieur l'Américo, vous n'avez pas la parole, et ce n'est pas vous que l'on consultera.

— Je vote comme ces demoiselles, dit Sibille, et certainement si mon gâteau n'était pas commandé... mais maintenant il doit être au four... il faudra bien le manger.

— Moi, je suis aussi pour les pommes de terre frites, dit le papa Colinot; avant de se régaler, il faut penser à ceux qui sont dans le besoin.

— Bravo! père Colinot, reprend Thélénie, ça vaut mieux qu'une valse au piano, ce que vous dites là. Mesdemoiselles, voulez-vous me laisser l'emploi des fonds?

— Oui, oui...

— Eh bien, voilà soixante francs que je mets de côté pour Marie. Tontaine, tu sais où elle demeure?

— Oui; elle m'a donné son adresse en me priant de tâcher de lui trouver de l'ouvrage.

— Oh! nous lui en trouverons; mais en attendant, dès demain elle aura les soixante francs.

— Je demande à les lui porter! s'écrie Sibille.

— Le plus souvent, vous n'auriez qu'à vous perdre en route... et on ne vous retrouverait plus. Non, c'est moi qui irai trouver Marie, qui lui demanderai pardon d'avoir mal jugé sa conduite, qui ranimerai son courage en lui promettant de l'ouvrage et qui la supplierai d'accepter notre argent, ce qui ne sera peut-être pas le plus facile, car Marie est fière et ne voudrait pas demander; mais je lui dirai que c'est pour sa mère et qu'elle nous le rendra plus tard. Voilà qui est arrangé. Demain, dès le matin, j'irai chez Marie, et ceux ou celles qui voudront savoir le résultat de ma démarche, pourront venir me le demander le soir, ici, chez Fanfinette... je leur conterai tout ce que j'aurai appris. Maintenant il nous reste quinze francs à fricoter, sans compter le jambon qu'apporte Tontaine et le superbe gâteau que la jeune Sibille nous annonce. Anisette, viens avec moi, allons aux provisions; je vous promets que nous aurons encore de quoi nous rassasier.

— Je n'aimais pas la pomme de terre frite, murmure de nouveau M. Yorksir.

— Soyez tranquille, milord, à cette heure-ci il n'y a plus de friture; mais vous aurez du fromage d'Italie à gogo, et cela remplace très-agréablement les truffes. Qu'on nous donne deux paniers, et en avant, marche!

On trouve un grand panier et un énorme cabas dont s'emparent Thélénie et Anisette, puis ces demoiselles sortent pour aller aux provisions. Pendant leur absence, Sibille s'exerce sur le mirliton et M. Colinot se fait une espèce de triangle avec une tringle de rideau. Les jeunes filles mettent le couvert, auquel il manque quelques fourchettes et plusieurs couteaux; mais il est entendu que l'on se prêtera mutuellement ces ustensiles. M. Yorksir se promène majestueusement autour de la table en disant :

— Dans le taverne on n'avait pas de serviette, mais tout le monde il avait un couteau.

— Eh bien, milord, dit Fanfinette, nous avons des serviettes, nous, ce qui prouve que nous sommes plus propres que dans les tavernes.

Thélénie et Anisette reviennent avec une masse de charcuterie, des pains, du fromage et suivies d'un garçon marchand de vin qui apporte six bouteilles à seize.

Puis un petit patronet se présente enfin avec un petit gâteau feuilleté qui peut bien valoir quinze sous.

— Comment, Sibille! c'est là votre superbe gâteau? dit Anisette.

— Mesdemoiselles, ce n'est pas ma faute si on l'a fait si petit pour le prix... je suis volé, voilà tout.

— Je crois plutôt que c'est nous qui sommes volées!... faites donc onze parts avec cela... c'est difficile.

Ah! voilà M. Colinot! bonsoir, M. Colinot !...... (Page 110.)

— Il faut les faire cependant, et convenir que celui qui aura la fève paiera un autre gâteau...
— S'il a de l'argent.
— On ne le paiera pas ce soir.
Thélénie coupe le gâteau et en offre à tout le monde en disant :
— Surtout qu'on ne s'avise pas de tricher... il y a une fève, j'en suis sûre, je l'ai vue en regardant le gâteau en dessous.
Chacun prend sa part. Les demoiselles tâtent leur gâteau et le montrent à la société, en disant :
— Je n'ai pas la fève.
— Ni moi; on peut voir.
— Mesdemoiselles, dit Sibille, je n'ai pas la fève; au reste, je demande qu'on me tâte pour s'en assurer.
Mais M. Yorksir, après avoir tâté sa part de gâteau, la porte vivement à sa bouche et l'avale non sans faire quelques contorsions, en disant :
— Je avais pas non plus le petit haricot!...
— Et moi je suis sûre que c'est lui qui l'avait, dit Thélénie à ses amies; décidément le noble étranger d'Edelmone me fait l'effet d'un cuistre; mais il faudra le soigner en conséquence au souper. Mesdemoiselles, je découperai le jambon de Reims, et tout le monde en aura, excepté lui.
— C'est cela, tu feras dix parts... on lui passera l'assiette en dernier.
— Mesdemoiselles, je propose un quadrille avant de manger, cela nous mettra en appétit.
— Oui, un quadrille au mirliton.
Sibille prend sa flûte à l'oignon, M. Colinot sa tringle, on donne à M. Yorksir deux morceaux d'assiette cassée, dont il doit faire des castagnettes, et les huit demoiselles

dansent entre elles. Après le quadrille, elles demandent une polka, après la polka une mazurke, après la mazurke une valse, et après la valse... le souper.
La société se met gaiement à table. Faute de roi, Thélénie est proclamée reine. Le souper est fort gai. On boit d'abord du cidre, puis on fête le vin à seize. Le jambon de Reims est trouvé excellent, même par l'Anglo-Américain avec qui Edelmone a partagé son morceau. Les saucissons, le fromage d'Italie, les petits bondons de Neuchâtel ont le plus grand succès. On crie : Vive la reine! avec le vin à seize, tout aussi bien qu'avec du champagne, et les demoiselles de magasin ont de plus dans le fond de l'âme ce contentement qui suit toujours une bonne action.
M. Yorksir seul avale plusieurs fois de travers, mais Sibille lui dit :
— C'est le petit haricot qui vous sera resté dans le gosier.

XXXV

IL VAUT MIEUX TARD QUE JAMAIS.

Depuis quelques semaines l'état maladif de Paola s'était considérablement aggravé; elle n'avait qu'à peine la force d'aller de son lit sur la causeuse qui était placée contre le feu.
Mais ce matin-là, comme il n'y avait pas de feu dans la cheminée, Paola n'avait pas quitté son lit, et Marie, debout contre la croisée, tournait le dos à sa mère, pour

Me fuirez-vous encore? (Page 116.)

que celle-ci ne vit pas les larmes qui coulaient de ses yeux. Mais la pauvre fille cachait mal sa douleur, et si sa mère ne voyait pas ses pleurs, elle entendait ses soupirs, elle devinait son chagrin.

Se soulevant un peu sur son lit, Paola se tourne vers sa fille en lui disant :

— Marie, pourquoi te tiens-tu ainsi éloignée de moi? pourquoi ne viens-tu pas t'asseoir là, à mes côtés?

— Ah! ma mère... c'est que... je regardais...

— Allons, ne mens pas, chère enfant, c'est que tu pleures et que tu ne veux pas que je voie tes larmes... Viens... viens près de moi... Ah! je ne me trompais pas... tu sanglotes!... Voyons, pourquoi te désoles-tu?...

— Vous me le demandez! il fait bien froid... et nous n'avons pas de feu... et je n'ai pas de quoi en faire... je ne puis même gagner de quoi vous réchauffer... je n'ai pas d'ouvrage... j'en ai en vain demandé partout hier... je ne peux plus vous acheter le sirop qu'on vous a ordonné. Ah! je suis bien malheureuse!...

— Calme-toi, ma fille, j'ai chaud dans ce lit, j'aime autant ne pas le quitter... le sirop ne me sert à rien, il ne me guérira pas... Tu es sans ouvrage aujourd'hui, eh bien! tu en trouveras demain. Sinon, nous vendrons ce meuble, cette causeuse... dont je ne me servirai plus guère...

— Ah! ne dites pas cela, ma mère... vendre ce meuble que vous aimez... je ne le veux pas... Oui... demain j'aurai peut-être de l'ouvrage... J'ai rencontré hier au soir Tontaine, une de mes anciennes camarades, je lui ai conté ma position... C'est une bonne fille... elle m'a promis de parler aussi pour moi.

— Mais tu travailles trop, pauvre enfant; tu veilles une partie des nuits quand tu as de l'ouvrage.

— Oh! je suis si heureuse quand je travaille...

— Parce que tu te dis : Ma mère ne manquera de rien... Chère Marie! je te connais bien maintenant... et pourtant j'ai été bien dure, bien injuste avec toi...

— Non, non... vous ne me connaissiez pas, vous ne pouviez pas m'aimer.

— Ne doit-on pas toujours aimer ses enfants!... voilà ce que j'aurais dû me dire alors... Voyons, pendant que nous causons, puisque tu ne travailles pas, il faut que je te questionne encore sur quelque chose... dont je voulais te parler depuis longtemps... et j'ai toujours hésité à le faire... car on n'aime pas à avouer ses torts...

— Oh! ma mère! si ce que vous allez me dire doit vous faire de la peine, gardez ces paroles... ne me dites rien... Vous m'aimez maintenant, vous m'appelez votre fille, qu'ai-je besoin de savoir rien de plus!...

— Si, mon enfant, je dois te dire la vérité... à quoi me servirait à présent le mensonge! Quand je t'ai fait dire de venir me parler, avant le funeste accident qui m'est arrivé, c'était pour te défendre de voir M. Roger... j'étais jalouse de toi, Marie, car j'aimais ce jeune homme... mais je n'avais pas le droit d'être jalouse, car aucune liaison d'amour n'avait existé entre moi et ce jeune artiste... jamais il n'était venu me voir, et, tout en conservant avec moi la plus froide politesse, il avait refusé toutes mes invitations...

— Il serait possible, ma mère!

L'accent de bonheur avec lequel Marie laisse échapper cette exclamation fait sourire Paola, qui reprend :

— Pauvre fille! tu aimais ce jeune homme, n'est-ce pas?... et tu refoulais cet amour au fond de ton cœur,

8

parce que tu pensais qu'il offensait ta mère. Ah! cesse
de combattre ce sentiment... Quand tu reverras Roger,
ne le fuis plus... avoue-lui toute la vérité... et s'il t'aime
aussi comme tu en es digne, il te pardonnera de lui
avoir causé du chagrin, puisque tu ne faisais qu'obéir à
ta mère...

— Quoi! vous permettez... vous voulez bien... cela ne
vous fera pas de peine si M. Roger me parle?

— Non, chère enfant; car maintenant je vois toute la
folie de ma conduite... et, pendant le peu de temps qui
me reste à vivre, je voudrais au moins assurer ton bonheur.

— Ah! ne parlez pas de mourir, ma mère; vous guéri-
rez; cette maudite toux qui vous fatigue, cessera avec
le printemps. Alors j'aurai de l'ouvrage, nous serons
heureuses et...

Deux petits coups frappés à la porte interrompent
Marie.

— Entrez, dit-elle; et presque aussitôt Thélénie est
devant elle. Un cri de surprise échappe à Marie qui vole
vers son ancienne camarade de chambre, en disant :

— Thélénie... toi ici... par quel hasard?

— Oh! ce n'est pas un hasard... c'est bien exprès, répond la belle brune après avoir jeté un regard sur le lit;
mais Paola s'est tournée du côté du mur, peu soucieuse
de montrer son visage. Marie attire Thélénie tout contre
la croisée. Celle-ci lui dit à demi-voix :

— C'est ta mère qui est couchée là?

— Oui.

— Elle est malade?

— Elle tousse beaucoup, elle est très-faible, elle a besoin de beaucoup de soins...

— Pauvre Marie! nous avons vu Tontaine, hier au
soir; elle nous a raconté tout ce que tu as fait... et pourquoi tu as quitté ton magasin; mais laisse-moi t'embrasser d'abord, car j'en meurs d'envie...

Et, prenant Marie dans ses bras, Thélénie l'embrasse
à plusieurs reprises, puis la contemple, puis l'embrasse
encore, en murmurant :

— Tu es changée... tu es maigrie... tu as souffert...
pauvre fille!...

— Mais non... j'ai été bien heureuse de venir près de
ma mère.

— Et pourquoi n'as-tu pas dit à ta lingère que c'était
pour aller soigner ta mère que tu la quittais?

— Parce qu'alors... je ne le pouvais pas encore...
je ne savais si ma mère... voudrait m'avouer pour
sa fille...

— T'avouer pour sa fille!... quelle est donc la mère
qui ne serait pas fière de toi!... Qu'est-ce que c'est donc
que cette mère-là qui ne venait jamais te voir ni t'embrasser?

— Chut!... chut!... pas si haut!...

— Mais dame... pour te défendre de te dire sa fille...
elle avait donc commis des crimes?

— Mais non... ma mère... c'est madame de Beauvert.

Thélénie est stupéfaite; elle ouvre de grands yeux et
murmure enfin tout bas :

— Madame de Beauvert, celle à qui est arriv' cet accident... avec une perruche?

— Oui, c'est cela...

— Ah! je comprends tout maintenant... c'est après
avoir entendu Tontaine raconter cette histoire que tu es
partie bien vite... que tu nous a quittées.

— Sans doute; je venais d'apprendre que ma mère
était malheureuse... ne devais-je pas accourir près
d'elle?

— Pauvre Marie!... Quoi! cette dame... qui est couchée là... est la même qui est venue dans mon magasin... demander une foule de choses pour Roger, en
voulant faire croire qu'il était son amant... et ce n'était
pas vrai... car j'ai su depuis la vérité sur tout cela.

— Tais-toi, Thélénie, tais-toi... ma mère est malade,
malheureuse, il ne faut plus se souvenir de tout ce qui
est passé...

— Tu as raison... tu es une bonne fille... je m'en irai
en me retournant pour que ta mère ne me voie pas,
parce que cela ne lui ferait peut-être pas plaisir de me
reconnaître... mais auparavant... j'ai à te dire... à te remettre...

Thélénie avait dans sa poche la petite somme qu'elle
apportait à Marie et elle ne savait comment la lui offrir.
On est souvent plus embarrassé pour faire le bien que
pour commettre une mauvaise action. Enfin, sortant de
sa poche les soixante francs qu'elle avait enveloppés dans
du papier, elle les met tout à coup dans la main de
Marie en lui disant :

— Tiens... voilà qui est à toi.

— A moi!... comment!... qu'est-ce que c'est que
cela?...

— C'est... c'est ta part du gâteau des Rois que nous
avons tiré hier avec ces demoiselles... Ah! ne va pas
nous refuser surtout car, alors, nous croirions que tu
ne nous juges pas dignes d'être tes amies.

— Quoi!... tu me donnes de l'argent... mais je ne
veux pas...

— Encore une fois je te dis que c'est ta part du gâteau... chacune a eu la sienne... les unes en pâtisseries,
les autres en argent... Est-ce que tu ne nous aimes pas
assez pour vouloir accepter de nous un léger service que
tu nous rendras plus tard?... car chacun a ses moments
de prospérité dans ce monde.

— Ah! Thélénie... que tu es bonne!... dis à ces demoiselles...

— Assez! nous savons ce que tu penses; maintenant
je me sauve... je vais courir chez ta lingère, lui conter
pourquoi tu l'as quittée, et je suis bien certaine qu'elle
te donnera de l'ouvrage.

— Quoi! vraiment! tu espères...

— Je n'espère pas... je suis sûre... Adieu; embrasse-
moi... tu auras bientôt de nos nouvelles... et je vais me
sauver sans regarder du côté du lit.

Thélénie est partie laissant Marie bien heureuse, car
le secours inattendu qu'elle vient de recevoir lui permet
d'avoir du bois et d'attendre du travail sans que sa mère
manque de rien. Paola n'avait pas reconnu la demoiselle
du magasin de parfums.

— Qui donc est venu? dit-elle à sa fille.

— Une de mes anciennes camarades, une bien bonne
fille, qui m'a promis de me faire avoir de l'ouvrage,
de me raccommoder avec ma lingère, et qui, en attendant, a voulu absolument m'avancer de l'argent.

— Tu le vois, Marie, tu avais tort de te désoler...
âge il faut toujours espérer.

Thélénie s'est empressée de faire ce qu'elle a promis;
elle se rend chez la lingère qui avait employé Marie,
elle lui conte tout ce que la jeune fille a fait et pourquoi,
en sachant sa mère seule, malheureuse et souffrante,
elle n'a pas voulu différer d'un instant à se rendre près
d'elle. Alors, l'ancienne patronne de Marie regrette beaucoup la sévérité avec laquelle elle a traité cette jeune
fille, dont elle avait mal jugé la conduite; elle s'empresse
de faire un volumineux paquet d'ouvrage et elle veut
elle-même le porter dans la journée à Marie.

Le soir, presque toutes les demoiselles qui, la veille,
étaient réunies chez Fanfinette, s'y retrouvent encore, et
le jeune Sibille Peloton, qui n'est pas moins curieux
de savoir tout ce qui concerne Marie, ne manque pas de
s'y rendre aussi pour connaître le résultat des démarches
de Thélénie. Un cri de surprise échappe à tout le monde
lorsqu'on apprend que Marie est la fille de madame de
Beauvert. Sibille se frotte les mains, en disant :

— En voilà des choses intéressantes!... je sais bien à
qui je les raconterai demain.

Le lendemain, en effet, sur le midi, Sibille Peloton entrait dans le nouvel atelier de Roger, où il trouvait Boniface Triffouille et son ami Calvados qui venaient, après leur déjeuner, passer quelques instants chez l'artiste.

En voyant paraître le petit commis, Boniface prend un air digne et lui dit avec gravité :

— Avez-vous encore donné de mes portraits à des femmes, monsieur? allez-vous encore me faire avoir quelque scène dans un café ou sur la voie publique?

— Mon cher monsieur Triffouille, je ne possède plus une seule de vos photographies, par conséquent je n'en donnerai plus à personne. Quant à la grosse dame de la rue de la Tour-d'Auvergne, mon cousin m'a raconté votre aventure, elle est bonne... mais je vous jure que je croyais lui glisser mon adresse...

— Vous étiez amoureux de ce colosse?

— Tant que je ne l'ai vue que par derrière, oui... mais du moment qu'elle s'est retournée, j'ai pris mes jambes à mon cou. Messieurs, si vous me voyez aujourd'hui, c'est parce que je viens apprendre à M. Roger des choses qui l'intéressent, j'en suis sûr... et je veux qu'au moins une fois ma visite lui soit agréable... car j'ai bien deviné, moi, que cette jeune Marie qui travaillait chez une lingère... à côté de Thélénie, ne lui était pas indifférente, et je viens lui en donner des nouvelles.

— Des nouvelles de Marie! s'écrie Roger, vous sauriez où elle est? ce qu'elle fait?... Ah! parlez, Sibille; dites-moi tout ce que vous savez...

Le jeune Peloton fait à ces messieurs le récit de tout ce qu'il sait touchant Marie; mais lorsqu'il leur apprend que cette jeune fille avait pour mère madame de Beauvert, qui lui avait défendu de faire connaître le lien qui l'unissait à elle, un profond étonnement se peint sur tous les visages, et Calvados paraît surtout fortement ému de tout ce qu'on lui dit des vertus, des qualités, de la beauté de Marie.

Puis Roger s'écrie tout à coup :

— Thélénie lui avait dit sans doute que j'étais le mari de madame de Beauvert!... pauvre Marie!... ah! je comprends maintenant pourquoi elle me fuyait... pourquoi elle me défendait de lui parler... c'était encore par crainte de faire de la peine à sa mère... oh! je me justifierai, je dirai à Marie toute la vérité, et il faudra bien qu'elle m'écoute maintenant!... Sibille, vous savez son adresse?

— Oui, la voici ; Tontaine me l'avait apprise et je l'ai écrite de peur de l'oublier.

— Ah! merci, Sibille, merci mille fois; ce que vous faites aujourd'hui me prouve que si vous êtes souvent étourdi et inconséquent, vous aimez aussi à faire rendre justice aux personnes injustement soupçonnées.

— Je vous pardonne le placement de mes portraits, dit Boniface en tendant sa main au jeune Peloton; mais vous n'en donnerez plus?

— Si cependant c'était à une jolie femme?

— Oh! alors... tenez... j'en ai encore deux sur moi, je vous les confie.

Calvados était resté tout sérieux et semblait plongé dans ses réflexions. Boniface s'approche de son ami et lui dit à l'oreille :

— Dis donc... cette jeune Marie, si gentille, si bonne, est la fille de cette madame Lucette... Est-ce que cela ne te donne pas à réfléchir?

— Si fait... si fait... cela me préoccupe beaucoup au contraire...

— Ta maîtresse t'a dit que tu étais le père de sa fille... tu n'en es pas persuadé; mais cependant cela pourrait être... et, dans le doute, dois-tu laisser dans le besoin, dans la misère même, cette pauvre fille... toi qui es riche, qui n'as point d'enfants, qui peux sans te gêner assurer son avenir? Je suis certain que ta femme elle-même ne te blâmerait pas de faire du bien à cette pauvre Marie.

Calvados serre la main de Boniface en lui disant :

— Tu as raison, mon ami, tu as raison; tu es de province, mais tu as plus de cœur que beaucoup de Parisiens ; tu seras content de moi.

Le lendemain de cette journée, Marie travaillait auprès de sa mère ; elle était heureuse, sa lingère était venue la voir et lui apporter elle-même de l'ouvrage, en lui assurant que, désormais, elle ne l'en laisserait jamais manquer. Puis, cette dame l'avait embrassée tendrement en lui demandant pardon d'avoir mal jugé sa conduite. Il ne manquait plus au bonheur de la jeune fille que la rencontre d'une personne qu'elle ne craindrait plus d'écouter; mais quelque chose lui disait que cette rencontre-là ne tarderait pas à arriver.

Vers le milieu de la journée, un commissionnaire se présente porteur d'une lettre dont l'enveloppe est soigneusement cachetée; il demande madame de Beauvert, lui remet sa missive et s'éloigne en disant :

— Il n'y a pas de réponse: le monsieur qui m'a remis cela est venu me conduire jusqu'à la porte, je suis payé.

— Qui peut m'écrire? dit Paola : cette lettre est bien grosse; elle renferme quelque chose... serait-ce encore un mémoire que j'ai oublié d'acquitter?

— Si c'était cela, ma mère, le commissionnaire aurait attendu une réponse, dit Marie; j'ai idée, au contraire, que le contenu de cette lettre doit vous faire plaisir.

Paola brise les trois cachets. Alors des billets de banque sortent de l'enveloppe et tombent sur ses genoux.

— Qu'est-ce que cela?... s'écrie Marie... on dirait des billets de banque!...

— Oui, ma fille, oui, ce sont en effet des billets de mille francs... et il y en a huit... dix... quinze...

— Quinze mille francs!... mon Dieu!... qui vous envoie cela? Ah! lisez donc, ma mère.

Paola, qui a vu au bas de la lettre la signature de Calvados, lit tout bas ce billet :

« J'ai appris que vous n'étiez plus heureuse, que votre fille seule avait de vous : j'ai peut-être été jadis injuste à votre égard; veuillez accepter ces quinze mille francs; si vous ne les voulez pas pour vous, que ce soit alors pour elle. »

Marie attendait avec impatience que sa mère lui fît part du contenu de la lettre. Paola, après avoir lu, prend les billets de banque et les présente à sa fille en lui disant :

— Tiens, Marie, c'est pour toi que l'on m'envoie ces quinze mille francs.

— Pour moi! et qui donc vous envoie cela?

— C'est une personne que j'ai beaucoup connue jadis... Oh! je puis sans honte accepter cet argent... mais tu vois bien que tu me portes bonheur, car, sans toi, on n'aurait jamais pensé à me faire ce cadeau.

— Tous les bonheurs nous arrivent à la fois!... quinze mille francs!... mais c'est une fortune, cela!...

— Non... et autrefois, j'aurais follement dépensé cette somme; mais aujourd'hui je connais le prix de l'argent... celui-ci est à toi... tu le placeras, tu en feras ce tu voudras.

— A moi... à vous, ma mère, n'est-ce pas la même chose?... mais désormais nous sommes à l'abri de la misère... vous n'aurez plus de crainte pour l'avenir... et vous rétablirez bien plus promptement.

Paola soupire en pressant la main de sa fille; mais quelque chose lui disait tout bas qu'elle ne se rétablirait pas.

Ce que Marie avait prévu ne tarde pas à se réaliser : lorsqu'elle sort pour chercher les provisions qui leur sent nécessaires, elle aperçoit Roger qui l'attendait à la porte de sa maison et qui court lui prendre la main, en lui disant :

— Me fuirez-vous encore? je connais votre noble conduite, Marie; je sais quelle est votre mère... mais vous devez savoir aussi que l'on vous avait fait de faux rapports. Je n'ai jamais cessé de vous aimer... je ne veux aimer que vous... et mon plus ardent désir est de vous nommer ma femme... car on ne fait pas sa maîtresse d'une jeune fille qui a votre mérite et vos vertus.

Pour toute réponse, Marie a laissé sa main dans celle de Roger, et cette main a doucement répondu à la pression de la sienne, cela valait tous les aveux; mais comme elle craint toujours de causer de la peine à sa mère, elle dit au jeune peintre :

— Vous ne pouvez pas venir me voir chez nous, car votre présence pourrait encore faire de la peine à ma mère; mais je vous dirai les heures où je sors le matin et dans l'après-midi, et, lorsque vous désirerez me voir, vous serez sûr de me rencontrer.

Roger est heureux, il se contente de cette promesse, il sent bien qu'il faut ménager l'amour-propre et la santé de son ancienne voisine.

Mais, malgré tous les soins que lui prodigue sa fille,

Paola s'éteint un mois après ces événements; elle avait été frappée au cœur par la perte de sa beauté, et ne désirait pas lui survivre. Cependant, avant de mourir, elle avait senti qu'il y a des jouissances plus douces que celles que procurent l'opulence et la coquetterie.

Est-il besoin de dire que Roger épouse sa chère Marie, lorsque celle-ci cesse de porter le deuil de sa mère? Calvados demande au jeune artiste la permission d'être un de ses témoins et fait un cadeau magnifique à la mariée, qu'il regarde avec une certaine fierté et qu'il embrasse avec quelques larmes dans les yeux.

Boniface Triffouille est de la noce ainsi que Sibille Peloton, qui se frotte les mains, en disant partout que c'est lui qui a fait ce mariage-là.

En voyant Roger épouser Marie, la belle Thélénie s'écrie :

— Eh bien! il l'aimait donc... ce traître! Ah bah! au fait, il avait raison : elle vaut mieux que moi.

Quant aux autres demoiselles de magasin que nous connaissons, elles continuent à aimer le plaisir et à faire le bien, lorsque l'occasion s'en présente; si leur tête est légère, leur cœur est bon : l'un doit faire excuser l'autre; il y a tant de gens, ici-bas, qui n'ont pas un bon côté!...

NOUVELLE ÉDITION

DE LA

FRANCE ILLUSTRÉE

Par V.-A. MALTE-BRUN ✿✠

Secrétaire général honoraire et ancien président de la Commission centrale ou Conseil de la Société de Géographie de Paris

AVEC LA COLLABORATION

D'éminents Professeurs, d'après les documents officiels les plus récents

ILLUSTRATIONS	CARTES ET PLANS
PAR	Dressés avec les plus grands soins
LES PREMIERS ARTISTES	Sous la direction de M. V.-A. MALTE-BRUN

L'éclatant succès qu'obtient la nouvelle édition de la *France Illustrée*, de V.-A. Malte-Brun, se traduit non seulement par le nombre toujours croissant des souscripteurs, mais encore par la sympathique approbation des plus hautes intelligences du pays.

On peut dire sans rien exagérer que la nation tout entière a salué cet ouvrage essentiellement national, où se trouvent réunis tant de renseignements divers sur la France et qui, d'ailleurs, par la magnificence du texte, des gravures et des cartes, est l'un des plus beaux spécimens de la librairie contemporaine.

La *France Illustrée*, dont la publication par fascicules a commencé le 15 octobre 1879, ne comprendra pas moins de 4 volumes de 800 pages chacun, plus un atlas de 100 cartes coloriées, gravées par Erhard.

Le premier volume, qui renferme à lui seul vingt-trois départements, est en vente et il suffit à justifier la grande faveur dont jouit cette œuvre incomparable, où se trouvent groupés, par département, les renseignements suivants :

GÉOGRAPHIE
Situation, limites, superficie, nature du sol, Montagnes, Vallées, Rivières, Hydrographie, Climat, etc.

HISTOIRE
Histoire depuis les temps les plus reculés jusqu'à nos jours (la seule traitant de l'histoire de France par département), Villes, Châteaux, etc.

VOIES DE COMMUNICATION
Tous les Chemins de fer et toutes les distances kilométriques, Routes, Chemins, Sentiers, Canaux, etc.

DIVISION POLITIQUE
Administrative, militaire, civile, religieuse, etc. Tribunaux, Lycées, etc.

AGRICULTURE, INDUSTRIE, COMMERCE
Productions naturelles, Agriculture, Industrie, Manufactures, Usines, Commerce, etc., etc., etc.

STATISTIQUE
Générale et morale, la population et les noms de toutes les communes, par arrondissements et cantons, etc.

Les souscripteurs de la *France Illustrée*, qu'on peut évaluer à cinquante mille, chiffre minimum, sont recrutés dans toutes les classes de la société. Il n'est pas, en effet, un citoyen français, qu'il soit commerçant, industriel, agriculteur, instituteur, militaire, artiste, employé, magistrat, fonctionnaire public, etc., qui n'ait besoin de la *France Illustrée* pour connaître son pays.

Sorte de miroir magique reflétant sous ses aspects les plus variés notre belle patrie, elle a sa place marquée au sein de toutes les familles françaises. Les patriotes y verront une grande page d'histoire constatant tous les efforts faits pour le relèvement moral, intellectuel et matériel de la France.

LA FRANCE ILLUSTRÉE paraît en livraisons à 15 c., deux fois par semaine.
4 livraisons et la carte coloriée forment un département complet, à 75 c., deux fois par mois.
(Quelques grands départements forment double série.)

15 Cent. la Livraison	75 cent. la Série avec CARTE

La quatrième livraison de chaque série renferme hors texte une belle carte coloriée; cette livraison sera vendue 30 centimes. — C'est une prime que nous offrons à nos 100,000 premiers souscripteurs. Pendant le cours de la publication, la carte seule sera vendue 30 centimes. L'ouvrage terminé, la carte sera vendue séparément 50 centimes.

Jules ROUFF, Éditeur, 14, Cloître-Saint-Honoré, Paris
En vente chez tous les Libraires de France et de l'Étranger.

Paris. — Typ. Collombon et Brûlé, rue de l'Abbaye, 22.

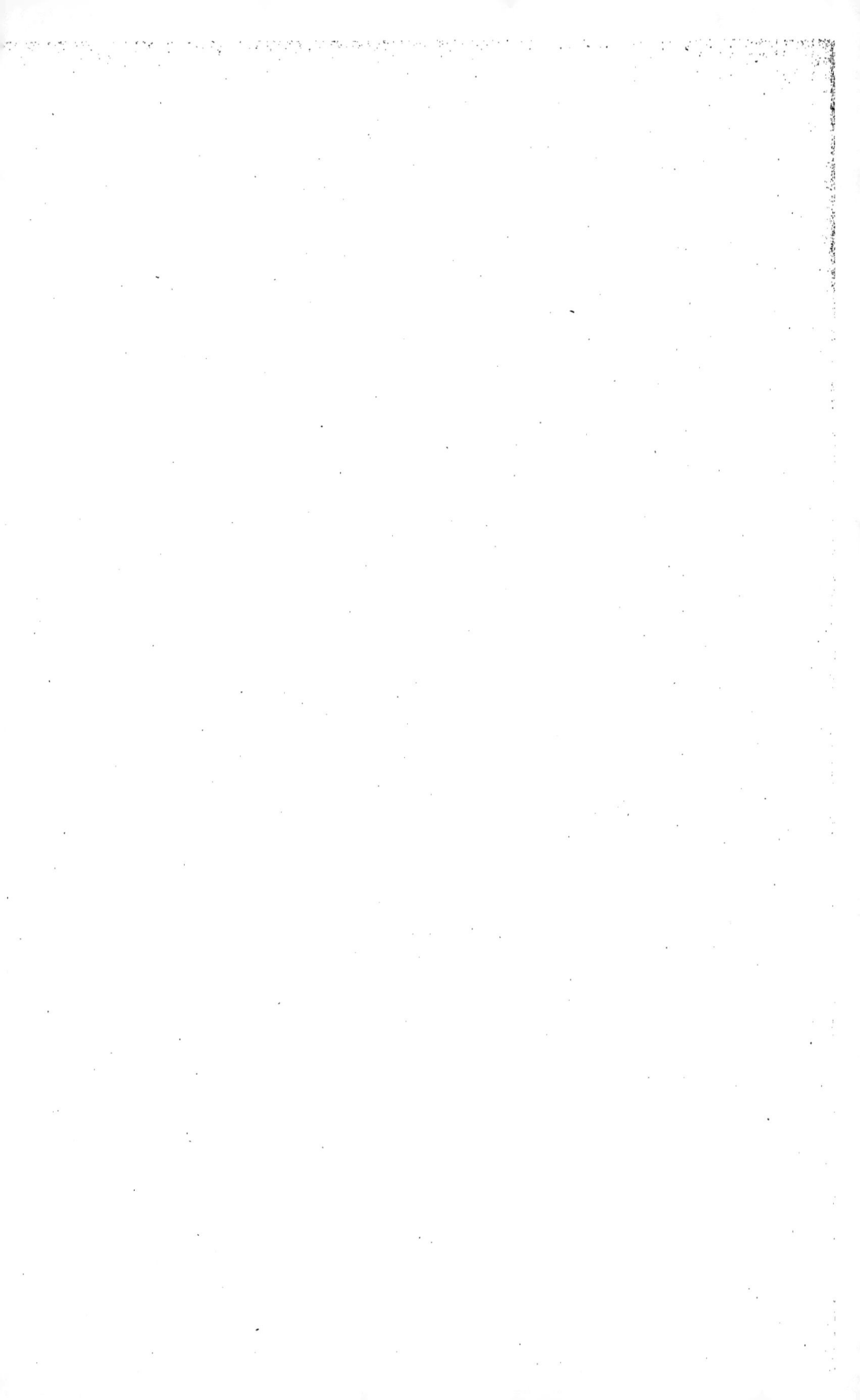

www.ingramcontent.com/pod-product-compliance
Lightning Source LLC
Chambersburg PA
CBHW051743090426
42738CB00010B/2399